Landwirtschaftliche Betriebssysteme
in den Tropen und Subtropen

Agrarökonomie in den Tropen und Subtropen

Werner Doppler

Landwirtschaftliche Betriebssysteme in den Tropen und Subtropen

66 Abbildungen
72 Tabellen

E.U.
VERLAG
EUGEN
ULMER

Werner Doppler ist Professor für Landwirtschaftliche Betriebslehre
in den Tropen und Subtropen und Inhaber des gleichnamigen Lehrstuhls am Institut für
Agrar- und Sozialökonomie in den Tropen und Subtropen
der Universität Hohenheim.

Die Deutsche Bibliothek – CIP Einheitsaufnahme

Doppler, Werner
Landwirtschaftliche Betriebssysteme
in den Tropen und Subtropen : 72 Tabellen /
Werner Doppler. – Stuttgart : Ulmer, 1991
(Agrarökonomie in den Tropen und Subtropen)
ISBN 3-8001-4084-5

Wollgrasweg 41, 7000 Stuttgart 70 (Hohenheim)
Printed in Germany
Lektorat: Werner Baumeister
Herstellung: Jürgen Sprenzel
Satz: Setzerei Robert Hurler GmbH, Notzingen
Druck: Gutmann & Co. GmbH, Heilbronn
Bindung: Dollinger GmbH, Metzingen

Vorwort

Die Entwicklung der Landwirtschaft in den Tropen und Subtropen dient der Befriedigung familiärer und gesellschaftlicher Bedürfnisse. Die landwirtschaftliche Betriebslehre befaßt sich mit der Ebene der Familien, Haushalte und landwirtschaftlichen Betriebe. Sie untersucht das Entscheidungsverhalten der Menschen, das sich an deren Zielen und Interessen orientiert und das durch die natürlichen Standortverhältnisse, die technischen, ökonomischen, sozialen, ethnischen, soziokulturellen, administrativen, institutionellen und politischen Rahmenbedingungen eingegrenzt ist.

Dieses Buch befaßt sich mit der analytischen Beschreibung der Entwicklung und dem Vergleich landwirtschaftlicher Betriebssysteme in den Tropen und Subtropen. Dies ist ein Teilbereich der landwirtschaftlichen Betriebslehre, dessen Bedeutung immer mehr erkannt wird. Er dient der Einführung in die Entwicklungszusammenhänge von Betrieben und Haushalten und als Ausgangsbasis für die übrigen Teilbereiche der landwirtschaftlichen Betriebslehre, vor allem der Analyse und der Planung.

Der vorliegende Band wendet sich in erster Linie an Studenten der Agrarwissenschaft zur Orientierung und an Fachkräfte in der Entwicklungshilfe als Grundlage für Analyse und Planung.

Hohenheim, Herbst 1991 Werner Doppler

Inhaltsverzeichnis

1
Einführung

1.1 Landwirtschaftliche Betriebslehre und Betriebssysteme unter tropischen Bedingungen

Die landwirtschaftliche Betriebslehre stellt die Lehre vom Bewirtschaften landwirtschaftlicher Betriebe zum Nutzen des Menschen dar. Sie befaßt sich mit dem Verhalten von Menschen bei Entscheidungen in den Betrieben. Diese betreffen in der klassischen Betrachtungsweise die Veränderung und Nutzung von Ressourcen, die Auswahl der Produktionsprozesse sowie die Eigennutzung und den Verkauf der im Betrieb erzeugten Produkte.

Die Bewirtschaftung landwirtschaftlicher Betriebe dient aus betriebswirtschaftlicher Sicht der Erreichung von Zielen der Menschen, die den Betrieb besitzen oder bewirtschaften. Das Umfeld wirkt dabei regulierend und eingrenzend. Gegenstand der landwirtschaftlichen Betriebslehre ist damit:

a) das Entscheidungsverhalten derjenigen, die über den Betrieb die Verfügungsgewalt besitzen, zu erkennen, zu erklären und nachzuvollziehen
b) das Potential des Betriebes, seine Nutzung sowie seine Veränderung im Zeitablauf gemäß den Zielsetzungen und den gegebenen Rahmenbedingungen zu erfassen und vorauszuschätzen.

Eine Übertragung der landwirtschaftlichen Betriebslehre, wie sie sich in Europa und Nordamerika entwickelt hat, auf die Entwicklungsländer in den Tropen und Subtropen erfordert die Beachtung der in den Entwicklungsländern bestehenden Besonderheiten:

a) Die Familien, die landwirtschaftliche Betriebe in den Tropen und Subtropen bewirtschaften, entscheiden meistens vor dem Hintergrund vielschichtiger Zielstrukturen. Daraus ergeben sich Verhaltensweisen, die in ihrer Komplexität partialanalytisch nur begrenzt erklärt oder nachvollzogen werden können.
b) Die eigene Erfahrung der Entscheidenden stellt häufig die einzige Grundlage bei der Entscheidungsfindung dar. Je traditioneller die Gesellschaft, desto weniger hat sie Informationen von außerhalb und desto weniger sind die Entscheidenden mit deren Umgang vertraut. Risikoverhalten und Zeitverzögerungen sind wesentliche, nach außen erscheinende Merkmale.
c) Erfahrungshintergrund und Risikoverhalten führen zu einer Betrachtungs- und Handlungsweise, die weitgehend langfristiger Natur ist. Die Tatsache, daß an marginalen Standorten (z. B. im Sahel) ein vorwiegend kurzfristig orientiertes Entscheidungsverhalten dominiert, liegt weniger an der grundsätzlichen Betrachtungsweise in den Betrieben als vielmehr an den realen Beschränkungen, die nur noch in kurzfristigen Entscheidungen das Überleben sichern helfen. Dies bedeutet, daß die Dynamik der Entwicklung bei der Beurteilung von Handlungsalternativen durch die Landwirte berücksichtigt wird. Damit ist die langfristige Erhaltung der Lebensgrundlage der Familie ein zentrales Anliegen eigener Verantwortung. Die Tatsache, daß in der Regel wenig alternative Beschäftigungsmöglichkeiten bestehen, verstärkt dies noch.
d) Je traditioneller die Gesellschaften, desto mehr Bedeutung kommt der Versorgung der Familie zu und desto stärker sind die Betriebe und Haushalte auf Autarkie gegenüber Märk-

ten und Institutionen ausgerichtet. Damit ergeben sich unterschiedliche Kenntnisse über Märkte und unterschiedliche Verhaltensweisen gegenüber den Märkten für Produktionsmittel, Produktionsfaktoren, Haushaltsgüter, Dienstleistungen für die Familie sowie für den Absatz von Produkten, Produktionsfaktoren und Dienstleistungen.

Daraus ergeben sich folgende Anforderungen an die Methodik der landwirtschaftlichen Betriebslehre und ihre Anwendung in den Tropen und Subtropen:

a) Eine ganzheitliche Betrachtungsweise auf der Mikroebene, die von der Problemlage der Familien ausgeht, deren vielschichtige Zielstruktur beachtet und die die Komplexität der technischen, wirtschaftlichen und sozialen Beziehungen berücksichtigt. Dies bedeutet, daß Informationen in den Familien zu erfassen sind und der holistische Prozeß der Entscheidungsfindung dargestellt, erklärt und nachvollzogen werden muß.

b) Die Entscheidungsgewalt der Familie erstreckt sich in der Regel über Haushalt und Betrieb. Die Gründe für die Entscheidungen sind dabei häufig nicht eindeutig dem Betrieb oder dem Haushalt zuzuordnen. Beide sind daher als ein System zu behandeln.

c) Langfristige Betrachtungen, die der Dynamik der Systeme gerecht werden, sind erforderlich. Dies bedeutet, daß Unsicherheit und Risiko sowie die Stabilität der genutzten Ressourcen in sozioökonomische Konzepte einzubauen sind. Die kurzfristige Betrachtungsweise muß in eine dynamische und langfristige übergehen, von der bekannt ist, daß zwischen Ökonomie und Ökologie kein Widerspruch besteht, soweit es sich um Ressourcen und sonstige lebensnotwendige Grundlagen handelt.

d) Ganzheitliche, systemtheoretisch fundierte Betrachtungen müssen über die Fachdisziplinen hinweg an der tatsächlichen Problemsituation orientiert werden. Dies bedeutet eine simultane Einbeziehung von technischen, ökonomischen, soziologischen und psychosozialen Betrachtungsweisen, die bei Regionalanalysen um geographische, marktwirtschaftliche und institutionelle Aspekte zu erweitern sind.

1.2 Betrieb und Haushalt als System

Eine holistische (ganzheitliche) Betrachtungsweise ist gekennzeichnet durch ihre Nähe zum systemtheoretischen Ansatz, durch Interdisziplinarität und durch die Einbeziehung dynamischer Vorgänge. Sie ist daher als Grundkonzept für die Analyse von Betriebssystemen geeignet (siehe DOPPLER, 13)

1.2.1 Systembetrachtung

Die ganzheitliche Betrachtung geht von einem komplexen System aus. Unter einem System wird ein Gebilde verstanden, das sich aus einzelnen Elementen zusammensetzt, die miteinander in Beziehung stehen. Bei einem zur Umwelt offenen System bestehen auch Beziehungen nach außen. Die Beziehungen innerhalb des Systems sind im Hinblick auf die Problemstellung intensiver als die Beziehungen nach außen und lassen daher das System als ein zusammengehöriges Ganzes erscheinen. Als ein solches offenes System können landwirtschaftlicher Betrieb und Haushalt bezeichnet werden. Mit der Entwicklung der Betriebssysteme von traditionellen zu modernen Formen nimmt in der Regel die Öffnung des Systems, z. B. zum Markt oder zu Bildungseinrichtungen, zu.

Konstituierende Merkmale des Systembegriffes sind Elemente, Eigenschaften von Elementen und Systemen sowie die Beziehungen zwischen Elementen und zwischen System und Umfeld. Im landwirtschaftlichen Betrieb können beispielsweise Produktionsfaktoren Systemelemente darstellen. So wäre z. B. die Fläche gekennzeichnet durch Eigenschaften wie Ausdehnung, Eigentum – bzw. Pachtfläche oder Bewässerbarkeit. Die Beziehungen zwischen den Elementen Fläche, Arbeit und Produktionsprozeß in einem Betrieb kann über die Ausnutzung dieser Ressourcen in der Produktion bestehen. Unterschiedliche Eigenschaften von Elementen sowie unterschiedliche Beziehungen zwischen Elementen führen zu unterschiedlichen Zuständen und Verhaltensweisen von Systemen. Diese Merkmale werden zur Abgrenzung von Betriebssystemen verwendet.

Die Abgrenzung der Systeme erfolgt auf zwei Ebenen:

a) innerhalb einer Hierarchie von Systemen (vertikale Betrachtung)
b) zwischen Systemen mit verschiedenem Verhalten auf der gleichen Systemebene (horizontale Betrachtung).

Zu a):Das übergeordnete System kann mehrere Systeme einschließen, die sich ihrerseits in Untersysteme differenzieren. Es ergibt sich eine Systemhierarchie. Werden innerhalb der Hierarchie die Beziehungen zwischen den Systemen auf verschiedenen Hierarchieebenen berücksichtigt, wird das Gesamtsystem immer detaillierter beschrieben und meist realistischer.

Die Fragestellung bei den landwirtschaftlichen Betriebssystemen zielt auf das System Betrieb/Haushalt in seiner Entwicklung. Aus diesem Grunde wird im Rahmen der landwirtschaftlichen Betriebssystemanalyse auf dieser Ebene das eigentliche System betrachtet. Diesem System können regional wichtige Systeme übergeordnet sein, die ihrerseits in Systeme auf nationaler Ebene eingehen (Abb. 1). Innerhalb des Systems Betrieb/Haushalt können Subsysteme wie beispielsweise Produktion, Lagerung, Eigenverbrauch und Vermarktung wichtig sein. Auch diese Subsysteme lassen sich weiter differenzieren. So können innerhalb der Produktion Subsysteme wie Boden-Wasser-Pflanze-Beziehungen, Ernährung-Futterwirtschaft-Tiergesundheits-Beziehungen als in sich abgeschlossene Systeme betrachtet werden, wenn die Fragestellung sich auf die Zusammenhänge in diesen Systemen bezieht.

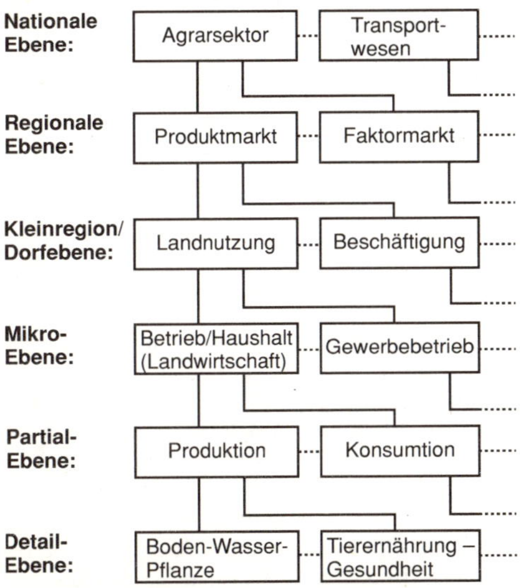

Abb. 1. Die Hierarchie der Systeme (vertikale Differenzierung) und die Einordnung des Systems Betrieb/Haushalt.

Zu b):Zwischen den Systemen auf der gleichen Aggregationsebene können im horizontalen Vergleich verschiedene Verhaltensweisen wichtige Unterscheidungskriterien sein. So können in einer Region alle Betriebe zu einem Betriebssystem zusammengefaßt werden, wenn sie hinsichtlich bestimmter Kriterien homogen sind. Hinsichtlich anderer Kriterien kann gleichzeitig zwischen verschiedenen Betriebssystemen ein hoher Grad an Heterogenität bestehen. Es kann beispielsweise sinnvoll sein, alle Systeme, in denen die Subsistenzversorgung eine zentrale Rolle spielt, zu einem Betriebssystem zusammenzufassen, da ihr Verhalten anders bestimmt wird als das von hoch kommerzialisierten Betrieben. Ein anderes Beispiel wäre die Gruppierung von Systemen nach der Flächenausstattung in Groß- und Kleinbetriebe. Die auf dieser Grundlage abgegrenzten Betriebssysteme lassen folgende Interpretationen zu:

a) Die strukturelle Interpretation
Hier steht der Ordnungszusammenhang der Elemente innerhalb des Systems im Vordergrund. Diese Betrachtungsweise spielt eine große Rolle bei der Betriebssystematik der landwirtschaftlichen Betriebslehre im vorigen Jahrhundert bis zu Brinkmann (8). Die beschreibende Darstellung der Betriebssysteme prägt aber auch noch stark die Arbeiten von Andreae (3), Duckham und Masefield (14), Ruthenberg (24, 25) und Jahnke (19), die die Bodennutzungs- und Produktionssysteme behandeln.

b) Die funktionale Interpretation
Hier werden die Interdependenzen zwischen den Elementen der Systeme untersucht und daraus Verhaltensweisen der Systeme abgeleitet. Dies setzt die Anwendung einer dynamischen Betrachtungsweise voraus, die der Komplexität der Systeme gerecht wird. Auch hierzu liefert die klassische Betriebssystematik bereits Ansatzpunkte. Eine konsequente Anwendung der funktionalen Interpretation führt direkt zum Entscheidungsverhalten der Familie in Betrieb und Haushalt.

Bei den im folgenden behandelten landwirtschaftlichen Betriebssystemen steht die funktionale Interpretation im Zentrum.

1.2.2 Familie, Haushalt und Betrieb

Es kann davon ausgegangen werden, daß mehr als 90% der landwirtschaftlichen Bevölkerung der Entwicklungsländer in Familienbetrieben beschäftigt sind und in diesen Betrieben leben. Familienbetriebe unterscheiden sich deutlich von Betrieben mit Lohnarbeitsverfassung, wie z.B. Ranches und Plantagen.

Bei der Lohnarbeitsverfassung wird der Betrieb mit Fremdarbeitskräften, die entlohnt werden, bewirtschaftet. Der Eigentümer oder Pächter eines solchen Betriebes investiert Kapital und seine unternehmerischen Fähigkeiten. Die Zielsetzung ist entsprechend eine Maximierung der Kapitalrendite und der Entlohnung der unternehmerischen Tätigkeit. Da die Löhne der Fremdarbeitskräfte Kosten darstellen, führt eine Minimierung ihrer Entlohnung zu einer Erhöhung der Zielerreichung des Betriebseigentümers oder Pächters.

Unter Familienbetrieben werden Betriebe verstanden, in denen die Familie durch die eigene Bewirtschaftung dieser Betriebe ihren Lebensunterhalt vollständig oder zum größten Teil erwirtschaftet. Typisches Merkmal ist eine niedrige Flächenausstattung und der Einsatz familieneigener Arbeitskräfte im Betrieb. Zusätzlich zu dem Einsatz familieneigener Arbeitskräfte können saisonale oder permanente Fremdarbeitskräfte im Betrieb beschäftigt werden oder es kann ein Teil der Arbeitskapazität der Familie außerhalb des Betriebes beschäftigt sein.

In Familienbetrieben ist die Familie die Entscheidungsinstanz über Betrieb und Haushalt, die je nach Gesellschaft und Kultur von verschiedenen Personen vertreten wird. Familienbetriebe haben durch den Einsatz der familieneigenen Arbeitskapazität und durch die enge Verbindung zum Haushalt eine andere Zielstruktur als Lohnarbeitsbetriebe.

Der landwirtschaftliche Betrieb und der Haushalt sind die Bereiche, in denen das Leben der Familie stattfindet und in denen sich Bedürfnisse, Probleme und Ziele ergeben. Diese sind die Grundlage für die Entscheidungen der Familien, die im Rahmen von gegebenen Bedingungen getroffen werden.

Die Zielstruktur in Familienbetrieben ist meist sehr komplex (Abb. 2):

- Sie besteht häufig aus mehreren Zielen, die gegenseitig häufig in engem Zusammenhang stehen. Sie können zueinander neutral sein, konkurrieren oder sich gegenseitig ergänzen sowie teilweise gegeneinander substituiert werden.
- Einige Ziele haben festliegenden Charakter. Darunter fallen alle die Existenz der Menschen sichernden Ziele, wie z. B. die Minimalversorgung mit Grundbedürfnissen.
- Die Zielinhalte umfassen sowohl bessere materielle Versorgung, Minderung von Risiko und Abhängigkeiten, Reduzierung von physischer und psychischer Belastung als auch Befriedigung soziokultureller Bedürfnisse.

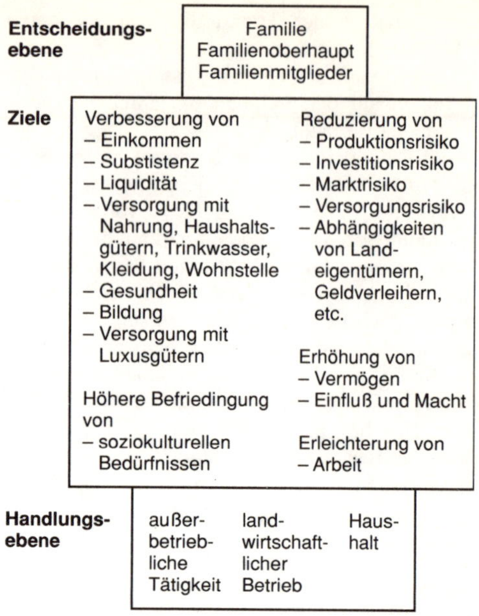

Abb. 2. Die Ebenen der Entscheidungen, Ziele und Handlungen im Zusammenspiel von Familie, Betrieb und Haushalt.

Auf der Basis der Ziele werden Entscheidungen getroffen, die durch Handlungen zur Zielerreichung führen sollen. Auf der Handlungsebene bestehen häufig die Möglichkeiten, den landwirtschaftlichen Betrieb und den Familienhaushalt zu bewirtschaften sowie einer außerbetrieblichen Tätigkeit nachzugehen.

Vor diesem Hintergrund läßt sich die ganzheitliche Betrachtungsweise des Systems Betrieb/Haushalt durch folgende Anforderungen an Untersuchungen auf der Mikroebene zusammenfassend beschreiben:

- Das Entscheidungsverhalten solcher Systeme wird durch Bedürfnisse und Ziele der in diesen Systemen lebenden Menschen bestimmt. Für jede Maßnahme zur Entwicklung ist der Nachweis zu erbringen, wie sie diese Bedingungen beeinflußt.
- Betrieb und Haushalt sind nicht Selbstzweck, sondern Mittel für die darin existierenden Menschen. Daraus resultiert, daß beispielsweise die Intensivierung in der Pflanzenproduktion ausschließlich instrumentalen Charakter hat.
- Den Entscheidenden ist bekannt, daß Bedürfnisse und Ziele nicht kurzfristiger Natur sind. Existenzielle Bedürfnisse führen bei gegebenen Rahmenbedingungen zu einer langfristigen sowie risikominimierenden Verhaltensweise.

Auf der Handlungsebene Betrieb und Haushalt unterliegen die Entscheidungsprozesse der Familien folgenden externen Einflußfaktoren:

a) Die gesellschaftlichen Rahmenbedingungen und kulturellen Normen sind gesellschaftsspezifisch. Sie können in unterschiedlicher Form und Intensität auftreten. In der Regel haben sie einen hohen Einfluß auf das Entscheidungsverhalten der Familien. Maßnahmen zur Lösung von Problemen, wie beispielsweise die Einführung technischer Fortschritte, sind auf ihre soziale und kulturelle Verträglichkeit hin zu prüfen, bevor sie den Familien empfohlen werden. Die Rolle von beispielsweise sozialen oder religiösen Tabus und Normen, die sich im Zeitablauf wandeln können, setzen den gesellschaftlichen Rahmen der Entscheidungen einzelner.

b) Die natürlichen Rahmenbedingungen lassen sich häufig nur durch hohen Aufwand ändern. Sie sind standortspezifisch vorgegeben. Die wichtigsten Bereiche sind die Klima-, Boden-, Wasser- und Vegetationsbedingungen sowie Krankheits- und Seuchenlage. Sie beeinflussen direkt die Familie (z. B. deren Gesundheit), den Haushalt (z. B. durch die Notwendigkeit, wandern zu müssen, die Art der Wasserversorgung, den Zukauf) und den Betrieb (z. B. durch die Verfügbarkeit an Ressourcen und durch die Produktionsprozesse).

c) Das externe Angebot an und die Einflüsse durch Information sowie technische und organisatorische Fortschritte sind progressive Bereiche, die auf eine Veränderung des Entscheidungsverhaltens der Menschen drängen. Der Einfluß von außerhalb der Familie ist um so wichtiger, je traditioneller die Systeme sind. In marktorientierten Systemen ist das Entscheidungsverhalten der Familien oder Betriebsleiter schon so stark nach außen orientiert, daß ein Eigenantrieb zur Beschaffung von Information und technischen Fortschritten aus den Systemen selbst heraus gegeben ist.

d) Die institutionellen, administrativen und politischen Rahmenbedingungen sind für die Familie oder ein Dorf in der Regel festgelegt. Die Entscheidungen passen sich dem an oder versuchen dann davon abzuweichen, wenn die Kontrolle der Familien oder Betriebe durch Institutionen nicht erfolgreich ist und Abweichungen für die Familien vorteilhaft sind (es entstehen dann beispielsweise Schwarzmärkte). Im allgemeinen nimmt die Bedeutung dieser Rahmenbedingungen mit zunehmender infrastruktureller Erschließung

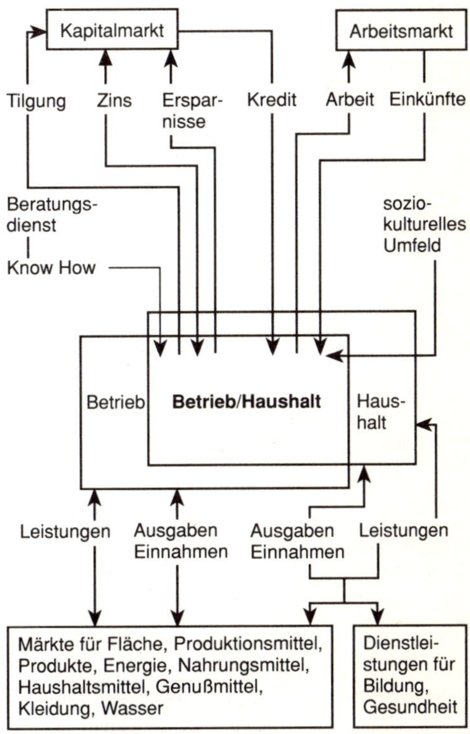

Abb. 3. Die externen Beziehungen des Systems Betrieb/Haushalt in den Tropen und Subtropen.

von Regionen, mit zunehmendem Ausbau der staatlichen Behörden und steigender Bevölkerungsdichte zu. Von besonderem Einfluß ist die politische Struktur eines Landes.

Diese externen Einflußgrößen führen in Abhängigkeit von den internen Bedingungen des Systems Betrieb/Haushalt häufig zu den in Abb. 3 zusammengefaßten externen Beziehungen. Diese ergeben sich aus der Mobilität von Arbeit, Kapital, sonstigen Ressourcen, Produkten und Dienstleistungen und werden in ihrem Umfang von Bedürfnissen und Wertvorstellungen gelenkt. Beratung und Information von außerhalb beeinflußt diese Ströme.

Auf der Handlungsebene Betrieb und Haushalt orientieren sich die Familien in ihrem Entscheidungsprozeß auch an den internen Einflußfaktoren. Ihre funktionalen Beziehungen zueinander sind in Abb. 4 zusammengefaßt. Im Prinzip dienen der landwirtschaftliche Betrieb und der Haushalt zur Befriedigung der Bedürfnisse der im Betrieb und Haushalt lebenden Familien. Die Familien stellen für die Aktivitäten der landwirtschaftlichen Betriebe und Haushalte familiäre Ressourcen zur Verfügung.

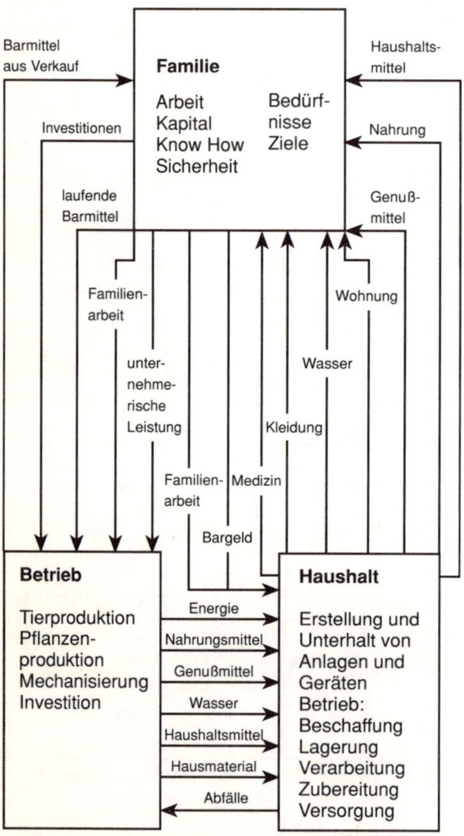

Abb. 4. Die internen Beziehungen zwischen Familie, Betrieb und Haushalt in den Tropen und Subtropen.

Das Subsystem landwirtschaftlicher Betrieb ist charakterisiert durch die bestehenden Ziele, die vorhandenen Ressourcen (Produktionsfaktoren und Faktorkapazitäten, die im Zeitablauf durch Investition oder Ausbeutung verändert werden können), durch Produktionsprozesse (entsprechend den natürlichen Standortverhältnissen), den Beziehungen zum Haushalt, zum Markt und zu den Institutionen.

Gelegentlich bereitet die Abgrenzung des landwirtschaftlichen Betriebes in den Tropen und Subtropen Probleme, insbesondere wenn die in industrialisierten Ländern üblichen Abgrenzungskriterien zugrunde gelegt werden. So liegt zum Beispiel ein landwirtschaftlicher Betrieb einer Nomadenfamilie auch dann vor, wenn diesem Betrieb nicht eindeutig Fläche zugeordnet werden kann. In diesem Falle kann die Ressource »Tier« als Abgrenzungskriterium dienen. Die Zuordnung der Produktion zu einer Familie ist dann nicht einfach, wenn ein Familienoberhaupt von mehreren Familienmitgliedern in deren Eigenverantwortung verschiedene Flächen oder Tierherden bewirtschaften läßt. Dies kann bei Sippen oder bei mehreren Frauen pro Familienoberhaupt eintreten. In diesen Fällen wird die gesamte Produktion und Nutzung zu einem Betrieb zusammengefaßt, soweit die bewirtschaftenden Familienmitglieder eine »gemeinsame Küche« bzw. »eine gemeinsame Kasse« haben. Der Erfolg einer Bewirtschaftung kommt aus dem Einsatz der Familienmitglieder, die Verwendung kommt der Familie zugute. Hier erweist sich eine gemeinsame Betrachtung von Betrieb und Haushalt in einem System als besonders notwendig.

Bei dem Subsystem Haushalt wird von einer Versorgungseinheit der Familie ausgegangen. Ziel ist es, die kontinuierliche Versorgung der Familie mit minimalem Risiko sicherzustellen. Die Familie bestimmt die Ansprüche, die im Haushalt agierenden Menschen stellen die Versorgung dieser Ansprüche durch den Haushalt sicher (Abb. 4). Dies geschieht grundsätzlich über die Beschaffung der Ausgangsprodukte vom Betrieb oder Markt, die Lagerung zur Sicherung der zeitlich kontinuierlichen Versorgung, der Zubereitung zur direkten Verwertung durch den Menschen und die eigentliche Nutzung durch die Familienmitglieder. Zur Sicherstellung der Versorgung ist grundsätzlich notwendig:

a) Laufender Arbeitsaufwand, dauernde Bargeldansprüche und ständige Verfügbarkeit von Ressourcen
b) Investitionen in Anlagen, die die Voraussetzung für die dauernde Nutzung bilden, wie beispielsweise Brunnen, Wellblechdach mit Dachrinne, Vorratslager etc.

Der Haushalt benötigt zur Sicherstellung einer kontinuierlichen Versorgung vor allem Arbeitskräfte und Bargeld. Darüber hinaus müssen jedoch Bedingungen außerhalb des Haushaltes erfüllt sein, die zur Beschaffung von Versorgungsgütern und Dienstleistungen notwendig sind, wie beispielsweise Apotheken, Wälder zur Holzversorgung, Verkaufsstände für Wachs, Kerzen oder Tankstellen. Und schließlich müssen die erforderlichen Produkte in ausreichender Menge zum beanspruchten Zeitpunkt im Angebot sein.

Die Mannigfaltigkeit der Gesellschaften und Kulturen in den Tropen und Subtropen hat zu einer großen Vielfalt an Verbindungen zwischen Betrieb und Haushalt geführt. Entsprechend schlägt sich dies in der Entwicklung des Betriebssystems nieder.

1.3 Klassifizierung der Betriebssysteme

Unter Betriebssystemen wird – wie bereits dargelegt – das ganzheitliche Gebilde »Familie/Betrieb/Haushalt« verstanden. Bedürfnisse, Ziele und daraus resultierend das Entscheidungsverhalten der im Haushalt und Betrieb lebenden Menschen sind von übergeordnetem Interesse. Sie werden durch Handlungen auf der Ebene Betrieb, Haushalt und durch außerbetriebliche Tätigkeit realisiert. Betrieb und Haushalt haben hinsichtlich Zielerreichung instrumentalen Charakter.

Das Betriebssystem tritt in einer realen Region oder in einem Dorf durch die Vielzahl unterschiedlich entwickelter Betriebe und Haushalte in einer großen Streubreite auf. Die Analyse einer vergangenen und die Schätzung der zukünftigen Entwicklung eines Betriebssystems wird aber um so realistischer und aussagekräftiger, je homogener die zu einem Betriebssystem zusammengefaßten Betriebe/Haushalte sind.

Zwischen den Betriebssystemen führt eine hohe Heterogenität zu eindeutig zuordenbaren und spezifisch wirksamen Entwicklungsvorschlägen. Die Kriterien der Homogenität und Heterogenität sollten diejenigen Merkmale beinhalten, die das Entscheidungsverhalten in den Betriebssystemen bestimmen. Dies ist die Grundlage der hier verwendeten Klassifizierung. Sie ergab sich aus den Erfahrungen der bisherigen Vorgehensweisen.

1.3.1 Historische Einteilung

Von historischem Interesse ist die Klassifikation in Sammelwirtschaften und kultivierende Wirtschaftsformen. Bei den Sammelwirtschaften handelt es sich um ein mehr oder weniger regelmäßiges Sammeln von wild wachsenden Früchten, Jagen von Wildtieren und Fischfang.

Sammelwirtschaften sind heute in den Tropen und Subtropen nur noch sehr selten zu finden. Kultivierende Wirtschaften umfassen Nutzungssysteme der Pflanzen- und Tierproduktion mit der Absicht, die Familien zu ernähren und deren Lebensstandard zu sichern.

Eine umfassende Klassifizierung hat RUTHENBERG (24) nach Bodennutzungssystemen vorgenommen. Er unterscheidet in Acker- und Weidewirtschaftssysteme. In der Ackerwirtschaft werden Art der Fruchtfolge, Intensität der Fruchtfolge, Wassereinsatz, Anbautechnik, Tierhaltungsformen sowie Geräte zur Bodenbewirtschaftung als Kriterien zugrunde gelegt. In der Weidewirtschaft wird nach wandernder und stationärer Tierhaltung unterschieden. Als Ergebnis werden für die Tropen und Subtropen acht Bodennutzungssysteme zusammengefaßt (Abb. 5). RUTHENBERG hat damit eine erste Klassifizierung für die Tropen vorgelegt und diese umfassend beschrieben.

ANDREAE (3) gruppiert die landwirtschaftlichen Betriebsformen in extensive Weidewirtschaft, Regenfeldbau (Trockenfeldbau), Bewässerungsfeldbau sowie Betriebsformen mit Baum- und Strauchkulturen und erlaubt damit eine mehr wirtschaftsgeographische Beschreibung der landwirtschaftlichen Produktion. Für

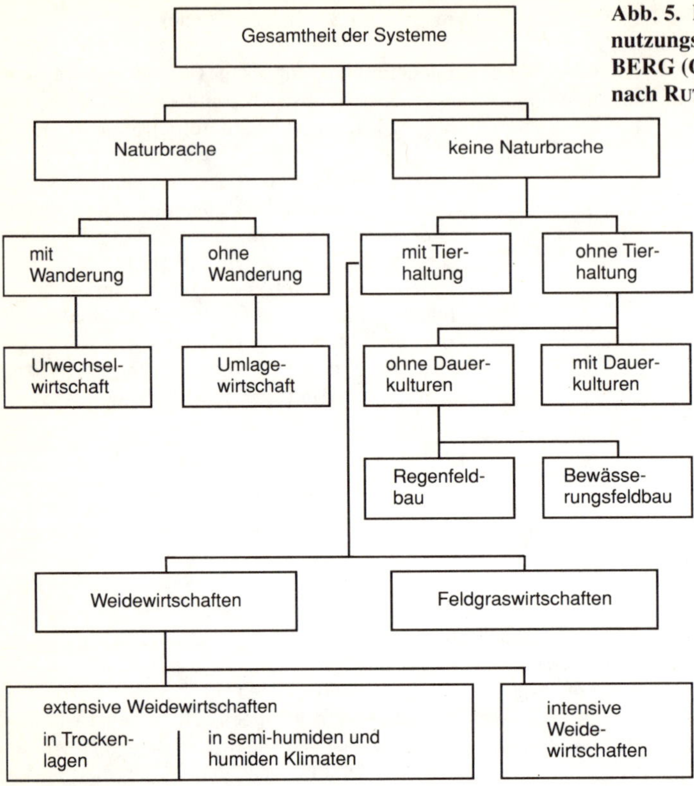

Abb. 5. Klassifizierung der Bodennutzungssysteme nach RUTHENBERG (Quelle: zusammengestellt nach RUTHENBERG, H., (24)).

mikroökonomische und sozioökonomische quantitative Analysen und Planungen eignet sich diese generelle Betrachtung nur begrenzt, da die räumlichen Strukturelemente nicht ausreichend das Entscheidungsverhalten in den Betrieben/ Haushalten erklären.

In Anlehnung an RUTHENBERGS Vorgehensweise klassifiziert JAHNKE (19) Systeme der Tierhaltung. Die Produktionsform (Weide, Ackerproduktion und Dauerkulturen) und die Nutzungsrichtung sind die wichtigsten Klassifizierungskriterien. Im Ergebnis kommt er zu acht Produktionssystemen auf Betriebsebene mit Schwerpunkt Tierproduktion, die eine deskriptive Analyse ermöglichen und die durch die stärkere Differenzierung eine höhere Homogenität der Klassen erlaubt. Damit können für den Teilbereich des Produktionssystems bereits allgemeine Analysen auf der Mikroebene durchgeführt werden.

VON BLANCKENBURG (5) geht verstärkt von sozioökonomischen und agrarstrukturellen Merkmalen aus. Seine Abgrenzungskriterien für die Systeme sind Wanderung/Seßhaftigkeit, traditionelle Stammesgesellschaften/moderne Gesellschaften, Kleinbetriebe/ mittelgroße Betriebe/Großbetriebe (in bezug auf Flächenausstattung), Eigentums-/Pachtverhältnisse, Vollzeit-/Teilzeit-/Nebenerwerbsbetriebe und Grad der Entscheidungsfreiheit bei der Produktion (Produktion unter genauer Aufsicht, Kooperative, Kollektive). Im Ergebnis stellt er für die Tropen und Subtropen acht Obersysteme vor, die durch Untergruppierungen differenziert und durch die Einbeziehung von Verhaltensbeschränkungen und -möglichkeiten gekennzeichnet sind. Ein wesentliches Kennzeichen ist die Weiterentwicklung der mehr produktionstechnisch orientierten Klassifizierungen von RUTHENBERG (24) und JAHNKE (19) durch verstärkte Einbeziehung von sozioökonomischen Merkmalen. Allerdings wird die Verteilung solcher Systeme in den Tropen nicht untersucht und keine Beschreibung der einzelnen Gruppen in ihrer realen Entwicklung vorgenommen.

Die Kommission der Internationalen Geographischen Union nimmt eine Klassifizierung nach den Kriterien soziale Merkmale (z. B. Eigentum, Pacht, Betriebsgröße), den Merkmalen des Produktionsprozesses, der Produktivität, des Produktionszieles und der Agrarstruktur vor (KOSTROWICKY, 20). Es werden die Obergruppen »traditionelle extensive Landwirtschaft«, »traditionelle intensive Landwirtschaft«, »marktwirtschaftlich orientierte Landwirtschaft«, »sozialistische Landwirtschaft« und »hochspezialisierte Landwirtschaft« unterschieden. Der Klassifizierung und Verteilung in den Tropen folgt jedoch keine Beschreibung der Systeme und ihrer Entwicklung in der Realität. Diesem Anspruch werden teilweise ANDREAE (3) und JAHNKE (19) gerecht, am weitestgehenden aber RUTHENBERG (24).

Die vorliegenden Klassifizierungen reichen aus, um auf der Ebene von Landnutzungssystemen, Bodennutzungssystemen und Produktionssystemen Analysen vorzunehmen. Eine weitergehende Betrachtung der Mikroeinheiten in möglichst quantitativen sozioökonomischen Untersuchungen erfordert aber eine stärkere Differenzierung und Orientierung am Entscheidungsverhalten.

1.3.2 Entscheidungsorientierte Klassifizierung

Wenn das Entscheidungsverhalten der Betriebssysteme bzw. der in den Betriebssystemen entscheidenden Menschen begründet, nachvollzogen und vorausgeschätzt werden soll, dann sind die Betriebssysteme nach den Entscheidungs- und Verhaltenskriterien zu klassifizieren. Solche Kriterien können in Abhängigkeit von der jeweiligen Situation unterschiedlich sein und unterschiedliche Bedeutung haben. Die am stärksten die Entscheidung beeinflussenden Kriterien sind in Tab. 1 zusammengestellt.

Erste Differenzierung: Grad der Marktorientierung

Der Grad der Marktorientierung der Betriebe und Haushalte hat den stärksten Einfluß auf das Entscheidungsverhalten in den Betriebssystemen der Tropen und Subtropen. Der Grad der Orientierung am Markt beeinflußt unter anderem:

- die Produktionsrichtung in den Betrieben durch die Absatzmöglichkeiten der Produkte am Markt und die Produktionsintensität und -stabilität durch den Bezug von Produktionsmitteln und Produktionsfaktoren vom Markt
- die Versorgung des Haushaltes mit Nahrungsmitteln, Genußmitteln, Kleidung, Wohnung, Medizin und Behandlung sowie Bildung und Ausbildung nach Umfang, Qualität und Versorgungsquelle (eigener Betrieb oder Zukauf

Tab. 1. Klassifikationskriterien zur Abgrenzung von landwirtschaftlichen Betriebssystemen in den Tropen und Subtropen

Kriterien	Meßgröße
Grad der Marktorientierung	Anteil der Marktbelieferung am Gesamtwert der betrieblichen Erzeugung
Knappheit an Fläche	theoretisch: Grenzverwertung der Fläche, praktisch: Betriebsgrößen in Hektar
Seßhaftigkeit	fester Wohnsitz
Knappheit und Ausdehnungsmöglichkeit anderer Ressourcen	Grenzverwertung bei Arbeit, Tieren, Bewässerungswasser, Dauerkulturen, Kapital sowie deren Ausdehnungspotential
Produktionssystem	Organisation der Produktion im landwirtschaftlichen Betrieb
Klima	Humide, semihumide, semiaride und aride Standorte sowie Hochlagen
Arbeitswirtschaft	Familieneigene oder Fremdarbeitskräfte, deren Beschaffung und Entlohnung
Technisierungsstufe	Grade der Mechanisierung und Technisierung
Einkommensquelle	Betriebs- und außerbetriebliches Einkommen und Beschäftigung
Eigentumsverhältnisse	Eigentum an Fläche, Tieren, Wasser und Anlagen; Pachtsysteme
Einkommenshöhe	Familien- und Betriebseinkommen pro Jahr
Familiengröße	Zahl der Familienmitglieder

vom Markt bzw. Institutionen). Damit werden die Beziehungen zwischen Betrieb, Haushalt und Markt grundlegend bestimmt
- die persönlichen Finanz- und Vermögensbereiche über Beschaffung oder Anlage von Kapital im Betrieb oder außerhalb
- außerbetriebliche Beschäftigung und Einkünfte. Damit werden die Beziehungen der betrieblichen und familiären Ressourcen im Zusammenwirken zwischen dem System Betrieb/Haushalt und der Umwelt grundlegend bestimmt.

Der Grad der Marktorientierung ist ein Indikator für die Bedeutung des monetären Anreizes, die daraus resultierenden Möglichkeiten der Bedürfnisbefriedigung der Familien und für die Art und Weise, wie diese ihre Ziele zu erreichen versuchen. Er deutet gleichzeitig den Grad der Öffnung des Betriebssystems nach außen an. Dem Grad der Marktorientierung wird hier die größte Bedeutung für die unterschiedliche Herausbildung und Entwicklung der Betriebssysteme zugemessen.

Die Meßgröße für den Grad der Marktorientierung ist der Anteil der mit Marktpreisen bewerteten Produktion des Betriebes, der am Markt verkauft wird. Denkbar wären auch Meßgrößen wie der Anteil des Zukaufs an der Versorgung der Familie mit Nahrungsmitteln oder der Anteil des Zukaufs an der Gesamtversorgung von Haushalt und Betrieb. Diese Meßgrößen erhöhen den Informationsgehalt im Vergleich zur hier verwendeten Größe nicht wesentlich, sind aber wesentlich schwieriger zu ermitteln und meist nicht bekannt.

Jede Abgrenzung führt zu dem Problem, daß eine klare Grenze zu ziehen ist, um damit arbeiten zu können, in Wirklichkeit die Grenzübergänge aber fließend sind. Dieser Einschränkung unterliegt auch die Festlegung des Abgrenzungskriteriums bei der nachfolgenden Klassifizierung.

Die Verwendung des Verkaufsanteils am Produktionswert des Betriebes als erstes Klassifikationskriterium führt zu drei Obergruppen landwirtschaftlicher Betriebssysteme (Abb. 6):

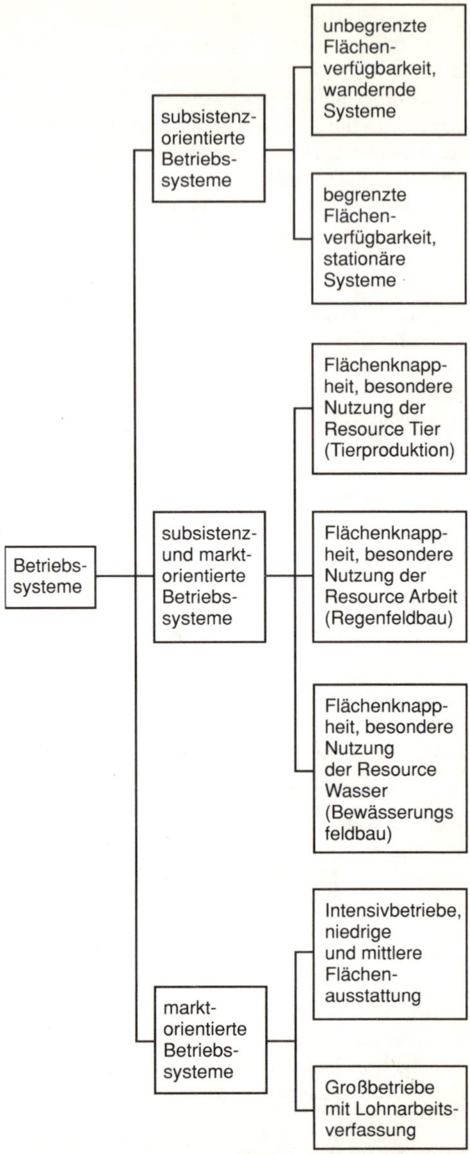

Abb. 6. Überblick über die Gruppen landwirtschaftlicher Betriebssysteme.

a) Subsistenzorientierte Betriebssysteme
   Es handelt sich um Betriebssysteme, die über mehrere Jahre weniger als 10% ihres Produktionswertes auf dem Markt verkaufen. In diesen Betrieben wird primär zur Eigenversorgung der Familie produziert, gelagert, verarbeitet und zur Verwendung zubereitet. Betrieb und Haushalt sind praktisch autark. Wenige Ausnahmen im Haushalt sind beispielsweise der Kauf von Salz und Gewürzen. Es handelt sich ausschließlich um Familienbetriebe, die von Klein- oder Großfamilien oder einer ganzen Sippe bewirtschaftet werden.

b) Subsistenz- und marktorientierte Betriebssysteme
Es handelt sich um Betriebssysteme, die über mehrere Jahre zwischen 10% und 90% ihres Produktionswertes auf dem Markt verkaufen. In diesen Betrieben wird sowohl für die Eigenversorgung als auch für den Markt produziert. Hier findet sich noch ein Entscheidungsverhalten verbreitet, das für die subsistenzorientierten Betriebssysteme typisch ist. Durch den Anschluß an den Markt gewinnt aber eine kommerzialisierte Verhaltensweise zunehmend an Bedeutung. Bei den subsistenz- und marktorientierten Betrieben handelt es sich in der Regel um Familienbetriebe, die entweder von den Familienarbeitskräften alleine bewirtschaftet werden oder in Zeiten mit Arbeitsknappheit saisonale Fremdarbeitskräfte beschäftigen.

c) Marktorientierte Betriebssysteme
Es handelt sich um Betriebssysteme, die über mehrere Jahre mehr als 90% ihres Produktionswertes am Markt verkaufen. Es sind kommerzialisierte Betriebe, die für den Markt produzieren mit dem Bestreben, ihren Unternehmergewinn bzw. die Kapitalverzinsung zu maximieren. Die Versorgung der Familie erfolgt über den Markt. Bei diesen Betriebssystemen sind auch Familienbetriebe zu finden, meist handelt es sich aber um Lohnarbeitsbetriebe.

Zweite Differenzierungsebene

Die Knappheit an Fläche ist das dominierende Kriterium des Entscheidungsverhaltens bei der zweiten Differenzierung der Betriebssysteme. Dies ist jedoch für die einzelnen Gruppen von unterschiedlicher Bedeutung, so daß weitere Kriterien überwiegen können. Der Grad der Flächenknappheit bestimmt die Seßhaftwerdung der Familien, die Entwicklung von kleinen und mittelgroßen Betrieben mit deutlich unterschiedlichem Entscheidungsverhalten hin zu den Großbetrieben und die Vermögensgrundlage als Basis für die Entwicklung der Betriebssysteme.

Die Knappheit an Fläche läßt sich an ihrer Grenzverwertung messen. Ein solches Kriterium ist wegen mangelnder Information nicht praktikabel. Es müssen daher Erfahrungswerte und Schätzwerte verwendet werden. Kleinbetriebe werden danach in der Größe zwischen 0,5 und 15 ha, mittelgroße Betriebe zwischen 5 und 150 ha und Großbetriebe mit über 100 ha eingeordnet. Die Spannbreiten sollen den unterschiedlichen Standortverhältnissen und der Produktionsintensität Rechnung tragen. Eine genauere Spezifizierung innerhalb dieser Spannbreite erfolgt mit Hilfe der Produktionsintensität. Subsistenzorientierte, wandernde Betriebssysteme können diesen Kategorien nicht zugeordnet werden.

Auf der zweiten Differenzierungsebene ergeben sich folgende Gruppen landwirtschaftlicher Betriebssysteme (Abb. 6):

1. Subsistenzorientierte Betriebssysteme
   a) Nicht-seßhafte Betriebssysteme/unbegrenzte Flächenverfügbarkeit
   Die Familien wandern in bestimmten Abständen mit dem Haushalt und dem Betrieb. Diese Gruppe von Betriebssystemen ist gleichzeitig gekennzeichnet durch unbegrenzte Flächenverfügbarkeit. Es handelt sich um sehr traditionelle Betriebssysteme.
   b) Seßhafte Betriebssysteme/begrenzte Flächenverfügbarkeit
   Durch beginnende Knappheit an Fläche entwickeln sich die wandernden zu stationären Betriebssystemen. Die Familien werden seßhaft, die Flächen werden in einer Übergangsphase noch in großen Einzugsbereichen und Entfernungen genutzt. Es handelt sich um traditionelle Betriebssysteme mit Pflanzenproduktion und Dominanz der Versorgung des Haushaltes mit pflanzlichen Produkten.

2. Subsistenz- und marktorientierte Betriebssysteme
   In dieser Gruppe dominiert die Knappheit an Fläche. Abweichungen bestehen in der Verfügbarkeit und Nutzung anderer Ressourcen (Produktionsfaktoren), die das Entscheidungsverhalten bestimmen. Entsprechend wird unterschieden in:
   a) Betriebssysteme mit Flächenknappheit und Tiernutzung
   Flächenknappheit und Schwerpunkt Tierproduktion sind die betrieblichen Besonderheiten. Die Tierproduktion liefert den wichtigsten Beitrag zum Lebensstandard. Die langfristige Erhaltung der Futtergrundlage und der Ressource Tier sichert damit die langfristige Einkommensentwicklung.

b) Betriebssysteme mit Flächenknappheit und besonderer Nutzung von Arbeit (Pflanzenproduktion im Regenfeldbau)
Flächenknappheit sowie ein besonderer Zusammenhang zwischen Arbeit und Kapital (über die Mechanisierung) und zwischen Flächenpotential und Kapital (über Dauerkulturen) sind die betrieblichen Besonderheiten. Die Pflanzenproduktion im Regenfeldbau dominiert. Tierhaltung spielt keine nennenswerte Rolle und Bewässerung wird nicht betrieben. Die langfristige Erhaltung des Produktionspotentials sowie die Erschließung der Marktbeziehungen sind die Grundlage der langfristigen Entwicklung von Einkommen, Liquidität, Vermögen und Risiko.

c) Betriebssysteme mit Flächenknappheit und besonderer Wassernutzung
Flächenknappheit, Wasserbeschaffung und Wassereinsatz in der Bewässerung sind die auf vorwiegend pflanzliche Produktion ausgerichteten betrieblichen Besonderheiten. Die Versorgung der Haushalte enthält zunehmend auch tierische Produkte, wird aber von pflanzlichen Erzeugnissen dominiert. Langfristige Erhaltung des Produktionspotentials und des Wasserpotentials bestimmen die langfristige Entwicklung von Lebensstandard und Risiko.

3. Marktorientierte Betriebssysteme
In dieser Gruppe ist die Knappheit an Fläche häufig von untergeordneter Bedeutung, da dies – wenn überhaupt erforderlich – über Kapitaleinsatz (z. B. durch Intensivierung, Mechanisierung) kompensiert werden kann. Die Produktionsintensität und -spezialisierung sowie die Arbeitsverfassung sind die Bestimmungsgründe des Entscheidungsverhaltens unterschiedlicher Gruppen marktorientierter Betriebssysteme. Dies führt zu folgenden Untergruppen:

a) Intensive Spezialbetriebe
Sie sind gleichzeitig durch eine kleine bis mittlere Flächenausstattung gekennzeichnet und enthalten überwiegend Familienbetriebe.

b) Großbetriebe mit Lohnarbeitsverfassung
Sie unterscheiden sich von a) durch extensivere Produktion sowie große Flächenausstattung und sind typische Betriebssysteme mit Lohnarbeitsverfassung

Dritte Differenzierungsebene

Eine weitere Einengung der Streubreite der Betriebssysteme mit zunehmender Differenzierung führt zu einer weiteren Spezifizierung mit homogeneren Gruppen, die zueinander zunehmend heterogen werden. Diese Heterogenität bedingt eine zunehmende Vielfalt der Abgrenzungskriterien. Auf der dritten Differenzierungsebene entstehen folgende Gruppen von Betriebssystemen (Abb. 7):

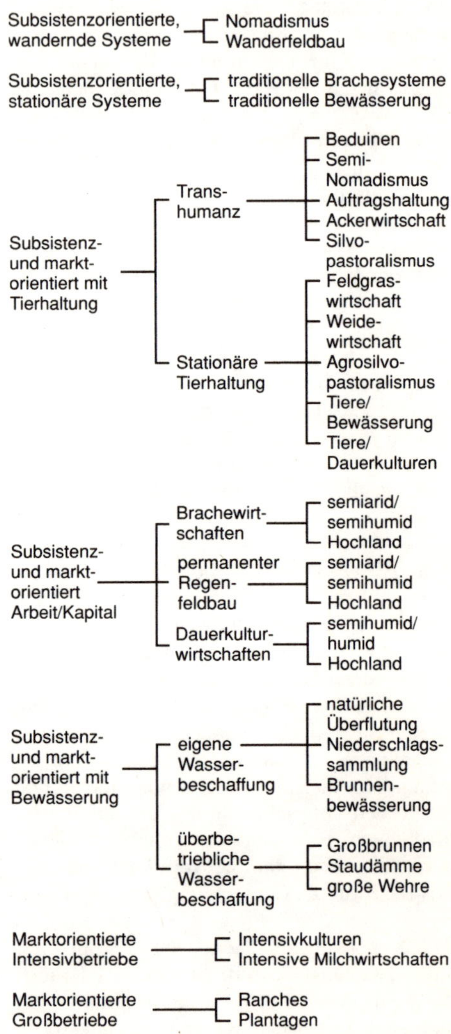

Abb. 7. Dritte und vierte Differenzierungsebene der landwirtschaftlichen Betriebssysteme (Fortsetzung von Abb. 6).

1. Subsistenzorientierte, nicht-seßhafte Betriebssysteme
   Diese traditionellen Betriebssysteme lassen sich nach der zentral genutzten Ressource, ihrem Produktionsschwerpunkt und den Versorgungsgewohnheiten im Haushalt unterscheiden:
   a) Nomadismus
      Wichtige Ressource ist das Tier. Tierhaltung stellt den Produktionsschwerpunkt dar, und im Haushalt dominiert der Verbrauch tierischer Produkte. Von Einfluß sind die Standortverhältnisse, die durch komparative Vorteile des Nomadismus zu einer Verbreitung am ariden und semiariden Standort geführt haben.
   b) Wanderfeldbau
      Wichtige Ressource ist die Fläche. Produktionsschwerpunkt ist der Ackerbau,und im Haushalt dominiert der Verbrauch pflanzlicher Produkte.
2. Subsistenzorientierte, seßhafte Betriebssysteme
   Sie lassen sich nach dem Grad der Einflußnahme auf die natürlichen Standortverhältnisse und der Risikoreduzierung unterscheiden in:
   a) traditionelle Brachewirtschaften
      Die Erhaltung der Bodenfruchtbarkeit erfolgt über traditionelle Anbausysteme.
   b) traditionelle Bewässerungswirtschaften
      Die Erschließung der Ressource Wasser führt zu intensiverer Flächennutzung mit Reduzierung des Produktionsrisikos.
3. Subsistenz- und marktorientierte Betriebssysteme mit Flächenknappheit und besonderer Nutzung der Ressource Tier
   Die Mobilität ist ein wichtiges Abgrenzungskriterium, das zum überwiegenden Teil auch eine Verbindung zu traditioneller Wirtschafts- und Lebensweise darstellt. Entsprechend der Mobilität lassen sich unterscheiden:
   a) Betriebssysteme der Transhumanz
      In diesen Systemen ist die Familie bereits seßhaft, die Tierherden wandern aber noch in unterschiedlichem Ausmaß. Zu ihnen zählen die Betriebssysteme der Beduinen, des Semi-Nomadismus, der Auftragstierhaltung, der Tierhaltung mit Ackerwirtschaft sowie des Silvopastoralismus.
   b) Stationäre Betriebssysteme
      Sowohl die Familie als auch der Betrieb sind stationär. Hierzu zählen die Betriebssysteme der Feldgraswirtschaft, der Weidewirtschaft, der Agrosilvopastoralismus sowie der Kombination der Tierhaltung mit Dauerkulturen oder Bewässerung.
4. Subsistenz- und marktorientierte Betriebssysteme mit Flächenknappheit und besonderer Nutzung der Ressource Arbeit
   In diesen Ackerwirtschaften sind die Kriterien der Naturbrache und Investition in mehrjährige Anlagen im Ackerbau wichtige Unterschiede im Entscheidungsverhalten der Betriebssysteme. Entsprechend wird differenziert in:
   a) Brachewirtschaften
      In der Ackerwirtschaft wechseln Anbau und Naturbrache noch ab.
   b) Permanenter Regenfeldbau
      Naturbrache wird nicht mehr praktiziert. Betriebsexterne Produktionsmittel (z. B. Mineraldünger) nehmen an Bedeutung zu.
   c) Dauerkulturwirtschaften
      Langfristige Investitionen in Anlagen, spezifische Probleme der Verarbeitung und Vermarktung und ein intensiver Marktbezug sind wichtige Merkmale dieser Betriebssysteme.
5. Subsistenz- und marktorientierte Betriebssysteme mit Flächenknappheit und besonderer Wassernutzung
   Hier handelt es sich um Betriebssysteme mit Bewässerung, die sich durch die Entscheidungsfreiheit bei Beschaffung und Einsatz von Wasser wie folgt unterscheiden:
   a) Betriebssysteme mit eigener Wasserquelle
      Es sind Betriebssysteme mit relativ hoher Entscheidungsfreiheit in der Bewässerung. Hierzu zählen beispielsweise Niederschlagssammlung und Brunnenbewässerung.
   b) Betriebssysteme mit überbetrieblicher Wasserbeschaffung und -verteilung
      Die Entscheidungsfreiheit in der Bewässerung beschränkt sich auf den Wassereinsatz auf den Parzellen. Es handelt sich in der Regel um Großbrunnensysteme oder Staudamm- und Großwehr-Projekte mit einer Wasserverteilung in Kanalsystemen.
6. Marktorientierte Intensivbetriebe
   Es handelt sich um Spezialbetriebe, die relativ selten, aber in vielen Formen auftreten. Hier wird nach dem Produktions- und Absatzschwerpunkt unterschieden in:

a) Intensivkulturen
Hierzu zählen Betriebe mit Blumen, Gewürzen, Gemüse und sonstigen Spezialkulturen.
b) Intensive Milchwirtschaftssysteme.

7. Marktorientierte Großbetriebe mit Lohnarbeitsverfassung
Bei diesen kommerzialisierten Betriebssystemen erfolgt eine weitere Differenzierung nach den Produktions- und Vermarktungsschwerpunkten und weiter nach der tierischen und pflanzlichen Produktion in:
a) Ranches b) Plantagen.

1.4 Verbreitung wichtiger Betriebssysteme

Die Tropen liegen etwa zwischen 23,5° nördlicher und südlicher Breite, die Subtropen zwischen 23,5° und 35° nördlicher und südlicher Breite. In diesen Zonen sind die landwirtschaftlichen Betriebssysteme unterschiedlich verbreitet.

Die Kenntnis ihrer Verbreitung ist aus folgenden Gründen begrenzt:

a) Regionsspezifische Statistiken liegen hierfür nicht vor. Auf nationaler Ebene muß in der Regel auf grobe Daten der Produktion zurückgegriffen werden, die weder die Verfügbarkeit an Ressourcen, noch den Haushalt und die Marktbeziehungen abbilden.
b) Die Entwicklung der Betriebssysteme in den vergangenen 30 Jahren war so schnell, daß die wenigen Informationen über die Verbreitung meist schon überholt waren, als sie verfügbar wurden.

Aus diesen Gründen ist eine genaue Darstellung der Verbreitung der landwirtschaftlichen Betriebssysteme meist nicht oder nur auf hohem Aggregationsniveau unter Verwendung erfahrungsbezogener Schätzungen möglich.

Die Dynamik der Entwicklung hat zu einer heutigen Verteilung der landwirtschaftlichen Betriebssysteme geführt, wie sie in Abb. 8 geschätzt wurde. Sie zeigt, daß subsistenzorientierte Betriebssysteme nur noch in wenigen Regionen zu finden sind. Es dominieren die subsistenz- und marktorientierten Betriebssysteme. Ihre Schwerpunkte bei tierischer Nutzung liegen vor allem in Afrika, im Nahen Osten und in Lateinamerika. Die Bewässerungswirtschaften sind stark in Asien verbreitet. Die Ackerwirtschaften und Dauerkultursysteme lassen keinen regionalen Schwerpunkt erkennen. Bei den ausschließlich marktorientierten Betriebssystemen dominiert Lateinamerika, aber auch in Südostasien und im südlichen Afrika sind sie zu finden.

Die Verteilung der landwirtschaftlichen Betriebssysteme in den Entwicklungsländern der Tropen und Subtropen nach dem Anteil der in und von den Betrieben lebenden Menschen und nach der genutzten Fläche kann wie folgt geschätzt werden:

Betriebssysteme	% der Personen	% der Fläche
Subsistenzorientierte Systeme	5	10
Subsistenz- und marktorientierte Betriebssysteme	90	65
davon: Fläche/Tiere	20	20
Fläche/Arbeit	40	30
Fläche/Wasser	30	15
Marktorientierte Betriebssysteme	5	15
Insgesamt	100	100

1.5 Methodisches Vorgehen

Die nachfolgenden Betrachtungen stellen eine beschreibende Analyse der Betriebssysteme dar. Zentrales Anliegen ist dabei, die Entwicklung der Betriebssysteme und deren Bestimmungsgründe sowie die Zusammenhänge zwischen den Betriebssystemen in vergleichenden Analysen darzustellen. Für diesen Zweck wird in erster Linie die Vergangenheit und Gegenwart untersucht.

Dies erfolgt durch die Behandlung folgender Bereiche innerhalb einer Gruppe von Betriebssystemen (bzw. einzelner Kapitel):

a) Allgemeine Beschreibung der Systeme
b) Intensität, Produktivität und Stabilität der Produktion
c) Arbeitswirtschaft und Mechanisierung
d) Investitionen und Finanzierung
e) Lagerhaltung, Verarbeitung und Vermarktung
f) Selbstversorgung und Haushalt, Einkommen, Liquidität und Risiko
g) Entwicklungsprobleme und -potential

Bei der Behandlung dieser Bereiche werden die nachfolgend aufgeführten Begriffe verwendet.

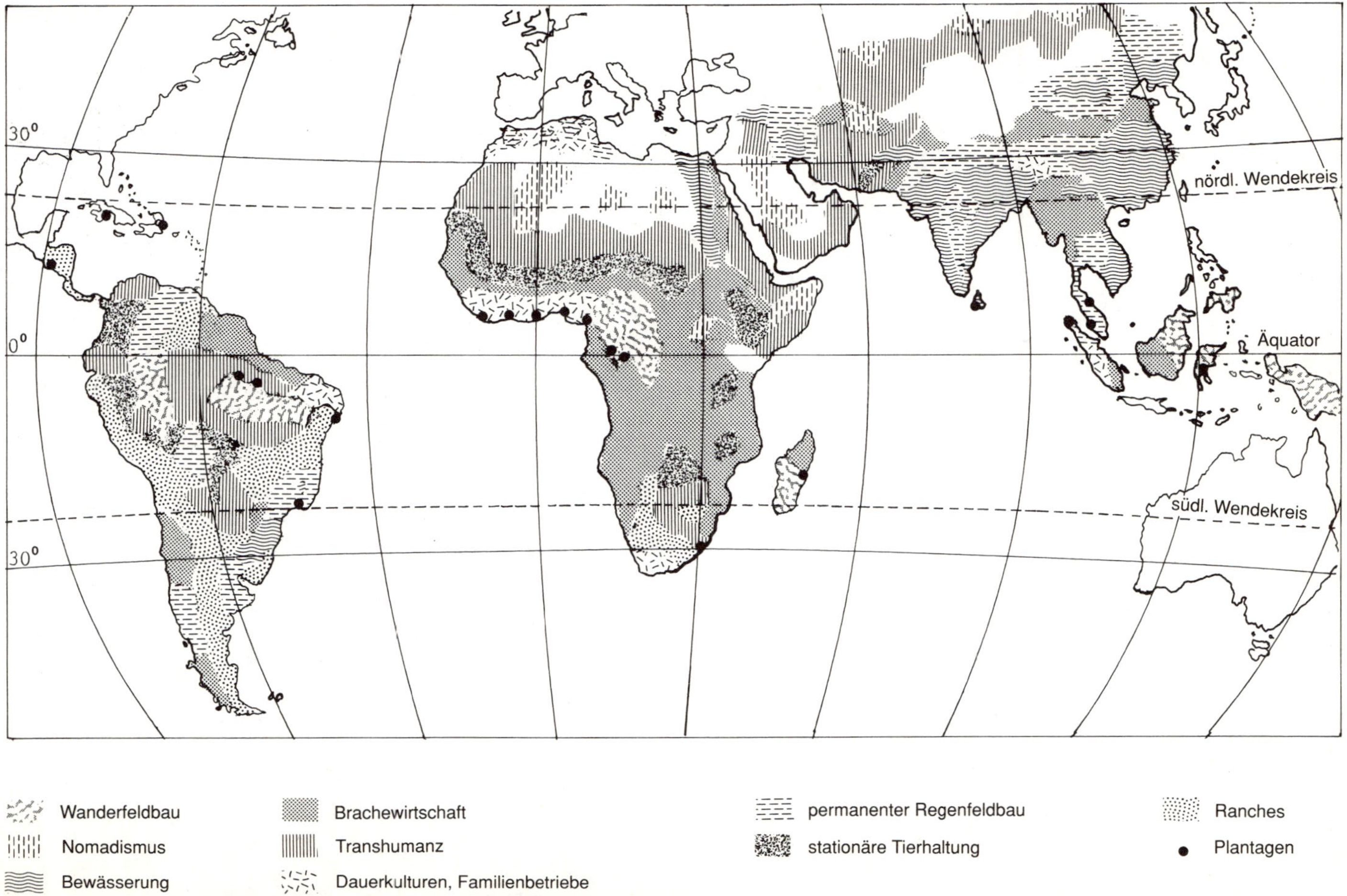

Abb. 8. Geschätzte heutige Verteilung der landwirtschaftlichen Betriebssysteme.

Die **Intensität der Produktion** stellt das Einsatz- und das Verwertungsniveau primär ertragssteigernder Produktionsmittel dar. Sie wird ausgedrückt in der Einsatzmenge eines Produktionsmittels pro genutzter Einheit eines Produktionsfaktors (Einsatzniveau) und in der Leistung pro eingesetzter Einheit eines Produktionsmittels (Verwertungsniveau). Häufige Meßgrößen für das Einsatzniveau sind der Mineraldüngereinsatz pro Hektar oder der Kraftfuttereinsatz pro Tier und Tag. Das Verwertungsniveau wird oft als Naturalertrag pro Einheit Mineraldünger oder die Milchleistung pro Einheit Kraftfutter definiert. Der Wert der Maßstäbe zur Produktionsintensität liegt im Vergleich zwischen den Produktionsverfahren im gleichen Betrieb, in verschiedenen Betriebssystemen und an unterschiedlichen Standorten.

Unter **Produktivität** wird die Relation von erzeugtem Produktionsvolumen und dazu eingesetzter Faktoreinheit in physischen (Mengenproduktivität) oder monetären Mengen (Wertproduktivität) verstanden. Bei monetären Größen wird auch die Differenz zwischen dem mit Preisen bewerteten Produktionsvolumen und den Kosten der Produktion herangezogen.

Die **Rentabilität** der in Produktionsverfahren eingesetzten Produktionsfaktoren umfaßt die Differenz zwischen monetären Leistungen und Kosten. Im Unterschied zur Produktivität handelt es sich hier um eine Gewinngröße in bezug auf die eingesetzte Faktoreinheit. Handelt es sich um ein Produktionsverfahren, wird die partielle Rentabilität ermittelt. Wird die aus der Gesamtorganisation des Betriebes resultierende Rentabilität auf eine Faktoreinheit bezogen, liegt die globale Rentabilität eines Faktors für den Gesamtbetrieb vor. Der Deckungsbeitrag für Mais je ha stellt einen Ausschnitt der realen Situation eines Betriebes dar. Der Gesamtdeckungsbeitrag des Betriebes, dem eine bestimmte Organisation der Pflanzen- und Tierproduktion zugrunde liegt, stellt eine je Faktoreinheit nach dem Verfahrensumfang gewichtete globale Rentabilität im Betrieb dar.

Die Definition der **Stabilität der Produktion** beinhaltet zwei Komponenten: a) Die Leistung pro Einheit eingesetzter Produktionsfaktoren und Produktionsmittel geht langfristig nicht zurück. Mit diesem Stabilitätsbegriff soll sichergestellt werden, daß das Leistungspotential der Ressourcen langfristig nicht verbraucht wird. b) Eine zweite Komponente der Stabilität betrifft die Schwankungen der Leistung pro eingesetzter Faktoreinheit im Zeitablauf. Eine Minimierung der Schwankung dient der Reduzierung des Risikos.

Die **Arbeitswirtschaft** beinhaltet die Verfügbarkeit des Produktionsfaktors Arbeit, den Anspruch an die Arbeit im Zeitablauf und die tatsächliche Nutzung der verfügbaren Arbeitskapazität. Menge, Qualität, Leistungsfähigkeit und Einsatzbereitschaft (Einschränkung beispielsweise durch Tabus) im Zeitablauf sind wichtige Differenzierungsfaktoren.

Mechanisierung schließt hier alle Techniken ein, die über die Handarbeitsstufe hinausgehen. Die Einführung der Zugtiernutzung, der Einsatz von Geräten, Anlagen und Maschinen bei der Wasserbeschaffung und Wasserausbringung, im Anbau der Kulturen, der Haltung von Tieren sowie der Einsatz von Schlepper, Vollernter und die Verwendung unterschiedlicher neuerer Techniken in der Verarbeitung und Lagerung zählen damit zur Mechanisierung.

Bei der Ermittlung der **Einkommen** in Familienbetrieben wird grundsätzlich von der Ertrag-Aufwandsrechnung ausgegangen. Im Prinzip liegt dem die Ermittlung der Unternehmensrentabilität zugrunde. Da vielerorts der Begriff »Betrieb« als adäquat für die in Entwicklungsländern anzutreffende Wirtschaftseinheit angesehen wird, wird zwar die Unternehmensrentabilität nach den deutschen Definitionen (18) verwendet, die Wirtschaftseinheit aber als Betrieb bezeichnet. Entsprechend wird die Erfolgsgröße als Betriebseinkommen bezeichnet. Unter Einbeziehung außerbetrieblicher Einkünfte wird daraus das Familieneinkommen ermittelt.

Ein besonderes Problem der vergleichenden Analyse entsteht beim Gegenüberstellen von Einkommensgrößen in Betrieben mit unterschiedlichen ökonomischen Rahmenbedingungen. Das Betriebseinkommen von Betrieben in unterschiedlichen Regionen oder Ländern kann unterschiedlichen Lebensstandard bedeuten, da Preise und Kosten abweichen können. Um dies vergleichbar zu machen, wurde dem Betriebseinkommen eine Zeile mit Getreideäquivalenten hinzugefügt. Je nach Bedeutung als Grundnahrungsmittel am Standort werden Reis, Mais, Sorghum oder Weizen zugrunde gelegt. Der Wert des Einkommens im Erhebungsjahr wurde in Gewichtseinheiten Getreide ausgedrückt, die für diesen Betrag in dem Erhebungsjahr und Land auf dem Markt gekauft werden können.

2
Subsistenzorientierte Betriebssysteme

2.1 Merkmale

Mit dem Begriff »Subsistenzorientierung« werden Betriebssysteme gekennzeichnet, in denen sich Verhaltensweisen und Entscheidungen an der Eigenversorgung der Familie orientieren. Sie nutzen die ihnen verfügbaren Ressourcen und befriedigen ihre Bedürfnisse im wesentlichen ohne den Markt. Es sind traditionelle Systeme, die einen hohen Grad an Autarkie aufweisen.

Die **Merkmale** subsistenzorientierter Betriebssysteme in den Tropen und Subtropen lassen sich wie folgt zusammenfassen:

a) Grad der Trennung von Betrieb, Haushalt und Familie
Betrieb, Haushalt und Familie stehen in so enger Beziehung, daß einzelne Teile als eigenständiger Bereich nicht erkennbar werden. Häufig kann sogar zwischen Arbeit und Freizeit nicht unterschieden werden. Das gesellschaftliche Leben ist ein dominantes Element. Lebensweise und Betriebssystem sind nicht voneinander zu trennen. Familien- und Sippenbeziehungen sind stark ausgeprägt. Soziokulturelle Bedürfnisse und Normen sind von großer Bedeutung.

b) Zielstruktur
Die Zielstruktur ist sehr stark an der Existenzsicherung, der Reduzierung von Risiko und soziokulturellen Bedürfnissen orientiert. Dies spiegelt sich im Anteil der Eigenversorgung wider. Die Familien erzeugen mindestens 90% des Produktionswertes für den Eigenbedarf. Dieser umfaßt Nahrungsmittel, Getränke, Genußmittel, Kleidung, Unterkunft und Mittel zur Erhaltung oder Herstellung von Gesundheit. Es werden typische Subsistenzkulturen, wie z. B. Maniok, Yam und Hirse, angebaut. Marktbeziehungen beschränken sich auf essentielle Güter, wie z. B. Salz.

c) Produktionsschwerpunkte
Die Schwerpunkte der Produktion liegen eindeutig entweder in der Ackerproduktion oder der Tierproduktion. Mischformen gibt es nicht, auch wenn gelegentlich die Zugtierhaltung in traditionellen Bewässerungssystemen anzutreffen ist. Es gibt keine Spezialisierung.

d) Standortanpassung und Produktionsintensität
Die Produktion ist an die natürlichen Standortverhältnisse angepaßt. Die Produktionstechnik richtet sich nach den natürlichen Gegebenheiten. Nur selten werden die natürlichen Gegebenheiten den Produktionsansprüchen angepaßt (wie z.B. bei der traditionellen Bewässerung). Die Erhaltung des Ertragspotentials ist ein wichtiges Ziel. Für Ackerbausysteme ist die Erhaltung der Bodenfruchtbarkeit über die Naturbrache ein typisches Kennzeichen traditioneller, auf Anpassung ausgerichteter Systeme.

e) Niveau der Produktionstechnik
Die Produktion erfolgt fast ausschließlich durch den Einsatz menschlicher Arbeit. Dabei befindet sich die Produktionstechnik noch auf sehr niedrigem Niveau. Dadurch wird die Fläche nicht intensiv genutzt. Als wichtigste Geräte dienen Grabstock, Sästock, Hacke, Axt und/oder Buschmesser.

f) Faktorausstattung und Eigentum
Privates Eigentum an Fläche gibt es bei unbegrenzter Flächenverfügbarkeit noch nicht. Mit zunehmender Knappheit an Fläche, wie beispielsweise bei traditionellen Bewässerungssystemen, beginnt sich Einzeleigentum an Fläche herauszubilden. Dies gilt dann gelegentlich auch für die Nutzung von Bewäs-

serungswasser. Die anfallende Arbeit wird in der Regel nur von familieneigenen Arbeitskräften durchgeführt. Es erfolgen keine Kapitalzu- und Kapitalabflüsse aus den Betrieben und Haushalten. In begrenztem Umfang findet die Bildung von Realkapital statt.

g) Faktorproduktivitäten und Einkommensniveau
Die Produktivität ist sehr niedrig. Die Flächenproduktivität ist in der Regel noch niedriger als die Arbeitsproduktivität. Das Einkommensniveau ist niedrig. Liquiditätsprobleme bestehen nicht. Abhängigkeitsverhältnisse von anderen Menschen durch Eigentum an Produktionsfaktoren sind selten vorhanden und wenn, dann nur bei der Flächennutzung innerhalb von Familien und Sippen.

h) Produktionsrisiko
Die Anpassung der Produktion an die Standortverhältnisse führte zu Anbautechniken und einer diversifizierten Produktion, die ein relativ niedriges Produktionsrisiko unter den jeweils gegebenen Standortbedingungen zur Folge hat.

i) Stabilität und Autarkie der Systeme
Die Anpassung der Produktionssysteme an den Standort, die geringe Begrenzung der Fläche sowie die Zielsetzung nach langfristiger Sicherung der Existenz der Familien führt zu einer ressourcenschonenden Produktion. Die autarke Wirtschaftsweise verhindert externe Abhängigkeiten, reduziert das Risiko (Markt etc.) und sichert das Eigentum an Ressourcen. Dies führt langfristig zu einer Sicherung der Lebensgrundlage der Menschen.

Für die Entwicklung der subsistenzorientierten Betriebssysteme ist die Zunahme der Bevölkerung, die auf einer begrenzten Fläche lebt, von zentralem Einfluß. Sie führt zu steigender Knappheit bei Fläche. Diese Entwicklung führt bei den subsistenzorientierten Betriebssystemen zu folgenden Ausprägungen: a) Betriebssysteme mit unbegrenzter Flächenverfügbarkeit und b) Betriebssysteme mit begrenzter Flächenverfügbarkeit.

2.2 Systeme mit unbegrenzter Flächenverfügbarkeit

2.2.1 Merkmale und Verbreitung

Subsistenzorientierte Betriebssysteme mit unbegrenzter Flächenverfügbarkeit, ursprünglich noch mit Jagen und Sammeln verbunden, sind wandernde Systeme. Sie stellen die ursprüngliche Form der heute vorhandenen Betriebssysteme dar. Betriebssysteme mit unbegrenzter Flächenverfügbarkeit sind nur noch selten zu finden. Die Voraussetzung, praktisch unbegrenzt über Nutzfläche zu verfügen, besteht für die meisten Familien nicht mehr.

Unabhängig davon sind sie heute trotzdem noch von Interesse, da ihr hoher Grad an standörtlicher Anpassung, das relativ niedrige Risiko und ihre Unabhängigkeit von externen Institutionen bei der Lösung der vielfältigen Probleme in den Tropen und Subtropen mögliche Hinweise geben können.

Subsistenzorientierte Betriebssysteme bei unbegrenzter Flächenverfügbarkeit zeigen folgende gemeinsame Merkmale:

a) Die Familien haben keinen festen Wohnplatz.
b) Die zur Nutzung verfügbare Fläche ist praktisch unbegrenzt. Die Fläche ist in Gemeinschaftsbesitz bzw. es bestehen gemeinsame Nutzungsansprüche (»Rechte«).
c) Zur Nutzung der Fläche wird in bestimmten Zeitabständen in einem größeren Gebiet gewandert. Es erfolgt keine kontinuierliche, sondern eine in bestimmtem Turnus wiederkehrende Nutzung der Fläche.
d) Die Nutzungsform paßt sich an die Gegebenheiten der Fläche an. Klimaverhältnisse und Bodenfruchtbarkeit entscheiden über die Nutzungsdauer und die Nutzungsintensität der Flächen und damit auch über die Besatzdichte bei Tieren und die Anbaustruktur in der Ackerwirtschaft.
e) Die Arbeitswirtschaft in diesen Systemen ist durch einen hohen Arbeitsaufwand für die Wanderung und die Neuansiedlung geprägt.

Die subsistenzorientierten, wandernden Betriebssysteme mit praktisch unbegrenzter Flächenverfügbarkeit lassen sich nach der wichtigsten Ressource, dem Produktionsschwerpunkt, den Versorgungsgewohnheiten sowie den natürlichen Standortverhältnissen differenzieren in:

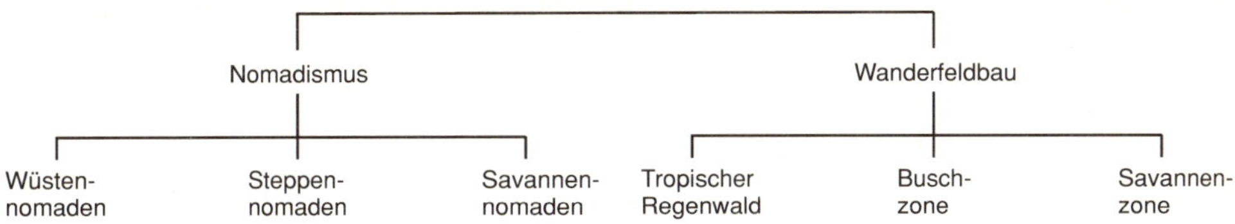

Beide Gruppen sind eindeutig der Tierproduktion oder der Ackerwirtschaft zuzuordnen.

Die Verbreitung der Betriebssysteme im Nomadismus und im Wanderfeldbau in den Tropen und Subtropen ist auf Regionen mit extrem niedriger Bevölkerungsdichte beschränkt. Entsprechend sind diese Systeme heute nur noch selten zu finden und wenn, dann nur noch in abgelegenen Regionen, die bislang für viele Menschen keinen alternativen Standort darstellten. Heute gibt es keine großen zusammenhängenden Zonen mit Nomadismus mehr. Er ist noch in kleinen Enklaven an ariden Standorten zu finden, z. B. an Wüstenstandorten in Afrika und noch seltener in den arabischen Halbwüsten. In anderen Klimazonen sind meist nur noch einzelne Familien diesem System zuzuordnen. Wo heute Transhumanz vorherrscht, war noch vor 20 bis 80 Jahren Nomadismus verbreitet. Der Wanderfeldbau ist nur noch in kleinen Zonen vorhanden, in die bislang keine Einwanderung erfolgte, wie beispielsweise in kleinen Enklaven Afrikas, im Südwesten von Madagaskar, in Südostasien und auf den Inseln im Ozeanischen Raum. In Übergangszonen findet man noch Wanderfeldbau sporadisch in der Mischform mit stationären Betriebssystemen. In wenigen Jahren werden durch den hohen Flächenbedarf in solchen Zonen diese Systeme nicht mehr existieren.

2. 2. 2 Beschreibung der Systeme

2.2.2.1 Nomadismus

Nomaden (Nomade, griechisch = weidend) sind umherziehende Hirtenvölker. Sie haben keinen festen Wohnsitz. Es handelt sich um die traditionellsten Betriebssysteme mit Tierhaltung. Ihre Vorstufe waren nomadisierende Jäger, die Jagd betrieben und ihr Jagd- und Sammelgebiet nach Nahrung absuchten.

Die Betriebssysteme des Nomadismus zeigen ein für sie typisches Wanderungsverhalten, und zwar wandern Familien und ihre Herden auf der Suche nach geeigneten Weideflächen (geeignetem Futter), nach Trinkwasser und in dem Bemühen, standortspezifischen Tierkrankheiten auszuweichen. Innerhalb eines festen Grundmusters der Wanderung gibt es räumliche und zeitliche Abweichungen in Abhängigkeit von der Klima- und Wetterlage.

Das Grundmuster der Wanderung zeigt große Wanderungsbewegungen und Entfernungen jeweils zu Beginn der Trocken- und Regenperioden und kleinere Entfernungen innerhalb der Regen- und Trockenperiode. In den ariden und semiariden Zonen Afrikas wird häufig zu Beginn der Trockenperiode über große Entfernungen nach Süden in die feuchteren Zonen gewandert (Abb. 9). Dort ist die Futter- und Wasserversorgung besser als im Norden, aber auch das Krankheitsrisiko der Tiere (z. B. durch Trypanosomiasis in Afrika) am feuchteren Standort größer. Zu Beginn der Regenperiode wird wieder nach Norden gewandert, da hier Futter und Wasser wieder besser und die Krankheitsrisiken wesentlich niedriger sind als am feuchteren Standort. Die Wanderungen mit kleinen Entfernungen sind häufig West-Ost-West Wanderungen. Einige Betriebssysteme des Nomadismus sind für kurze Perioden »seßhaft«. Die Zelte werden für die Familie einige Tage in der Nähe von Wasserstellen aufgeschlagen, die Herden wandern in der Region auf der Suche nach Futter.

Der Nomadismus zeigt eine höchstmögliche Anpassung der Tierhaltung und der Lebensweisen der Menschen an die natürlichen Standortgegebenheiten. Die Tierhaltung und die Lebensweise der Menschen wird besonders stark durch das Klima bestimmt. Die klimatischen Gegebenheiten bestimmen daher auch die Betriebssysteme des Nomadismus:

– Am ariden Standort leben Wüstennomaden. Sie halten überwiegend Kamele als Milch-, Last- und Reittiere, vereinzelt auch kleine Wiederkäuer, aber keine Rinder. Die Knappheit an Wasser ist eine entscheidende Begrenzung dieses Systems.

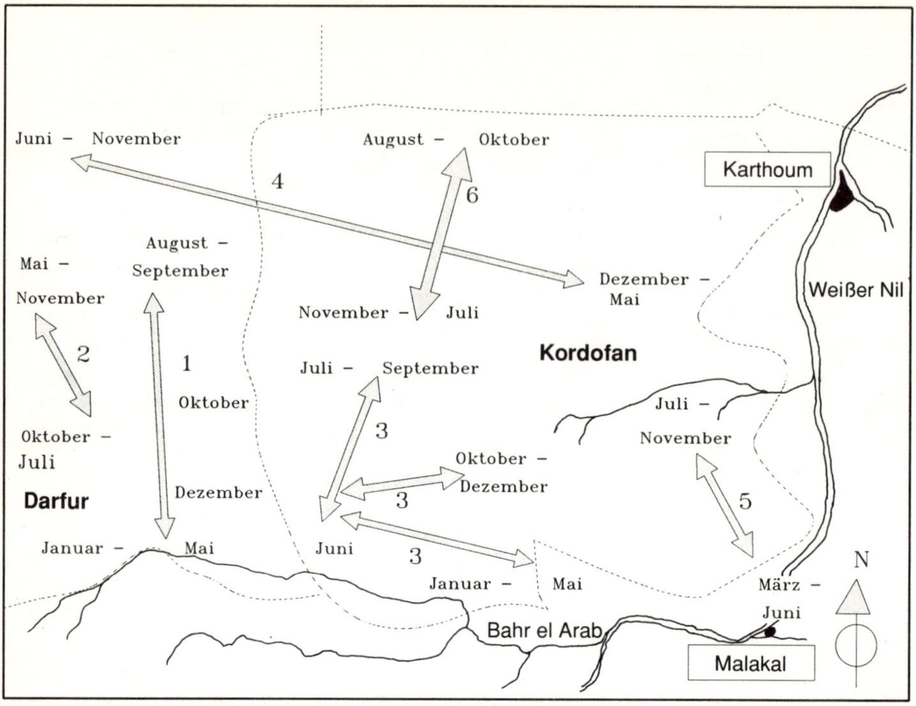
Juni – November
August – Oktober
4
6
Karthoum
August – September
Mai – November
Dezember – Mai
Weißer Nil
November – Juli
2
1
Juli – September
Kordofan
Oktober
Juli – November
Oktober – Juli
3
Oktober – Dezember
Darfur
Dezember
3
5
Januar – Mai
Juni
3
N
Januar – Mai
März – Juni
Bahr el Arab
Malakal

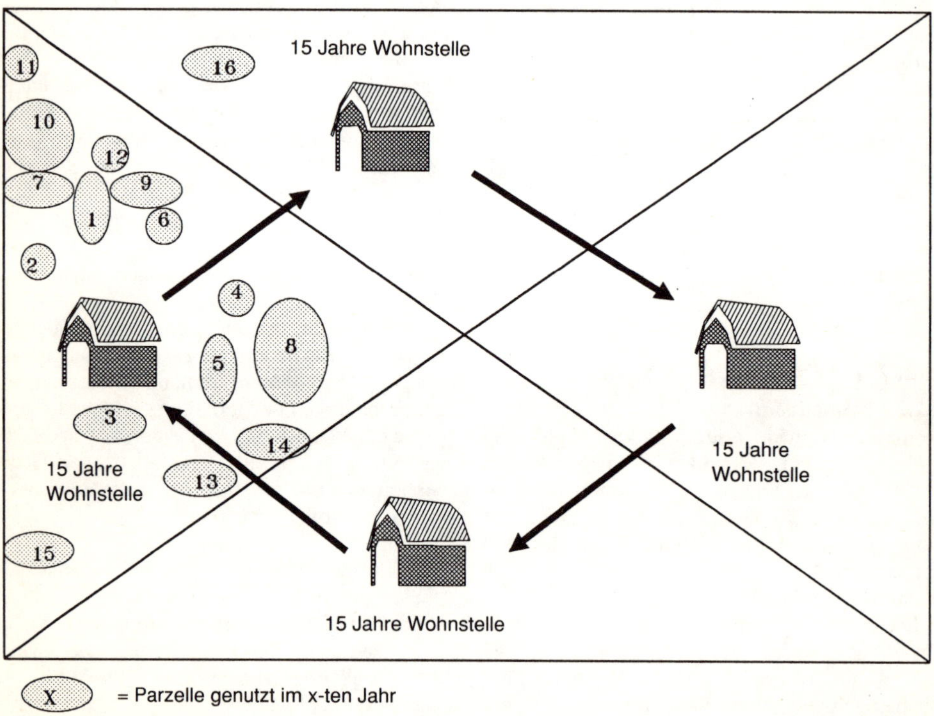
15 Jahre Wohnstelle
11
16
10
12
7
9
1
6
2
4
8
5
3
14
15 Jahre Wohnstelle
13
15 Jahre Wohnstelle
15
15 Jahre Wohnstelle
X = Parzelle genutzt im x-ten Jahr

◀ Abb. 9. Saisonale Wanderung ausgewählter Nomadenstämme im Sudan. Namen der Stämme: 1 Rizeiqat, 2 Beni Helba, 3 Mesiriya Humr, 4 Kababish, 5 Awlad Hamid, 6 Hamar.

- Die Steppennomaden halten vor allem Schafe und Ziegen; auch Rinder sind zu finden. Entscheidende Begrenzungen bilden Futter und Trinkwasser.
- An Standorten ab 200 mm Jahresniederschlag waren Savannennomaden zu finden. Dort ist der Futteraufwuchs besser und die Entfernungen zu den Wasserstellen sind meist kürzer, so daß das weniger marschtüchtige Rind gehalten werden konnte. Diese Systeme existieren heute nicht mehr. Sie sind in die Transhumanz übergegangen.

Die natürlichen Standortverhältnisse bestimmen die Entwicklung der Betriebssysteme. Mit zunehmend günstigeren Produktionsbedingungen geht die Notwendigkeit zur Wanderung zurück, nimmt die Produktion für den Markt zu und wächst die Bedeutung der Marktverknüpfung (Tab. 2). Damit geht der Nomadismus in Transhumanz über, d. h. die Tiere wandern noch, die Familien aber sind seßhaft geworden. Eingriffe in die Entwicklung sind umso mehr begrenzt, je ungünstiger die natürlichen Standortverhätnisse sind. Nomadismus wird heute nur noch an Standorten betrieben, an denen beim derzeitigen Stand technischer Fortschritte andere Betriebssysteme nicht realisierbar sind. Dem heutigen Nomadismus kommt daher wegen der Nutzung von Flächen ohne alternative Verwendung immer noch Bedeutung zu.

2.2.2.2 Wanderfeldbau

Die Betriebssysteme des Wanderfeldbaus sind die traditionellsten Betriebssysteme in der Ackerwirtschaft. Ihre Vorstufe war das Jagen und Sammeln. Aus den Betriebssystemen des Wanderfeldbaus haben sich ursprünglich die ackerbaulich ausgerichteten subsistenz- und marktorientierten Betriebssysteme entwickelt.

Die Betriebssysteme des Wanderfeldbaus sind besonders charakterisiert durch ihr Wanderungsverhalten, das aus zwei Elementen besteht:

◀ Abb. 10. Wanderung der Wohnstelle und Wechsel der Flächennutzung in Betriebssystemen mit Wanderfeldbau (Quelle: in Anlehnung an Ruthenberg, H (23) und Baum, E. (5)).

Tab. 2. Allgemeine Zusammenhänge zwischen den Standortverhältnissen und den Bestimmungsgründen für die Entwicklung von Betriebssystemen im Nomadismus zu Transhumanz und stationärer Tierhaltung

Vegetationstage pro Jahr: 0 — 30 — 60 — 90

Jährlicher Niederschlag in mm: 0 — 100 — 200 — 300 — 400 — 500 — 600

Nomadismus →	Transhumanz →	stationäre Tierhaltung
Weite Wanderungswege →	mittlere Wanderungsentfernung →	stationär
Kamele —	Ziegen — Schafe —	Rinder
Orientiert an Oasen →	orientiert an Weidefläche und Ackerbau →	orientiert an Futter- und Ackerbau
Eigenversorgung, Tauschhandel →	Eigenversorgung und Bezug zu Märkten →	Eigenversorgung, Marktzukauf und Marktverkauf

- Wanderung der Familien in größeren Zeitintervallen innerhalb einer Großregion. Die Wohnstelle wird in größeren Zeitabständen an andere Standorte verlagert.
- Wanderung der Flächennutzung. Während der Periode, in der die Familie eine feste Wohnstelle hat, wechselt im Ackerbau die genutzte Fläche in der Nähe der Wohnstelle ständig. Damit wird immer fruchtbare Ackerfläche genutzt.

In Abb. 10 ist das Prinzip dieser Wanderung dargestellt. Im Beispiel mit niedriger Bevölkerungsdichte wandert die Familie mit ihrer Wohnstätte nach 15 Jahren zu einem neuen Standort. In diesem Beispiel reicht die Fläche aus, um erst beim vierten Wohnplatzwechsel wieder zu einem ihrer ehemaligen Wohnplätze zu kommen. Dies erfolgt nach 45 Jahren. Während der festen Ansiedlung der Wohnstelle über eine Periode von 15 Jahren wandert nur die Nutzung der Fläche, und zwar um die Wohnstelle herum. Wenn eine Parzelle nur einmal genutzt wird, wandert die Nutzung über 15 Standorte/Parzellen während einer seßhaften Periode. Im Gesamtzyklus von 60 Jahren wird damit eine bestimmte Parzelle nur einmal genutzt. Es folgen 59 Brachejahre. Nimmt die Bevölkerungsdichte zu und ist Fläche nicht mehr in derart großem Umfang verfügbar, dann verkürzt sich die Zeitdauer bis zur Rückkehr auf einen alten Wohnplatz.

Die wichtigsten Ursachen der Wanderung sind:

a) Die Reduzierung des Arbeitsaufwandes
Die Wanderung der Wohnstelle erfolgt aus arbeitswirtschaftlicher Sicht dann, wenn der Arbeitsaufwand für den Transport bei zunehmender Entfernung und für Hüttenreparatur am alten Standort den Aufwand für Wanderung und Hüttenneubau erreicht (Abb. 11). Dieser Wechsel wird unterstützt durch die Wohnkultur, bei der die Reparatur einer Hütte in vielen Fällen aufwendiger ist als ein Neubau.

b) Die Suche nach Flächen mit hohem Produktionspotential und hoher Sicherheit der Erträge

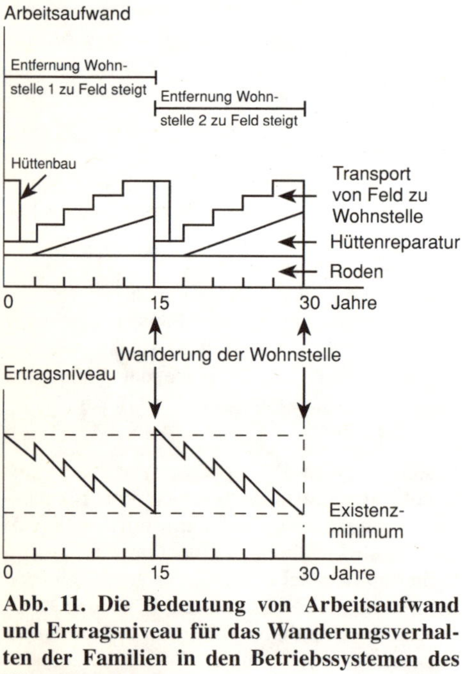

Abb. 11. Die Bedeutung von Arbeitsaufwand und Ertragsniveau für das Wanderungsverhalten der Familien in den Betriebssystemen des Wanderfeldbaus.

Häufigkeit und Entfernung der Wanderung hängen vom Auffinden besonders fruchtbarer Flächen ab, die eine hohe, vor allem aber eine sichere Produktion vermuten lassen. Da mit der Wanderung der Wohnstätte besondere Aufwendungen verbunden sind, wird versucht, die Häufigkeit und Entfernung der Wanderung niedrig zu halten. Aus diesen Gründen werden die fruchtbaren Flächen in der Nähe der Wohnstelle so lange bewirtschaftet, bis ein Ertragsabfall in der Nähe des Existenzminimums erwartet wird. Spätestens dann wird gewandert (Abb. 11).

Die Wanderung der Flächennutzung bei einer festgelegten Wohnstätte hängt ihrerseits ebenfalls vom Ertragsniveau der bewirtschafteten Parzellen ab. Je häufiger die Nutzung einer Fläche in Folge, desto niedriger liegt das Ertragsniveau. Aus diesem Grunde gilt auch für jede einzelne Parzelle, daß das Roden einer neuen Fläche dann sinnvoll wird, wenn der höhere Ertrag den Aufwand für die Rodung der neuen Fläche rechtfertigt. Die Nutzungsdauer derselben Fläche ist umso kürzer, je geringer der Rodungsaufwand ist (z. B. in der Savanne). Eine Rodung wird spätestens dann durchgeführt, wenn die Erträge in die Nähe des Existenzminimums sinken.

Nach der Einrichtung einer neuen Wohnstätte (nach einer Wohnstätten-Wanderung) wird zunächst die Fläche mit dem höchsten und sichersten Ertragspotential genutzt. In den nächsten Jahren wird Fläche mit zunehmender Marginalität in die Nutzung kommen bis schließlich wieder mit der Wohnstelle gewandert wird. Daraus ergibt sich eine Entwicklung des Ertragsniveaus, wie es in Abb. 11 aufgezeigt ist.

Die Wanderungen der Wohnstelle und der Flächennutzung führen für eine bestimmte Fläche zu einer Relation von Brachejahren zu Anbaujahren (Jahre mit landwirtschaftlicher Nutzung), die für die Betriebssysteme mit Naturbrache charakteristisch ist. Diese Relation wird im Rotationswert R (Ruthenberg 23, S. 35 ff.) ausgedrückt:

$$R = V \times 100 / A + B$$

V = Vegetationsperioden der Fläche über den gesamten Betrachtungszeitraum (A+B)

A = Anbaujahre auf der gleichen Fläche; in einem Anbaujahr sind mehrere Vegetationsperioden möglich

B = Brachejahre auf der gleichen Fläche

Je niedriger der R-Wert, desto länger ist die Bracheperiode. Wanderfeldbau ist gekennzeichnet durch einen R-Wert unter 33.

Betriebssysteme des Wanderfeldbaus treten unter den unterschiedlichsten ökologischen Bedingungen auf und führen entsprechend zu verschiedenen Ausprägungen. Bei hohen Niederschlagsmengen in humiden Gebieten und langer Brachedauer herrscht Regenwald vor (Tab. 3). Mittel- und südliches Westafrika, das Amazonasbecken und Polynesien sind Zonen, in denen Wanderfeldbau mit Waldbrache vertreten ist. Bei mittleren Niederschlägen und mittlerer Brachedauer reichen die Aufwuchsperioden nur noch für den Busch. Es tritt Wanderfeldbau mit Buschbrache auf, beispielsweise in seltenen Enklaven in der semihumiden Zone West- und Ostafrikas sowie im südlichen Afrika.

Mit etwas deutlicherer Abgrenzung der Eigenheiten zeigen sich die Betriebssysteme des Wanderfeldbaus in den Savannen (Tab. 3). Sie sind teilweise unter dem Einfluß menschlicher Tätigkeit entstanden. Wald wurde dort ersetzt durch Gras. Der Wanderfeldbau der Savanne ist heute in andere Betriebssysteme übergegangen.

Tab. 3. Betriebssysteme des Wanderfeldbaus in den Tropen und Subtropen

Region	Niederschlag (mm)	Anbaujahre	Brachejahre	R-Wert
a) Tropischer Regenwald (Naturbrache: Wald)				
Sarawak, Malaysia	3800	1	15–25	7
Guatemala	3400	1	4	20
Liberia	2000–4500	1–2	8–15	11
Sumatra, Indonesien	2300	2	10–16	13
b) Halbfeuchte und Trockenwaldzone (Naturbrache: Busch)				
Westafrika	1500–2000	2–4	6–12	25
West-Nil, Uganda	1400	2–3	8–15	18
Ilesha, Nigeria	1300	2	6–7	24
Zentral-Uganda	1300	3	8	27
c) Savannenzone (Naturbrache: Gras)				
Elfenbeinküste	1300	2–3	6–10	24
Uganda	1100	1	2,5	28
Nord-Ghana	1100	3–4	7–10	29
Mali	750–1000	3	12–15	18

Quelle: Nye, P. H. und Greenland, D, J. (20), S. 128; zitiert nach Ruthenberg, H. und Andreae, B. (24)

2.2.3 Intensität, Produktivität und Stabilität der Produktion

2.2.3.1 Produktionsintensität

Die Intensität der Produktion stellt als Einsatz- und Verwertungsniveau von Produktionsmitteln (Kapitel 1.5) in den subsistenzorientierten Betriebssystemen eine Besonderheit dar, da sie ausschließlich auf dem Einsatz betriebseigener Produktionsmittel basiert.

Die wichtigsten Bereiche der Produktionsintensität in den Betriebssystemen des Nomadismus sind:

a) Die Intensität der Trinkwasserversorgung der Tiere, ausgedrückt in Trinkwasser oder Brunnen pro Flächeneinheit, pro Tier, pro erzeugter Produkteinheit nach Tierart, Alter, Standort, Trocken- und Regenperiode.
b) Die Intensität der Futterversorgung der Herden, ausgedrückt in Futter oder Futterfläche pro Tier, pro Einheit Lebendgewicht, pro erzeugte Produkteinheit nach Tierart, Alter, Geschlecht, Standort, Trocken- und Regenperiode.

Die Intensität des Arbeitseinsatzes kann in den subsistenzorientierten Betriebssystemen wie Produktionsmittel auf die Produktionsintensität wirken. Dies geschieht meist über die bessere Arbeitsqualität.

Ein typisches Beispiel der Produktionsintensität in nomadischen Betriebssystemen zeigen die Rendille im Norden von Kenia (Tab. 4). Die Intensität der Wasserversorgung basiert auf der Wasserverfügbarkeit, dem Vorhandensein von Brunnen oder Oasen, der Zahl der zu versorgenden Tiere und der Entfernung bzw. der Zeitdauer der Wanderung zur Wasserstelle. Im Beispiel der Rendille müssen langfristig Tiere mit einem Lebendgewicht von 1663 t von einer Wasserstelle versorgt werden. Schwankungen der Wasserverfügbarkeit wie auch der Futterverfügbarkeit bestimmen entscheidend die Produktionsintensität. Die Intensität der Futterversorgung erlaubt im Beispiel der Rendille nur eine niedrige Besatzdichte. Unter Berücksichtigung aller Tierarten werden 1,5 t Lebendgewicht an Tieren pro

Tab. 4. Kennzahlen der Produktionsintensität in nomadischen Betriebssystemen der Rendille im Norden Kenias

1. Intensität der Trinkwasserversorgung	
Menschen pro Wasserstelle	1 100
Weidefläche/Wasserstelle in ha	110 000
Wasserverfügbarkeit/Wasserstelle in m^3/Jahr	
– Minimum	24 350
– Maximum	64 700
Tiere pro Wasserstelle in Stück	
– Kamele	2 068
– Schafe	5 310
– Ziegen	9 040
– Rinder	2 841
Lebendgewicht aller Tiere in t/Wasserstelle	1 663
Entfernung zwischen den Wasserstellen in km	19
2. Intensität der Futterversorgung	
Tiere pro 100 ha Weidefläche	
– Kamele	1,9
– Schafe	4,8
– Ziegen	8,2
– Rinder	2,6
Lebendgewicht aller Tiere in t/100 ha	1,5
Trockenmassezuwachs in kg/ha/Jahr	
– Minimum	147
– Maximum	1 150
Von Weidefläche in %	
– überweidete Flächen	4
– teilüberweidete Fläche	16
3. Wirkungen der Produktionsintensität	
Reproduktionsrate in %	
– Kamele	30
– Schafe	90
– Ziegen	90
– Rinder	60
Mortalitätsrate in %	
– Kamele, Jungtiere	8,3
– Kamele, ausgewachsen	2,3
– Schafe, Jungtiere	33,0
– Schafe, ausgewachsen	12,0
– Ziegen, Jungtiere	33,0
– Ziegen, ausgewachsen	12,0

Quelle: DOPPLER, W. and NJIRU, G. K. (10)

100 ha gehalten. Dabei kommt es bereits zu Überweidungsproblemen.

Die wichtigsten Bereiche der Produktionsintensität in den Betriebssystemen des Wanderfeldbaus sind:

a) Die langfristige Erhaltung der Bodenfruchtbarkeit und damit des Ertragspotentials der Flächen. Die Naturbrache erlaubt durch betriebsinterne Maßnahmen die Regeneration des Ertragspotentials. Damit wird die Produktionsintensität langfristig gesichert.
Neben der Naturbrache werden Asche oder Grünmasse zur kurzfristigen Steigerung und Sicherung der Produktionsintensität auf die Nutzflächen gebracht. Die gesamte Breite dieser betriebsinternen Maßnahmen werden ausführlich von RUTHENBERG (23, S. 45 ff.) dargestellt.

b) Arbeitsaufwand nach Alter und Geschlecht der Personen für Roden, Bestellung und Ernte sowie für den Haushalt im Zeitablauf. Auf der Technologiestufe des Wanderfeldbaus sind mit zunehmendem Arbeitseinsatz noch steigende Produktionsleistungen zu erzielen. Dadurch ist eine Steigerung der Produktionsintensität möglich. Dies gilt vor allem für die Bodenbearbeitung (bessere Saatbettbereitung), die Saatgutlagerung (höhere Keimfähigkeit) und die Ernte und Produktlagerung (weniger Verluste).

Die Intensität der Produktion ist sowohl im Nomadismus als auch im Wanderfeldbau im Vergleich zu anderen Betriebssystemen der Tropen und Subtropen sehr niedrig.

2.2.3.2 Produktivität

Die Produktivität als Relation von erzeugtem Produktionsvolumen und dazu eingesetzter Faktoreinheit (Kapitel 1.5) ist vor allem in bezug auf Fläche und Arbeit bedeutend.

a) Flächenproduktivität
Die Ermittlung der Flächenproduktivität ist in den traditionellen Betriebssystemen dadurch erschwert, daß die Bestimmung der genutzten und ungenutzten Betriebsfläche erheblichen Aufwand erfordert. Es handelt sich daher meistens um Schätzungen unterschiedlicher Qualität.
In den traditionellen Betriebssystemen muß zwischen kurzfristiger und langfristiger Flächenproduktivität unterschieden werden. Die kurzfristige bezieht sich auf die Leistung der Fläche während der Nutzungsperiode, die langfristige schließt Brache- und Ruheperioden mit ein. Erstere gibt Hinweise über Schwankungen zwischen den Nutzungsperioden. Die langfristige Flächenproduktivität gibt die dauerhafte Leistung der Fläche aus der Sicht des gesamten Betriebssystemes an. Solange bei einem bestimmten Nutzungssy-

stem die Bodenfruchtbarkeit bzw. Futterleistung erhalten wird, nimmt die langfristige Flächenproduktivität mit abnehmender Bracheperiode und zunehmender Besatzdichte im allgemeinen zu.

Nomadismus und Wanderfeldbau haben die niedrigste langfristige Flächenproduktivität unter allen Betriebssystemen der Tropen und Subtropen. Tab. 5 zeigt typische Beispiele für Mengen- und Wertproduktivität der Fläche in Betriebssystemen dieser Gruppen. Die niedrige Flächenproduktivität ist allerdings für die Familien im Nomadismus und im Wanderfeldbau unbedeutend, da Flächen praktisch noch unbegrenzt verfügbar und damit nicht knapp sind. Volkswirtschaftlich deutet eine niedrige Flächenproduktivität auf ein Potential hin, wenn die Flächen in alternativer Verwendung (z. B. intensiveren Systemen) genutzt werden können. In nomadischen Systemen war in der Vergangenheit gelegentlich das Ranchsystem eine Alternative. Die heute verbliebenen Betriebssysteme des Nomadismus nutzen vor allem Grenzstandorte, die für alle anderen Betriebssysteme mit Nutzungskosten nahe Null zu bewerten sind. In den Zonen mit Wanderfeldbau steigt die Flächenproduktivität im allgemeinen bei zunehmender Bevölkerungsdichte durch den Übergang in andere Betriebssysteme.

Tab. 5. Produktivitäten an Beispielen der Betriebssysteme des Nomadismus und des Wanderfeldbaus

Produktivität	Mengenproduktivität	Wertproduktivität
Flächenproduktivität	in kg/ha/Jahr	in DM/ha/Jahr
1. Nomadische Betriebssysteme		
der Gabbra, Kenia	–	1,60
davon Milch	1,85	0,34
Fleisch	1,26	1,26
2. Wanderfeldbau		
a) kurzfristige Flächenproduktivität		
Liberia, Bergreis	970	340
Ghana, Mais	1 480	954
Maniok	13 150	
b) langfristige Flächenproduktivität mit 49 Brachejahren		
Liberia, Bergreis	97	34
Ghana, Mais	148	95
Maniok	132	
Arbeitsproduktivität	in kg/AK/Jahr	in DM/AK/Jahr
1. Nomadische Betriebssysteme		
der Gabbra, Kenia	–	533
davon Milch	607	121
Fleisch	412	412
2. Wanderfeldbau		
Liberia, Bergreis	1 260	441
Ghana, Mais/Maniok	–	756

Quelle: basierend auf Daten von Torry, W. (31) Santen, van, C. E. (26) und Rourke, B. E. (21)

b) Arbeitsproduktivität

Die Qualität der Information über die Arbeitsproduktivität in traditionellen Betriebssystemen ist durch den nur schwer erkennbaren Übergang von Arbeit zu Freizeitbeschäftigung eingeschränkt. Eine weitere Einschränkung ergibt sich aus mangelnden Kenntnissen über Arbeitsspitzen im Zeitablauf und Trennung nach Arbeitsprozessen. Tab. 5 zeigt einige Beispiele der Gesamtarbeitsproduktivität der landwirtschaftlichen Produktion für Nomadismus und Wanderfeldbau. Sie zeigen, daß diese Betriebssysteme im Vergleich zu anderen bei der Arbeitsproduktivität offensichtlich gut abschneiden (Tab. 6).

Tab. 6. Vergleich geschätzter Wertproduktivitäten im Nomadismus und Wanderfeldbau für Fläche und Arbeit mit verschiedenen Betriebssystemen (pro Jahr)

Betriebssystem	DM/ha	DM/AK
Nomadismus	0,1–2	10–600
Wanderfeldbau	10–300	50–800
Brachewirtschaften bei niedriger Stufe der Technik	50–700	25–500
Permanenter Regenfeldbau mit Zugtieranspannung	25–800	80–800
Dauerkultursysteme	200–5000	150–3000
Brunnenbewässerung (Flachbrunnen)	200–5000	30–1000

In den meisten Fällen sind Aussagen über die Produktionsintensität und die Produktivität der in der Produktion eingesetzten Produktionsfaktoren sowie die Beurteilung von Intensitäts- und Produktivitätsniveau nur im Vergleich sinnvoll. Innerhalb eines Betriebssystems im Nomadismus dienen diese Meßgrößen als Bewertungsmaßstab zwischen alternativen Produktionsverfahren, wie z. B. Kamelhaltung oder Rinderhaltung, Rinderhaltung mit und ohne Wanderung oder mit und ohne Zusatzfutter oder mit und ohne Wurmkuren. Diese Maßstäbe dienen aber auch dem Vergleich zwischen den Betriebssystemen, um beispielsweise abzuschätzen, welche Änderungen beim Übergang zu Transhumanz, Ranchsystemen oder kleinbetrieblicher Milchtierhaltung zu erwarten sind.

Ein Vergleich der Flächen- und Arbeitsproduktivität des Nomadismus und des Wanderfeldbaus mit den Produktivitäten anderer Betriebssysteme ist auf der Basis von Schätzwerten für die Wertproduktivität in Tab. 6 vorgenommen. Es zeigt sich danach, daß die Flächenproduktivität in den Betriebssystemen des Nomadismus und des Wanderfeldbaus auf der niedrigsten Stufe aller Betriebssysteme der Tropen und Subtropen steht, bei der Arbeitsproduktivität aber ein mittleres Niveau erreicht wird. Bei der Bewertung der Produktivität im Nomadismus und Wanderfeldbau ist aber folgendes zu berücksichtigen:

a) Fläche und Arbeit sind in der Regel nicht knapp, so daß deren Produktivität das betriebliche Entscheidungsverhalten nicht beeinflußt
b) Bei der Fläche handelt es sich im Nomadismus heute um vorwiegend alternativ nicht nutzbare Flächen
c) Die tatsächliche Leistung, die in die Berechnung der Produktivität eingeht, kann von der genutzten Leistung dadurch Abweichen, daß nur nach Bedarf der Familie Leistung beansprucht wird. Die unter dem Potential liegende Entnahmerate aus den Tierherden der Nomaden und der relativ hohe Anteil verendeter Tiere in bestimmten Zeitperioden zeigt die Schwierigkeit bei der Aussage über das Produktivitätsniveau.

Für die Kapitalproduktivität ist wesentlich, daß es sich um Realkapital handelt, das durch den Einsatz von Fläche und Familienarbeit beschafft wurde. Tiere könnten aus dieser Sicht relativ einfach verkauft werden. Sie könnten damit den Betriebssystemen des Nomadismus den Zugang zum Markt eröffnen. Die Ermittlung und Aussagekraft der Kapitalproduktivität ist schwierig, da die Schätzung des Kapitalwertes der Güter am Marktpreis orientiert werden muß und dadurch die Bezugsbasis erheblich vom betriebseigenen Wert abweichen kann.

2.2.3.3 Produktionsstabilität

Die langfristige Stabilität des Produktionspotentials und die Stabilität der Leistungen (Kapitel 1.5) werden in den subsistenzorientierten Betriebssystemen von den natürlichen Standortverhältnissen und den Entscheidungen innerhalb des Betriebes bestimmt. Betriebsexterne Produktionsmittel und Produktionsfaktoren werden kaum eingesetzt. Daraus ergeben sich spezifische Probleme für die einzelnen Betriebssysteme.

Die Stabilität der Produktion in den Betriebssystemen des Nomadismus hängt wesentlich ab von:

a) der Verfügbarkeit von Futter nach Menge und Qualität im Zeitablauf. Diese wird in der Regel bestimmt durch klima- und bodenabhängigen Aufwuchs an Futter in verschiedenen Zonen des Wanderungsbereiches und der Besatzdichte der Nutz- und Wildtiere.
b) der Verfügbarkeit von Trinkwasser nach Menge und Qualität im Zeitablauf. Diese wird in der Regel bestimmt durch den Niederschlag, die räumliche Dichte der Wasserentnahmestellen sowie deren Wasserschüttung, der Bevölkerungsdichte und der Besatzdichte der Nutz- und Wildtiere.
c) der Krankheitssituation im Zeitablauf. Diese wird in der Regel bestimmt durch Futter- und Trinkwasserverfügbarkeit und damit der Disposition der Tiere, dem Klima und Krankheitsdruck in der Region, der tierärztlichen Versorgung, der Dichte der Tierbestände und damit den Verbreitungsmöglichkeiten von Krankheiten.
d) externen Einflüssen, z. B. durch Entwicklungsprojekte, durch Reduzierung der Weidefläche als Folge des Vordringens des Regenfeldbaues in nomadische Gebiete und auf die in a) bis c) aufgeführten Stabilitätsparameter.

Die Folgen solcher stabilitätsbeeinflussender Faktoren können sein:

- Überweidung mit der Folge, daß die Produktion an Futter durch geringere Leistung der Fläche reduziert wird. Weniger Futter bedeutet schlechtere Verfassung der Tiere, dies führt zu niedrigeren Reproduktionsraten. Krankheiten treten durch Schwächungen generell häufiger auf.
- Reduzierung des Tierbestandes mit der Folge, daß die Gesamtleistung der Tierherde im Zeit-

ablauf sinkt. In der danach folgenden Phase sind Anstrengungen zum Aufstocken der Herde auf den erforderlichen Bestand notwendig. Am Beispiel der nomadischen Betriebssysteme der Rendille in Kenia (Abb. 12) ist erkennbar, daß die langfristige Stabilität der Tierproduktion durch das Zusammenwirken von Niederschlägen, Futteraufwuchs, Wasserverfügbarkeit und Tierbestand beeinflußt wird. In Jahren mit niedrigen Niederschlägen, insbesondere wenn mehrere Dürrejahre nacheinander folgen, geht die Trinkwasser- und Futterverfügbarkeit ohne große Zeitverzögerung zurück. Der Tierbestand reduziert sich mit Zeitverzögerung, und bei längerer Wirkung wird die Grasnarbe durch Überweidung zerstört. Die Regenerationsphase der Weidefläche und die Aufbauphase der Tierherde ist entsprechend der jeweiligen Ressource längerfristig. So hat beispielsweise die niedrige

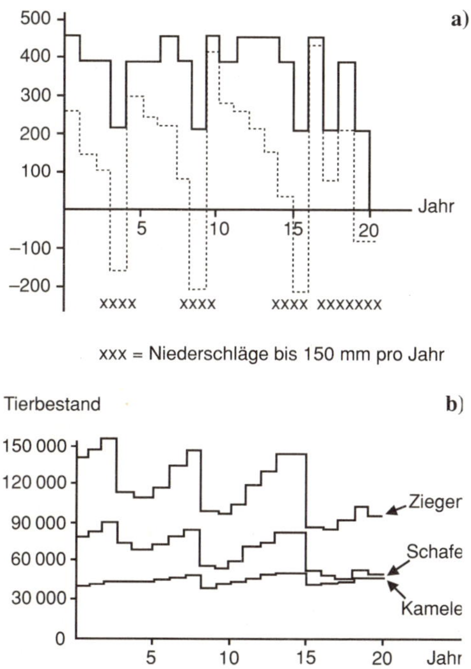

Abb. 12. Die langfristige Entwicklung der Futterverfügbarkeit, der Wassernutzung und der Tierbestände in den nomadischen Betriebssystemen der Rendille in Kenia. a) Entwicklung der Trockenmasse und der Wassernutzung (Wasserdefizit in 1000 m³, b) Entwicklung der Zahl der Tiere. (Quelle: DOPPLER, W. und NJIRU, K. G. (10)).

Wasser- und Futterverfügbarkeit im 7., 8. und 9. Jahr der Abb. 12 je nach Tierart die niedrigsten Bestandszahlen in den beiden Folgejahren. Erst sechs Jahre nach dem letzten Trockenjahr sind die Tierbestände wieder auf dem alten Niveau, nachdem sich die Grasnarbe wieder regenerieren konnte und über die Reproduktionsleistungen der Tiere eine Vermehrung erfolgte.

Instabilitäten können auch kurzfristig auftreten. Sie laufen in nomadischen Betriebssystemen in der Regel parallel zu den Trocken- und Regenperioden innerhalb eines Jahres (Tab. 7). Daraus resultieren Knappheiten an Futter. Bestandsverluste können, insbesondere wenn sie in mehreren Jahren hintereinander oder in Zyklen auftreten, zu langfristigen Instabilitäten führen.

Tab. 7. Saisonale Instabilitäten der Wasser- und Futterverfügbarkeit in den nomadischen Betriebssystemen der Rendille in Kenia (1)

	Niederschlag in mm		Trockenmasse in kg/ha		Trinkwasser in 1000 m³	
	Min.	Max	Min.	Max.	Min.	Max.
Januar	8	25	5	60	30	93
Februar	5	22	7	120	30	93
März	8	26	25	160	60	123
April	26	65	30	180	120	243
Mai	8	25	20	120	60	144
Juni	0	9	5	80	30	92
Juli	2	13	5	40	27	75
August	1	10	5	40	13	75
Sept.	0	9	15	80	27	48
Oktober	5	20	10	100	30	150
Nov.	7	25	10	120	30	74
Dez.	5	22	10	50	30	84
Jährlich	75	271	147	1150	487	1294

(1) Trockenmasseproduktion und Wasserverfügbarkeit geschätzt nach empirisch ermittelten funktionalen Zusammenhängen zwischen diesen Parametern und Niederschlägen in dieser Region. Minimale und maximale Niederschläge über eine Zeitperiode von 30 Jahren erfaßt.
Quelle: DOPPLER, W. and NJIRU, G. K. (10)

Die Stabilität der Produktion in den Betriebssystemen des Wanderfeldbaues wird entscheidend von der Entwicklung der Bodenfruchtbarkeit bzw. dem Ertragspotential der Ackerfläche bestimmt. Die Dauer der Naturbrache nach einer ackerbaulichen Nutzung beeinflußt das Ertragspotential. Mit zunehmender Bracheperiode steigt es wieder auf das Niveau vor der Nutzung

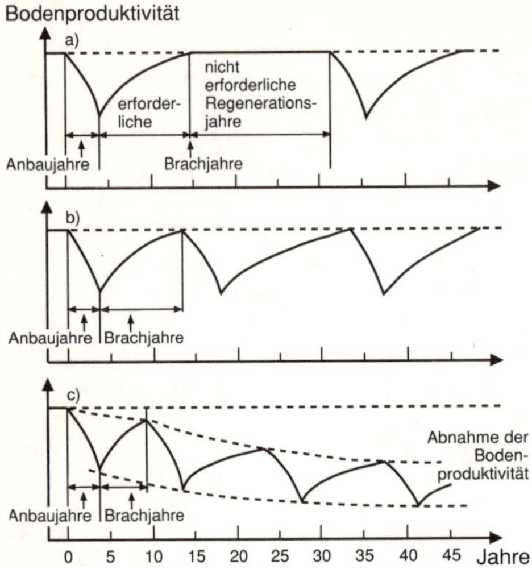

Abb. 13. Die Auswirkung von Naturbrache und Anbau auf das langfristige Ertragspotential von Flächen (Quelle: GUILLEMIN, R. (13) zit. nach RUTHENBERG, H. und ANREAE, B. (24)).

an (Abb 13). Reicht die Bracheperiode zur vollständigen Regeneration der Bodenfruchtbarkeit aus, sind die Systeme langfristig stabil. Dies ist im Wanderfeldbau der Fall. Im Fall a) der Abb. 13 ist sogar das verfügbare Ertragspotential der Flächen nicht voll ausgelastet.

Beim Übergang zu den Systemen mit kürzeren Bracheperioden kann es, wenn nicht andere Maßnahmen ergriffen werden, zu einem stetigen Abfall der Bodenfruchtbarkeit und dem Verbrauch des Ertragspotentials kommen (Fall c) in Abb. 13). Dies tritt bei zunehmender Knappheit an Fläche auf. Es entstehen langfristig instabile Systeme. Mit zunehmender Bevölkerungsdichte bei steter Aufteilung der Flächennutzung wird tendenziell die Ressource Fläche verbraucht. Dies ist nur über einen begrenzten Zeitraum reversibel, der unter anderem von den Standortverhältnissen bestimmt wird. Dieser Zeitraum muß genutzt werden, um die Betriebe mit anderen Maßnahmen der Erhaltung der Bodenfruchtbarkeit vertraut zu machen. Gerade beim Übergang vom Wanderfeldbau zu den Brachewirtschaften und dem permanenten Regenfeldbau ist der Wettlauf zwischen Verkleinerung der Nutzfläche pro Person und Änderung der Verhaltensweisen eine zentrale Überlebensfrage für die in den Betriebssystemen des Wanderfeldbaus lebenden Menschen.

2.2.4 Arbeitswirtschaft

In traditionellen Systemen spielt der Zusammenhang zwischen Arbeitszeitumfang und Freizeit (Muße) eine erkennbare Rolle, die allerdings in den meisten Fällen schwierig zu quantifizieren ist. Viele Aktivitäten, die üblicherweise als Arbeit bezeichnet werden, werden subjektiv von den Betroffenen nicht notwendigerweise als Arbeit empfunden. Dies trifft vor allem für »Arbeiten« im Zusammenhang mit kulturellen Handlungen zu. So wird beispielsweise das Einmischen von Sorghum in Asche vor der Einlagerung bei den Nubas im Sudan im Rahmen einer kulturellen Zeremonie durchgeführt, dem höchste gesellschaftliche Bedeutung beigemessen wird. Damit wird ein wichtiger »Arbeitsgang« im Nachernteschutz erledigt. Auch die Wanderungen im Nomadismus müßten als Arbeit angesehen werden, da sie der Produktionsförderung und -sicherung dienen. Von den Betroffenen aber wird Wandern in der Regel nicht als Arbeit angesehen. Es gehört zu ihrer Lebensweise. Die Widerstände bei Ansiedlungsprogrammen für Nomaden deuten darauf hin.

Eine Arbeitswirtschaft im ökonomischen Sinne kann im Nomadismus und Wanderfeldbau nur beschränkt dargestellt werden, da die betriebswirtschaftliche Trennung in verfügbare Arbeitskapazität einerseits und Arbeitsansprüche aus Betrieb und Haushalt andererseits in der Regel nur schwierig vorgenommen werden kann. Wo dies gelang, läßt sich erkennen, daß die verfügbare Arbeitskapazität im allgemeinen nicht knapp ist. Trifft Knappheit trotzdem in kurzen Perioden und/oder geschlechts- bzw. altersspezifisch auf, dann werden Produktion, Verarbeitung und Verbrauch an die gegebene Arbeitskapazität angepaßt.

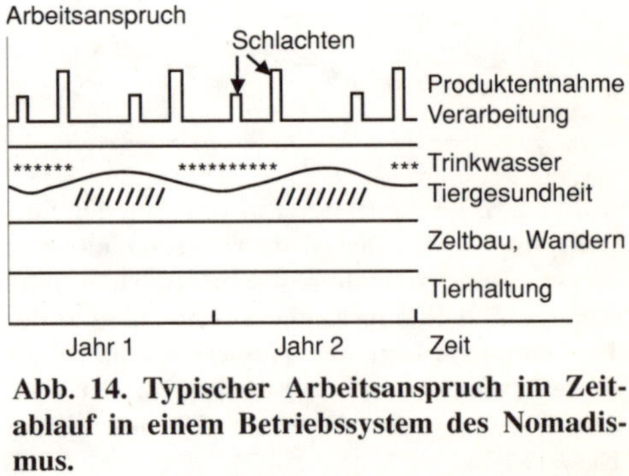

Abb. 14. Typischer Arbeitsanspruch im Zeitablauf in einem Betriebssystem des Nomadismus.

Eine allgemeine und schematische Betrachtung des Arbeitsanspruches für nomadische Betriebssysteme zeigt Abb. 14. Die wichtigsten Arbeitsgänge der Tierhaltung, die Arbeiten zur Tiergesundheit und zur Wasserversorgung, können als relativ konstant und kontinuierlich im Zeitablauf angesehen werden. Zeitweise kann jedoch auch im Nomadismus Arbeit knapp werden, wenn die Herden für die Wanderung zusammengetrieben werden müssen. Dies kann bei einer größeren Kamelherde durchaus 10 bis 14 Tage in Anspruch nehmen und zur vollen Arbeitsauslastung führen. Die Produktentnahme und Zubereitung für die Eigenversorgung der Familie ist ebenfalls kontinuierlich, sofern es sich nicht um das Schlachten handelt. Im Vergleich zum Wanderfeldbau ist der Arbeitsbedarf in nomadischen Betriebssystemen im Zeitablauf ausgeglichener.

Der Arbeitsanspruch im Wanderfeldbau (Abb. 15) ist durch den hohen Arbeitsbedarf bei Umzug und Rodearbeiten gekennzeichnet. Die wichtigsten Arbeiten sind die Rodung und der Transport. Die Bodenbearbeitung ist minimal und besteht häufig nur aus Abbrennen. Aussaat und Ernte erfordern nur in kurzen Perioden Arbeit. Eine Pflege findet in der Regel nicht statt. Die schwerste Arbeit ist das Roden im tropischen Regenwald. Transportarbeiten zum und vom Feld, zur Wasserbeschaffung und zur Versorgung mit Energie (z. B. Holz) beanspruchen relativ viel Arbeit. Hüttenbau erfolgt periodisch nach der Wanderung, Hüttenreparatur ist aber kontinuierlich notwendig. Den langfristigen Arbeitsanspruch der nicht alltäglichen Arbeiten im Zusammenhang mit der Wanderung zeigt Abb. 11.

Der betriebliche Arbeitseinsatz in zwei Beispielen des Wanderfeldbaus in Liberia und Ghana (Tab. 8) zeigt, daß die Streubreite des Arbeitseinsatzes sehr groß sein kann. Im Beispiel Liberias werden 770 Arbeitsstunden pro ha und Jahr, die jährlich auf verschiedenen Flächen eingesetzt werden, benötigt, um die Produktion für die Familie sicherzustellen.

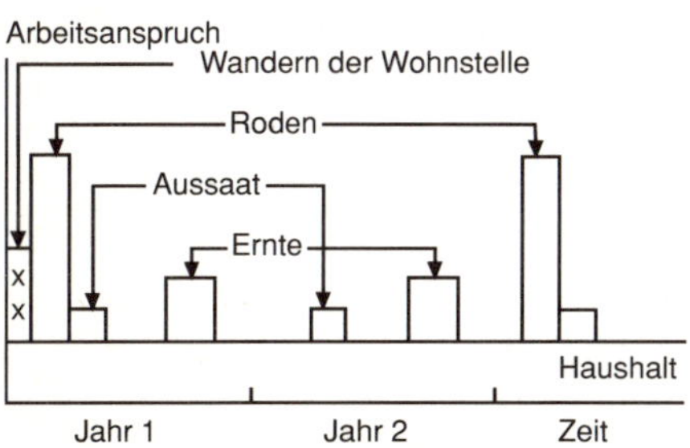

Abb. 15. Typischer Arbeitsanspruch im Zeitablauf in einem Betriebssystem des Wanderfeldbaus im tropischen Regenwald.

Tab. 8. Arbeitseinsatz in der Produktion und Produktivität im Wanderfeldbau Liberias und Ghanas

Aufwand, Ertrag	Gbanga/ Liberia humide Zone Bergreis 4 Brachejahre	Ostregion/ Ghana semihumide Zone Maniok/Mais 7 Brachejahre
1. Arbeitsaufwand in AKh/ha/Jahr	770	1 260
Jahr 1:		
Roden	418	655
Pflanzen, Säen	107	207
Pflege	81	277
Ernte, Aufbereitung	164	280
Jahr 2:		
Pflege	Brache	277
Ernte, Aufbereitung	Brache	933
Jahr 3:		
Pflege	Brache	415
Ernte, Aufbereitung	Brache	726
2. Naturalerträge in kg/ha		
Reis (Paddy)	970	–
Mais	–	1 480
Maniok	–	13 150
3. Arbeitsproduktivität		
kg Reis/AKh	1,26	–
kg Mais + kg Maniok/AKh	–	1,17+ 10,44

Quelle: VAN SANTEN, C. E. (26) für Liberia; ROURKE, B. E. (21) für Ghana

Im Beispiel aus Ghana sind jährlich 1260 Arbeitsstunden je ha notwendig, die sich allerdings drei Jahre auf die gleiche Fläche erstrecken. Im ersten Anbaujahr sind sie durch die Rodungsarbeiten besonders hoch, in den beiden nachfolgenden Jahren, wenn der Maniokanbau in der vollen Produktion ist, durch die Ernte- und Aufbereitungsarbeiten auf gleichem Niveau.

In den Betriebssystemen des Wanderfeldbaus im tropischen Regenwald kann mit 500 bis zu 2000 Arbeitsstunden, in der Buschzone mit 300

bis zu 1000 und in der Savanne mit 200 bis zu 900 Arbeitsstunden pro ha und Jahr gerechnet werden.
Dies stellt den Einsatz an Arbeit im landwirtschaftlichen Betrieb dar. Informationen über den Arbeitseinsatz für die lager- und haushaltsgerechte Verarbeitung der erzeugten Produkte liegen nicht vor. Gleiches gilt für die Zubereitung und Bereitstellung für den Verbrauch (Nahrungsmittel, Trinkwasser), den Gebrauch (Kleidung, Unterkunft) der Produkte sowie für Leistungen zur Erhaltung der Gesundheit und der sozialen Anliegen.

In gleicher Weise liegen kaum quantitative Erhebungen über die Differenzierung der Arbeitskraft und ihren geschlechts- und altersspezifischen Einsatz vor. Allgemeine Erfahrungen deuten darauf hin, daß Frauen und Kinder die Arbeit im Haushalt erledigen und Männer mehr mit der Feldarbeit und der Tierhaltung befaßt sind.

2.2.5 Einkommen und Haushalt

In den Betriebssystemen des Nomadismus und des Wanderfeldbaus ist das Familieneinkommen identisch mit dem Betriebseinkommen, da es eine außerbetriebliche Tätigkeit nicht gibt. Das Betriebseinkommen ist vergleichsweise zu dem Einkommen in anderen Betriebssystemen der Tropen und Subtropen beachtlich hoch. Es liegt nahe bei der Wertproduktivität des Betriebes, da bei der autarken Wirtschaftsweise keine oder nur minimale Ausgaben entstehen. In Tab. 9 sind einige typische Beispiele aus dem Nomadismus und dem Wanderfeldbau zusammengestellt.

Aus dieser Sicht ist die Einkommenssituation dieser traditionellen Betriebssysteme besser als vielerorts anerkannt oder verkündet. Insbesondere bei politischen Entscheidungsträgern wird dies oft verschwiegen oder nicht gesehen, da volkswirtschaftliche und/oder politische Ziele überwiegen. Die betriebswirtschaftlichen Ein-

Tab. 9. Einkommenssituation und -vergleiche in ausgewählten Betriebssystemen des Nomadismus und Wanderfeldbaus

Einkommensparameter	Nomaden Gabbra, Kenia	Wanderfeldbau		
		Gbanga Liberia	Begoro Ghana	Castanaha Brasilien
Ressourcen				
Jahr	1970/71	1972	1972	1977
Niederschläge in mm	200	–	2000	2800
Familienarbeit in AK	6,6	2,4	1,8	2,0
Fläche in ha	2202	–	–	–
Betriebsertrag in DM				
Eigenverbrauch zu Marktpreisen	3453	732	1361	1553
Verkauf	70	–	–	–
Sonstiges	0	0	0	0
Betriebsaufwand in DM				
Produktionsmittel	0	18	43	120
Fremd-AK	0	0	0	0
Bestandsveränderung	–	0	0	–
Sonstiges	0	0	0	–
Betriebseinkommen				
in DM/Betrieb/Jahr	3523	714	1318	1433
in DM/AK	533	298	732	717
in DM/ha	1,60	–	–	–
Getreideäquivalent				
in kg Mais/Familie	11550	–	6276	–

Quelle: Berechnungen basieren aus Daten von Torry, W. (31), Rourke, B. E. (21) und Ruthenberg, H. (23)

kommensgrößen sagen aber nichts über die volkswirtschaftlichen Notwendigkeiten aus.

Die Aussagekraft dieser Einkommensparameter ist aber dadurch gekennzeichnet, daß die Ermittlung des Einkommens auf der Bewertung der Eigenversorgung mit Marktpreisen basiert. Da die verwendeten Marktpreise, die meist an einem anderen Standort als dem der betroffenen traditionellen Betriebssysteme erfaßt werden, nicht notwendigerweise die ökonomische Knappheit in der Familie darstellen müssen, ist dieser Maßstab für die Beurteilung des Lebensstandards der Familien nicht immer aussagekräftig.

In diesen traditionellen, dem Markt nicht angeschlossenen Betriebssystemen, gewinnt die Beurteilung des Leistungsniveaus der Betriebe anhand der Versorgung der Familie mit Nahrungsmitteln und anderen Gütern sowie Dienstleistungen zentrale Bedeutung. Dies erfolgt in einer Versorgungsanalyse.

Die Bedarfssituation in nomadischen Familien ist schwierig zu erfassen und entsprechend sind die Arbeiten mit verallgemeinerbarem Charakter sehr selten. Untersuchungen in Somalia (ABDULLAHI, 1) zeigen, daß für eine dortige durchschnittliche Familiengröße jährlich etwa 3,3 Mio. Kcal benötigt werden (Tab. 10), die sich aus Fleisch- und Milchprodukten zusammensetzen.

Die Befriedigung dieses Bedarfs der Nahrungsmittelversorgung hängt von der Tierhaltung ab. Wesentliche Faktoren sind die Herdengröße und die Tierart. DAHL und HJORT (7) geben dafür einige ostafrikanische Beispiele (Tab. 11). Auf Einheitsherden von je 100 Tieren mit entsprechender Alters- und Geschlechtsstruktur hochgerechnet, können Leistungen zwischen 2,2 und 18,7 Mio. Kcal erzielt werden. Vorhandene Weidefläche, Wasserverfügbarkeit, Familiengröße und vorhandener Tierbestand sind die wichtigsten Komponenten, um Bedarf und Verfügbarkeit an Nahrungsmitteln in ein Gleichgewicht zu bringen.

Tab. 10. Durchschnittlicher jährlicher Fleisch- und Milchkonsum in nomadischen Haushalten in der Zentralregion von Somalia (1986/87)

Fleisch/Milch	Verbrauch kg	Kcal	MJ
1. Fleisch			
3 Schafe	60	343 935	1 445
4 Ziegen	108	121 696	511
Zwischensumme	168	465 631	1 956
2. Milch			
2 Kamele	2145	1 501 500	6 309
43 Ziegen	1838	1 286 397	5 405
6 Schafe	4	2 800	12
Zwischensumme	3987	2 790 697	11 726
3. Insgesamt	4155	3 256 328	13 682

Quelle: ABDULLAHI, A. M. (1)

Tab. 11. Leistungen nomadischer Tierhaltung zur Nahrungsmittelversorgung in Ostafrika

Tierart, Leistungsart	Entnahme pro Herde und Jahr in kg	in kg Eiweiß	in kcal
1. **Kamelherde** mit 100 Tieren (34 Kühe, 3 Ochsen, 2 Bullen, 44 Nachzuchttiere, 17 Kälber)			
Milch	1460	918	17 374 000
Blut	480	38	163 968
Fleisch	674	142	664 605
Höckerfett	60	–	527 400
Summe	–	1098	18 729 973
2. **Schafherde** mit 100 Tieren (39 Mutterschafe, 3 Böcke, 58 Lämmer)			
Milch	1950	131	2 340 000
Fleisch	375	38	1 513 125
Summe	–	169	3 853 125
3. **Ziegenherde** mit 100 Tieren (35 Mutterziegen, 1 Bock, 64 Zicken)			
Milch	2450	91	1 847 300
Fleisch	567	44	410 508
Summe	-	135	2 257 808
4. **Rinderherde** mit 100 Tieren (32 Kühe, 6 Bullen, 42 Nachzuchttiere, 20 Kälber)			
Milch	6615	245	5 497 065
Blut lebender Tiere	300	23	90 000
Blut geschlachteter Tiere	56	4	18 480
Fleisch			
geschlachtete	960	139	2 268 000
verendete Tiere	960	139	2 268 000
Summe	8891	550	10 141 545

Quelle: DAHL. G. und HJORT. A. (7), S. 157–219

Diese Anpassung erfolgt im Zeitablauf entsprechend der Verfügbarkeit der tierischen Produkte. Dies spiegelt sich in der Veränderung der Zusammensetzung des Fleisch- und Milchkonsums wider. Die Konsumgewohnheiten passen sich im Zeitablauf den Standortbedingungen an. In Nordkenia folgt der Verbrauch an Milch und Fleisch verschiedener Tierarten den Kalbeperioden und Futterbedingungen (Abb. 16). Da Ziegen in relativ kleinen Einheiten geschlachtet werden können (Lagerhaltung von Fleisch ist minimiert), sind sie der wichtigste Fleischlieferant und die Kamele mit relativ hoher Milchleistung (710 kg/Kuh/Jahr) der wichtigste Milchlieferant nomadischer Familien .

Lagerhaltung ist in Betriebssystemen des Nomadismus und des Wanderfeldbaues kaum zu finden. Ausnahmen bilden das Saatgut im Wanderfeldbau und kleinere Sicherheitsmengen an Nahrungsmitteln am semiariden Standort.

Verarbeitung und Zubereitung im Haushalt nehmen einen zeitlich großen Rahmen ein. Im Nomadismus umfaßt die Verarbeitung meist die Herstellung von butter-, käse- und yoghurtähnlichen Produkten aus der Milch, das Trocknen von Fleisch und im Wanderfeldbau das Schälen, Mahlen und Vergären. Die Zubereitung erfolgt meist auf offener Feuerstelle durch Braten, Grillen oder Kochen.

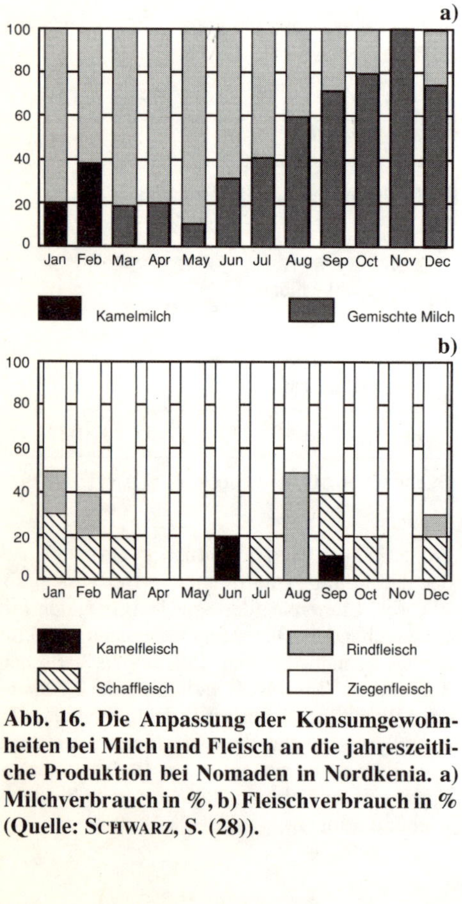

Abb. 16. Die Anpassung der Konsumgewohnheiten bei Milch und Fleisch an die jahreszeitliche Produktion bei Nomaden in Nordkenia. a) Milchverbrauch in %, b) Fleischverbrauch in % (Quelle: SCHWARZ, S. (28)).

Die Betrachtung von Einkommen, Versorgung und Risiko in den Betriebssystemen des Nomadismus und des Wanderfeldbaus erfordert die Berücksichtigung der Tatsache, daß es sich in diesen Systemen um eine untrennbare Verbindung von Betrieb, Haushalt und Lebensweise der Menschen handelt. Dies bedeutet, daß nicht jede Handlung aus der Sicht von Einkommen oder Versorgung erklärt werden kann. Lebensweisen sind eingebettet in soziokulturelle Zusammenhänge und werden von sozialen Normen beeinflußt. Diese zielen bei Familien in der Nähe des Existenzminimums meist auf die Absicherung des Überlebens ab. Dies erklärt die große Bedeutung des Risikos. Ist die Existenz gesichert, spielen andere Wertvorstellungen eine zusätzliche Rolle.

Aus diesen Gründen reichen statische Betrachtungen von durchschnittlichen Einkommen oder Versorgung nicht aus, da Perioden mit extrem ungünstigen Bedingungen den Risikofall bedeuten können.

2.2.6 Entwicklungsprobleme und Entwicklungspotential

Die **Entwicklungsdynamik** subsistenzorientierter Betriebssysteme mit unbegrenzter Flächenverfügbarkeit beschränkt sich auf die Anpassung an das Umfeld. Dies bedeutet im wesentlichen die Reaktion auf die Veränderungen der natürlichen Standortverhältnisse. Langfristig sind diese Systeme statisch und verändern sich lediglich durch Einflüsse von außen. Die Kombination kurzfristiger Dynamik und langfristiger Statik ist ein wichtiges Merkmal dieser autarken Betriebssysteme, die ohne Abhängigkeit von anderen Menschen und Einrichtungen lebensfähig sind. Sie haben daher die größte Widerstandskraft unter allen Betriebssystemen gegenüber einer Veränderung und Beeinflussung von außen. Diese zur Existenzerhaltung dringend notwendige Widerstandskraft ist gleichzeitig der größte Hemmfaktor für eine langfristige Entwicklung.

Die Ursachen hierfür liegen in einer Lebensweise der Menschen begründet, die ständig die Versorgung und das Überlebensrisiko im Mittelpunkt hat. Technische Lösungen dieser Probleme reichen daher nicht aus, um Lebensweise, Lebensauffassung, Lebensziel und objektiv vorhandene oder subjektiv empfundene Existenzsorgen zu beseitigen. Die Entwicklung solcher Betriebssysteme ist daher eine langfristige Angelegenheit.

Ein langfristiger Bestand dieser Betriebssysteme ist dann gegeben, wenn Fläche unbegrenzt verfügbar ist und wenn diese Flächen nicht alternativ genutzt werden können. Die erste Bedingung ist heute nur noch in Ausnahmefällen zu finden und wird in Zukunft bei der gegenwärtigen Bevölkerungsentwicklung verschwinden. Die zweite Bedingung hingegen, die alternative Verwendung der Fläche, kann an allen heutigen Standorten des Wanderfeldbaus erfüllt werden. An diesen Standorten hat die Bevölkerungsentwicklung lediglich die alternative Verwendung der Fläche noch nicht erzwungen.

Langfristig werden daher die Betriebssysteme des Wanderfeldbaus verschwinden. Nomadismus kann am ariden Standort durchaus weiter existieren, da beim derzeitigen Stand der Technik eine alternative Nutzung der Flächen nicht immer möglich ist. In solchen Zonen kann der Nomadismus zumindest überleben, solange keine Nutzungsalternativen auftreten. Die bisherige Entwicklung in Afrika, bei der der Regenfeldbau in nomadische Zonen eindringt, zeigt aber auch, daß alternative Flächennutzung möglich werden kann. Allerdings handelt es sich an einigen Standorten lediglich um eine kurz- und mittelfristige Alternative, da die Nutzung marginaler Flächen diese Ressource überfordert und verbraucht. Dies kann zum Ausscheiden der Flächen aus der Produktion führen. Kurzfristige Zwänge, auf irgendeine Art und Weise Nahrungsmittel und Einkommen erwirtschaften zu müssen, könnten eine standortgemäße Nutzungs- und Lebensform verdrängen, die sich langfristig als in höchstem Maße angepaßt erwiesen hat. Dies ist beispielsweise bei den Ackerbauern am semiariden Standort der Fall, wenn sie in nomadisches Weidegebiet einwandern.

Als **Antriebskräfte für eine Entwicklung** subsistenzorientierter Betriebssysteme mit praktisch unbegrenzter Flächenverfügbarkeit wirken:

a) Zunehmende Bevölkerungsdichte und damit Knappheit an nutzbarer Fläche. Daraus ergibt sich der Zwang, zunächst die nutzbare Fläche ganz zu nutzen und schließlich von der gleichen Fläche mehr Menschen zu versorgen. Diese Entwicklung hat zwei ursächliche Richtungen:
   - Der Bevölkerungsdruck entsteht durch die im Nomadismus und im Wanderfeldbau in diesen Regionen lebenden Menschen. Der Bevölkerungszuwachs entsteht primär durch die Einführung medizinisch-technischer Fortschritte und die Änderung von Wertvorstellungen unter dem Informationseinfluß von außerhalb. In diesem Fall erfolgt der Bevölkerungszuwachs langsam und die Betriebssysteme können sich im Generationenwechsel anpassen.
   - Der Bevölkerungsdruck entsteht durch Zuwanderung aus anderen Regionen. Unabhängig davon oder als Folge dessen wird die oben aufgezeigte Bevölkerungsvermehrung der ansässigen Familien ansteigen. Die Zahl der auf der vorhandenen Fläche lebenden Menschen erhöht sich wesentlich schneller als im ersten Fall. Hinzu kommt, daß es sich bei den Zuwanderern häufig um Ackerbauern handelt, die durch ihre Seßhaftigkeit besser Flächenbesitz verteidigen und intensiv nutzen können. Die Zuwanderung erfolgt meist unkontrolliert und kann mit wilder Landnahme verbunden sein. Häufig sind Eigentumskonflikte die Folge.
     Die traditionellen Betriebssysteme, insbesondere des Nomadismus, können in diesem Fall meist nicht schnell genug reagieren und sich anpassen. Damit geht in der Regel der Verlust der kulturellen und politischen Kontrolle der traditionellen Gesellschaften über ihren vorherigen Herrschaftsbereich einher. Dies erschwert die Durchsetzung ihrer Interessen.

b) Zunehmende Informationen und Marktanbindungen, die die Bedürfnisstruktur und die Ziele der Familien im Nomadismus und Wanderfeldbau beeinflussen. Dies fördert die Bereitschaft, ihre bisher autarken Betriebe und Haushalte für den Markt zu öffnen. Damit werden die Voraussetzungen für neue Informationen, Verbesserung der Kenntnisse, Einführung technischer Fortschritte sowie Verbesserung von Gesundheit und Bildung geschaffen.

Ansatzpunkte für **Maßnahmen der Entwicklung** sind sowohl für den Nomadismus als auch für den Wanderfeldbau in folgenden Bereichen zu finden:

a) Seßhaftwerden der Familien
Die Entscheidung darüber wird letztendlich von den betroffenen Familien gefällt, kann aber durch flankierende Maßnahmen gefördert werden. Zu diesen gehören die Bereitstellung von Fläche und Eigentumstiteln, Bereitstellung von Trinkwasser, human- und veterinärmedizinische Versorgung, lokale Märkte und Transportsysteme.
Solche Maßnahmen ergänzen bzw. ermöglichen die Seßhaftwerdung der Nomaden, die dadurch notwendig wird, daß die Produktion in der Tierhaltung nicht mehr zur Versorgung der Familien ausreicht und nun in die Ackerproduktion mit höherer Flächenproduktivität übergehen muß. Und sie ergänzen bzw. ermöglichen die Ansiedlung im Wanderfeldbau, die dadurch notwendig wird, daß zu einer intensiveren Flächennutzung Verbesserungen der Ressourcen über Wasserbeschaffung zur Bewässerung, Durchführung bodenerhaltender Techniken und die Anlage von Dauerkulturen erforderlich sind. Diese Maßnahmen sind aber nur bei stationärer Wirtschaftsweise sinnvoll durchzuführen.

b) Anschluß an die Produkt- und Faktormärkte durch Verbesserung der Informationssysteme, der Beratung, der Transportsysteme, der Bereitstellung technischer Fortschritte und sonstiger Dienstleistungen.
Für Betriebssysteme des Nomadismus gilt besonders:
- zunehmender Einsatz betriebsexterner Produktionsmittel zur Tiergesundheit (z.B. Impfstoffe, Medikamente), in der Fütterung und Haltung
- Anschluß an Tiermärkte und Steigerung der Entnahmerate aus den Herden
- Sicherung von Weiderechten, Ackernutzungsrechten und Eigentum.

Für Betriebssysteme des Wanderfeldbaues gilt besonders:
- Einführung neuer Kulturpflanzen, neuer Sorten und Verkaufsfrüchte. Die Einführung biologisch-technischer Fortschritte ist meist die erste Stufe der Entwicklung, da sie in kleinen Einheiten teilbar sind und primär erstragssteigernd wirken. Damit werden sie den Risikoverhältnissen am besten gerecht
- Verbesserung der Produktionsmethoden, insbesondere des Anbaus. Der Reduzierung der Naturbrache und damit der Reduzierung des Ertragspotentials ist durch andere Maßnahmen wie Änderung der Anbausysteme, Einführung der Tierhaltung und der Mineraldüngung zu begegnen
- Verbesserung der Arbeitswirtschaft. Erleichterung der Arbeit durch bessere Trinkwasserverfügbarkeit, Verbesserung der Transportmöglichkeit und Mechanisierung der Ackerwirtschaft. Der Mechanisierung sind jedoch wegen Kapitalmangel, Arbeitskräfteüberschuß und mangelnder Zweckmäßigkeit enge Grenzen gesetzt
- Erhöhung der Faktorkapazität durch planmäßige Düngerwirtschaft, Terrassierung, Wasserbereitstellung und Bewässerung.

Die **Wirkungsrichtung der Maßnahmen**:

a) Versorgung von mehr Menschen auf der gleichen Fläche oder Verbesserung der Versorgungslage durch Steigerung der Flächenproduktivität. Schaffung von Bareinkünften zur Versorgung aus den Märkten.
b) Reduzierung des Risikos der Familien. Existenzsicherung, Minimierung der Versorgungsschwankungen der Familien und Reduzierung der Abhängigkeiten von anderen Personen und Institutionen.

Entwicklungsprozesse in den Betriebssystemen des Nomadismus und des Wanderfeldbaus verlaufen in der Regel langsam, da sie eine Änderung der Lebensweisen der Menschen bedingen. Dies ist häufig nur im Generationenwechsel möglich. Erfordern die Bedingungen einen schnellen Anpassungsprozeß, wie beispielsweise im Nomadismus bei Wegnahme der Weidepfründe durch Ackerbauern oder durch zwangsweise Ansiedlung, dann kommt es zu ausgeprägten Sozialkonflikten und Ungleichgewichten bei der Ressourcennutzung.

Der Nomadismus geht mit der Seßhaftwerdung der Familien über in pastorale Systeme. Die Betriebssysteme des Wanderfeldbaus entwickeln sich unter dem Einfluß zunehmender Flächenknappheit zu traditionellen Brachesystemen und zu Bewässerungssystemen.

2.3 Systeme mit begrenzter Flächenverfügbarkeit

2.3.1 Merkmale und Verbreitung

Subsistenzorientierte Betriebssysteme mit begrenzter Flächenverfügbarkeit haben sich aus Betriebssystemen mit unbegrenzter Flächenverfügbarkeit entwickelt. Voraussetzung dafür war die Zunahme der Bevölkerungsdichte auf den landwirtschaftlich nutzbaren Flächen. Es handelt sich um ackerbaulich orientierte Betriebssysteme, die aus dem Wanderfeldbau entstanden sind. Subsistenzorientierte Betriebssysteme mit begrenzter Flächenverfügbarkeit sind heute stärker verbreitet als die Betriebssysteme des Nomadismus und des Wanderfeldbaus. Andere Faktoren außer der Fläche sind nicht oder noch nicht nennenswert knapp.

Subsistenzorientierte Betriebssysteme mit begrenzter Flächenverfügbarkeit zeigen folgende gemeinsame Merkmale:

a) Fläche ist ein begrenzender Faktor geworden. Die Produktion wird so organisiert, daß die Fläche bestmöglichst in traditioneller Anbauweise und Produktionstechnik genutzt wird. Die Dauer der Naturbrache ist reduziert oder kann bei Bewässerung gelegentlich verschwunden sein.
b) Die Knappheit an Flächen führt de facto zur Entstehung von Eigentums- und/oder Nutzungsrechten der Einzelfamilie an Fläche und es kommt zur Ansiedlung der Familien an einem festen Standort. Auch die Aufwendungen zur Verbesserung des Produktionspotentials der Fläche erlauben keine Wanderung mehr.
c) Die Produktion ist weiterhin stark an die Standortgegebenheiten angepaßt. Jedoch sind bereits Maßnahmen zu finden, die eine höhere Nutzungsintensität der Fläche erlauben. Dazu werden bereits neue Ressourcen erschlossen. Dies führte zu traditioneller Wassererschließung, wie der Bewässerung und Terrassenwirtschaft auf einfacher Stufe.
d) In diesen Systemen sind weiterentwickelte Formen der Realkapitalbildung zu finden. Mit dem Einsatz von Arbeit wird Vermögenskapital (z. B. Bewässerungsinfrastruktur) gebildet.
e) Ein Bezug zum Markt ist noch kaum entwickelt. Jedoch sind Informationen über außerbetriebliche Vorgänge umfangreicher als in den Betriebssystemen des Nomadismus und des Wanderfeldbaus.

Die wichtigsten subsistenzorientierten Betriebssysteme mit begrenzter Flächenverfügbarkeit sind die traditionellen Bewässerungssysteme, traditionelle Brachesysteme und Mischformen beider. Ihre heutige Verbreitung in den Tropen und Subtropen erstreckt sich auf Hochlagen sowie semiaride und semihumide Standorte. Schwerpunkte liegen für die traditionellen Bewässerungssysteme in Asien und für die traditionellen Brachesysteme in Afrika und Lateinamerika. Traditionelle Buschbrachewirtschaften sind weit verbreitet in den humiden und semihumiden Standorten Westafrikas und in extensiv genutzten Zonen Lateinamerikas. Savannenbrachewirtschaften sind vor allem in den afrikanischen Savannen dominierend.

2.3.2 Beschreibung der Systeme

Subsistenzorientierte Betriebssysteme mit begrenzter Flächenverfügbarkeit versuchen die Folgen der Flächenknappheit über Produktionsintensivierung und über Ressourcenerschließung auszugleichen, um damit das Produktionsvolumen und die Eigenversorgung der Familie langfristig auf dem erforderlichen Niveau zu halten. Um die negativen Wirkungen der Knappheit an Fläche zu verhindern, sind die Familien gezwungen, neue Wege zu gehen. Dies sind im wesentlichen:

a) Reduzierung der Naturbracheperioden, um die Anbauperioden zu verlängern. Mit dieser Maßnahme wird die Fläche häufiger genutzt. Die Reduzierung der Bracheperioden führt zur Absenkung der Hektarerträge. Um zu verhindern, daß dadurch die Produktionsintensität durch Fläche (d. h. Ausdehnung der genutzten Fläche bei gleicher Gesamtfläche) substituiert wird, sind zusätzliche Maßnahmen zur Erhaltung von Bodenfruchtbarkeit und Ertragspotential der Flächen notwendig.
b) Intensivierung der Produktion durch die Bewässerung, die eine Erhöhung des Hektarertrages erlaubt und eine Verminderung des Produktionsrisikos ermöglicht. Damit wird Fläche durch Produktionsintensität substituiert.

Diese unterschiedlichen Strategien führen zur Unterscheidung in traditionelle Brachesysteme und in traditionelle Bewässerungssysteme. Sie haben als traditionelle Betriebssysteme zu gelten, da sie sich von den subsistenz- und marktorientierten Betriebssystemen der Brachewirtschaft und der Bewässerung durch ihre Orientierung an der Subsistenzproduktion unterscheiden.

2.3.2.1 Traditionelle Brachewirtschaften

Die traditionellen Brachesysteme entstehen in direktem Übergang von den Betriebssystemen des Wanderfeldbaus durch Seßhaftwerdung der Familien. Die Nutzung der Fläche erfolgt jetzt im Zeitablauf häufiger als im Wanderfeldbau. Die Verkürzung der Bracheperiode gegenüber dem Wanderfeldbau ist das typische Kennzeichen traditioneller Brachesysteme. Der R-Wert liegt zwischen 33 und 50. Traditionelle Brachesysteme sind häufig ein Übergangsstadium zu den verschiedensten subsistenz- und marktorientierten Betriebssystemen.

Die Reduzierung der Naturbrache führt zum Problem der langfristigen Erhaltung des Ertragspotentials der Flächen, da die Naturbrache gelegentlich nicht mehr zur Regeneration ausreicht (Fall c in Abb. 13). Dies führte dazu, daß in den traditionellen Brachesystemen eine Vielfalt an traditionellen Maßnahmen zur Erhaltung der Bodenfruchtbarkeit entwickelt wurde. Diese Maßnahmen werden ausschließlich mit betriebseigenen Ressourcen durchgeführt und umfassen beispielsweise die Zufuhr von Asche sowie getrockneter oder frischer Vegetation, die in den Boden eingearbeitet wird oder als Bedeckung dient. Es beginnt damit eine erste Stufe der Düngerwirtschaft.

In den traditionellen Brachesystemen spielt der Bergreis bzw. Regenreis eine gewisse Rolle, dominierend sind aber Wurzelkulturen (Maniok, Yam, Taro) und Mais, Sorghum und Milletarten. Tierhaltung wird auf dieser Stufe noch nicht betrieben. Sie tritt jedoch bei den Übergangsformen zu anderen Betriebssystemen auf. Auch Abfälle des Haushaltes werden systematisch zur Bodenverbesserung ausgebracht.

Maßnahmen zur Erhaltung der Ressource Fläche gewinnen ebenfalls an Bedeutung. Wo die Gefahr der Erosion besteht, werden einfache Erosionsschutzmaßnahmen, wie Terrassen oder Konturhügel, erstellt.

2.3.2.2 Traditioneller Bewässerungsfeldbau

Die Betriebssysteme des traditionellen Bewässerungsfeldbaus entwickeln sich aus dem Wanderfeldbau durch Seßhaftwerdung der Familien und aus dem Zwang, die verfügbare Fläche intensiver zu nutzen. Auf der Suche nach Möglichkeiten der Intensivierung bietet sich die Bewässerung an den Standorten an, an denen das natürliche Wasservorkommen mit einfachen Mitteln für die landwirtschaftliche Nutzung erschlossen werden kann.

Bewässerung dient der Verbesserung der Wasserversorgung von Nutzpflanzen. Sie führt zu Verhinderung von Ertragsabfällen und hat daher in traditionellen Betriebssystemen vor allem eine risikoreduzierende Wirkung. Voraussetzung ist aber eine gesicherte Wasserverfügbarkeit in wasserknappen Perioden. Darüber hinaus können aber auch die Leistungen der Pflanzenproduktion pro Flächeneinheit erhöht werden. Dadurch wird auch auf kleinerer Fläche die Versorgung der Familie sichergestellt und die Knappheit an Fläche ausgeglichen.

Traditioneller Bewässerungsfeldbau steht in der Regel auf niedriger Mechanisierungsstufe. Zugtieranspannung ist häufig noch nicht zu finden. Ihre Einführung deutet bereits den Übergang zu intensiveren Bewässerungssystemen an.

Die Pflanzenproduktion ist durch typische Bewässerungskulturen gekennzeichnet. Dies ist im wesentlichen der Reis. Reis ist das Grundnahrungsmittel der Familien und entsprechend steht sein Anbau im Zentrum der Produktion. Innerhalb des traditionellen Bewässerungsfeldbaus werden insbesondere Flutreis, Sumpfreis, Mangrovenreis, unkontrollierter Überflutungsreis und seltener »Paddy«-Reis angebaut (Tab. 12).

Im Anbau findet bereits ein Wechsel von verschiedenen Kulturpflanzen statt. Es entwickelt sich der Reinkulturanbau durch die Bewässerung von Reis, die einen Mischanbau nicht mehr erlaubt. Die Kulturen im Regenfeldbau bleiben meistens im Mischanbau. Im gleichen Betrieb können sowohl Bewässerung als auch Regenfeldbau auf verschiedenen Parzellen und im Wechsel auf der gleichen Parzelle erfolgen, je nach Verfügbarkeit an Wasser.

Tab. 12. Formen des Reisanbaus und Verbreitung in subsistenzorientierten Betriebssystemen der Tropen und Subtropen

Anbauformen	Merkmale	Verbreitung
Flutreis	natürliche Überschwemmung	Westafrika (Mali, Senegal),Burma, Bangladesh, Indien, Vietnam, Kambodscha
Sumpfreis	natürliche Sumpfgebiete	Ost- und Südostasien, Indien, West und Zentralafrika, Madagaskar, Lateinamerika
Mangrovenreis	Mangrovenwälder an Küsten oft mit Salzwasser	Westafrikanische Küste von Sierra Leone bis Senegal, Java, Kambodscha, Vietnam
Überflutungsreis	natürliche Überflutung mit Eingriffen	Westafrika (Senegal, Ghana), Vietnam, Kambodscha, Laos,Thailand, Bangladesh, Indien, China, Mittelamerika
»Paddy«-Reis	Wassersammeln in Becken und Terrassen	Monsungebiete (Indien,Pakistan), Südostasien, Madagaskar, Mittelamerika
Regenreis, Bergreis	keine Bewässerung	Peru, Bolivien, Brasilien, Südostasien, Japan, Indien, West- und Zentralafrika

Quelle: in Anlehnung an LANG, H. (17)

2.3.3 Intensität, Produktivität und Stabilität der Produktion

2.3.3.1 Produktionsintensität

Die Intensität der Produktion wird als Einsatz- und Verwertungsniveau von Produktionsmitteln (Kapitel 1.5) ausgedrückt. Die zunehmende Knappheit an Fläche, die eine Folge steigender Bevölkerungsdichte pro landwirtschaftlich nutzbarer Flächeneinheit ist, zwingt die Betriebe zu intensiver Produktion. Die Intensität der Produktion nimmt damit beim Übergang zu Betriebssystemen mit zunehmender Flächenknappheit zu. Als Folge ist die Produktionsintensität in den Betriebssystemen der traditionellen Brachewirtschaften und Bewässerungswirtschaften höher als im Nomadismus und im Wanderfeldbau.

Durch Verringerung der Flächenverfügbarkeit entsteht der Zwang, höhere Leistungen von einer gegebenen Fläche zu erzielen, um mit der verfügbaren Fläche mehr Menschen versorgen zu können.

Die Intensivierung basiert auf folgenden Maßnahmen:

a) In den traditionellen Brachewirtschaften dominieren agronomische Maßnahmen, um die mit der Reduzierung der Naturbrache verbundene Absenkung des Ertragspotentials aufzufangen. Die agronomischen Maßnahmen umfassen die Bodenbearbeitung und Pflege, die Düngerwirtschaft und die Auswahl und zeitliche Abfolge der angebauten Kulturen, sowie die spezifische Auswahl der Flächen nach Eignungsfähigkeit für bestimmte Nutzungsformen.
b) In den traditionellen Bewässerungswirtschaften sind die wichtigsten Maßnahmen die Erschließung und der Einsatz von Bewässerungswasser in der pflanzlichen Produktion.

In traditionellen Brachewirtschaften entfällt die Rodung der Flächen, da die verbleibenden Bracheperioden nicht lang genug sind, um Waldaufwuchs oder stark verholzten Buschaufwuchs zu ermöglichen.

Der Anbau erfolgt fast ausschließlich noch als Mischanbau. Dies bedeutet, daß auf einer Fläche mehrere Nutzpflanzen wachsen. Dabei ist oft festzustellen, daß die Zahl der Pflanzenarten zunimmt, je näher die Bestände an der Wohnstelle sind. Der Mischanbau dient der Absicherung von Ertragsleistungen, der gegenseitigen Ergänzung der einzelnen Pflanzen und der ständigen Bedeckung des Bodens. Weit verbreitet ist darüber hinaus eine zeitverzögerte Aussaat bzw. Auspflanzung. Zwar bestehen optimale Aussaatzeitpunkte einer Pflanzenart unter bestimmten Niederschlagsverhältnissen. Da deren Eintreffen in der Zukunft aber nicht bekannt und nur unsicher zu erwarten ist, wird auf maximale Naturalerträge zugunsten sicherer Ertragsleistungen verzichtet. Durch eine Verteilung der Aussaat von beispielsweise Sorghum über eine Periode von drei bis vier Wochen wird sichergestellt, daß bei schwankendem Beginn der Regenperiode oder unregelmäßigen Niederschlägen im Verlaufe der Regenperiode immer Sorghumbestände vorhanden sind, die unter besseren Bedingungen wachsen. Damit wird die Versorgung sicherer.

Eine Düngerwirtschaft ist in den traditionellen Brachewirtschaften noch rudimentär entwickelt. Sie zeigt sich in Ansätzen. Arbeit wird aufgewendet, um dem Boden zuzuführen, was ihm durch die Ernte entnommen wurde. Dies erfolgt auf verschiedenen Wegen:

- Sammeln von Unkraut aus den Beständen und Einarbeiten in den Boden
- Sammeln von Gras, Blättern oder sonstiger vegetativer Masse aus Nachbarflächen und Einarbeiten oder Bedecken der Anbaufläche
- Verbrennen von pflanzlichem Material auf Nachbarflächen und Einarbeiten der Asche in die bewirtschafteten Böden.

Zwar kann in traditionellen Brachewirtschaften noch nicht von Fruchtfolgen gesprochen werden, jedoch lassen sich gegenüber dem Wanderfeldbau erste Tendenzen in dieser Richtung erkennen:

a) Entsprechend der Bodenqualität, mit der man durch Seßhaftigkeit mehr vertraut ist, wird an jedem Pflanzenstandort (Parzelle) eine für die Leistungsfähigkeit dieser Flächen geeignete Folge von Pflanzenarten bevorzugt.
b) Gegenüber dem Wanderfeldbau reduziert sich die Zahl der Kulturpflanzen im Mischanbau. Während im Wanderfeldbau noch Wildformen von Pflanzen zur menschlichen Nutzung stehen, gehen diese in den traditionellen Brachewirtschaften zurück.
c) In zunehmendem Maße werden Nutzpflanzen, die hohe Ansprüche an die Bodenfruchtbarkeit stellen, an den Beginn der Anbauperiode gestellt, um die hohe Ertragsfähigkeit nach der Bracheperiode mit diesen auszunutzen.

In der traditionellen Bewässerung wird durch die Einführung des Produktionsfaktors Wasser die Produktionsintensität angehoben. Dies schlägt sich nieder in höheren Hektarleistungen im Mittelwert mehrerer Jahre, durch eine häufigere Nutzung der gleichen Fläche im Zeitablauf und gelegentlich durch höhere Nährstoffversorgung über das Wasser.

2.3.3.2 Produktivität

Die Arbeitsproduktivität in den traditionellen Brachewirtschaften ist etwa der im Wanderfeldbau gleich. Die gegenüber dem Wanderfeldbau eingesparte Arbeit für Roden wird nun für bessere Bodenbearbeitung und Unkrautbekämpfung benötigt. Dabei ergeben sich aber Unterschiede in Abhängigkeit vom Standort. Die Einsparung der Rodungsarbeit beim Wanderfeldbau im Regenwald ist höher als der zusätzliche Aufwand in der traditionellen Brachewirtschaft und folglich ist die Arbeitsproduktivität bei gleichen Naturalerträgen in letzterem ebenfalls höher. In der Savanne ist dies umgekehrt. Dort können Verhältnisse auftreten, bei denen der Arbeitseinsatz zur Unkrautbekämpfung den höchsten Anspruch der einzelnen Zeitperioden während der Vegetation stellt.

Die Arbeitsproduktivität in den Betriebssystemen mit traditionellem Bewässerungsfeldbau liegt in den meisten Fällen niedriger als im Wanderfeldbau. Der hohe Arbeitsaufwand für Beschaffung und Verteilung von Wasser wird von der Steigerung der Produktion pro Arbeitskraft nicht aufgewogen. Diese relativ niedrigen Arbeitsproduktivitäten sind für die subsistenzorientierten Betriebssysteme mit Flächenknappheit nicht wesentlich von Bedeutung. In diesen Systemen sind in der Regel ausreichend Arbeitskräfte vorhanden, die häufig nicht voll beschäftigt sind und denen sich die außerbetriebliche Tätigkeit als Alternative noch nicht anbietet.

Die Flächenproduktivitäten in den Betriebssystemen mit traditionellen Brachewirtschaften

Tab. 13. Vergleich geschätzter Wertproduktivitäten in tradtionellen Brachewirtschaften und Bewässerungssystemen für Fläche und Arbeit mit verschiedenen Betriebssystemen (pro Jahr)

Betriebssysteme	DM/ha	DM/AK
Wanderfeldbau	10–300	50–800
traditionelle Brachewirtschaften	25–500	50–700
traditioneller Bewässerungsfeldbau	30–800	50–600
Brachewirtschaften mit Marktbezug und einfacher Technik	50–700	25–500
Brunnenbewässerung mit Flachbrunnen	200–5000	30–1000

und traditionellem Bewässerungsfeldbau liegen erheblich über denen im Wanderfeldbau oder im Nomadismus. Ein näherungsweiser Vergleich mit anderen Betriebssystemen ist auf der Basis von Schätzwerten der Wertproduktivitäten in Tab. 13 vorgenommen.

2.3.3.3 Produktionsstabilität

Sowohl die Betriebssysteme der traditionellen Brachewirtschaften als auch die der traditionellen Bewässerungswirtschaften sind durch eine stabile Produktion gekennzeichnet, die nur den natürlichen Standortverhältnissen unterliegt. Die traditionellen Brachesysteme zeigen ähnliche Stabilitäten wie der Wanderfeldbau. Mit der Weiterentwicklung als Folge von zunehmender Flächenknappheit gehen diese in die große Gruppe der subsistenz- und marktorientierten Betriebssysteme mit Brachewirtschaften (Kapitel 3.3) über. Auf dieser Entwicklungsstufe zeigen sich weitreichende Probleme der langfristigen Produktionsstabilität. In den traditionellen Brachewirtschaften sind allenfalls die ersten Anzeichen beim Übergang zu diesen Systemen erkennbar.

Die Betriebssysteme im traditionellen Bewässerungsfeldbau sind durch eine zunehmende Stabilität der Produktion als Folge nachstehender Bedingungen gekennzeichnet:

a) Der Einsatz von Bewässerungswasser reduziert das Niederschlagsrisiko und sichert damit den Naturalertrag in niederschlagsärmeren Jahren. Dies kann durch die Verhinderung von Wasserdefiziten während der Vegetationsperiode wie auch durch die Verlängerung der Vegetationsperiode erfolgen.
b) Bewässerungswasser erlaubt die Nutzung von Flächen, die ohne Bewässerung auf niedrigem Niveau oder überhaupt nicht genutzt werden können. Damit werden Perioden mit Versorgungsengpässen besser überbrückt. Dies gilt in gleicher Weise für die Nutzung einer zweiten Vegetationsperiode innerhalb eines Jahres auf der gleichen Fläche.

Insgesamt zeigt die Entwicklung zu den subsistenzorientierten Betriebssystemen mit Knappheit an Fläche, daß mit traditionellen Methoden die Stabilität erhalten werden kann. Beim Einsatz von Bewässerungswasser läßt sich aber ein Potential zu höherer Stabilität erkennen.

2.3.4 Arbeitswirtschaft

Die Arbeitswirtschaft in den subsistenzorientierten Betriebssystemen mit begrenzter Flächenverfügbarkeit unterscheidet sich grundsätzlich von der in den Systemen mit praktisch unbegrenzter Flächenverfügbarkeit durch folgende Eigenschaften:

a) Die Wanderung der Wohnstelle entfällt und damit der Arbeitsaufwand für Transport und Aufbau der Wohnstelle. Die Ansiedlung führt zum Bau von Hütten und Häusern, die längerfristig haltbar sind und die ständig repariert werden.
b) Die Rodungsarbeiten nach jeder Wanderung entfallen. Es bleiben lediglich die umfassenden Bodenvorbereitungen zur Bestellung nach der Bracheperiode (Abb. 17). Diese sind aber weniger arbeitsaufwendig, da der Aufwuchs durch die kürzere Bracheperiode geringer ist als im Wanderfeldbau. In den traditionellen Bewässerungssystemen kann dieser Aufwand noch stärker reduziert sein als in traditionellen Brachewirtschaften.

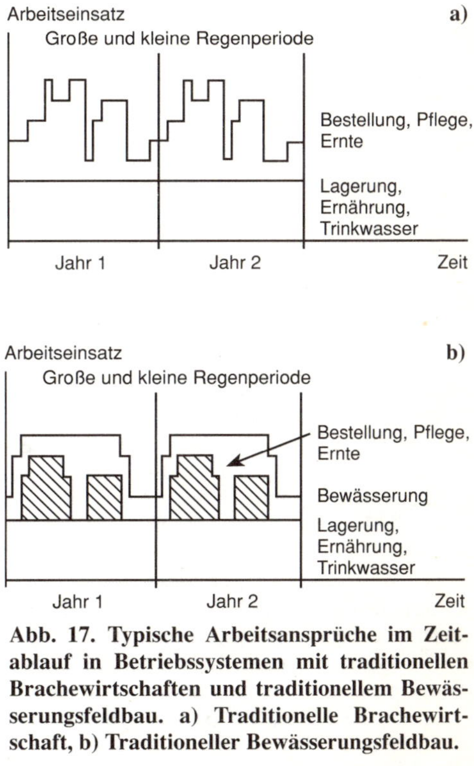

Abb. 17. Typische Arbeitsansprüche im Zeitablauf in Betriebssystemen mit traditionellen Brachewirtschaften und traditionellem Bewässerungsfeldbau. a) Traditionelle Brachewirtschaft, b) Traditioneller Bewässerungsfeldbau.

c) Durch die Reduzierung der Bracheperioden nimmt die unkrautunterdrückende Wirkung der Naturbrache ab. In den Betriebssystemen mit begrenzter Flächenverfügbarkeit fällt daher ein zunehmender Bedarf zur Unkrautbekämpfung an.
d) Die Maßnahmen zur Erhaltung der Bodenfruchtbarkeit erfordern einen umfassenden Arbeitseinsatz für Beschaffung und Ausbringung von Asche, vegetativer Masse und spezielle Anbausysteme.
e) In den traditionellen Bewässerungssystemen erreicht der Arbeitsbedarf zur Bereitstellung und zum Einsatz von Bewässerungswasser häufig 40 bis 80% der insgesamt in der Produktion des Betriebes beanspruchten Arbeitskapazität. Von entscheidendem Einfluß ist die Nähe und Tiefe der Wasserquelle, die Technik der Wasserförderung und -verteilung, die angebauten Kulturpflanzen und der Umfang der bewässerten Fläche.
f) Die Seßhaftigkeit und die geänderten Produktionsmöglichkeiten erlauben und erfordern gelegentlich eine Vorratshaltung für Nahrungsmittel. Es entwickeln sich Lagerhaltungsmethoden mit unterschiedlichem Arbeitsanspruch. Dies hängt jedoch vom zeitlichen Ablauf des Ertragsanfalls ab, der wiederum entscheidend von der Klimazone bestimmt wird. Im allgemeinen kann festgestellt werden, daß mit zunehmender Aridität die Lagerhaltung an Bedeutung gewinnt.
g) Der Trinkwasserbezug orientiert sich nun an einer festen Wasserquelle, die in der Regel besser erschlossen wird. Durch die zunehmende Bevölkerungsdichte nehmen gemeinsam genutzte Wasserquellen für Trinkwasser zu. Es zeigen sich erste Ansätze einer gemeinsamen Erschließung und Pflege der Wasserquelle. Der Arbeitsaufwand für die tägliche Trinkwasserbeschaffung ist groß, wenn wie in vielen Fällen die natürlichen Wasserressourcen nicht in der Nähe der Wohnstelle sind. Da in diesen Betriebssystemen noch keine Tiefbrunnen bei den Wohnstellen gebaut werden, sind häufig große Wegstrecken für den Wassertransport zurückzulegen.

Dies führt dazu, daß der Arbeitsbedarf in den Betriebssystemen der traditionellen Brachewirtschaft und des traditionellen Bewässerungsfeldbaus wesentlich höher und im Zeitablauf ausgeglichener ist als in den Betriebssystemen des Nomadismus und des Wanderfeldbaus.

2.3.5 Wasser und Bewässerung

Traditionelle Systeme der Bewässerung entstanden zunächst in Überschwemmungsgebieten mit Reisanbau. In der weiteren Entwicklung wurde Fluß- und Grundwasser erschlossen. Die Pflanzenproduktion paßt sich noch vollständig an die Wasserverfügbarkeit an. Für die Erschließung der Ressource Wasser und für ihren Einsatz entsteht kein zusätzlicher monetärer Aufwand. Entscheidend für die Einführung traditioneller Wasserförderung und -verteilung sind die Standortverhältnisse.

Erste Eingriffe in die natürlichen Standortverhältnisse werden bei der Wasserbeschaffung und Bewässerung traditioneller Bewässerungssysteme in folgenden Bereichen vorgenommen:

a) Die Erschließung der Wasserquelle und die Wasserbereitstellung zur Produktion erfolgt durch den Einsatz von Arbeit. Die Wasserquelle ist in unmittelbarer Nähe des Pflanzenstandortes. Durch Arbeitseinsatz wird Realkapital gebildet.
   Die Erschließung erfolgt auf folgenden Wegen:
   - Nutzung von Oberflächenwasser von Flüssen und Seen. Durch Ableitung über Gräben und den Einsatz traditioneller Wasserhebeverfahren (Tab. 14) wird das Bewässerungswasser zur Parzelle gebracht.
   - Grundwasserentnahme durch Graben von Brunnen und den Einsatz von menschlicher Arbeit durch Wassertragen und traditionelle Wasserhebeverfahren
   - Bau von kleinen Wassersammelbecken auf den Betriebsflächen (sogenannte Kleintanks).
b) Die Ausbringung des Wassers zu den Pflanzen erfolgt in Handarbeit unter Nutzung des Gefälles im Gelände.
c) Erstellung von Becken, die die Niederschläge einsammeln. Dieses als Beckenbewässerung bezeichnete Verfahren ist besonders im Reisanbau verbreitet. Hier ist Wasserbeschaffung und Bewässerung der Flächen als ein Prozeß anzusehen. Der Aufwand für Erstellung und Betrieb besteht in der Einebnung von Land, Terrassierung, Aufbau und Unterhaltung der Beckenränder.
d) Die Wasserquelle wird direkt vom Einzelbetrieb genutzt. Er besitzt das Nutzungsrecht. Überbetriebliche Bewässerungssysteme sind noch nicht vorhanden.

Tab. 14. Ausgewählte traditionelle Wasserhebeverfahren zum Anheben und Fördern von Wasser

Wasserhebeverfahren	Beschreibung der Technik	Förderhöhe in m	Fördermenge in m³/h	Arbeitsbedarf in AK
Shaduf (Handarbeit)	Schwingbalken auf Auflage mit Eimer und Gegengewicht	1,5–3	2–6	1
Archimedische Schraube	spiralförmige Schraube in einem Zylinder, mit Handkurbel gedreht	0,2–0,8	15–30	1–2
Wasserrad	Flußwasserangetriebenes	0,1–0,4	13	1–2
	Rad mit Schaufeln	0,4–0,8	31	8–12
Charsa (Tierantrieb)	Ledersack an 2 Seilen, entleert in extremer Hubposition, Zug auf schiefer Ebene	ca. 10	8–16	2
Mote (Tierantrieb)	kreisförmige Zugbewegung,	3–5	ca. 22	
	2 Eimer heben Wasser	ca. 10	5–6	–
Persisches Wasserrad (Tierantrieb)	Trommel mit waagrechter Achse,	9	8–10	–
	Göpelwerk mit Eimerkette	6	10–12	–
		3	15–17	–
		1,5	20–22	–

Quelle: Achtnich, W. (2), S. 230–235; Molenaar, A. (19), S. 19–36

Traditionelle Wasserhebeverfahren sind dadurch gekennzeichnet, daß sie mit Ressourcen der Betriebe oder in nachbarschaftlicher Hilfe erstellt und genutzt werden können (Tab. 14). Sie erfordern einen hohen Arbeitseinsatz, der in diesen Systemen durch die hohe Arbeitskapazität gut abgedeckt werden kann. Die Förderhöhe und die Fördermengen sind vergleichsweise beschränkt, was die Entstehung solcher Systeme eng an die Standortverhältnisse bindet. Im Vergleich zu den Anbautechniken im Wanderfeldbau und in den traditionellen Brachewirtschaften sind traditionelle Wasserhebeverfahren sehr effiziente Techniken zur Steigerung und Stabilisierung der Hektarerträge.

Zur Entnahme von Grundwasser, für die wegen der Grundwassertiefe und der verfügbaren Wassermenge die traditionellen Wasserhebeverfahren teilweise oder vollständig nicht mehr ausreichen, werden Brunnen gegraben. Die Wasserentnahme kann über Wassertragen aus den Brunnen oder durch Verwendung von meist von Tieren angetriebenen Wasserhebeverfahren erfolgen. In traditionellen Bewässerungssystemen werden die Brunnen durch Handarbeit in eigener Regie gebaut. In einem Beispiel in Maharashtra in Indien wurde für einen typischen offenen Brunnen ein Arbeitsaufwand von insgesamt 650 Arbeitstagen ermittelt (Tab. 15).

Die Sammlung von Regenwasser in kleinen Einzugsgebieten auf der eigenen Betriebsfläche setzt ein entsprechendes Gefälle, ausreichend Niederschläge und den Bau eines Dammes zur Wassersammlung und -speicherung voraus. Dieses traditionelle Konzept, das vor allem in Indien und Sri Lanka verbreitet ist, wurde auch

Tab. 15. Arbeitsaufwand für den Bau eines offenen Brunnens im traditionellen Verfahren in Ahmednagar, Maharashtra/Indien

Beschreibung: Brunnendurchmesser 4,5 m, Tiefe 5,7 m, Untergrund Erde, mit 1200 Steinen ausgemauert

Erdarbeiten:	
– Ausgraben (Männer)	202 Arbeitstage
– Abtransport des Bodens (Frauen)	112 Arbeitstage
Ausmauern des Brunnens	
– Steinmetzarbeit	150 Arbeitstage
– Transport der Steine	50 Arbeitstage
– Mauern (100 Steine/Tag)	12 Arbeitstage
– Sonstige Arbeit	124 Arbeitstage
Gesamter Arbeitsaufwand	650 Arbeitstage

Quelle: Ermittelt aus Lal, R. und Russel, E. W. (16), S. 84–86

schon in Großanlagen von den Königen in Ceylon und Indien vor mehr als 2000 Jahren praktiziert.

Im Rahmen traditioneller Betriebssysteme haben heute im wesentlichen Kleinanlagen Bedeutung. Tab. 16 gibt ein Beispiel solcher Wassersammlungsbecken (Kleintanks). Bei einer Kapazität von etwa 2000 m^3, wie sie häufig in der Realität zu finden ist, reicht die Wassermenge für die meist kleinen Betriebe nur für Zusatzbewässerung aus. Damit kann lediglich die Vegetationsperiode verlängert und entsprechend die Trockenphase gegen Ende der Wachstumszeit vermieden werden. Der Aufbau solch kleiner Wasserspeicher beansprucht im Beispiel etwa 800 Arbeitstage. Dies hängt von der topographischen Lage, der Bodenbeschaffenheit, der Niederschlagsmenge, der beabsichtigten Bewässerungsfläche und den bewässerten Kulturen ab.
Bewertet man den Aufwand mit Löhnen und Marktpreisen, dann kostet die Sammlung und Speicherung von einem m^3 Bewässerungswasser 1,57 DM. Dies entspricht dem Gegenwert von 8 kg Reis zu einem Preis von 0,87 Rupien/kg. Diese sehr hoch erscheinenden Kosten entstehen jedoch nicht als Barausgaben des Betriebes sondern werden durch Einsatz von Familienarbeit aufgebracht.

Die Erstellung von Brunnen oder von einzelbetrieblichen kleinen Wasserspeichern bietet für traditionelle Betriebssysteme die Möglichkeit, unter Einsatz der verfügbaren Ressourcen Fläche und Arbeit, die Leistungsfähigkeit der Betriebe zu erhöhen. Für diese Realkapitalbildung werden nicht notwendigerweise Geldmittel benötigt. Diese Verhältnisse erlauben traditionellen Betriebssystemen, sich autonom zu entwickeln. Gerade dies hat schon im alten Mesopotamien, im Nildelta und später in Asien stattgefunden.

Tab. 16. Aufwand für den Bau eines kleinen Wasserspeichers (Kleintank) in traditionellen Kleinbetrieben Süd-Indiens

Physische Leistungen und Ansprüche:	
Speicherkapazität in m^3	2120
Beanspruchte Fläche in ha	0,186
Arbeitsanspruch in Tagen	802
Zugtieranspruch in Tagen	128
Monetäre Bewertung:	
Unterstellter Arbeitslohn in DM/Tag	1,25
Unterstellte Zugtierkosten in DM/Tag	2,00
Kosten für Arbeit und Zugtiere in DM/Tank	2037
Kosten für Ausbau, innen, in DM/Tank	1289
Gesamtkosten in DM/Tank	3326
Kosten in DM/m^3 Wasserkapazität	1,57

Quelle: ENGELHARDT, T. (11), S.52 und SHARMA, P. N. und KAMPEN, J. (29)

2.3.6 Versorgung und Einkommen

Die Veränderung der Betriebssysteme unter dem Einfluß von Flächenknappheit und der daraus resultierenden Eingriffe in die Leistungsfähigkeit von Ressourcen wirkt sich auf die Versorgungs- und Einkommenssituation aus.

In der Versorgung der Familien können erhebliche Engpässe auftreten. Im allgemeinen gilt, daß dies umso eher möglich ist, je ungünstiger die Standortverhältnisse sind. Die traditionellen Brachewirtschaften sind davon besonders gefährdet. In Tab. 17 ist ein Beispiel aus dem Südwesten von Madagaskar aufgeführt, in dem besonders ungünstige Standortverhältnisse bestehen. Erhebungen und Schätzungen zeigen, daß unter Berücksichtigung der erfaßbaren Nahrungsmittel die energetische Versorgung bei nur 63% des Bedarfs und die Eiweißversorgung bei 40% liegt. Der Bezug zum Markt führt an diesem Standort zu einer Verbesserung der Versorgungslage. Die subsistenz- und marktorientierten Betriebssysteme (Kapitel 3.3) erreichen selbst unter den rudimentär entwickelten Marktverhältnissen Versorgungsgrade von 94 bzw. 87%.

Die Versorgungslage in traditionellen Bewässerungswirtschaften ist beispielhaft in Tab. 18 dargestellt. Sie ist gelegentlich besser als in den Brachewirtschaften, vor allem aber sind die Schwankungen der Versorgung im Zeitablauf geringer als in traditionellen Brachewirtschaften bei mäßig guten oder schlechten natürlichen Standortverhältnissen.

Die Einkommensverhältnisse in den subsistenzorientierten Betriebssystemen mit Flächenknappheit liegen meist ungünstiger als im Wanderfeldbau und Nomadismus. Obwohl das Einkommen ein nur sehr begrenzt aussagekräftiger Maßstab für den Vergleich subsistenzorientierter Betriebssysteme ist, kann allgemein davon ausgegangen werden, daß der Lebensstandard und die dafür erforderlichen Aufwendungen in den traditionellen Brache- und Bewässerungswirt-

Tab. 17. Versorgungs- und Einkommenssituation in traditionellen Brachewirtschaften im Vergleich zu subsistenz- und marktorientierten Brachewirtschaften in Madagaskar (pro Jahr)

Ressourcen, Versorgung	subsistenz-orientiert	subsistenz- und marktorientiert
Personen/Haushalt	6	6
davon Arbeitskräfte	3,5	3,5
Jährlicher Nahrungsbedarf:		
Energie in kcal/Familie	4 325 250	4 325 250
Eiweiß in kg/Familie	131	131
Eigenversorgung in kg/Familie		
Reis	0	386
Mais	215	50
Sorghum	53	0
Erdnüsse	0	30
Erbsen	70	55
Maniok	1 316	1 097
Süßkartoffeln	75	280
Eigenversorgung in kcal	2 709 340	3 391 980
in kg Eiweiß	52	78
Marktbeziehungen		
Verkauf Reis in kg	0	439
Erdnüsse in kg	0	147
Verkaufserlöse in DM	0	88
Zukauf an Nahrungsmitteln		
in kcal	0	675 250
in kg Eiweiß	0	32
Wert des Zukaufs in DM:		
Nahrungsmittel	0	50
Getränke, Haushalt	0	12
Zukauf an Produktionsmitteln, DM	0	24
Bilanzen		
Sättigungsgrad, Energie in %	63	94
Eiweiß in %	40	87
Barmittel in DM	0	2
Einkommen		
in DM/Familie	739	756
in DM/AK	211	216
Getreideäquivalent		
in kg Mais	3 825	3 913

Quelle: Doppler, W. und Harnisch, R. (8)

Tab. 18. Versorgungs- und Einkommenssituation in subsistenzorientierten Betriebssystemen mit traditioneller Brache- und Bewässerungswirtschaft in Aurepalle, Süd-Indien

Parameter für Familie und Betrieb	pro Erwachsener und Tag	pro Familie und Jahr
Faktorausstattung		
Familienmitglieder	–	5,20
Arbeitskapazität	–	2,19
davon Männer	–	1,30
Frauen	–	0,89
Fläche in ha	–	1,97
Nutzungsintensität in %	–	105
Monsunperiode		
Regenfeldbau in ha	–	1,34
Bewässerung in ha	–	0,24
Nachmonsunperiode		
Regenfeldbau in ha	–	0,15
Bewässerung in ha	–	0,33
Trinkwasserverbrauch		
Menschen in kg	140	51 100
Arbeitsrinder in kg	–	10 585
Nahrungsmittelverbrauch		
Reis in kg	0,45	601
Sorghum in kg	0,27	321
Kolbenhirse in kg	0,03	32
Hülsenfürchte in kg	0,03	33
Öl in l	0,02	29
Milch in l	0,12	163
Fleisch in kg	0,02	19
Eier in Stück	0,11	142
Betriebseinkommen		
in DM	–	489
in DM/Familienmitglied	0,26	–
Getreideäquivalent		
in kg Reis/Familie	–	2 037

Quelle: Wightman, W. R. (33)

schaften oft niedriger ist als in den traditionellen, wandernden Betriebssystemen. Dies deutet bereits darauf hin, daß eine Entwicklung zu den traditionellen Brache- und Bewässerungssystemen nur ein Übergangsstadium sein kann. Allerdings erfordert die Phase des Übergangs zu subsistenz- und marktorientierten Betriebssystemen sehr viel Zeit. Sind die Standortverhältnisse ungünstig und wird die Fläche besonders knapp, dann treten erhebliche Versorgungsengpässe und Hungerkatastrophen auf. Sie werden durch längere Perioden der Trockenheit gefördert.

2.3.7 Entwicklungsprobleme und Entwicklungspotential

Die subsistenzorientierten Betriebssysteme mit begrenzter Flächenverfügbarkeit entwickeln sich aus den Betriebssystemen des Wanderfeldbaus. Sie sind meistens als ein Durchgangsstadium zu verstehen. Dies liegt vor allem darin begründet, daß die Bevölkerungsdichte ansteigt. Gegenüber anderen Standorten besteht oft ein Sog für Zuwanderung, da das Produktionspotential, das häufig mit modernen Anbaumethoden erreicht werden kann, nicht ausgenutzt wird.

Die Weiterentwicklung über die Einführung technischer Fortschritte findet hier bessere Voraussetzungen als in den Betriebssystemen des Nomadismus und des Wanderfeldbaus. Dazu trägt die Seßhaftigkeit und der Zwang bei, allen Maßnahmen gegenüber offen zu sein, die eine Sicherung der Versorgung der Familie versprechen. Die Voraussetzungen dazu, daß Informationen von außerhalb in solche Regionen und Betriebssysteme hereinkommen können, verbessert den Kenntnisstand und die Bildung der Menschen. Die entscheidenden Hemmnisse sind die noch nicht entwickelten Marktbeziehungen, die noch fehlenden Kenntnisse über die Bedeutung des monetären Handels und über die technischen, organisatorischen und monetären Möglichkeiten des Betriebes und des Haushaltes.

2.4 Entwicklungstendenzen

Ausgangspunkt der Entwicklung landwirtschaftlicher Betriebssysteme in den Tropen und Subtropen sind die traditionellen Betriebssysteme des Nomadismus und des Wanderfeldbaus. Die wichtigsten Antriebskräfte für eine Weiterentwicklung dieser Betriebssysteme sind im wesentlichen

- zunehmende Bevölkerungsdichte und damit Beschränkung der verfügbaren Nutzfläche
- zunehmende Information und Marktanbindung und damit die Einführung und Nutzung betriebsexterner Ressourcen und betriebsexterner Kenntnisse und Erfahrungen.

Die Entwicklungsrichtung der subsistenzorientierten Betriebssysteme (Abb. 18) zeigt, daß der Nomadismus in die Gruppe der Betriebssysteme mit begrenzter Flächenverfügbarkeit bei besonderer Nutzungsmöglichkeit der Ressource Tier

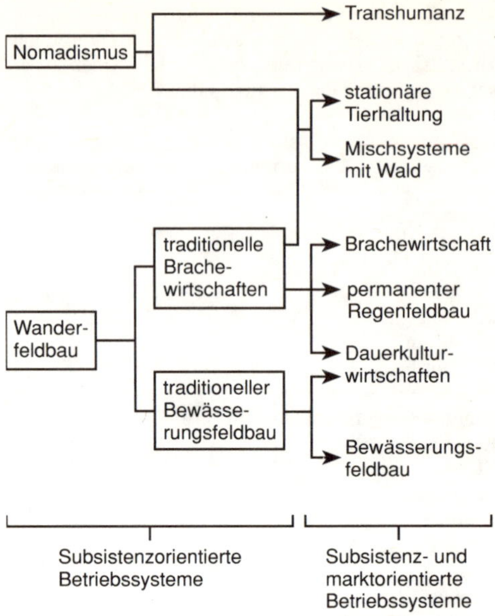

Abb. 18. Allgemeine Entwicklungsrichtungen von subsistenzorientierten Betriebssystemen.

übergeht. In Abhängigkeit von den Standort- und Eigentumsverhältnissen, den Betriebsgrößenstrukturen und der Markt- und Informationsnähe entstehen Betriebssysteme der Transhumanz mit einer Ressourcenausstattung, die als klein bis mittelgroß bezeichnet werden kann. Häufig stellt die Transhumanz auch eine Übergangsstufe zu den kleinen und mittelgroßen Weidewirtschaftssystemen mit stationären Tierherden dar.

Die Betriebssysteme des Wanderfeldbaus entwickeln sich in solche der traditionellen Brachewirtschaften oder des traditionellen Bewässerungsfeldbaus. Die Systeme der traditionellen Brachewirtschaften können in eine große Zahl anderer Betriebssysteme übergehen, bei denen die subsistenz- und marktorientierten Brachewirtschaften und der permanente Regenfeldbau die wichtigsten Gruppen darstellen. Die Weiterentwicklung der traditionellen Bewässerungswirtschaften zeigt die Schwerpunkte in den subsistenz- und marktorientierten Bewässerungswirtschaften, dem permanenten Regenfeldbau und den Dauerkulturwirtschaften.

Die Entwicklung bedeutet damit

- eine zunehmende Rolle der landwirtschaftlichen Produktionsfaktoren Tier, Arbeit, Kapital und Wasser durch zunehmende Knappheit bei gleichzeitig steigender Flächenknappheit und

- eine zunehmende Erweiterung des Leistungspotentials der Produktionsfaktoren durch Investitionen und laufende Aufwendungen bei der Einführung von technischen Fortschritten sowie eine zunehmende Spezialisierung bei der Nutzung dieser Ressourcen.

Eine wichtige Entwicklungsrichtung der subsistenzorientierten Betriebssysteme stellen die Mischformen dar, bei der Pflanzen- und Tierproduktion gleichermaßen zur Verbesserung des Lebensstandards der Familien beitragen. Solche Fälle sind in den traditionellen Betriebssystemen selten. Erste Ansätze entstehen durch die Integration der Zugtierhaltung in Ackerbaubetrieben oder die Einbeziehung des Waldes als Weideflächen. Obwohl die Erfahrungen sehr unterschiedlich sind, stellen einige Mischformen eine sehr gute Grundlage für die Entwicklung stabiler, stärker marktorientierter Betriebssysteme dar.

Es gibt allerdings eindeutige Entwicklungsrichtungen, die von den Familien sehr intensiv beschritten werden, da sie den höchsten Lebensstandard erlauben. Dies sind die moderneren Betriebssysteme der Bewässerung und der Dauerkulturwirtschaften. Beide Entwicklungsrichtungen sind aber sehr eng an die Voraussetzung gebunden, daß entweder Bewässerungswasser und/oder ein guter Markt vorhanden ist. Wann immer diese Voraussetzungen gegeben waren, erwiesen sich alle anderen Betriebssysteme als Übergangsstufen zu diesen beiden Formen.

3
Subsistenz- und marktorientierte Betriebssysteme

3.1 Merkmale und Entscheidungsverhalten

Mit dem Begriff Subsistenz- und Marktorientierung werden Betriebssysteme charakterisiert, in denen die Verhaltensweisen und Entscheidungen von Familien sich sowohl an der Eigenversorgung als auch am Markt orientieren. Betriebsexterne Beziehungen nehmen gegenüber den subsistenzorientierten Betriebssystemen an Bedeutung zu.

3.1.1 Merkmale

Die Merkmale subsistenz- und marktorientierter Betriebssysteme in den Tropen und Subtropen sind:

a) Grad der Trennung von Betrieb, Haushalt und Familie
Die Familie lebt auf dem Betrieb. Betrieb, Haushalt und Familie bilden eine Einheit. Je weiter aber die Marktorientierung zunimmt, desto häufiger wird eine Trennung sichtbar. Gegenüber den subsistenzorientierten Betriebssystemen zeigt sich eine zunehmende Öffnung des Systems Betrieb/Haushalt nach außen. Damit erhalten Kommunikation und Information von außerhalb der Familie, des Dorfes, der Sippe und der jeweiligen Gesellschaft größere Bedeutung und Einfluß auf das Entscheidungsverhalten der Familien.

b) Zielstruktur
Die subsistenz- und marktorientierten Betriebssysteme zeigen in der Regel eine multiple Zielstruktur, bei der folgende Einzelziele bedeutend sein können: Verbesserung von Subsistenz, Einkommen, Liquidität, Gesundheit, Bildung und Versorgung mit Luxusgütern, Reduzierung von Produktions-, Investitions-, Markt-, Versorgungs- und Existenzrisiko sowie Abhängigkeiten, Erhöhung von Vermögen und Machteinfluß.

c) Eigenverbrauch und Marktbelieferung
Landwirtschaftliche Erzeugnisse werden sowohl für den eigenen Haushalt als auch für den Verkauf produziert. Der Anteil des Verkaufs am Gesamtwert der Produktion kann zwischen 10 und 90% betragen. Mit zunehmendem Marktbezug nimmt der Grad der betriebs- und familienexternen Information und der Kommerzialisierungsgrad zu.

d) Produktionsschwerpunkte
Der größte Teil der subsistenz- und marktorientierten Betriebssysteme sind eindeutig entweder Systeme der Pflanzen- oder Tierproduktion. Mischformen mit Integration von Acker- und Tierproduktion haben sich in bedeutenderem Umfang erst in jüngster Vergangenheit herausgebildet. Sie zeigen eine große Formenvielfalt, betreffen aber zunächst noch relativ wenige Familien.

e) Produktionsintensität und Standortanpassung
Die Produktionsintensität in den subsistenz- und marktorientierten Betriebssystemen ist in der Regel wesentlich höher als in den subsistenzorientierten. Dies trifft sowohl für die Pflanzen- als auch für die Tierproduktion zu. Die Produktion paßt sich nicht mehr nur an die Standortverhältnisse an, sondern es werden auch die Rahmenbedingungen für die Produktion modifiziert und verbessert.

f) Niveau der Produktionstechnik
Es sind fast alle Stufen der Technisierung zu finden. Im allgemeinen nimmt mit zunehmender Marktorientierung der Grad der Technisierung zu , und zwar von der Handarbeit über die Zugtieranspannung zum Schlepperein-

satz. In der Tierhaltung zeigt sich eine zunehmende Technisierung vor allem in der Futterwirtschaft.

g) Faktorausstattung und Eigentum
Die Betriebsfläche ist begrenzt. Die Produktionsfaktoren Fläche, Tiere und Kapital befinden sich in Privat- und Einzeleigentum, mit Ausnahme von kommunalen Weideflächen in den Betriebssystemen der Transhumanz. Dadurch haben sich Pachtverhältnisse und Eigennutzung herausgebildet. Es hat sich ein Parzellenflur entwickelt. Mit zunehmender Marktorientierung steigt der Kapitalfluß zwischen Betrieb/Haushalt und dem ökonomischen Umfeld.

h) Faktorproduktivitäten und Einkommensniveau
Die subsistenz- und marktorientierten Betriebssysteme zeigen alle Bereiche und Niveaus der Faktorproduktivitäten und Einkommen auf. Im allgemeinen liegen die Faktorproduktivitäten höher als in den subsistenzorientierten Betriebssystemen. Die Kapitalproduktivitäten liegen niedriger als in den ausschließlich marktorientierten Betriebssystemen.

i) Produktions-, Investitions- und Marktrisiko
Gegenüber den subsistenzorientierten Betriebssystemen werden hohe Ansprüche an die Betriebsleiterfähigkeiten gestellt, die sich aus Intensivierungsmaßnahmen, Investitionsentscheidungen, Absatz und Vermarktung ergeben. Das Risiko der Produktion, der Investition und des Marktes hängt von den Kenntnissen des Betriebsleiters und den ökonomischen Rahmenbedingungen des Betriebes/Haushaltes ab. Die Kenntnisse bezüglich einer monetarisierten und marktorientierten Wirtschaftsweise sind besonders niedrig und damit das Risiko besonders hoch, wenn sich die Betriebssysteme noch in der Nähe der subsistenzorientierten Verhaltensweisen befinden.

j) Stabilität und Autarkie der Systeme
Subsistenz- und marktorientierte Betriebssysteme sind nicht mehr autark, sondern über den Faktor-, Produktionsmittel- und Produktmarkt in unterschiedlichem Ausmaß an ihr Umfeld angeschlossen. Die Stabilität der Ressourcenverfügbarkeit und Ressourcennutzung sowie die kontinuierliche Befriedigung von Bedürfnissen schwankt zwischen den einzelnen Betriebssystemen sehr stark.

3.1.2 Entscheidungsverhalten

Die Entwicklungsdynamik von subsistenz- und marktorientierten Betriebssystemen wird grundlegend von den Entscheidungen der Familien über Eigenversorgung und Marktbelieferung bestimmt. Dabei haben sich drei Entwicklungsstufen in der pflanzlichen Produktion herausgebildet:

- Betriebssysteme, die nur typische Subsistenzkulturen, wie beispielsweise Maniok, Yams, Sorghum und Millet anbauen und diese Produkte nur dann am Markt verkaufen, wenn mehr produziert wird als die Familie für den Eigenverbrauch benötigt.
- Betriebssysteme, die sowohl typische Subsistenzkulturen als auch solche, die gleichzeitig als Verkaufskulturen gelten, anbauen. Dabei werden Subsistenzprodukte nur bei Überschußproduktion am Markt verkauft. Zu einer wesentlichen Verhaltensänderung kommt es mit der Einführung von Verkaufskulturen, die auch in der Eigenversorgung verwendet werden, wie beispielsweise Mais und Reis. Die Eigenversorgung bleibt weiterhin gesichert, aber die Beschaffung von Barmitteln ist ein wichtiges Ziel geworden.
- Betriebssysteme, die weiterhin für die Eigenversorgung produzieren, bei denen aber typische Verkaufskulturen dominieren. In diesen Betriebssystemen werden, wenn möglich, auch Verkaufskulturen angebaut, die im eigenen Betrieb und Haushalt nicht mehr verarbeitet oder konsumiert werden können, wie z. B. Kaffee, Tee, Pyrethrum oder Baumwolle.

In den Betriebssystemen mit Schwerpunkt Tierproduktion ist eine solche Unterscheidung schwierig, da nur bei wenigen Produkten eine typische Zuordnung zur Eigenversorgung oder Marktbelieferung möglich ist (wie z. B. Blut beim Kamel). Hier ist die Seßhaftigkeit ein besseres Kriterium für die Entwicklungsstufen:

- Betriebssysteme mit Wandertierhaltung (Nomadismus und Transhumanz) sind häufig noch stärker an der Eigenversorgung orientiert als die
- Betriebssysteme mit stationärer Tierhaltung, die sich mehr an der Produktion für den Markt orientieren.

Die Entwicklungsdynamik der subsistenz- und marktorientierten Betriebssysteme wird funda-

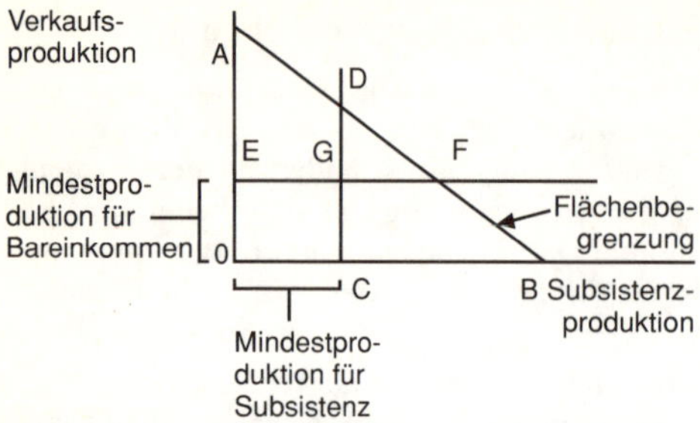

Abb. 19. Die Entscheidungssituation einer Familie bei der Bestimmung von Eigenversorgung und Marktbelieferung nach dem Prinzip des Mindestanspruchs.

mental vom Entscheidungsverhalten der Familien über die Eigenversorgung und die Marktbelieferung bestimmt. Zur Erklärung dieses Verhaltens sind zwei Prinzipien denkbar.

Nach dem Prinzip des Mindestanspruches stellt die Entscheidung zwischen Subsistenz- und Verkaufsproduktion grundsätzlich nur eine Wahl zwischen verschiedenen Formen von Einkommen dar. Bei begrenzt verfügbaren Produktionsfaktoren, z. B. von Fläche (Abb. 19), sind zunächst Mindestbedingungen zu erfüllen. Diese ergeben sich aus dem Bedarf der Familie zur Eigenversorgung, die sie über die Subsistenzproduktion beschaffen können, und aus dem Bedarf an Bargeld, der sich aus essentiellen Gütern des Marktes (z. B. Salz) und Dienstleistungen (z. B. Schulgeld) ableitet. Die Entscheidung über den Umfang der Subsistenz- und Marktproduktion ist im Bereich der Mindestanforderung nicht flexibel (Bereich OE und OC in Abb. 19). Oberhalb dieser Minimalbedingungen ist die Entscheidung über den Marktanteil der Produktion frei (Raum GDF in Abb. 19).

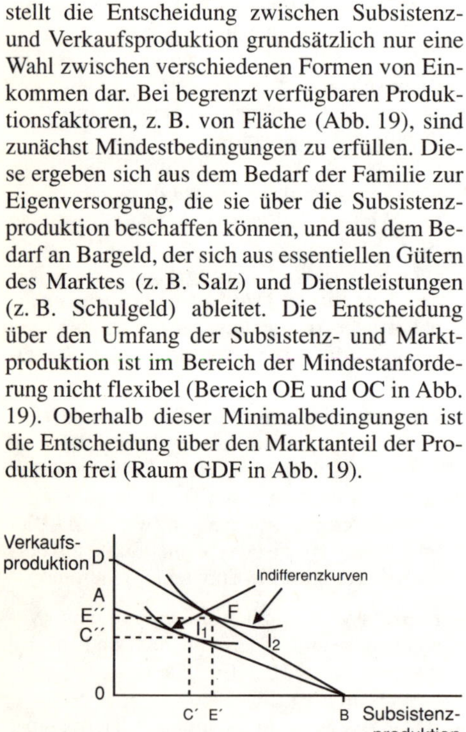

Abb. 20. Die Entscheidungssituation einer Familie bei der Bestimmung von Eigenversorgung und Marktbelieferung nach der Theorie der Nutzensubstitution.

Nach der Theorie der Nutzensubstitution hat eine Familie eine subjektive Nutzenfunktion, bei der sich die Eigenversorgung und die Marktbelieferung hinsichtlich ihres Nutzens gegenseitig substituieren können. Die Linie gleichen Nutzens (Indifferenzkurve in Abb. 20) erlaubt die Ableitung der Anteile der Subsistenz- und Marktproduktion, bei der ein bestimmtes Nutzenniveau erreicht wird. Das gleiche Nutzenniveau kann durch unterschiedliche Marktanteile erreicht werden, erfordert aber immer eine zugehörige Subsistenzproduktion. Für gegebene Nutzenfunktionen und Produktionsmöglichkeiten ist der maximale Nutzen erreicht, wenn die Kombination der Subsistenz- und Marktproduktion die höchstmögliche Nutzenfunktion (Indifferenzkurve) erreicht. (Punkt F in Abb. 20 für Indifferenzkurve 2).

Bei höherem Anspruch an das Nutzenniveau (eine höher liegende Indifferenzkurve) und bei Veränderung der Substitutionsgeraden können sich die Anteile der Subsistenz- und Marktproduktion unter Umständen verändern. Änderungen von Marktpreisen für Produkte und Produktionsmittel verschieben die Relationen ebenfalls noch zusätzlich.

Subsistenz- und marktorientierte Betriebssysteme haben eine erheblich höhere Entwicklungsdynamik als subsistenzorientierte Betriebssysteme. Diese beruht insbesondere auf der Eigenschaft, Informationen, Kenntnisse und Fähigkeiten sowie neue Techniken von außerhalb ihres Betriebes und Haushaltes aufzunehmen.

In der Realität stehen diesem Potential eine große Anzahl von Hemmfaktoren und Engpässen entgegen, die trotz vieler Anstrengungen nur eine langsame Ausnutzung des vorhandenen Entwicklungspotentials erlauben.

Diese allgemeinen Aussagen über die Entwicklungsdynamik der subsistenz- und marktorientierten Betriebssysteme führt zu einer weiteren Differenzierung, wenn realisierbare Entwicklungsmöglichkeiten aufgezeigt werden sollen. Aus diesen Gründen orientiert sich nachfolgend die weitere Differenzierung an der Ressourcenausstattung, der Mobilität der Produktionssysteme und an den natürlichen Standortverhältnissen. Daraus ergeben sich die subsistenz- und marktorientierten Betriebssysteme mit besonderer Berücksichtigung der Produktionsfaktoren Fläche, Tiere, Arbeit, Kapital und Bewässerungswasser.

3.2 Ressourcenknappheit bei Fläche und Tieren

3.2.1 Merkmale und Verbreitung

Subsistenz- und marktorientierte Betriebssysteme mit Knappheit der Produktionsfaktoren Fläche und Tiere sind durch die spezifischen Nutzungsmöglichkeiten der Tiere gekennzeichnet. Es handelt sich bei den Tieren um einen speziellen Produktionsfaktor, der in Kapital umgewandelt und umgekehrt mit Kapital beschafft werden kann.

Die subsistenz- und marktorientierten Betriebssysteme mit Flächenknappheit und spezifischer Nutzungsmöglichkeit von Tieren zeigen folgende gemeinsame Merkmale:

a) Die Familien sind seßhaft.
b) Die zur Nutzung verfügbare Fläche ist begrenzt. Die ackerbaulich genutzte Fläche ist im Einzeleigentum, die in der Tierhaltung genutzte Fläche kann sowohl im Einzeleigentum sein als auch noch im Gemeinschaftseigentum bewirtschaftet werden. Im ersten Fall ist die Tierhaltung in der Regel stationär, im letztgenannten Fall erfolgt noch die Wanderung der Tierherden.
c) Die Anpassung der Nutzungsformen an die natürlichen Standortgegebenheiten zeigt eine große Streubreite. Noch mehr der Subsistenzwirtschaft zugeneigte Betriebssysteme passen sich in der Tierproduktion noch stark den Standortverhältnissen an, wie beispielsweise bei der Wandertierhaltung. Der Ackerbaubereich solcher Betriebe zeigt häufig bereits erste Einflußnahmen auf die Standortverhältnisse beispielsweise in der Düngung, Wasserversorgung und im Erosionsschutz. Stärker am Markt orientierte Betriebssysteme greifen in die Standortverhältnisse durch intensive, verbesserte Weidesysteme oder veterinärmedizinische Maßnahmen ein.
d) Die Reproduktion und Aufzucht im eigenen Betrieb unter Nutzung betriebseigener Fläche (Futter), Wasser und Arbeit ermöglicht eine Realkapitalbildung, die autark erfolgen kann. Beim Verkauf wird Kapital direkt verfügbar. Der Transfer von Tieren einer Herde in Kapital wird in subsistenz- und marktorientierten Betriebssystemen sehr stark vom Risikoverhalten der Familien bestimmt.
e) Das Risiko von Herden- oder Tierverlusten wird zu reduzieren versucht. Aus diesem Grunde wird häufig in den noch stärker traditionell orientierten Betriebssystemen ein Verkauf von Muttertieren vermieden und bei Kapitalbedarf werden männliche Tiere vorgezogen. In stärker marktbezogenen Systemen bei stationärer Tierhaltung verliert dies an Bedeutung. Für den Zukauf zur Aufstockung oder Verbesserung des Tierbestandes ist die Kapitalknappheit des Betriebes entscheidend.
f) Der Verkauf von Tieren ist in allen Betriebssystemen verbreitet und, abgesehen von den semi-nomadischen Systemen, sehr ausgeprägt. Die Subsistenzversorgung erfolgt aus der Tierproduktion. Pflanzliche Produkte dominieren dann, wenn die Pflanzenproduktion ein wichtiger Betriebszweig geworden ist.

Die Betriebssysteme mit ausgeprägter Nutzung des Produktionsfaktors Tier werden nach der Organisation ihrer landwirtschaftlichen Produktion wie folgt differenziert (Abb. 21) :

a) Transhumanz. Dies sind Betriebssysteme mit Wandertierhaltung, die gleichzeitig durch Einzeleigentum an Tieren und Gemeinschaftseigentum an Fläche oder gemeinsame Flächennutzungsrechte gekennzeichnet sind.
b) Betriebssysteme mit stationärer Tierhaltung. Hier besteht Einzeleigentum sowohl am Tier als auch an der Fläche. Die Futterwirtschaft erfolgt gelegentlich schon ohne Weidewirtschaft.

Betriebssysteme der Transhumanz und der stationären Tierhaltung sind über die gesamten Tropen und Subtropen verbreitet. Sie werden entscheidend von den natürlichen Standortverhältnissen, den Eigentums- und Nutzungsverhältnissen bei Fläche, von den Marktbedingungen und von den spezifischen Kenntnissen der Betriebsleiter und Hirten bestimmt. Der Niederschlag führt zu einer wichtigen räumlichen Differenzierung. Im allgemeinen kann festgestellt werden, daß mit steigenden Niederschlagsmengen die dominant genutzte Tierart vom Kamel zum Rind übergeht und die Betriebssysteme vom Nomadismus zur stationären Tierhaltung übergehen.

3.2.2 Betriebssysteme der Transhumanz

Transhumanz (französisch: halbnomadisch) ist eine Wirtschaftsform in Betriebssystemen mit

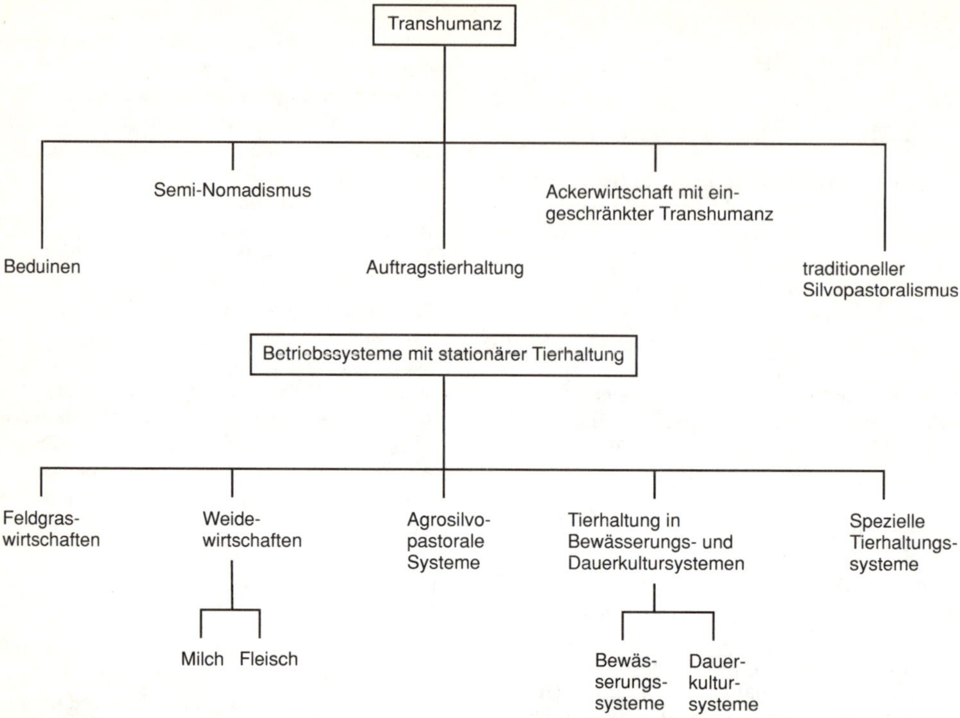

Abb. 21. Klassifizierung subsistenz- und marktorientierter Betriebssysteme mit besonderer Nutzung der Ressource Tier.

Tierhaltung, bei der die Familien, im Gegensatz zu nomadischen Betriebssystemen, einen festen Wohnsitz haben und ein Teil der Familie oder Hirten mit den Tierherden wandern. Eine Trennung zwischen der Lebensweise der Familie und der Wandertierhaltung hat eingesetzt. Transhumanz hat sich in den meisten Fällen direkt aus dem Nomadismus durch Seßhaftwerdung entwickelt. Die Wanderung mit den Herden erfolgt in vorgegebenen zeitlichen und regionalen Abläufen, die von der Jahreszeit, Regenperiode, Überflutung und ähnlichen natürlichen Gegebenheiten bestimmt werden. Hinsichtlich Futter- und Wasserversorgung der Tiere und Herdenmanagement enthält die Transhumanz noch nomadische Elemente.

Die Betriebssysteme der Transhumanz lassen sich nach der Art der Herdenwanderung, der Beziehung zu den übrigen Teilen des Betriebes (z. B. Ackerproduktion) und den Flächen der Futternutzung unterscheiden. Dies führt zu den Betriebssystemen der Beduinen, den seminomadischen Betriebssystemen, der Auftragstierhaltung und den traditionellen silvopastoralen Systemen (Abb. 21). Die Wandertierhaltung mit festem Wohnsitz der Familien findet sich noch in den Ländern am Mittelmeer, im Nahen Osten, in Zentralasien und in Afrika.

3.2.2.1 Beduinen

Die Betriebssysteme der Beduinen (arabisch: Wüstenbewohner) sind aus dem Nomadismus entstanden, im Nahen Osten teilweise schon vor etwa 100 Jahren. Sie kommen nördlich der Sahara und im Nahen Osten vor.

Die Familien sind teilseßhaft mit festen Wohnplätzen in der Trocken- und Regenperiode, sie können aber auch eine Wohnstelle haben. Ein Teil der Familie, ein männliches Familienmitglied mit Sohn oder ein Familienmitglied mit Fremdarbeitskräften, wandert mit der Herde. In Nordafrika, im südlichen und östlichen Bereich des Nahen Ostens erfolgt die Wanderung primär zu Fuß. Im nördlichen Bereich des Nahen Ostens wird vielfach der Lastkraftwagen zum Transport bei größeren Entfernungen eingesetzt.

Während im vorigen Jahrhundert Kamele noch eine bedeutende Rolle spielten, handelt es sich heute zum größten Teil um Schafhaltung, gelegentlich kombiniert mit Ziegenhaltung.

Die Beduinen nutzen Steppen- und Wüstenlandschaften als Weide. Dabei handelt es sich um Flächen, die alternativ in der Landwirtschaft nicht genutzt werden können. Die Trinkwasserversorgung ist auch hier, wie bei den Nomaden, ein zentrales Problem. Es wird versucht, im Übergang von der ariden zur semiariden Zone Grundwasser über Brunnen und in der Nähe von Bergregionen das Oberflächenwasser zu nutzen. In den Transitionszonen (von etwa 50 bis 300 mm Niederschlag) besteht häufig die Möglichkeit, in futterknappen Perioden (Trockenperioden) Futter aus Ackerbaubetrieben zu beschaffen. Es handelt sich dabei um Stroh oder das Abweiden von Getreidebeständen. Die Herdengrößen sind sehr unterschiedlich, liegen aber häufig bei etwa 200 bis 600 Schafen.

Der Grad der Marktorientierung schwankt zwischen den einzelnen Betriebssystemen der Beduinen sehr stark und kann extrem hoch sein. Der größte Teil der heutigen Beduinen, insbesondere im Nahen Osten, paßt seine Tierhaltung sehr stark an die Preise und Preisentwicklungen an. Schafe werden an Märkten mit hohem Preisniveau abgesetzt. Dabei sind Grenzen wie zwischen Jordanien, Israel, Syrien und Saudi Arabien meist keine Hindernisse. Ihr Marktverhalten läßt bereits einen antizyklischen Verkauf der Tiere erkennen. Im Norden Syriens sind Betriebssysteme zu finden, die schon 80 bis 90% ihres Produktionsvolumens am Markt verkaufen und die Bedürfnisse der Familie fast ausschließlich aus dem Markt befriedigen.

Die Betriebssysteme der Beduinen im Nahen Osten sind häufig aus traditionellen Systemen entstanden, die noch durch den Transport und den Handel mit Waren verbunden waren. Im Laufe der technologischen und wirtschaftlichen Entwicklung im Transportwesen und Handel haben die Familien diese Funktionen verloren und konzentrieren sich heute verstärkt auf die Tierproduktion.

3.2.2.2 Semi-Nomadismus

Die semi-nomadischen Betriebssysteme sind ebenfalls aus dem Nomadismus entstanden. Die Familien sind jetzt seßhaft geworden. Die Wanderung der Tierherden ist aber noch sehr ähnlich der bei den Nomaden. Allerdings sind bei weiter fortgeschrittener Entwicklung weniger Weidepfründe verfügbar und entsprechend die Wanderungen nicht mehr so groß. Die Notwendigkeit zur Ansiedlung ergab sich aus:

a) Der Reduzierung der verfügbaren Weidepfründe. Dies machte es notwendig, die Nahrungsmittel für die Familie mit weniger Flächen sicherzustellen und bedeutet den Übergang zur Pflanzenproduktion.
b) Den zunehmenden Informationen von außen und Änderungen der Zielstruktur mit steigender Bedeutung materieller Ziele, zu deren Erreichung Bargeld notwendig ist. Dieses kann über den Anbau und Verkauf pflanzlicher Produkte, die am Markt abgesetzt werden können, beschafft werden.

Betriebssysteme des Semi-Nomadismus sind in Afrika weit verbreitet. Sie erstrecken sich über weite Zonen in den semiariden und semihumiden Klimalagen nördlich und südlich des Äquators. In Lateinamerika sind die Betriebssysteme in den Zonen mit ungünstigeren Standort- und vor allem Produktionsbedingungen zu finden. In Asien ist der Semi-Nomadismus unbedeutend.

Das Vorkommen der semi-nomadischen Betriebssysteme ist durch die vielfältigen Entwicklungsrichtungen einer Region geprägt. In den semiariden und semihumiden Klimazonen befinden sich besonders viele verschiedene Betriebssysteme mit unterschiedlicher Marktorientierung und Bedeutung der Pflanzen- und Tierproduktion. Die Provinz Sokoto in Nigeria (Tab. 19) zeigt eine typische Situation. Unterschiedliche Betriebssysteme mit Tierproduktion wechseln durch Wanderungen im saisonalen Ablauf eines Jahres.

Während sich der Nomadismus gut an die ökologischen Bedingungen anpaßt, verschärft sich im Semi-Nomadismus die Futtersituation. Die Rinder sind im Einzeleigentum der Familie, die Fläche aber ist im Gemeinschaftseigentum. Aus diesem Grunde ist es für jede Familie sinnvoll, die Zahl ihrer Kühe möglichst hoch zu halten, selbst wenn dies kurzfristig dazu führt, daß sich der Zustand der Weideflächen verschlechtert. Der einzelne kann die Entscheidung anderer Familien über die Herdengröße, die auf dem Weideland gehalten wird, nicht beeinflussen. Eine Regulation der Besatzdichte wäre daher nur bei Einstimmigkeit aller beteiligten Familien und Tiereigentümer möglich. Aus diesem Grund tendieren diese Systeme zu einer Vergrößerung

Tab. 19. Verteilung der Betriebssysteme mit Tierhaltung in der Provinz Sokoto in Nigeria in %

	Regen-periode	Trocken-periode
1. Nomaden	17,1	9,8
2. Semi-nomadische Systeme	9,3	5,3
3. Auftragsrinderhaltung und Ackerwirtschaft mit Transhumanz	61,5	35,0
4. Rinderhaltung in der Stadt	12,0	6,9
5. Rinderhaltung als Kapitalanlage höherer Einkommensgruppen	0,1	0,1
6. Einwanderung durch Nomaden, Seminomadismus und übrige Transhumanz	0	42,9
Insgesamt (in Stück)	100 (57 181)	100 (100 000)

Quelle: FRICKE (10), S. 178

der Rinderherden, vor allem bei Milchkühen, was schließlich zu einer Überlastung der Weiden führt. Höhere Besatzdichten als sie langfristig von der Weidenarbe verkraftet werden können, führen zur Schädigung des Potentials an Futteraufwuchs. Dies ist besonders in der Trockenperiode ausgeprägt.

Beweidet wird meist der offene Busch oder nichteingezäunte Weideflächen sowie Brachflächen von Betriebssystemen mit Brachewirtschaft, die in der gleichen Region vorhanden sind. Die Hirten haben gewöhnlich eine hervorragende Kenntnis von Weiden und Tieren, und entsprechend ist das Herdenmanagement sehr gut an die von der Regenperiode abhängigen Futtermengen und Futterqualitäten angepaßt. Während der Regenperiode ist meist ausreichend Futter vorhanden, aber in der Trockenzeit muß mit erheblichen Futterdefiziten gerechnet werden. Einjährige Gräser und Feuer können die Futterreserven für die Trockenperiode reduzieren. Das Abbrennen der Weideflächen ist ein besonderes Merkmal dieser Systeme. Es hilft, das Buschwachstum zu kontrollieren. Altes Gras wird beseitigt und neues Wachstum wird stimuliert. Parasiten, vor allen Dingen Zecken, werden durch Abbrennen beseitigt.

Die Hirten haben in der Regel ausgezeichnete Kenntnisse über die Lage von Wasserstellen, über die Qualität des Wassers und die Kapazität dieser Plätze. Die Tierherde muß häufig lange Entfernungen zu den Trinkwasserplätzen und zu den Weiden zurücklegen. Während der Nacht müssen die Tiere in der Regel in einen Kraal, um vor Wildtieren und Dieben geschützt zu werden. Dies bedeutet, daß vorteilhaftes Nachtweiden nicht möglich ist.

Die Rinder sind die bedeutendste Tierart in den Betriebssystemen des Semi-Nomadismus. Es sind aber auch große Herden zusätzlich mit Ziegen und Schafen zu finden, um die ergänzende Wirkung dieser Tierarten bei der Nutzung der Ressource Fläche auszunutzen. Die wichtigsten Produkte sind Milch und Fleisch. Milch dient dabei primär der Eigenversorgung und Fleisch dem Verkauf am Markt.

Eine steigende Zahl der zu ernährenden Menschen führt daher zu einer Zunahme der Milchkühe. Die Bedürfnisse für Milch führen zu einem direkten Konflikt zwischen dem Anteil an Jungtieren, deren Aufzucht Milch erfordert und dem Eigenbedarf. Eine hohe Kälbersterblichkeit kann oft durch die Tatsache erklärt werden, daß die Entnahme von Milch für die menschliche Ernährung die für die Aufzucht der Kälber dringend benötigte Milchmenge unter das erforderliche Minimum absinken läßt. Rinderherden mit einem hohen Anteil an Muttertieren haben eine gute Ausgangsposition für eine schnelle Vergrößerung des Tierbestandes nach einer Trockenperiode mit Tierverlusten.

Die Leistung der Tierhaltung im Semi-Nomadismus schwankt in weiten Bereichen. Die Kalberate der Rinder liegt gewöhnlich zwischen 50 und 80% und die Kälbersterblichkeit zwischen 10 und 30%. Die Zahl der aufgezogenen Kälber pro 100 Kühe liegt etwa zwischen 40 und 70. Die Lebendgewichtzunahme der Tiere ist während der Regenperiode sehr hoch, in der Trockenperiode verlieren sie teilweise an Gewicht. Bis zur Schlachtreife eines männ-lichen Tieres muß mit fünf Jahren gerechnet werden.

3.2.2.3 Auftragstierhaltung

Die Auftragstierhaltung ist besonders in der semiariden und semihumiden Zone Afrikas zu finden. In diesem Betriebssystem existieren streng genommen zwei getrennte Betriebe:

- ein Ackerbaubetrieb mit Ackerflächen im Einzeleigentum

– eine Tierherde, die der Familie mit dem Ackerbaubetrieb gehört und die einem Hirten (Fulbe, Pheul) zur Versorgung unterstellt wird. Die Weidefläche ist im Gemeinschaftseigentum.

Betriebssysteme der Auftragstierhaltung sind gekennzeichnet durch typische Merkmale von Ackerbaubetrieben, den Beziehungen zwischen dem Eigentümer der Tiere und dem Hirten und dem System der Tierhaltung (Abb. 22). Die Eigentümer der Tiere geben diese an die Hirten, die für die gesamte Tierhaltung verantwortlich sind. Ein Hirte hat in der Regel Tiere, die mehreren Eigentümern gehören. Tab. 20 zeigt beispielhaft die Verteilung der Eigentümer und deren Anteile an Rindern in Herden der Auftragsrinderhaltung in einer Region in Togo.

Die Auftragsrinderhaltung unterscheidet sich in der Art der Zusammenarbeit zwischen Tiereigentümer und Hirte:

a) Die Größe der Tierherde orientiert sich an den verfügbaren Flächen und den Ansprüchen der Hirten. Die Zahl der Eigentümer, die Tiere in der Herde haben, orientiert sich an der Finanzkraft der Betriebe, die die Zahl der bereitgestellten Tiere bestimmt.
b) Die Entlohnung der Hirten für ihre Tätigkeit kann sehr vielfältig sein. In vielen Fällen steht dem Hirten die Milch der Herde für seine Verwendung zur Verfügung. Gelegentlich wird auch ein männliches Kalb oder das erste Kalb eines Rindes als Entlohnung abgegeben.

Tab. 20. Eigentumsverteilung bei Rindern in Herden der Auftragsrinderhaltung in Togo

Eigentümergruppe	Eigentümer		Rinder	
	Anzahl	%	Anzahl	%
Landwirte	638	50	9 845	30
Hirten (Fulbe)	94	7	6 666	20
Händler	144	11	4 993	15
Funktionäre	144	11	4 667	14
Sonstige, wie freie Berufe, Ärzte, Apotheker, Sanitäter, Lehrer, Pfarrer, Metzger, Hausfrauen	175	14	2 403	8
Großgrundbesitzer	72	6	2 353	7
Viehhändler	9	1	2 075	6
Insgesamt	1276	100	33 002	100

Quelle: RÜDENAUER, M. (19)

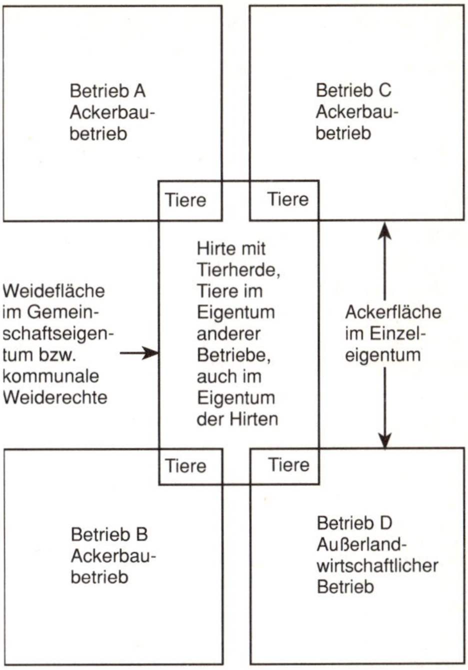

Abb. 22. Das Prinzip der Arbeitsteilung und Betriebsorganisation in der Auftragstierhaltung.

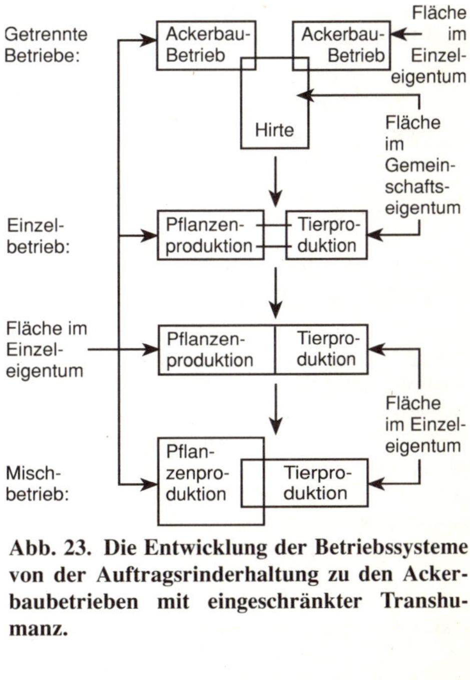

Abb. 23. Die Entwicklung der Betriebssysteme von der Auftragsrinderhaltung zu den Ackerbaubetrieben mit eingeschränkter Transhumanz.

Der Zusammenhang zwischen Entlohnung des Hirten und Leistung der Tiere ist häufig ein Problembereich, da die Entnahme von Naturalien durch die Hirten von den Eigentümern, die ihre Tiere oft nur ein oder zweimal im Jahr sehen, nicht vollständig kontrolliert werden kann. So ist es möglich, daß die Milchentnahme für die Zwecke des Hirten so hoch sein kann, daß nicht ausreichend Milch für die Kälberaufzucht zur Verfügung steht. Auch die Entnahme von Kälbern ist nicht vollständig kontrollierbar, insbesondere kann schlecht festgestellt werden, ob ein Kalb tatsächlich verendet ist oder ob der Hirte es für seine Zwecke verwendet hat.

3.2.2.4 Ackerwirtschaft mit eingeschränkter Transhumanz

Diese Gruppe von Betriebssystemen unterscheidet sich zur Auftragsrinderhaltung dadurch, daß die Haltung der Tiere an die Familienmitglieder des Eigentümers zugewiesen ist und daß in der Herde nur noch Tiere des betreffenden Betriebes sind. Diese Betriebssysteme können sich aus der Auftragsrinderhaltung heraus entwickeln. Sie durchlaufen dann in der Regel den in Abb. 23 dargestellten Prozeß.

Zwar sind Ackerbaubetrieb und Tierhaltung weiterhin voneinander getrennt, jedoch ist durch die regelmäßige Nutzung der Tiere eine enge Verbindung zum Haushalt hergestellt. Dies ist in zwei Bereichen besonders sichtbar:

a) Es werden vor allem Rinder gehalten, bei denen die Milch genutzt wird, und zwar sowohl im eigenen Haushalt als auch zum Verkauf.
b) Es zeigt sich häufig eine Arbeitsteilung derart, daß die jungen Mitglieder der Familie die Futterversorgung über Weidenutzung übernehmen und die Frauen die Milchgewinnung und Milchverwendung. Die Männer sind häufig für die Ackerwirtschaft zuständig.

3.2.2.5 Traditioneller Silvopastoralismus

Silvopastorale Betriebssysteme (silvo = der Wald; Pastoralismus = Weidewirtschaft) sind Systeme, bei denen die Tiere den Wald als Weide nutzen. Traditionelle Systeme nutzen Waldgebiete in ungeregelter Form. Meistens benötigen sie große Flächen.

Als Futter dient vorwiegend der Bodenaufwuchs, aber auch Büsche und Bäume können beweidet werden. Die Lieferung von Früchten und Holz stellt eine wichtige Doppelnutzung dar. In den traditionellen Betriebssystemen bestehen in der Regel keine Konflikte zwischen diesen Nutzungsformen. Mit zunehmender Flächenknappheit steigt aber die Besatzdichte und führt zur Überbesetzung. Dies hat negative Einflüsse auf die Leistungen des Waldes. Die Beweidung von Plantagen erfolgt in der Regel nicht in traditionellen Betriebssystemen.

Traditionelle silvopastorale Betriebssysteme sind heute nur noch selten zu finden. Größere Bedeutung erlangen inzwischen moderne silvopastorale Betriebssysteme, die durch eine geregelte Weidewirtschaft im Wald, vor allem aber durch die systematische Doppelnutzung von Wäldern zur Holz- und Tierproduktion, gekennzeichnet sind (Kapitel 3.3).

3.2.3 Intensität, Produktivität und Stabilität der Produktion in der Transhumanz

3.2.3.1 Produktionsintensität

Die Intensität der Produktion als Einsatz- und Verwertungsniveau von Produktionsmitteln (Kapitel 1.5) schwankt zwischen den Betriebssystemen der Transhumanz sehr stark. Die Betriebssysteme der Beduinen basieren auf einer extensiven Weide. In Zeiten mit Futterknappheit wird gelegentlich Futter zugekauft. Dies geschieht durch Pacht von Getreidebeständen zur Beweidung und/oder durch Zukauf von Stroh oder Kraftfutter. Pacht und Zukauf erreicht aber nur einen Umfang, der eine Überbrückung der futterknappen Zeit sicherstellen soll. Der Zukauf erfolgt in der Regel nicht zur Mast, sondern zur Erhaltung des Tierbestandes. Die Produktionsintensität ist höher als beim subsistenzorientierten Nomadismus, aber niedriger als in den anderen Betriebssystemen der Transhumanz. Sie basiert auf betriebsexternen Produktionsmitteln.

Die Betriebssysteme im Semi-Nomadismus weisen im allgemeinen eine bessere Futter- und Wasserversorgung als die im Nomadismus auf, was generell eine höhere Produktionsintensität bedeutet. Die weit verbreitete Überweidung in diesen Systemen bei ausgeprägten Niederschlagsausfällen führt jedoch zu Schäden an der Ressource Fläche und Nutzungseinbußen, die zu Zeitperioden mit extrem niedriger Produktionsintensität führen. Die Schwankungen der Intensität im Zeitablauf sind in den Betriebssystemen des Semi-Nomadismus ganz extrem ausgeprägt.

In den Fällen, in denen Ressourcen irreversibel verbraucht werden, nimmt die Produktionsintensität kontinuierlich ab.

Häufig sind die Voraussetzungen nicht mehr gegeben, die Intensität langfristig aufrecht zu erhalten. Es findet ein Wettlauf mit der Zeit statt. Die Entwicklung und Realisierung standortangepaßter Besatzdichten und hoher Produktionsintensitäten, die eine Stabilisierung der zur Nutzung notwendigen Ressourcen (Fläche, Futteraufwuchs) möglichst schnell erlauben, müßte den aus der steigenden Flächenknappheit resultierenden Verarmungsprozeß solcher Systeme aufhalten. In vielen Zonen des Sahel ist dies nicht mehr der Fall.

Die Produktionsintensität in der Auftragstierhaltung steigt aufgrund der besseren Möglichkeiten, die die Tiereigentümer bei der Überbrückung von Trockenperioden haben, gegenüber den nomadischen und semi-nomadischen Betriebssystemen an. Der Marktbezug und die aus dem Ackerbaubetrieb in der Regel resultierende Kaufkraft erlaubt es, in futterknappen Perioden überbrückend einzugreifen und in Krankheitsfällen mit veterinärmedizinischer Behandlung Risiko und Leistungsdepressionen zu verhindern oder zumindest zu reduzieren.

In den Mischbetrieben schließlich hat sich das Fütterungs-, Herden- und Aufzuchtmanagement bereits so verbessert, daß das Leistungspotential der Tiere wesentlich besser ausgenutzt werden kann. Dies schlägt sich sowohl bei der Aufzucht der Kälber und Jungtiere als auch bei der Milchleistung nieder. Neben Lokalrassen werden in diesen Systemen bereits Einkreuzungen anderer Rassen zur Verbesserung des Leistungspotentials verwendet, und gelegentlich werden in der Milchproduktion Hochleistungstiere wie z. B. Schwarzbunte als Rinder gehalten.

Die Futtergrundlage ist meist durch eine systematisch gepflegte Weide verbessert. In der übrigen Pflanzenproduktion dieser Mischbetriebe werden Nebenprodukte und Abfälle in der Fütterung verwendet, und teilweise ist bereits Ackerfutterbau zu finden. Dies gilt vor allem für Betriebssysteme in etwas höheren Lagen. Die Haltungsform basiert auf Weiden, die zu einem großen Teil in Rotation genutzt werden. Tiergesundheit und Herdenmanagement mit betriebsexternen Produktionsmitteln nehmen bereits eine zentrale Stellung ein.

3.2.3.2 Produktivität

In den Betriebssystemen der Transhumanz ist die Ermittlung der Arbeits- und Flächenproduktivität in vielen Fällen noch mit hohen Schwierigkeiten bei der Informationsbeschaffung verbunden und daher nur ungefähr zu schätzen. Desgleichen gelten die beim Nomadismus und Wanderfeldbau aufgeführten Einschränkungen bei der Interpretation in abgeschwächter Form auch hier, da die alternative Verwendung der betrieblichen Arbeitskraft noch selten gegeben und die Faktormobilität begrenzt ist.

Die Produktivität in den Betriebssystemen der Transhumanz spiegelt die Dynamik der Entwicklung dieser Systeme wider. Sie ist wie folgt gekennzeichnet:

a) Arbeitsproduktivität
Trotz der Schätzprobleme läßt sich allgemein feststellen, daß die Arbeitsproduktivität von den Betriebssystemen der Beduinen über die des Semi-Nomadismus und der Auftragsrinderhaltung bis zu den Mischsystemen mit Tierhaltung und Ackerbau abnimmt (Tab. 21). Die steigenden Leistungen können den stark zunehmenden Arbeitsbedarf nicht kompensieren.

b) Flächenproduktivität
Die Flächenproduktivität verhält sich umgekehrt zur Arbeitsproduktivität. Im allgemeinen steigt die Flächenproduktivität von den Betriebssystemen der Beduinen über den Semi-Nomadismus und die Auftragsrinderhaltung zum Mischbetrieb an (Tab. 21). Sie verläuft parallel zur Zunahme der Knappheit an

Tab. 21. Vergleich geschätzter Wertproduktivitäten in der Transhumanz für Fläche und Arbeit mit verschiedenen Betriebssystemen (pro Jahr)

Betriebssysteme	Fläche in DM/ha	Arbeit in DM/AK
1. Transhumanz		
Beduinen	2– 20	100–900
Semi-Nomadismus	0,1–100	50–800
Auftragstierhaltung	25–300	75–700
Mischbetriebe	50–500	75–600
2. Andere		
Nomadismus	0,1–2	10–600
Feldgraswirtschaften (extensiv)	40–400	50–500
Dauerkultursysteme	200–5000	150–3000

Fläche und der steigenden Intensivierung der Flächennutzung.

Da in den Betriebssystemen der Transhumanz die Flächenknappheit eine zentrale Rolle spielt und Arbeit in der Regel hinreichend vorhanden ist, bestimmt die Flächenproduktivität in erheblichem Maße die Entwicklung dieser Betriebssyteme. Im Vergleich zu den Betriebssystemen mit stationärer Tierhaltung wird das Entwicklungspotential sichtbar, wenn die Standortverhältnisse gegeben sind. Die vergleichsweise hohe Flächenproduktivität der Ackerwirtschaften deutet darauf hin, daß über die Einwanderung von Ackerbauern mit subsistenz- und marktorientierten Ackerwirtschaften bessere Entwicklungsmöglichkeiten zu Lasten der Transhumanz genutzt werden.

3.2.3.3 Produktionsstabilität

Die Stabilität der Produktion beinhaltet die Minimierung der Schwankungen im Zeitablauf sowie die langfristige Erhaltung (oder Steigerung) der Leistung pro eingesetzter Faktoreinheit. Die Betriebssysteme der Transhumanz unterliegen ganz besonders der Gefahr der langfristigen Destabilisierung. Folgende allgemeine Zusammenhänge sind erkennbar:

a) Die Betriebssysteme der Beduinen sind stabile Systeme, da sie eine Dichte aufweisen, die selten die Tragfähigkeit der Flächen soweit überschreitet, daß irreversible Schäden an den Ressourcen entstehen. Sie unterliegen selbstverständlich den Schwankungen der Klimabedingungen, und diese können in den marginalen Zonen, in denen die Beduinen wirtschaften, extrem schlechte Futterbedingungen für die Tiere zur Folge haben. Aber sie sind durch eine gute Kapitalgrundlage und durch ausgezeichnete Kapitalrücklagen (häufig in Schmuck) in der Lage, Instabilitäten der Produktion durch entsprechende Maßnahmen zur Verbesserung der Futtergrundlage, der Trinkwasserverfügbarkeit und der Vorsorge in der Tiergesundheit aufzufangen.

b) Der Semi-Nomadismus bereitet die größten Probleme hinsichtlich seiner Produktionsstabilität. Diese Betriebssysteme sind bereits in einem Stadium angelangt, in dem sie selbst meist keine Maßnahmen zur Vermeidung von Instabilitäten mehr durchführen können. Ihr Entscheidungsspielraum ist so eng geworden, daß sie dem Überleben der Familie und wo möglich der Tierherde Vorrang geben müssen, auch wenn sie dadurch langfristig Ressourcen zerstören.

Die Faktorausstattung, vor allem mit Fläche und Kapital, aber auch die Kenntnis über marktbezogenes Produktionsmanagement sind so niedrig, daß die Entwicklung dieser Betriebssysteme fast ausschließlich von den natürlichen Standortverhältnissen, der Zuwanderung und Bevölkerungsvermehrung sowie von den Eigentumsrechten an Fläche und deren Änderungen bestimmt wird.

Die Ursachen für die ungenügende Produktionsstabilität semi-nomadischer Betriebssysteme sind vielfältig, haben aber folgende herausragende Ursachenkomplexe:

- Die strukturelle Entwicklung der Betriebssysteme in der Region:
  Durch das Vordringen der Ackerproduktion als Folge erhöhter Bevölkerungsdichte, durch die Notwendigkeit einer höheren Produktion, durch Vordringen auf ungeeignete Flächen und Hanglagen, durch die Reduktion der Brache, durch die Erhöhung der Besatzdichte und das Abholzen von Busch und Holzvegetation nimmt die Belastung der Flächen zu (Abb. 24). Die Regenerationsphasen und -möglichkeiten werden reduziert oder ganz verhindert.
- Unterschiedliche Eigentumsformen bei Fläche und Tieren:
  Durch das einzelbetriebliche Nutzenstreben bei Einzeleigentum an den Tieren und Gemeinschaftseigentum der Flächen wird der Zwang zu immer schnellerer Überbelastung der Flächen verstärkt. Ihre natürliche Tragfähigkeit wird überschritten. Es kommt zum Verbrauch des Ertragspotentials der Flächen.
- Schnelle Vergrößerung der Tierbestände:
  Tierverluste als Folge von Krankheiten und Seuchen werden durch die Einführung veterinärmedizinischer Fortschritte reduziert, so daß eine schnelle Erhöhung der Besatzdichten möglich ist. In gleicher Richtung wirkt der zunehmende Marktanschluß mit einer umfassenderen Beschaffung von Tieren zur Bestandsvergrößerung.

Sind diese Prozesse bereits in Gang gekommen und werden sie nicht reguliert, dann zeichnet sich eine Entwicklung ab, bei der in einer ersten Stufe die Tierhaltung Leistungs-

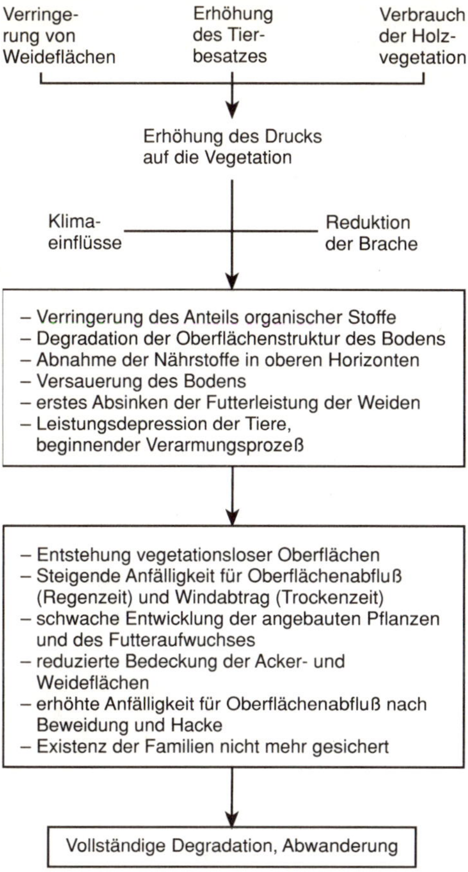

Abb. 24. Die Wirkung der Überweidung im Prozess der Desertifikation (Quelle: nach Marchal und Deveze, zit. aus Fahrenhorst, B. (9)).

depressionen bei gleichbleibenden Kosten zeigt. Mit Fortschreiten der Entwicklung (Abb. 24) wird schließlich das Existenzminimum der Familien erreicht. In dieser Situation genügen wenige Ausfälle der üblichen Niederschläge, um katastrophale Bedingungen für die Tiere und schließlich für die Menschen entstehen zu lassen. Unter solchen extremen Bedingungen beschleunigt sich der Prozeß der Degradation der Flächen und der Verarmung der Menschen. Am Ende stehen völlig degradierte Flächen, die in der Tierhaltung und der Pflanzenproduktion nicht mehr genutzt werden können. Dieser Zustand ist, je nach natürlichen Standortverhältnissen, häufig irreversibel. Die Flächen sind für die menschliche Versorgung verloren. Die Folge ist eine Abwanderung der Menschen in Gebiete, in denen ihre Ansiedlung die dort bestehenden Verhältnisse ebenfalls verschlechtern. Dieser Verarmungs-Kreislauf wirkt langfristig auf die natürlichen Ressourcen der Menschen, die Struktur der Betriebssysteme, die sozioökonomische und soziokulturelle Entwicklung und schließlich auf die institutionelle und administrative Entwicklung in den Regionen.

c) Die Auftragstierhaltung zeigt tendenziell ähnliche Probleme, ihre Ausprägung ist in der Regel aber wesentlich abgeschwächt. Vor allem führt die Tatsache, daß das Haupteinkommen der Familien aus anderen Tätigkeiten oder aus der Ackerwirtschaft (insbesondere in den Betriebssystemen der Ackerwirtschaft mit Transhumanz) kommt, zu einer Reduzierung der Überweidungsgefahr. Darüber hinaus ist entscheidend, daß der Hirte auf die Vergrößerung seiner Herde und damit auf die Erhöhung der Besatzdichte Einfluß nehmen kann.

d) In den Mischbetrieben schafft die beginnende Integration der Tierhaltung in Ackerbaubetrieben die Voraussetzung für eine kurz- und langfristig stabile Tierproduktion.

3.2.4 Betriebssysteme mit stationärer Tierhaltung

Die Betriebssysteme mit stationärer Tierhaltung entstehen sowohl aus den Betriebssystemen der Transhumanz als auch aus denen mit traditioneller Naturbrache. Im ersten Fall ist die Tierhaltung ein Betriebsschwerpunkt, bei dem besondere Erfahrungen der Tierhalter in der Tierproduktion und weniger eigene Erfahrungen mit intensiver Weidewirtschaft und Ackerproduktion vorliegen. Im zweiten Fall ist dies umgekehrt. Diese unterschiedlichen Ausgangspositionen prägen die Kombination der Aufgeschlossenheit gegenüber neuen Nutzungsmöglichkeiten mit der aus der Erfahrung in Einzelbereichen resultierenden Sicherheit.

Die wichtigsten Merkmale der subsistenz- und marktorientierten Betriebssysteme mit stationärer Tierhaltung sind:

a) Acker- und Weidefläche sind im Einzeleigentum. Das kommunale Weideland wurde aufgeteilt.

b) Weideverbesserungsmaßnahmen werden durchgeführt oder die Weidenutzung wird durch Ackerfutter ersetzt. Die Futterwirtschaft ist wesentlich intensiver als in der Transhumanz. Der Zukauf von Futter nimmt zu.
c) Die Tierherde wandert nicht mehr. Die Weide erfolgt in Koppelwirtschaft, die häufig in die Fruchtfolge des Ackerbaues integriert ist. Stallhaltung in unterschiedlichsten Formen ist bei den intensiveren Betriebssystemen mit extremer Flächenknappheit weit verbreitet.
d) Der Einsatz betriebsexterner Produktionsmittel (z. B. Kraftfutter, veterinärmedizinische Medikamente) nimmt zu und erreicht bei einem hohem Grad der Marktanbindung das höchste Niveau.
e) Der Grad der Marktorientierung nimmt gegenüber der Transhumanz zu.

3.2.4.1 Feldgraswirtschaften

Die Betriebssysteme der Feldgraswirtschaften entwickeln sich sowohl aus dem Wanderfeldbau als auch aus den traditionellen Brachesystemen. Die Bracheperiode der Ackerflächen in den traditionellen Brachesystemen wird in den Feldgraswirtschaften über die Tierhaltung genutzt. Betriebssysteme der Feldgraswirtschaften sind damit Systeme der Ackerbauern, die nun Tierhaltung einführen oder ausdehnen. Die einzelnen Betriebssysteme der Feldgraswirtschaften unterscheiden sich in der Art der Brachenutzung (RUTHENBERG, 20):

a) Unregulierte Feldgraswirtschaften
Der Aufwuchs der Bracheflächen wird dem natürlichen Ablauf überlassen. Dieser natürliche Aufwuchs wird von den Tieren abgeweidet.
b) Regulierte Feldgraswirtschaften
Diese Gruppe von Betriebssystemen ist gekennzeichnet durch eine individuelle Weidewirtschaft, Einzäunung der Weidekoppeln, geplantes Weidemanagement und systematische Nutzung der Weidefläche innerhalb einer Ackerbau-Fruchtfolge.

Die Betriebssysteme der unregulierten Feldgrassysteme sind häufig die Vorstufe für die der regulierten Systeme. Sie können sich aber unter ungünstigen Standortverhältnissen zu Brachesystemen, vor allem aber zu extensiven Weidewirtschaften zurückentwickeln.

Die wichtigsten Entwicklungsrichtungen in den regulierten Feldgraswirtschaften gehen hin zu Ranchbetrieben, wenn hinreichend Fläche vorhanden ist oder bei stärkerer Flächenknappheit zum permanenten Ackerbau oder zu intensiven klein- und mittelgroßen Mischbetrieben. Die wichtigsten Betriebssysteme der regulierten Feldgraswirtschaft sind nach RUTHENBERG (20) folgende:

1. Feldgrassysteme in kleinbetrieblichen Regionen. Hier handelt es sich vor allem um kleine, meist intensive Betriebe in den Hochlagen der Tropen, bei denen vor allem die Milcherzeugung ein wichtiger Produktionsschwerpunkt darstellt.
2. Feldgrassysteme in Regionen mit Neuansiedlungen landwirtschaftlicher Betriebe. Dies wurde insbesondere bei der Aufteilung ehemaliger Großbetriebe nach der Unabhängigkeit vieler Länder versucht. Im Hochland war diese Vorgehensweise erfolgreich, im tropischen Tiefland konnten sich diese Betriebssysteme langfristig nicht in größerem Ausmaß verbreiten. Wenn sie trotzdem gelegentlich zu finden sind, dann sind sie beschränkt auf Gebiete, in denen die Knappheit der Fläche noch nicht zu permanentem Ackerbau zwingt. Die Entwicklung und Erhaltung von Feldgraswirtschaften in den Hochlagen wird vor allem gefördert durch ein relativ geringes Gesundheitsrisiko in der Tierhaltung, durch günstige Preisrelationen für Fleisch und Milch, durch die Verfügbarkeit von Zugochsen oder Schleppern um Pflugkultur praktizieren zu können sowie das Vorhandensein ausreichenden Kapitals und von Kenntnissen für eine ganzjährige Futterwirtschaft bei hohem Wachstumspotential der Futterpflanzen.
Einige Feldgrassysteme haben sich auch in semiariden Savannen entwickelt. In semihumiden und humiden tropischen Zonen ist jedoch die Feldgraswirtschaft immer noch in einem Experimentierstadium.
3. Feldgrassysteme in Großbetrieben. Schwerpunkt dieser Betriebssysteme ist Lateinamerika. Sie sind vor allem durch einen hohen Mechanisierungsgrad und eine organisatorische Nähe zu den Ranchbetrieben gekennzeichnet. In Lateinamerika zählt ein Teil dieser Feldgraswirtschaften zu den marktorientierten Betriebssystemen.
4. Feldgraswirtschaften in den Subtropen. In dieser Zone sind diese Betriebssysteme weit

Tab. 22. Fruchtfolgen in den Betriebssystemen der Feldgraswirtschaften

Malawi	Kenia	Kenia	Lesotho	Iran
tropisch-feucht	tropisch-feucht	subtropisch feucht	subtropisch wintertrocken	subtropisch sommertrocken
Feldgras	Naturgras	Feldgras	Feldgras	Luzerne
Feldgras	Naturgras	Feldgras	Feldgras	Luzerne
Feldgras	Naturgras	Feldgras	Feldgras	Winterweizen
Tabak	Naturgras	Kartoffel	Feldgras	(Gründüngung)
Baumwolle	Kartoffel	(Bohnen)	Mais	Zuckerrüben
Erdnuß	(Gemüse)	Pyrethrum	Hirse	(Sudangras)
Baumwolle	Mais	Pyrethrum	Leguminosen	Futterraps
Mais	Mais	Pyrethrum	Mais	(Luzerne)
	Mais	Mais	Hirse	
	Mais		Leguminosen	
			Mais	
			Hirse	

Quelle: ANDREAE, B. (2)

stärker verbreitet als in den Tropen. Die Feldgraswirtschaften sind geradezu das hervorstechende Betriebssystem der Subtropen hinsichtlich des Anteils an der Flächennutzung und Zahl der Betriebe. Die Entwicklung dieser Systeme wird begünstigt durch eine niedrige Bevölkerungsdichte und sommertrockenes Klima.

Wichtige Elemente der Differenzierung dieser Betriebssysteme sind die Flächenausstattung und die Organisation der Betriebe, die sich in der Fruchtfolge niederschlägt. Feldgrasanbau ist integraler Bestandteil der Ackerfruchtfolge wie in einigen Beispielen der Tab. 22 aufgezeigt ist. Für eine Periode von zwei bis vier Jahren dient die Nutzung mit Feldgras gleichzeitig der Regeneration der Fläche. Entsprechend werden nachfolgend meist bodenzehrende Kulturen angebaut, die eine besondere Bedeutung für die Familie einnehmen und über ein sicheres Ertragspotential verfügen. Bei intensiver Tierhaltung kann zusätzlich noch Ackerfutterbau eingeschaltet sein, wie das Beispiel aus Khuzestan im Iran (Tab. 22) zeigt.

Bei den Betriebssystemen der Feldgraswirtschaft in den Tropen handelt es sich vor allem in Afrika, teilweise aber auch in Lateinamerika um Kleinbetriebe, die als Mischbetriebe zu bezeichnen sind. Dies bedeutet, daß Tier- und Pflanzenproduktion gleiche Bedeutung haben. Besonderes Merkmal sind die sehr engen Verbindungen und Verflechtungen zwischen Tierhaltung und Ackerwirtschaft.

Es handelt sich um langfristig ausgesprochen stabile Betriebssysteme. Sie sind den nachfolgend dargestellten kleinen und mittelgroßen Weidewirtschaften sehr ähnlich, lediglich die Ackerbaukomponente steht in den Feldgraswirtschaften stärker im Vordergrund.

3.2.4.2 Kleine und mittelgroße Weidewirtschaften

Unter kleinen und mittelgroßen Weidewirtschaften werden Betriebssysteme verstanden, deren Produktionsschwerpunkt in der Tierhaltung liegt und die eine systematische und planmäßige Weidewirtschaft mit intensiver Futterproduktion betreiben.

Die Intensivierung der Weidewirtschaft erfordert einen hohen Arbeitsaufwand und läuft parallel mit einer arbeitsaufwendigen Tierhaltung. Koppelwirtschaft ist überwiegend verbreitet. Stallhaltung in Kombination mit Tagesbeweidung wie auch ganztägige Stallhaltung mit Futterernte und Transport ist zu finden. Zu den Feldgraswirtschaften grenzen sich die kleinen und mittelgroßen Weidewirtschaften durch die fehlende Ackerwirtschaft ab. Die Weide steht nicht innerhalb einer Fruchtfolge mit Feldfrüchten wie bei den Feldgraswirtschaften. Wenn etwas Acker- oder Gartenbau betrieben wird, dann findet er auf speziellen Flächen statt und dient nur der Eigenversorgung.

Die Einschränkung auf kleine und mittelgroße Betriebe dient der Abgrenzung gegenüber den Ranchbetrieben und der kommerziellen

Großstallhaltung. Die Begriffe »klein und mittelgroß« beziehen sich auf das Einkommen aus dem Betrieb. Im Gegensatz zu den Ranchbetrieben, die auf der Lohnarbeitsverfassung basieren, handelt es sich hier um Familienbetriebe, die neben den familieneigenen Arbeitskräften allenfalls saisonale Fremdarbeitskräfte beschäftigen. Diese Familienbetriebe bewirtschaften Flächen zwischen 3 ha (z. B. im Hochland von Kenia), 50 ha (z. B. in den semihumiden Zonen Togos oder Ghanas oder im Nordwesten von Kolumbien) und 150 ha (z. B. in den Regionen Florida und San Jose von Uruguay). Je kleiner die Flächenausstattung, desto intensiver ist in der Regel die Weidewirtschaft und das Herdenmanagement.

Die Weidewirtschaft dieser Betriebssysteme wird gekennzeichnet durch den Übergang von der Naturweide zur verbesserten Weide. Dies wird durch die Entstehung von Einzeleigentum für die Fläche, die bisher im Gemeinschaftseigentum war, gefördert. Investitionen in die Verbesserung der Weiden und der Futtergrundlage kommen dem investierenden Betrieb direkt und alleine zugute. Voraussetzung für diese Entwicklung ist:

- der Zwang zur Intensivierung durch zunehmende Knappheit an Fläche
- das Vorhandensein von Märkten und ausreichenden Preisen für tierische Produkte.

Die Formen der Tierhaltung sind geprägt durch:

- Schutz vor Tierkrankheiten, Seuchen, Verletzungen und Diebstahl. Aus diesem Grunde bleiben die Tiere zur besseren Kontrolle in der Nähe der Menschen. Zur prophylaktischen und therapeutischen Behandlung werden Anlagen, wie beispielsweise das Tauchbad gegen zeckenübertragene Krankheiten, in der Nähe von Stall und Wohnstelle errichtet
- die Reduzierung von Energieverlusten bei der Beweidung über Stallhaltung und Futterlieferung zum Stall
- Milchgewinnung, die zur Errichtung eines Melkstandortes in der Nähe der Wohnstelle führt.

Die Rinderhaltung ist mit großem Abstand die dominierende Produktionsrichtung. Die Einkreuzung von Hochleistungstieren oder trypanotoleranten Tieren (in Afrika) in lokale Rassen ist stark verbreitet. Die Haltung reinrassiger Hochleistungstiere nimmt rapide an Bedeutung zu.

3.2.4.3 Agrosilvopastorale Betriebssysteme

Bei den agrosilvopastoralen Betriebssystemen handelt es sich um eine Kombination von ackerbaulicher Nutzung, der Nutzung des Waldes und der Tiere über Weide. Zum traditionellen Silvopastoralismus (Kapitel 3.2.2.5) unterscheiden sich die agrosilvopastoralen Systeme durch den Einfluß der bereits vorhandenen Marktbeziehungen und die Ausdehnung der Ackernutzung.

Die Ackernutzung erfolgt in der Regel in einjährigen Kulturen, die zeitlich und räumlich mit der Weide und dem Forst koordiniert werden. Als Weide werden die Flächen unter dem Baumbestand und die abgeernteten Flächen der Ackerwirtschaft genutzt. Aber auch speziell angelegte Weiden oder Futterbüsche und -bäume dienen der Tierfütterung. Bei den Tierarten sind die Rinder am weitesten verbreitet. In Kleinbetrieben wird häufig Milch und Fleisch genutzt. Stellt der Ackerbau eine wichtige Einkommensquelle dar, steht häufig die Fleischproduktion im Zentrum. Meistens handelt es sich nicht mehr um einen typischen Wald, sondern um einen sy-

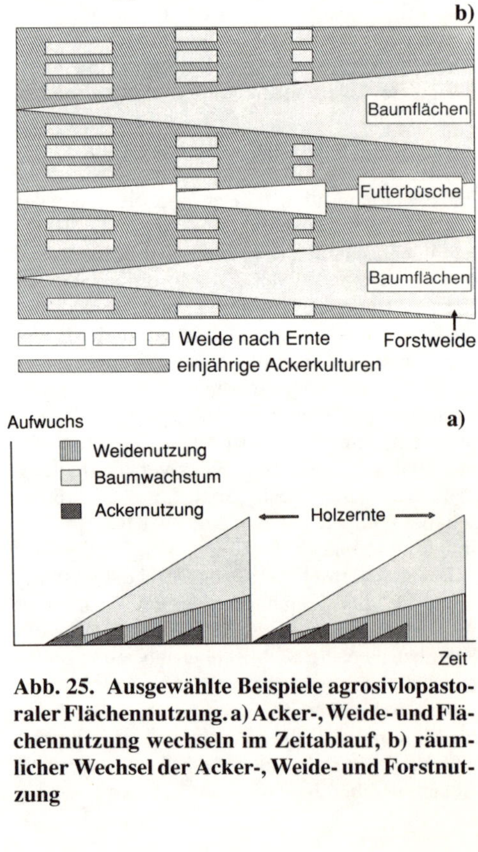

Abb. 25. Ausgewählte Beispiele agrosivlopastoraler Flächennutzung. a) Acker-, Weide- und Flächennutzung wechseln im Zeitablauf, b) räumlicher Wechsel der Acker-, Weide- und Forstnutzung

stematisch angelegten Forstbestand, der sich häufig auf eine oder nur wenige Baumarten beschränkt.

Entsprechend der Vielfalt der Nutzungsmöglichkeiten in der Ackerwirtschaft, der Tierhaltung mit Weide-/Futterwirtschaft und dem Forst sind die Erscheinungsformen der silvopastoralen Betriebssysteme sehr unterschiedlich. Es entsteht der Eindruck, daß die Erscheinungsform an jedem Standort unterschiedlich ist.

Die wichtigsten Formen agrosilvopastoraler Betriebssysteme sind (Abb. 25):

- Acker-, Weide- und Forstnutzung wechseln im Zeitablauf. Der lichte und relativ weiträumige Bestand an Bäumen in den ersten Jahren wird mit einjährigen Ackerkulturen genutzt. Diese Nutzung geht mit zunehmendem Wachstum der Bäume zurück. Gleichzeitig nimmt die Weidenutzung zu. Dies ändert sich im Zeitablauf und geht in eine Waldweidenutzung über. Der Baumbestand ist häufig in Monokultur. Verbreitet ist, je nach Bodenqualität, vor allem Eukalyptus. Die Eukalyptusbäume werden nach sechs bis acht Jahren gefällt, und es beginnt wieder die Ackernutzung zwischen neuangelegten Baumbeständen. Innerhalb eines Betriebes können einzelne Parzellen diesem Rhythmus zeitversetzt folgen, so daß in einem Betrieb zur gleichen Zeit unterschiedlich alte Baumbestände bestehen, die eine kontinuierliche Holzlieferung und eine kontinuierliche Acker- und Weidenutzung ermöglichen.
- Acker-, Weide- und Forstnutzung finden zur gleichen Zeit auf der Parzelle statt, sie ist jedoch räumlich differenziert. Die simultane Mehrfachnutzung der Fläche führt zu Parzellen, die ständig mit einjährigen Ackerkulturen, Weide und Baumbeständen bewachsen sind. Die Bewirtschaftung ist meist intensiver und stärker auf Acker- und Weidenutzung abgestellt als die zeitversetzte Nutzung.

Agrosilvopastorale Betriebssysteme sind in den Tropen und Subtropen noch nicht nennenswert verbreitet. Wenn sie auftreten, dann sind sie in Übergangszonen zwischen Wald und Ackernutzung bei höheren Niederschlägen zu finden. Sie haben sich erst in den vergangenen 20 Jahren herausgebildet und werden insbesondere im Rahmen von Entwicklungsprojekten gefördert. Für die zukünftige Entwicklung der Betriebssysteme zeigen sie eine langfristig stabile Alternative mit einer Vielzahl von Nutzungsmöglichkeiten und Versorgungsformen der Haushalte auf. Insbesondere wird in diesen Betriebssystemen die Versorgung mit Energie betriebsendogen möglich.

Gegenüber dem traditionellen Silvopastoralismus (Kapitel 3.2.2.5) handelt es sich bei den agrosilvopastoralen Betriebssystemen um eine stärkere Einbeziehung der Ackerwirtschaft in die Waldbeweidung und eine systematische Pflanzen- und Tierproduktion und Forstnutzung. Der Marktanschluß ist wesentlich ausgeprägter als bei den traditionellen Formen.

Wird in den silvopastoralen und agrosilvopastoralen Betriebssystemen der Forst durch Dauerkulturen (Bäume) ersetzt, entstehen daraus Dauerkultur-Beweidungssysteme.

3.2.4.4 Tierhaltung in Dauerkultur- und Bewässerungssystemen

Die Tierhaltung in Dauerkultursystemen nutzt die Fläche in den Dauerkulturen als Futtergrundlage. Eine solche Nutzung ist nur möglich bei Dauerkulturen, die einen Aufwuchs am Boden überhaupt erlauben. Bei ständiger Bodenbedeckung, wie etwa bei Tee, scheidet eine Futtererzeugung aus. Klassische Beispiele für Beweidung oder Futtergewinnung sind alle Palmenarten. Weitverbreitet zeigt sich dies bei Ölpalmen.

Zwei Gruppen von Betriebssystemen mit Dauerkulturen haben sich herausgebildet:

a) Kleinbetriebe (mit Dauerkulturen), die den Aufwuchs in der Anlage schneiden und zu den Tieren bringen. Damit entfällt eine Beweidungskontrolle der Tiere. Diese ist bei Beweidung notwendig, wenn sichergestellt werden soll, daß die Dauerkulturen keinen Schaden nehmen. Sind ausreichend Arbeitskräfte, vor allem Kinder und Jugendliche vorhanden und ist die Entfernung zu den Beständen nicht zu groß, wird auch Beweidung praktiziert. In den meisten Fällen dienen die Dauerkulturflächen in Kleinbetrieben zur Ergänzung der Futtergrundlage.
Kleinbetriebe mit Nutzung der Dauerkulturflächen sind in Westafrika beim Anbau von Ölpalmen verbreitet. In der Regel wird die lange Aufwuchsphase vor Schließung der Pflanzenbestände genutzt. Bei Ölpalmen kann diese Nutzung bis zu acht Jahre möglich sein. Solche Perioden werden aber verlängert,

wenn die Dichte des Pflanzenbestandes reduziert ist oder wenn Fehlstellen im Bestand auftreten.

b) In Großbetrieben oder Plantagen bietet sich die Möglichkeit der ständigen Weidenutzung in den Dauerkulturbeständen. Wichtig ist eine genaue Beweidungskontrolle, um Schäden für die Dauerkulturen zu vermeiden. Plantageneigene Herden wie auch Verpachtung der Weidenutzung an Tierhalter sind verbreitet. Den Plantagen kann dies eine zusätzliche Pachteinnahme bringen. Bei knapper Arbeitskapazität oder teurer Mechanisierung der Bodenbearbeitung kann die Unkrautkontrolle durch Beweidung einen wesentlichen Beitrag auch zur Kostenreduzierung liefern. Schwierigkeiten ergeben sich aber häufig zwischen beweidenden Kleinbetrieben und den Plantagen dann, wenn die Weidenutzung die Grenze der Tragfähigkeit übersteigt. Vor dem Hintergrund des Risikos, daß die Plantagenbesitzer nicht immer die Weidepraktiken der tierhaltenden Betriebe kontrollieren können, verzichten die Plantageneigentümer häufig auf diese Doppelnutzung.

In Bewässerungssystemen handelt es sich in der Regel um eine in den Ackerbaubetrieb integrierte Tierhaltung, die sich auf Zugtiere begrenzen kann, aber auch Milch für den Eigenbedarf und Fleisch für den Verkauf produziert.

3.2.4.5 Spezielle Tierhaltungssysteme

Betriebssysteme mit speziellen Formen der Tierhaltung nehmen im Laufe der Entwicklung eines Landes immer mehr zu. Sie sind in den meisten Fällen eine Folge der Urbanisierung und der zunehmenden Kaufkraft in Ballungszentren. Eine spezifische Nachfragesituation entsteht, die gleichzeitig hohe Preise mit sich bringen kann. Vor diesem Hintergrund haben sich folgende Hauptrichtungen entwickelt oder sind gerade dabei, an Bedeutung zu gewinnen:

a) Milchviehhaltung im urbanen »Hinterhof«
Bei diesen Betriebssystemen werden Tiere zur Milchgewinnung und zum Milchverkauf im städtischen Haushalt gehalten. Es handelt sich meistens um Rinder, aber auch Ziegen und Schafe werden genutzt. Die Futtergrundlage sind Hausabfälle der Familie und von Nachbarn. Oft werden auch gewerbliche Abfälle verwendet. Der Verkauf erfolgt als Frischmilch in Direktvermarktung. Die Milchpreise sind häufig sehr hoch. Solche Betriebe werden in vielen Fällen im Nebenerwerb von den Frauen betrieben. Das Haupteinkommen erzielt der Mann aus einer regulären Beschäftigung in Industrie, Gewerbe oder Verwaltung. Diese Betriebssysteme stellen meist nicht die Versorgungsbasis der Familien dar. Sie werden oft als eine zusätzliche Einkommensmöglichkeit zu dem Gehalt des Mannes verstanden. Da es sich um Familienbetriebe im Teil- oder Nebenerwerb handelt, werden diese Betriebssysteme nicht eindeutig den marktorientierten zugeordnet.

b) Kommerzielle Tierhaltung wie beispielsweise Hähnchenmast, Legehennenhaltung oder sonstige Massentierhaltung werden in den Tropen und Subtropen in der Nähe urbaner Zentren in ähnlicher Weise wie in industrialisierten Ländern betrieben (Kapitel 4).

c) Kleinbetriebliche Kaninchenhaltung, Milchproduktion mit Ziegen zur Befriedigung spezifischer Marktnachfrage (wie in einigen lateinamerikanischen Ländern) oder Hundehaltung (wie beispielsweise auf den Philippinen) sind der Vollständigkeit halber zu erwähnen. Ihr Umfang und Beitrag zur Gesamtproduktion, Versorgung und Einkommensbildung ist meist beschränkt und nur für wenige Betriebe von Bedeutung .

3.2.5 Intensität, Produktivität und Stabilität der Produktion bei stationärer Tierhaltung

Die Betriebssysteme mit stationärer Tierhaltung unterscheiden sich zu denen der Transhumanz ganz besonders in der Produktionsintensität. Diese umfaßt die Intensität der Futtererzeugung und Futternutzung sowie die Intensität der Haltung und Pflege der Tiere. Die Produktionsstabilität erreicht ein höheres Niveau, da die Stabilisierungsmöglichkeiten durch den Bezug von Produktionsmitteln vom Markt besser genutzt werden.

3.2.5.1 Intensivierung der Futterwirtschaft

Die Intensivierung der Futterwirtschaft erfolgt in dieser Gruppe der Betriebssysteme in folgenden Stufen:

– Mit Übergang zu den geregelten Feldgraswirtschaften werden die Weidepflanzen und

Futtergräser im Hinblick auf ihrer Futterleistung ausgewählt und auf den Parzellen systematisch angebaut. Sowohl Gräser als auch Leguminosen werden in eine Fruchtfolge einbezogen, was insgesamt im Zeitablauf zu einer intensiveren Nutzung der vorhandenen Fläche führt.

- Die Entwicklung zu kleinen und mittelgroßen Weidewirtschaften führt zu einer Neuorientierung durch die systematische Anlage und Nutzung von Weiden mit Koppelwirtschaft. Es werden neue Grasarten, Grassorten und Leguminosen zur Verbesserung der Futtergrundlage eingesetzt. Bei den verbesserten Weiden wird in die Naturweide ein Gras oder eine Leguminose eingebracht. Bei den Intensivweiden werden vollständig neue Weiden angelegt.
- Dies gilt sowohl für milch- als auch für fleischproduzierende Betriebe und für die Mischbetriebe. Bei letzteren wirkt die Integration der Futterwirtschaft in die Fruchtfolge intensivierend auf die Ackerproduktion.

Der Zwang zur Intensivierung der Futterwirtschaft hat folgende Ursachen:

a) In Trockenperioden fällt die Futterproduktion oft erheblich unter den Futterbedarf der Tiere. Ernsthafte, teilweise existentiell bedrohliche Futterengpässe können entstehen.
Der Verlauf der Trockenmasseproduktion am Beispiel einer Naturweide, die mit *Panicum maximum* verbessert wurde (Abb. 26), zeigt die gravierenden Produktionstäler.
Daraus ergibt sich folgende Problematik:
- Empfindliche Produktionsrückgänge in Trockenperioden, die bei dieser Weide auch durch eine zusätzliche Düngung nicht verhindert werden können. Düngung wirkt besonders in der Regenperiode, in der ohnehin ausreichend billig produziertes Futter vorhanden ist.
- Langfristig kann das Leistungsniveau der verbesserten Naturweide zurückgehen. Damit ergibt sich ein Zusammenhang zwischen den Investitionskosten für die Erstellung der verbesserten Weide, ihrer Nutzungsdauer und dem Zeitpunkt der nächsten Neuanlage. Dies wird durch das Weide- und Herdenmanagement beeinflußt. Die langfristige Leistungsfähigkeit der Weide kann aber auch durch längere Ruhepausen der Beweidung und intensive Narbenpflege erhalten werden. Dabei entstehen Kosten durch Nutzungsverzicht und Pflegearbeiten, die mit Reinvestitionen in Neuanlagen konkurrieren.

b) In Abhängigkeit von dem Weidemanagement und der Beweidungsintensität kann sich langfristig die botanische Zusammensetzung der Weide ändern und dadurch der Futterwert verschlechtern. Im Zeitablauf besteht die Tendenz, daß durch die selektive Beweidung der Tiere nicht oder wenig nutzbare Gräser und sonstige Pflanzen die erwünschte Pflanzengesellschaft verdrängen. Mit zunehmender Intensivierung der Tierhaltung steigen gleichzeitig die Qualitätsansprüche an das Futter. Um Zukauf von beispielsweise teuren Eiweißträgern in Form von Kraftfutter zu minimieren, gewinnt die Kombination von Gräsern, Leguminosen und Kräutern in der Weide an Bedeutung. Ihre langfristige Erhaltung erfordert ein Weidemanagement, das der Selektion entgegenwirkt, z. B. Beweidung durch verschiedene Tierarten oder mechanische Weidepflege.

Ungenügende Futterverfügbarkeit in der Trockenperiode ist das zentrale Problem der Betriebssysteme mit Tierhaltung. Dieses Problem ist umso stärker ausgeprägt, je intensiver die Betriebssysteme bereits wirtschaften. Zum Ausgleich von Futterverfügbarkeit und Futterbedarf bieten sich grundsätzlich folgende Möglichkeiten:

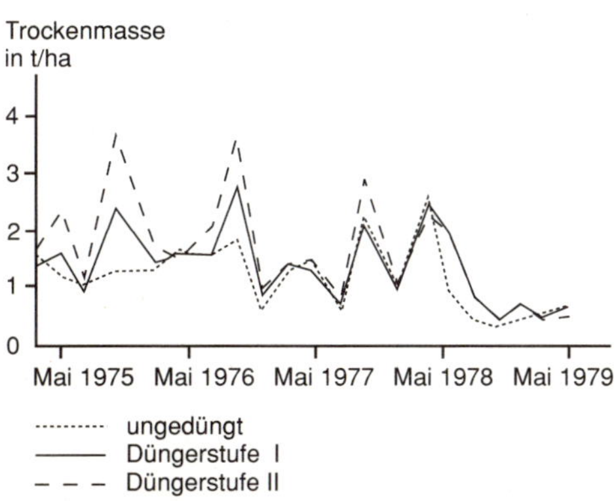

Abb. 26. Die Entwicklung der Trockenmasseerträge auf verbesserter Naturweide und der Zusammenhang zu den Niederschlägen in Avetonou/Togo (Quelle: DOPPLER, W. (6))-

1. Verbesserung der Futterverfügbarkeit
   a) Steigerung der betriebseigenen Futterproduktion durch
      – Ausdehnung der Fläche
      – Intensivierung der Produktion
   b) Zukauf von Kraftfutter und Rauhfutter.
2. Anpassung des Tierbestandes an die Futterverfügbarkeit.

Zu 1.:
Die Verbesserung der Futterverfügbarkeit über Flächenausdehnung ist in vielen Regionen wegen der herrschenden Flächenknappheit nicht mehr realisierbar. Innerhalb des Betriebes gibt es meistens auch keine Brachflächen mehr. Die Möglichkeiten der Erhöhung der Futterverfügbarkeit über die Flächenausdehnung sind daher extrem beschränkt.

Die Verbesserung der Futterverfügbarkeit über die Intensivierung der Produktion basiert vor allem auf:

– dem Übergang von der Naturweide zur verbesserten Weide und zur Intensivweide sowie
– auf der Einführung oder Ausdehnung der Mineraldüngung.

Die Beurteilung dieser Intensivierungsmaßnahmen erfordert eine gesonderte Analyse der Trockenperiode. Das Beispiel in Tab. 23 zeigt, daß in der Trockenperiode, die sich über 33% des gesamten Jahres erstreckt, nur zwischen 10 und 13% des jährlichen Futteraufwuchses für die Tierhaltung zur Verfügung stehen. Die täglich nutzbare Futtermenge liegt in der Trockenperiode sehr niedrig, im aufgezeigten Beispiel umso niedriger, je stärker von den verbesserten Naturweiden zu den Intensivweiden übergegangen wird. Die Düngewirkung in der Trockenperiode ist ebenfalls begrenzt und hängt vom Weidetyp ab. Eine Steigerung der in der Trockenperiode erzeugten Trockenmasse durch Düngung liefert im Beispiel der Tab. 23 zwischen 1 und 5 kg Trockenmasse pro kg Stickstoff.

Zur Bewertung der Intensivierung über die Düngung und die Verbesserung der Weiden sind die Kosten einzubeziehen. Die durchschnittlichen Kosten für die Düngung im Beispiel der Tab. 23 liegen in der futterknappen Trockenperiode zwischen 0,6 und 0,8 DM/kg Trockenmasse und im Jahresdurchschnitt bei 5 bis 9 Pfennig je kg. Die Jahresdurchschnittskosten für die Erzeugung einer Tonne Trockenmasse im Weidefutter des angeführten Beispiels entsprechen dem Gegenwert von 90 bis 160 kg Mais, 180 bis 320 kg Erdnußkuchen oder 38 bis 68 kg Lebendgewicht bei Rindern. Die Produktionskosten aus der zusätzlichen Futterproduktion durch Mineraldüngereinsatz in der Trockenperiode von 60 bis 80 Pfennig/kg Trockenmasse zeigen einen Gegenwartswert für eine Tonne Trockenmasse in der Trockenperiode von 758 bis 1010 kg Mais, 1516 bis 2020 kg Erdnußkuchen oder 454 bis 606 kg Lebendgewicht bei Rindern.

Die Kosten der Intensivierung durch den Übergang von der Naturweide zur verbesserten Weide und Intensivweide werden von den Investitionen dominiert. Tab. 24 zeigt ein Beispiel

Tab. 23. Die Wirkungen, des Mineraldüngereinsatzes und des Weidetyps auf die Produktion an Trockenmasse am Beispiel von Avétonou in Togo

Weidetyp, Düngung	Duchschnitt in kg/Tag/ha	In Trockenperiode: % der Produktion	In Trockenperiode: in kg/Tag/ha	zusätzliche Trockenmasse durch Düngung in kg/kg N
Verbesserte Naturweide:				
ungedüngt	12,9	13,0	8,1	–
gedüngt	15,4	12,3	11,1	4,6
Intensivweiden:				
Kombination A (1):				
ungedüngt	16,0	11,7	5,4	–
gedüngt	17,6	12,6	6,9	4,7
Kombination B (2):				
ungedüngt	12,1	12,5	3,6	–
gedüngt	15,1	10,0	4,6	1,1

(1) = *Stylosanthes gracilis* und *Cynodon dactylon*
(2) = *Panicum maximum* und *Centrosema pubescens*

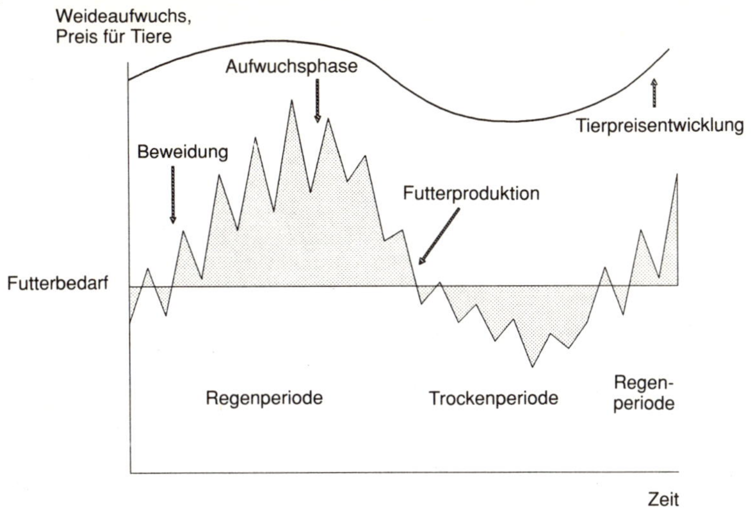

Abb. 27. Der Zusammenhang zwischen Futterproduktion, Futternutzung und Preisentwicklung für Tiere im Zeitablauf.

der Investitionskosten für die Erstellung verschiedener Weidetypen mit unterschiedlicher Intensität. Die jährlichen Kosten aus der Investition bei verbesserten Naturweiden stellen einen Gegenwert von 22 bis 38 kg/ha Lebendgewicht bei Rindern und bei Intensivweiden sogar 65 bis 108 kg/ha. Dies bedeutet, daß die Investitionen in solche Weidesysteme erst oberhalb dieser Hektarleistungen gedeckt sind.

Die Beschaffung von Futter durch Zukauf bleibt in der Regel auf Kraftfutter beschränkt, da wegen betriebseigenem Bedarf kaum jemand Rauhfutter in der Trockenperiode verkauft. Der Zukauf von Kraftfutter ist grundsätzlich teuer. Kraftfutter steht in den meisten Fällen in Konkurrenz zur menschlichen Ernährung, die die Preise erhöht, in Knappheitssituationen staatliche Reglementierungen bedeuten kann und die schließlich sozialpolitisch unverantwortlich wäre.

Dies zeigt insgesamt die relativ teuren Verbesserungsmöglichkeiten der Futterversorgung in der Trockenperiode und die Bedingung, daß jegliche Intensivierung der Futterwirtschaft in diesen Betriebssystemen zwangsläufig eine erhebliche Intensivierung in der Tierproduktion erfordert und an bestimmte, günstige Preis- sowie Beschaffungsbedingungen am Markt gebunden ist.

Tab. 24. Investitionskosten und Kostenäquivalente zur Erstellung von Weideanlagen in Avétonou/Togo

Kosten	Verbesserte Naturweide	Intensivweide
Gesamte Erstellungskosten, DM/ha	395	900
Nutzungsdauer in Jahren:		
durchschnittliches Management	6	6
verbessertes Management	10	10
Kosten der Weideerstellung, DM/ha/Jahr		
durchschnittliches Management	67	190
verbessertes Management	40	114
Entspricht dem Gegenwert von kg		
a) kg Lebendgewicht bei Rindern:		
durchschnittliches Management	38	108
verbessertes Management	22	65
b) kg Mais als Kraftfutter:		
durchschnittliches Management	84	24
verbessertes Management	51	143

Quelle: Doppler, W. (6)

Zu 2.:
Die Anpassung des Tierbestandes an den schwankenden Futteranfall im jahreszeitlichen Wechsel setzt voraus, daß die Marktbedingungen entsprechend gegeben sind (Abb. 27). Die Niederschlagsverhältnisse gelten für die gesamte Region, und damit ist auch der Futteraufwuchs in allen Betrieben ähnlich. Die meisten Betriebe stehen dann vor der Situation, daß die Produktionskosten für Futter in der Regenperiode zwar am niedrigsten, die Preise für die Tiere aber auch niedrig sind. In der Trockenperiode und insbesondere gegen Ende dieser Phase sind die Futterkosten am höchsten. Der Verkauf von Tieren zu Beginn der Trockenperiode wäre aus der Sicht der Produktionskosten wünschenswert. In der Regel ist aber durch diese Verhältnisse das Angebot an Tieren auf dem Markt in dieser Periode am höchsten. Gegen Ende der Trockenperiode kann es nochmals hoch und gleichzeitig inflexibel sein, wenn es zu Notverkäufen kommt. Entsprechend sind an einem freien Markt in den Zeiten hohen Angebots die Preise niedrig. Die niedrigen Produktionskosten können die niedrigen Preise in der Regenperiode nicht kompensieren, so daß die Wirtschaftlichkeit fraglich wird.

Häufig bleiben als Handlungsalternative nur eine auf betriebsinternen Maßnahmen basierende gute Weidepflege, eine über das ganze Jahr hinweg gültige Besatzdichte, die etwas unterhalb der Leistungskapazität der Flächen in der Regenperiode liegt, der Verkauf von Tieren zu niedrigeren Preisen und die Unterversorgung der Tiere in der Trockenperiode.

3.2.5.2 Intensivierung der Tierhaltung

Die Intensivierung der Tierhaltung umfaßt die Verbesserung und Einführung leistungsfähigerer Rassen, die Verbesserung der Haltungsformen, der Aufzucht und der Tiergesundheit.

Das genetische Leistungspotential der Tiere ist in den meisten traditionellen Formen der Tierhaltung nicht voll ausgelastet. Das Potential der Intensivierung liegt hier vor allem in der Fütterung und Haltung. Beim Übergang von den Betriebssystemen mit Transhumanz zur stationären Tierhaltung zeigen sich bereits Situa-

Tab. 25. Produktionstechnische Leistungsparameter verschiedener Rinderrassen und Kreuzungen für die Fleischproduktion in Avétonou in Togo

Technische Parameter	Lokalrasse (1)	N'Dama	Kreuzungstiere M50 (1)	M75 (1)
Kälbergewicht in kg	27	22	27	26
Lebendgewicht in kg				
Alter 1 Jahr				
männlich	118	107	169	208
weiblich	124	109	163	178
Alter 2 Jahre				
männlich	–	–	270	295
weiblich	173	177	225	219
Verkaufsalter 32 Monate				
männlich (2)	165	216	308	264
Tägliche Gewichtszunahme in g/Tag				
zwischen Geburt und Absetzen				
männlich	400	338	538	740
weiblich	400	330	505	629
zwischen Geburt und Verkauf (2)				
männlich	74	114	167	121
Erstkalbealter				
in Jahren	2,0	3,2	2,9	2,8
Zwischenkalbezeit				
in Jahren	1,3	1,4	1,2	1,5

(1) Lokalrasse: Lagunen; M50: Kreuzung aus Lagunen mit Gelbvieh oder Braunvieh; M75: Rückkreuzung von Lagunen und Gelbvieh mit Gelbvieh; (2) geboren in der Trockenperiode
Quelle: Doppler, W. (6), S. 110/111

tionen, in denen die Grenze der Leistungsfähigkeit der traditionellen, an den Standort angepaßten Rassen erreicht wird. Intensivierung der Tierhaltung kann an dieser Schwelle auch über die Verbesserung des genetischen Leistungspotentials der Tiere erfolgen.

Die Intensivierung über die Verbesserung des Leistungspotentials basiert auf der Zufuhr genetischen Materials von außerhalb der Betriebe. Dies kann über künstliche Besamung, Zukauf von männlichen Tieren zur Zuchtbenutzung und/oder Zukauf von weiblichen Tieren zur direkten Nutzung erfolgen. Dabei gilt:

- Die künstliche Besamung ist meist kostengünstig. Sie führt über die Verdrängungskreuzung zu einer langsamen Verbesserung des genetischen Materials, die dadurch eine langsame Anpassung der Futter- und Haltungsbedingungen erlaubt.
- Der Zukauf von männlichen Tieren erfordert hohe Investitionen, die nicht immer von den Einzelbetrieben getragen werden können. Der Einsatz männlicher Tiere erlaubt über die Verdrängungskreuzung ebenfalls wie bei der künstlichen Besamung eine langsame Anpassung der Tierhaltung.
- Der Zukauf weiblicher Nutztiere dient der direkten Nutzung und ist mit sehr hohen Investitionskosten verbunden, da jedes Tier zugekauft wird. Diese Form erfordert bereits erhebliche Finanzkraft des Betriebes und enge Marktanbindung.

Die Beschaffung von verbesserten oder Hochleistungstieren erfolgt umso eher durch Zukauf vom Markt, je weiter die Betriebssysteme wirtschaftlich entwickelt sind. In stärker traditionell orientierten Betriebssystemen, wie beispielsweise im Semi-Nomadismus oder in der Auftragstierhaltung, werden die für die Herdenentwicklung notwendigen Tiere primär im eigenen Betrieb erzeugt.

Die genetische Verbesserung der Nutztiere erfordert eine adäquate Anpassung der Versorgung mit Futter und Wasser sowie der Aufzuchtmethoden und der Tierhygiene, die den Ansprüchen der verbesserten Tiere gerecht werden. Eine genetische Verbesserung unter traditionellen Haltungs- und Fütterungsbedingungen erhöht das Produktionsrisiko und führt langfristig zu Leistungsabfall. Dies ist ein wesentliches Problem in den Betriebssystemen beim Übergang zu verbesserten oder Hochleistungstieren. Häufig sind die Kenntnisse über diese Notwendigkeiten sehr beschränkt. So kommt es besonders in Betriebssystemen mit Ackerwirtschaft und Transhumanz und in noch nicht intensiv dem Markt angeschlossenen Weidewirtschaften zu derartigen Diskrepanzen.

Ein Vergleich verschiedener Rassen und Kreuzungen in Weidewirtschaften ist in Tab. 25 dargestellt. Der zunehmende Anteil an Erbgut von Hochleistungstieren zeigt bei den Rindern mit 75% der Rasse Gelbvieh einen Leistungsrückgang gegenüber den Tieren mit 50%, der durch nicht ausreichend angepaßte Haltungsbedingungen entsteht. Das Produktionsrisiko nimmt zu.

Dies gilt in noch größerem Umfang für die Milchtierhaltung, da einmal eingetretene Depressionen bei der Milchleistung meist erst wieder in der nächsten Laktationsperiode beseitigt werden können. Ein Beispiel aus Kenia (Tab. 26) zeigt solche Leistungsunterschiede zwischen verschiedenen Rassen und Kreuzungen.

Gleichzeitig läßt sich aber auch die Anpassung an die Standortverhältnisse erkennen: in

Tab. 26. Produktionstechnische Leistungsparameter verschiedener Rinderrassen und Kreuzungen für die Milchproduktion in Kyeni, Kenia

Leistungsparameter	Lokalrasse	Kreuzungsrinder (1)	Hochleistungsrinder (1)
Zwischenkalbezeit in Tagen	360	420	430
Laktation in Tagen	210	280	300
Alter beim Ausmerzen in Jahren	12	10	9
Laktationen/Tier	7	7	6
Milchleistung/Laktation in kg			
Guter Standort:			
Kleinbetrieb	–	1020	1244
mittlerer Betrieb	–	1067	1372
Großbetrieb	–	993	1305
Marginaler Standort:			
Kleinbetrieb	347	188	–
mittlerer Betrieb	331	184	–
Großbetrieb	353	705	–

(1) Lokalrasse: Zebu; Hochleistungrinder: Schwarzbunte, Ayrshire, Guernsey und Jersey; Kreuzungen: Zebu mit Hochleistungsrassen
Quelle: Kidane, H. (13), S.68

marginalen Standorten sind weiterhin Lokalrassen dominant und werden allenfalls Kreuzungstiere gehalten. In Regionen mit guten Futtergrundlagen sind die Lokalrassen zugunsten von Kreuzungstieren, vor allem aber von reinrassigen Hochleistungstieren (z. B. Schwarzbunte) verschwunden.

Der zweite Komplex der Intensivierung der Tierhaltung umfaßt die Haltungsformen und die Maßnahmen zur Tierhygiene. In den Betriebssystemen mit stationärer Tierhaltung zeigt sich, daß mit zunehmender Futterleistung der Flächen und Leistung der Tiere die Weidehaltung zurückgeht. Selbst innerhalb der Betriebssysteme der Feldgraswirtschaften ist die ganze Spannbreite zu finden: reine Weidenutzung in den mehr traditionell orientierten Feldgraswirtschaften bis zu reiner Stallhaltung bei extremer Flächenknappheit und intensiver Futterproduktion. Selbst in den kleinen und mittelgroßen Weidewirtschaften wird zumindest nachts Stallhaltung betrieben, zunehmend aber auch ganztags mit Stallfütterung.

In einer Region sind meist mehrere Haltungsformen zu finden, entsprechend der unterschiedlichen Ausprägung der Betriebssysteme. Dabei kann meist festgestellt werden, daß mit abnehmender Flächenausstattung die intensiveren Haltungsformen im Stall zunehmen und entsprechend die Weidenutzung zurückgeht. Ackerfutterbau wird eine Alternative der Futtererzeugung, da seine höhere Flächenleistung für kleine Betriebe besonders wirtschaftlich wird. Der damit meist verbundene höhere Arbeitsaufwand spielt bei wenig ausgeprägter Arbeitsknappheit eine meist untergeordnete Rolle im Vergleich zur Flächenknappheit. Tab. 27 zeigt ein solches Beispiel aus der Gemeinde Kyeni in Kenia. Der hohe Grad der Intensität spiegelt sich auch in der Tatsache wider, daß alle Betriebe die künstliche Besamung und das Tauchbad gegen Krankheiten, die von Zecken übertragen werden, eingeführt haben.

Die Intensität der Tierhaltung wird entscheidend von den veterinärmedizinischen Maßnahmen bestimmt. Die Einführung und Verbesserung veterinärmedizinischer Maßnahmen lassen sich nicht eindeutig einzelnen Betriebssystemen der Transhumanz und der stationären Tierhaltung zuordnen, da sie von den Rahmenbedingungen, vor allem von den institutionellen Verhältnissen in einer Region bestimmt werden. Allenfalls gilt, daß die traditionellen Methoden verstärkt durch moderne veterinärmedizinische Maßnahmen mit zunehmender Intensivierung der Tierproduktion verdrängt werden.

Tab. 27. Verbreitung verschiedener Haltungsformen und Maßnahmen in der Milchkuhhaltung in Kyeni, Kenia

Haltungsparameter	Betriebsgröße		
	klein	mittel	groß
In % aller Betriebe jeder Größenklasse:			
Stallhaltung	68	50	0
Weideführung	32	50	100
Ackerfutteranbau	100	100	100
Ergänzungsweide	86	100	50
Einzelfütterung bei Kälbern	100	100	100
künstliche Besamung	100	100	100
Tauchbad	100	100	100
Besatzdichte in ha/Tier:			
Schwarzbunte	0,22	0,43	0,94
Kreuzungen	0,19	0,37	0,82
Arbeitsbedarf in Arbeitsstunden/Tier:			
Schwarzbunte	355	356	354
Kreuzungen	286	288	287

Quelle: KIDANE, H. (13), S. 70

Die unterschiedlichen Formen der Erhaltung der Tiergesundheit in den Betriebssystemen mit Tierhaltung wird darüber hinaus von folgenden Wirkungen bestimmt:

a) Die Ausrottung epidemisch verbreiteter Krankheiten (bzw. deren Erreger oder Überträger) erfolgt überbetrieblich. Die Entscheidung über die Einführung solcher Maßnahmen liegt in der Regel bei regionalen oder nationalen Institutionen und nicht beim Tierhalter. Beispiele hierfür sind Tuberkulose, Brucellose, Leukose, Maul- und Klauenseuche und Rinderpest.
b) Die Kontrolle einer Krankheit erfolgt in der Regel in den einzelnen tierhaltenden Betrieben und liegt im Entscheidungsbereich des Tierhalters, wobei der Veterinärdienst beratend wirken kann. Dabei spielen Krankheiten, die nur ein Einzeltier betreffen, wie z. B. Mastitis, Ostküstenfieber oder Endoparasiten, eine besondere Rolle. Sie sind häufig dadurch gekennzeichnet, daß ihre Ursachen im Verhalten des Einzeltieres und des Tierhalters liegen.

Tab. 28. Mengen- (Produktionsvolumen) und Wertproduktivitäten (Produktionserlös) verschiedener Produktionsfaktoren bei der Rindermast mit unterschiedlichen Rassen auf verbesserten Weiden in Avétonou/Togo

Parameter der Produktivität	Lokalrasse	N'Dama	Kreuzungstiere M50 (1)	Kreuzungstiere M75 (1)
Faktoransprüche				
Alter bei Mastbeginn in Monaten	8	8	8	8
Tierwert bei Mastbeginn in DM/Tier	120	135	186	168
Mastdauer in Monaten	24	24	24	24
Jährliche Trockenmasse in kg/ha	4745	4745	4745	4745
Besatzdichte in GVE/ha	4,1	3,4	2,6	3,0
Arbeitsanspruch in Arbeitskraft-Tage pro Tier und Jahr	4	5	6	6
Futteranspruch in kg Trockenmasse/Tier und gesamte Mastperiode	1645	1987	2611	2245
Produktionsvolumen in kg				
Zuwachs an Lebendgewicht				
pro Tier und Jahr	83	108	154	125
pro ha und Jahr	340	367	400	375
pro Arbeitskraft-Tag	21	22	26	21
pro kg Trockenmasse	0,10	0,11	0,12	0,11
pro investierter DM und Jahr	0,69	0,80	0,83	0,74
Produktionserlös in DM				
pro Tier und Jahr	110	142	203	165
pro ha und Jahr	449	484	528	495
pro Arbeitskraft-Tag	28	28	34	28
pro kg Trockenmasse	0,13	0,15	0,16	0,15
pro investierter DM und Jahr	0,92	1,05	1,09	0,98
Deckungsbeitrag in DM				
pro Tier und Jahr	47	96	141	85
pro Arbeitstag	6	10	12	7

(1) Definition wie in Tab. 25
Quelle: DOPPLER, W. (6)

Es kann davon ausgegangen werden, daß der größte wirtschaftliche Verlust der Tierproduktion in den Betriebssystemen mit Transhumanz und stationärer Tierhaltung, der üblicherweise den Krankheiten zugeschrieben wird, ursächlich im Bereich der Tierproduktion liegt. Ungeeignete Haltungsformen, vor allem aber eine ungenügende Fütterung, führen zu einer schlechten Konstitution der Tiere, die dann wegen mangelnder Widerstandskraft verstärkt von Krankheiten befallen werden. Aufzuchtkrankheiten haben meist parasitologische oder bakteriologische Ursachen. Diese sind häufig Folgekrankheiten, deren eigentliche primäre Ursachen in mangelnder Hygiene und mangelndem Ernährungszustand liegen. Gleiches gilt für die weitverbreiteten Reproduktionsstörungen der Tiere, bei denen bakterielle Infektionen lediglich das letzte Glied einer langen Ursachenkette darstellen.

Aus diesem Grunde ist es häufig nicht zweckmäßig, zuerst verbesserte Rassen einzuführen, bevor die futterwirtschaftlichen und tierhygienischen Bedingungen das dazu erforderliche Niveau erreicht haben. Gerade beim Übergang von den Betriebssystemen der Auftragsrinderhaltung bis zu den intensiven Formen kleinbetrieblicher Milchwirtschaft treten durch die falsche Reihenfolge der Maßnahme viele Fehlentwicklungen auf, die die Tierhalter und Tierärzte häufig nicht hinreichend voraussehen.

3.2.5.3 Produktivität und Rentabilität

Die Produktivität als Relation von erzeugtem Produktionsvolumen und dazu eingesetzter Faktoreinheit (Kapitel 1.5) ist für die innerbetriebliche Entscheidungsfindung wie auch im zwischenbetrieblichen Vergleich bedeutend. Innerhalb des Betriebes wird die Effizienz des Faktoreinsatzes in alternativen Verwendungen einzelner Produktionsverfahren gemessen. Die Anwendung solcher auf einzelne Produktionsverfahren bezogene Mengen- und Wertproduktivitäten erlaubt allerdings nur eine partielle Bewertung. Tab. 28 zeigt ein typisches Beispiel eines Vergleichs der Faktorproduktivitäten bei verschiedenen Rinderrassen und -kreuzungen. In diesem Beispiel zeigen die Mengen- und Wertproduktivitäten eine eindeutige Präferenz für die Kreuzung M50. Häufig sind die Rangfolgen unterschiedlich für die einzelnen Faktoren.

Die partiellen Produktivitäten stellen einen ersten Indikator der Betriebe für die mögliche Wettbewerbskraft einzelner Produktionsverfahren dar. Da die Produktionskosten von Rindfleisch nicht berücksichtigt sind, läßt sich eine abschließende ökonomische Beurteilung aber noch nicht vornehmen.

Die globale Produktivität der Betriebe berücksichtigt die gesamte Betriebsorganisation und gilt für die eingesetzten Produktionsfaktoren. Die globale Produktivität in den subsistenz- und marktorientierten Betriebssystemen mit stationärer Tierhaltung zeigt eine große Streubreite, die sich wie folgt charakterisieren läßt (Tab. 29):

Tab. 29. Vergleich geschätzter Wertproduktivitäten in der stationären Tierhaltung für Fläche und Arbeit mit verschiedenen Betriebssystemen (pro Jahr)

Betriebssysteme	DM/ha	DM/AK
1. Stationäre Tierhaltung		
Feldgraswirtschaften		
extensive	40–400	50–500
intensive	200–1500	50–700
Weidewirtschaften	50–1500	50–500
Agrosilvopastorale Systeme	50–1500	50–500
2. Andere		
Nomadismus	0,1–2	10–60
Seminomadismus	0,1–100	50–800
Auftragstierhaltung	25–300	75–700
Mischbetriebe	50–500	75–600
Dauerkultursysteme	200–5000	150–3000

a) In den Feldgraswirtschaften ist die Flächenproduktivität bestimmt durch die Mischform der Bewirtschaftung in der Pflanzenproduktion und der Tierhaltung. Gegenüber den Betriebssystemen der Transhumanz steigt sie an und erreicht in den Kleinbetrieben mit Pflanzenproduktion und intensiver Tierproduktion mit Stallhaltung das höchste Niveau.

b) Diese Entwicklung ist wesentlich stärker ausgeprägt bei den kleinen und mittelgroßen Weidewirtschaften. Hier gilt allgemein, daß die Flächenproduktivität mit kleiner werdender Flächenausstattung und Zunahme der Bedeutung der Milchproduktion ansteigt. Die Arbeitsproduktivität nimmt in diesen Betriebssystemen mit zunehmender Flächenproduktivität nicht wesentlich zu. Eine arbeitsintensive Produktion zugunsten einer hohen Flächenproduktivität wird bevorzugt. Die Knappheit der Fläche zwingt zur Substitution durch Arbeit. Dies ist sinnvoll, da meist Familienarbeitskräfte permanent oder saisonal nicht voll ausgelastet sind oder Fremdarbeitskräfte relativ billig eingesetzt werden können.

Betrachtet man die partielle Rentabilität (Tab. 28) unter der Einbeziehung der Kosten für das gleiche Beispiel, dann zeigt der Deckungsbeitrag ein anderes Ergebnis als die partielle Produktivität. Er ist je Masttier bei den N'Dama höher als bei den M75, während dies bei der partiellen Produktivität umgekehrt ist. Die N'Dama produzieren den Lebendgewichtszuwachs kostengünstiger als die M75.

3.2.5.4 Produktionsstabilität

Die Produktionsstabilität nimmt mit steigender Produktionsintensität in diesen Betriebssystemen im allgemeinen zu. Dies betrifft sowohl die Abnahme der jährlichen Leistungsschwankungen als auch eine langfristige Steigerung der Leistung der Ressourcen. Dies ist aber nicht generell zu erwarten, da die intensiveren Produktionsweisen sensibler auf Änderungen reagieren. Die Diversifizierung, eine bessere Kapitalverfügbarkeit und das bessere Management aber sind die wichtigsten Gründe für diese zunehmende Stabilität.

Die Diversifizierung gilt besonders für Mischbetriebe mit Ackerbau und Tierproduktion. Die vielfältigen Produktionsrichtungen erhöhen die Wahrscheinlichkeit, daß bei Produktionsausfällen oder Produktionseinbußen als

Folge ungünstiger natürlicher Standortverhältnisse, Änderung der Absatzbedingungen, Schwierigkeiten bei der Beschaffung von Betriebsmitteln oder Preisänderungen immer noch Produktionsrichtungen mit geringerer Beeinflussung vorhanden sind. Darüber hinaus sind Mischbetriebe durch einen höheren Anteil betriebseigener Produktionsmittel etwas weniger vom Bezug von Produktionsmitteln über den Markt abhängig. Dies gilt beispielsweise für Dünger, der in begrenzter Menge durch die Tierhaltung ersetzt werden kann.

Die bessere Kapitalverfügbarkeit ergibt sich nicht nur aus den höheren Bareinkünften, sondern auch durch die Verbesserung der Liquidität. Milchproduzierende Betriebe sind besonders dadurch charakterisiert, daß sie relativ kontinuierlich über das Jahr hinweg durch Verkauf Barmittel in den Betrieb einbringen.

Hinsichtlich der langfristigen Stabilität bei der Erhaltung der Produktionsfaktoren als Produktionsgrundlage zeichnen sich diese Betriebssysteme insbesondere über die Tierkomponente im Betrieb durch einen schonenden Umgang mit der Fläche aus.

Während beim Nomadismus und im Semi-Nomadismus die Verbesserung der Tiergesundheit durchaus zu Instabilitäten führen kann (Überweidung durch Überbesatz), erhöht sich in allen anderen Betriebssystemen mit Tierhaltung in vielen Fällen die Stabilität. Die Ausprägung ist allerdings unterschiedlich:

a) Verhinderung von Mortalität bzw. von Ressourcenverlust
   - Ein Produktionsausfall wird verhindert (oder reduziert und zeitlich verkürzt) und damit bleibt die Kontinuität der Eigenversorgung und des Verkaufs gesichert.
   - Bei weiblichen Tieren bleibt die Reproduktionsleistung gesichert und damit die zukünftige Entwicklung der Herde.
   - Durch die kontinuierliche Weiternutzung der Tiere werden die im Betrieb vorhandenen übrigen Ressourcen besser ausgelastet und genutzt.
   - Der Vermögenswert der Tiere bleibt erhalten und somit auch die Möglichkeit, in Notsituationen durch Verkauf Barmittel zu beschaffen.
   - Kosten der Wiederbeschaffung durch Zukauf oder Aufzucht entstehen nicht, dafür entstehen Aufwendungen zur Verhinderung der Mortalität.

b) Verhinderung oder Minimierung von ökonomischem Leistungsabfall:
   - Das Produktionsvolumen zur Versorgung der Familie und für den Verkauf geht nicht oder wesentlich geringer zurück als ohne Einsatz der technischen Fortschritte.
   - Die Produktionsintensität und damit die Auslastung der Ressourcen (z. B. Tier, Stallplatz, Arbeit), bleibt erhalten oder geht wesentlich weniger zurück.
   - Die Zeitspanne des Geldumlaufes und damit die Wiederverfügbarkeit von Barmitteln wird (durch Verhinderung oder Reduzierung wenig produktiver Krankheitsphasen) nicht oder nur wenig verlängert.
   - Die Qualität der tierischen Produkte bleibt erhalten oder wird nur wenig reduziert. Damit bleibt die Verkaufsfähigkeit und der Marktanteil zu nicht reduzierten Preisen erhalten oder sinkt nur wenig ab.

Die Stabilität der Produktion wirkt damit direkt auf die Stabilität der Nutzung tierischer Produkte und Leistungen.

3.2.6 Arbeitswirtschaft in der Transhumanz und bei stationärer Tierhaltung

Die Arbeitswirtschaft bei den Betriebssystemen mit Knappheit an Fläche und besonderer Nutzungsmöglichkeit von Tieren ist gekennzeichnet durch den hohen Einsatz an Familienarbeitskräften. Damit hängt die verfügbare Arbeitskapazität in erster Linie vom Familienzyklus ab. Kinderarbeit ist weit verbreitet und wird in der Tierhaltung eingesetzt. Arbeitsknappheit kommt relativ (im Vergleich zu den Betriebssystemen in Kapitel 3.3) selten vor, obwohl die Betriebssysteme mit Tierhaltung einen relativ hohen Arbeitseinsatz benötigen.

Der Arbeitsbedarf in der Auftragstierhaltung fällt bei dem Hirten an und beeinflußt in der Regel nicht die Arbeitswirtschaft der Betriebe, denen die Tiere gehören. Im Prinzip wird die Tierhaltung in der Auftragstierhaltung von Fremdarbeitskräften durchgeführt. Aus der Sicht der Hirten ist der Arbeitsanfall bedeutend. Er ist im allgemeinen gleichmäßig über das Jahr verteilt und zeigt lediglich in der Kalbeperiode und in der Trockenperiode höhere Ansprüche (Abb. 28). Der zusätzliche Arbeitsaufwand in der Trockenperiode entsteht durch die Beschaffung

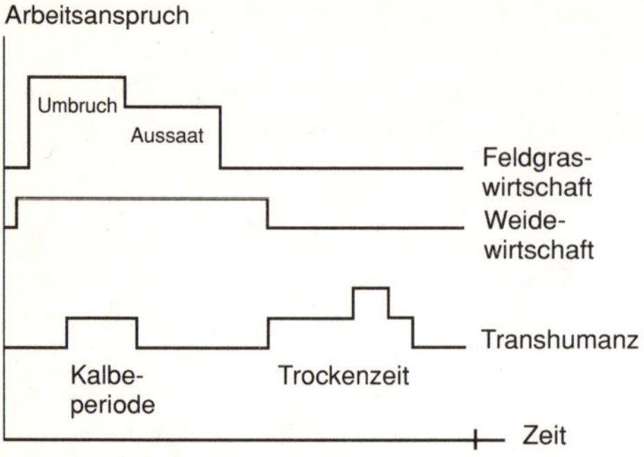

Abb. 28. Typischer jährlicher Arbeitsanspruch der Tierhaltung in Betriebssystemen der Transhumanz, Feldgraswirtschaft und Weidewirtschaft.

von Trinkwasser, gelegentlich größere Wanderwege zum Futter und zunehmende Tierbetreuung durch den Streß der Futterknappheit.

In den Betriebssystemen der Feldgraswirtschaften zeigen die Perioden des Weideumbruchs, der Aussaat und der Ernte ausgeprägte Arbeitsspitzen (Abb. 28). Diese Betriebssysteme weisen durch den Umbruch der Weide im Rahmen der Fruchtfolge eine Besonderheit innerhalb der Tierhaltungssysteme auf. Dieser Umbruch setzt in der Regel die Pflugkultur voraus und diese wiederum entweder Zugtieranspannung oder Schleppereinsatz. Mit der Zugtieranspannung reduziert sich der Arbeitsaufwand für die Weiden in der Bodenbearbeitungsperiode, und es kommt zu einem zusätzlichen Arbeitsbedarf für die Unterhaltung der Zugtiere. Dies bedeutet aber gleichzeitig, daß Arbeit in arbeitsknappen Zeitspannen in arbeitsärmere Zeitspannen verlegt wird. Die Schlagkraft bei der Bodenbearbeitung wird erhöht.

Im Falle des Schleppereinsatzes wird Arbeit durch Kapital substituiert. Dies kann umfassende Ausmaße erreichen. Mittelgroße Betriebe, wie sie vor allem in Lateinamerika auftreten, setzen fast immer den Schlepper ein.

Die kleinen und mittelgroßen Weidewirtschaften sind durch die Milchviehhaltung geprägt. Durch sie ist der Arbeitsbedarf im jahreszeitlichen Ablauf relativ gleichmäßig. Die Ansprüche an die Kenntnisse sind besonders hoch, da die Tierproduktion hohe Intensitäten erreicht, deren Management umfassende Erfahrungen voraussetzt und in vielen Betrieben Detailkenntnisse sowohl in der Tierhaltung als auch in der Pflanzenproduktion erforderlich sind.

3.2.7 Selbstversorgung, Einkommen, Liquidität und Risiko

Der Lebensstandard der Familien setzt sich aus mehreren Kriterien zusammen (siehe Kapitel 1), von denen die Selbstversorgung, das Einkommen, die Liquidität und das Risiko wichtige Bereiche abdecken.

3.2.7.1 Versorgungssituation

Die Eigenversorgung ist in diesen Betriebssystemen immer noch von großer Bedeutung. In den einzelnen Betriebssystemen läßt sich der Anteil des Gesamtwertes der Produktion für die Eigenversorgung wie folgt schätzen:

Beduinen:	30 bis 80%
Semi-Nomadismus:	70 bis 90%
Auftragstierhaltung:	10 bis 20% (nur Tierhaltung)
Ackerwirtschaft mit Transhumanz:	40 bis 90% (für Gesamtbetrieb)
Traditioneller Silvopastoralismus:	60 bis 90%
Feldgraswirtschaften:	
– traditionell	60 bis 90%
– fortgeschritten	30 bis 80%
Weidewirtschaften:	30 bis 90%
Moderne agrosilvopastorale Systeme:	10 bis 40%
Tierhaltung in Bewässerung/ Dauerkulturen:	20 bis 90%

Diese Werte zeigen gleichzeitig die hohen Schwankungsmöglichkeiten innerhalb der einzelnen Betriebssysteme und deuten damit unterschiedliche Entwicklungsstufen an.

Die Versorgung des Haushaltes mit Nahrungsmitteln wird zu einem hohen Anteil aus der Eigenproduktion der Tierhaltung abgedeckt. Dabei ist folgendes von Bedeutung:

a) Ein großer Teil dieser Betriebssysteme entwickelte sich aus traditionellen Tierhaltungssystemen, in denen die Konsumgewohnheiten der Menschen stark an tierischen Produkten orientiert war. Es besteht daher meist weiterhin ein wichtiger Konsumanteil aus tierischen Produkten, vor allem bei Milch und Milchprodukten. Im Beispiel der Tab. 30 liefern diese etwa 10% der energetischen und 21% der Eiweißversorgung der Familien.
b) Mit zunehmender wirtschaftlicher Verbesserung der Lebensverhältnisse, zunehmendem Marktanschluß und verbesserter Information

nimmt das Bedürfnis nach pflanzlichen Produkten im Haushalt immer mehr zu. Damit steigt zunächst die Eigenversorgung in der pflanzlichen Produktion im Feld- und Gartenanbau. Mit weiterer Anbindung an den Markt zeigt sich aber eine Verlagerung von den typischen Subsistenzkulturen (z. B. Sorghum, Maniok) aus dem Eigenanbau zu höherwertigeren Produkten (z. B. Reis) aus dem Markt.

c) Der Zukauf von (pflanzlichen) Produkten über den Markt findet in Betriebssystemen mit Tierhaltung in einer früheren Entwicklungsphase statt als der Zukauf in Betriebssystemen mit Ackerwirtschaft. Der Marktbezug in Betriebssystemen mit Tierhaltung ist ebenfalls anders strukturiert:
   – Er umfaßt primär die Beschaffung von Agrarprodukten, die häufig nur geringer Verarbeitung unterliegen, wie beispielsweise Sorghum, Mais, Maniok, Zuckerrohr.
   – Diese Produkte werden häufig von Nachbarn oder Familien am Wanderwege gekauft. Die Bezahlung kann sowohl in Naturalien als auch in Geld erfolgen.

   Daraus ergibt sich eine Marktbeziehung, die sehr stark an den traditionellen Handel und Nachbarschaftshandel gebunden ist und seltener, bzw. erst bei weiterer Entwicklung, die Märkte mit anderen Produkten und Produktionsmitteln erreicht. Dies ist von entscheidender Bedeutung für die Information und den Anreiz, der von Märkten ausgeht. Obwohl die Betriebssysteme mit Tierhaltung auf relativ früher Entwicklungsstufe zum Markt kommen, sind die Marktbeziehungen nicht auf dem hohen Niveau der Kommerzialisierung, wie dies bei den Betriebssystemen mit Ackerwirtschaft zu finden ist.

d) Die Eigenversorgung ist bei Fleisch eingeschränkt durch die Tatsache, daß ganze Tiere geschlachtet werden müssen und die Lagerung von größeren Mengen an Fleisch zu erheblichen Verlusten führen kann. In der Realität werden daher für den Eigenverbrauch kleinere Tiere wie Schafe oder Ziegen vorgezogen. Es erfolgt oft ein Austausch zwischen Nachbarn und Verwandten bei gemeinsamen Festen. Aus diesem Grunde wird mehr Fleisch zugekauft als dies bei anderen Produkten der Fall ist. Dies wird aus einem typischen Beispiel aus Paraguay (Tab. 31) ersichtlich. Während der Jahresverbrauch an Rindfleisch

Tab. 30. Täglicher Verbrauch an Milch und Milchprodukten pro Person in Haushalten von Ackerbaubetrieben mit eingeschränkter Transhumanz in Abet, Zentral-Nigeria

Milch und Milchprodukte	Bedarf und Verbrauch pro Person g/Tag	kcal/Tag	g Protein/ Tag
Gesamtbedarf	–	2210	43
Verbrauch aus Milch und Milchprodukten			
Vollmilch	49,0	42,6	1,6
Gegorene Milch	199,4	71,8	7,2
Butter	14,1	104,3	0,1
Summe	261,5	218,7	8,9
Versorgung aus Milchproduktion in %	–	9,9	20,6

Der Tagesbedarf pro Person errechnet sich wie folgt:
a) Zusammensetzung der Familien: 18,5% Männer, 18,5% Frauen, 49,4% Kinder (4–18 Jahre), 13,6% Kleinkinder (0–3 Jahre)
b) Tagesbedarf: Männer 3000 kcal, 53 g Protein; Frauen 2200 kcal, 40 g Protein; Kinder 2100 kcal, 45 g Protein; Kleinkinder 1360 kcal, 23 g Protein
c) Inhalt/kg: Vollmilch 879 kcal, 32 g Protein, gegorene Milch 360 kcal, 36 g Protein, Butter 7400 kcal, 4 g Protein

Quelle: entnommen aus Waters-Bayer, A. (28), Weiner, J. S. und Wheeler, E. (29), Williamson, G. und Payne, W. J. A. (30)

   einer Familie mit größerer Flächenausstattung bei 255 kg liegt, werden davon nur 5% im eigenen Betrieb produziert. Beim Schweinefleisch dagegen liegt der Subsistenzanteil bei 82%. Bei weniger Fläche liegen die absoluten Verbrauchszahlen zwar niedriger, in der Subsistenzproduktion werden aber ebenfalls die kleineren Tiere bevorzugt.

Die Nahrungsmittelversorgung von durchschnittlichen Haushalten in Betriebssystemen mit Feldgraswirtschaft ist beispielhaft in Tab. 31 dargestellt. Der Vergleich für zwei verschiedene Standorte beinhaltet unterschiedliche Flächenausstattung und Familiengrößen. Im Beispiel aus Zentralmexiko umfaßt der Vergleich zusätzlich die Ziegen- und Rinderhaltung.

Tab. 31. Der Verbrauch an Nahrungsmittel in Haushalten von Betriebssystemen der Feldgraswirtschaft in den Regionen San Pedro Norte, Paraguay und Guanajuato, Mexiko (in kg/Familie pro Jahr, in Klammer Subsistenzanteil in %)

	Paraguay		Zentralmexiko	
Nahrungsmittel	Rinder	Rinder	Ziegen	Rinder
Betriebsgröße in ha	15	9,3	41	24,5
Familienmitglieder	6,6	4,9	8,1	7,0
Reis	84 (2)	78 (6)	91	76
Mais	284 (100)	273 (100)	1604	1582
Erdnuß	113 (100)	99 (94)	0	0
Maniok	4650 (100)	3536 (100)	0	0
Bohnen	112 (93)	97 (84)	428	227
Kartoffeln	–	–	100	50
Kohl	–	–	73	94
Tomaten, Zwiebeln	–	–	129	130
Zucker	–	–	100	100
Öl	–		50	50
Nudeln	–	–	91	53
Obst, Früchte	–	–	120	59
Fleisch				
Rind	225 (5)	133 (7)	–	33
Schwein	108 (82)	42 (71)	–	–
Ziegen	0	0	61	–
Eier	1553 (94)	837 (74)	58	68
Geflügel	64 (98)	44 (95)	–	–
Milch	1197 (100)	506 (87)	293	441

Quelle: Paraguay: Barkow, A.; Doppler, W. und Dietze, R. E. (3); Mexiko: Riess, A. (18)

Die Nahrungsmittelversorung des Haushaltes ist nur ein Teil der Gesamtversorgung. Hinzu kommen entsprechend den Bedürfnissen der Familien:

a) Die Gesundheitsversorgung. Je traditioneller die Gesellschaften sind, desto mehr Bedeutung kommt in der Regel der Versorgung mit selbstbereiteten Medikamenten aus der Natur und den Tätigkeiten von lokalen Personen mit speziellen Kenntnissen und Erfahrungen (z. B. Medizinmänner) zu. Die natürlichen Standortverhältnisse (Klima, Wassernähe etc.), die Art der Tätigkeit, Kleidung und Wohnqualität, vor allem aber die Hygiene bei der Trinkwasser- und Gebrauchswasserversorgung bestimmen entscheidend die Krankheits- und Unfallsituation. Erfahrungen zeigen, daß prophylaktische Maßnahmen in diesen Betriebssystemen noch hohe Erfolgsquoten aufweisen.
b) In den Betriebssystemen mit Tierhaltung wird die Kleidung, außer Leder und Felle, in der Regel vom Markt bezogen. Ihr Aufwand wird vor allem von den Klimabedingungen und der Art der Tätigkeit bestimmt.
c) Die Energieversorgung nahm in den vergangenen Jahren schnell an Bedeutung zu, da die natürlichen Energiequellen zunehmend knapp werden und die Preise entsprechend steigen. Besonders an semiariden Standorten, an denen die Bevölkerungsdichte stark zugenommen hat, wie beispielsweise im Sahel in Afrika, ist die Versorgung mit Brennmaterial für Kochzwecke extrem knapp geworden. Die enge Verknüpfung der Knappheit an Brennholz und das Verschwinden von Wald und Busch mit der Erodierung von Flächen ist eines der Kernprobleme der Stabilität bei der langfristigen landwirtschaftlichen Produktion (siehe Kapitel 3.2.3.3). Diese Entwicklung führt dazu, daß der Dung der Tiere zunehmend als Brennmaterial verwendet wird. Dieser steht dann dem Boden zur Förderung der Bodenfruchtbarkeit nicht mehr zur Verfügung.

Tab. 32. Haushalt und Lebenshaltung von Familien in Betriebssystemen der Feldgraswirtschaft in den Regionen San Pedro Norte, Paraguay und Guanajuato, Mexiko

Ausgaben, Lebenshaltung	Paraguay Rinder	Paraguay Rinder	Zentralmexiko Ziegen	Zentralmexiko Rinder
Betriebsgröße in ha	15	9,3	41	24,5
Familienmitglieder	6,6	4,9	8,1	7,0
1. Haushaltsausgaben				
Zukauf von Nahrung	850	507	969	836
Energieausgaben	68	39	148	23
Kleidung	167	104	317	317
Schule	94	46	0	219
Gesundheit	162	98	221	364
Sonstiges	27	14	0	0
Ausgaben pro Haushalt	1368	808	1655	1759
pro Person	207	165	204	251
2. Lebenshaltung				
Eigenversorgung	1510	1572	616	700
Zukauf	1368	808	1655	1759
Lebenshaltungskosten				
pro Haushalt	2878	2380	2271	2458
pro Person	436	486	280	351
3. Meßgrößen in %				
– Eigenversorgung an Lebenshaltungskosten	52	66	27	28
– Lebenshaltungskosten an Familieneinkommen	87	100	99	105
– Barausgaben an Bareinkünften (insges.)	81	100	100	100
4. Gesundheit				
Arztbesuche in 3 Jahren	6,3	3,9	–	–
Schwere Krankheitsfälle in 3 Jahren	1,3	0,9	–	–
Ausgaben in DM/Jahr	162	98		

Quelle: Paraguay: Barkow, A.; Doppler, W. und Dietze, R. E. (3); Mexiko: Riess, A. (18)

d) Die Ausgaben für Schulgeld sind länderspezifisch, da die Schulgebühren politisch festgesetzt sind. In den meisten Ländern gilt, daß die Kosten der Schule höher liegen als sie offiziell angegeben werden.

Aus diesen Einzelpositionen der Ausgaben einer Familie ergeben sich die Lebenshaltungskosten. Für die Beispiele aus Paraguay und Mexiko sind diese in Tab. 32 zusammengestellt. Für diese Beispiele gilt, daß die pro Familienmitglied verfügbare Leistung Lebenshaltungskosten zwischen 280 und 486 DM/Jahr erlaubt. Die außerbetrieblichen Einkünfte können entscheidenden Einfluß darauf haben. Sie können die Wirkung unterschiedlicher Betriebsgrößen und Produktionsschwerpunkte überlagern.

3.2.7.2 Einkommen, Liquidität und Risiko

Die Einkommenssituation der Betriebssysteme mit Transhumanz und stationärer Tierhaltung schwankt in sehr weiten Bereichen. Sie wird nicht nur vom Betriebssystem und seinem technischen Stand bestimmt, sondern ganz erheblich von der ökonomischen Umwelt. So können allein schon

Tab. 33. Einkommenssituation und -vergleich in Betriebssystemen der Ackerwirtschaft mit und ohne Auftragsrinderhaltung in Togo

Betriebliche Kenngrößen	Auftragsrinderhaltung mit	ohne
1. Faktorausstattung		
Anbaufläche in ha	2,56	1,27
Familiengröße, Personen	9,53	5,48
Arbeitskräfte in AK	5,64	2,15
Anbaufläche pro Familienmitglied/ha	0,27	0,23
Anbaufläche pro Arbeitskraft/ha	0,59	0,45
2. Betriebsertrag in DM (ohne Rinder)		
Einnahmen aus Verkauf der Pflanzenproduktion	4777	1037
Eigenversorgung	9237	4194
Bestandsveränderung	0	0
Naturallöhne	437	174
Summe Betriebsertrag	14451	5405
3. Betriebsaufwand in DM (ohne Rinder)		
Ausgaben der Pflanzenproduktion	967	480
Löhne für Fremdarbeit	0	0
Abschreibung, Unterhaltung	0	0
Pacht, Dienstleistungen	0	0
Bestandsveränderung	0	0
Summe Betriebsaufwand	967	480
4. Betriebseinkommen (ohne Rinder)		
DM/Betrieb/Jahr	13484	4925
DM/Familien-AK	2390	2291
DM/ha	5267	3878
5. Einkommensbeitrag der Rinder (DM)		
Verkauf und Eigenbedarf Merzkühe	29	0
männliche Magertiere	23	0
Rinderzukauf	21	0
Hütelohn	7	0
Summe Einkommensbeitrag	24	0
6. Gesamtes Betriebseinkommen in DM/Betrieb/Jahr	13508	3878
Getreideäquivalent in kg Sorghum	16885	4848

Quelle: Rüdenauer (19), S. 134, 136

länderspezifische Abweichungen zu extrem unterschiedlichen Ergebnissen führen. Dies führte auch dazu, daß sich bei sonst etwa gleichen Bedingungen unterschiedliche Betriebssysteme in verschiedenen Regionen entwickelten.

Das Betriebseinkommen, welches das aus dem Betrieb erwirtschaftete Einkommen umfaßt, ist im allgemeinen in semi-nomadischen Betriebssystemen am niedrigsten. In der Auftragstierhaltung stellt der Ackerbaubetrieb in der Regel den wichtigsten Einkommensbeitrag dar. Die Tierhaltung kann das Einkommen verbessern, dient aber vor allem als eine Risikoversicherung durch die Anlage in Realkapital. Der Beitrag der Tierhaltung ist in einem Beispiel der Tab. 33 aus Togo dargestellt. Der Vergleich von Betriebssystemen am gleichen Standort mit und ohne Auftragstierhaltung zeigt, daß die Betriebe mit Tieren wirtschaftlich besser gestellt sind. Der Vergleich der Ackerwirtschaft zeigt aber auch, daß offensichtlich die wirtschaftlich besser gestellten Betriebe eher in die Auftragstierhaltung einsteigen können. Betriebe mit größerer Ressourcenausstattung und besserem Einkommensniveau investieren in die Auftragstierhaltung mit Kapital, um über die Nutzung gemeinschaftlicher Fläche ihr Einkommen zu verbessern. In vielen Fällen ist aber der Zugewinn nicht sehr groß. Ein besonderes Element ist unter solchen Bedingungen die Bereitschaft, mit dem Tierverkauf gezielt günstige Marktbedingungen abzuwarten. Die Bereitschaft zum Risiko kann dann zunehmen, wenn die Lebenshaltung aus anderen Bereichen des Betriebes oder außerhalb abgesichert ist.

Die große Streubreite bei den Betriebssystemen der Feldgraswirtschaften spiegelt sich auch in den Einkommensmöglichkeiten wider. In Beispielen aus Paraguay und Mexiko (Tab. 34) ist eine Differenzierung nach der Ausstattung mit Fläche und Arbeit sowie nach dem Produktionsschwerpunkt in der Tierhaltung (Rinder, Ziegen) vorgenommen. Die Eigenversorgung liegt zwischen 40 und 69%, wie sie für viele Feldgraswirtschaften typisch ist. Die Schwankung innerhalb dieser Bandbreite liegt zwar in dem unterschiedlichen Entwicklungsstand (Marktanschluß) begründet, wird aber erheblich von der Faktorausstattung mitbestimmt. Mit zunehmender Flächenausstattung und Spezialisierung der Produktion nimmt die Bedeutung der Marktanbindung zu und die Rolle der Eigenversorgung der Familie ab.

Tab. 34. Einkommenssituation und -vergleich in Betriebssystemen der Feldgraswirtschaft in den Regionen San Pedro Norte, Paraguay und Guanajuato, Mexiko

Nahrungsmittel	Paraguay Rinder	Rinder	Zentralmexiko Ziegen	Rinder
Betriebsgröße in ha	15	9,3	41	24,5
Familienarbeit in AK	2,5	1,9	3,2	2,8
1. Betriebsertrag in DM				
Einnahmen aus Verkauf				
Pflanzenproduktion	1549	482	0	47
Tierproduktion	741	229	729	951
Eigenversorgung	1510	1572	616	700
Bestandsveränderungen	0	0	303	183
Wert der Naturallöhne	0	0	0	0
Summe Betriebsertrag	3800	2283	1648	1881
2. Betriebsaufwand in DM				
Produktionsmittel	174	14	438	203
Löhne für Fremdarbeit	260	79	0	0
Abschreibungen und Unterhaltung	134	78	53	57
Bestandsveränderungen	0	0	224	240
Pacht, Dienstleistungen	0	0	37	155
Summe Betriebsaufwand	568	171	752	655
3. Betriebseinkommen				
in DM/Betrieb/Jahr	3232	2112	896	1226
in DM/AK	1293	1112	280	438
in DM/ha	215	227	22	50
Getreideäquivalent in kg Weizen/Familie	8505	5558	4715	6453
Außerbetriebliche Einkünfte in DM	89	269	1401	1119
4. Familieneinkommen				
in DM/Familie/Jahr	3321	2381	2297	2345
in DM/AK	1328	1253	438	838
5. Eigenversorgung in %	40	69	46	59

Quelle: Paraguay: Barkow, A.; Doppler, W. und Dietze, R. E. (3), Mexiko: Riess, A. (18)

Die Einkommenssituation in kleinen und mittelgroßen Weidewirtschaften ist durch eine hohe Intensität geprägt und wird in vielen Fällen durch die Milchtierhaltung bestimmt. Bei niedriger Flächenausstattung sind relativ hohe Milchleistungen zu finden. In den tropischen Höhenlagen sind langfristig stabile Einkommensverhältnisse vorhanden. Dies ist in der Regel verbunden mit überbetrieblicher Milchverarbeitung, mit Veterinär- und Besamungsdiensten und Marktnähe. Das Einkommen pro Familie ist dem der Feldgraswirtschaften vergleichbar. Die niedrigere Flächenausstattung und höhere Produktionsintensität führt zu höherem Einkommen pro Flächeneinheit. Der hohe Arbeitsaufwand führt zu hoher Beschäftigung und relativ niedrigem Einkommen pro Arbeitskraft.

Neben der Versorgung und dem Einkommen sind **Barmittelverfügbarkeit** und **Liquidität** wichtige Größen, die das Entscheidungsverhal-

Tab. 35. Barmittelverfügbarkeit der Familien in unterschiedlichen Betriebssystemen der Feldgraswirtschaft in den Regionen San Pedro Norte, Paraguay und Guanajuato, Mexiko

	Paraguay		Zentralmexiko	
Barmittel	Rinder	Rinder	Ziegen	Rinder
Betriebsgröße in ha	15	9,3	41	24,5
Familienmitglieder	6,6	4,9	8,1	7,0
Verfügbare Barmittel	2379	980	2130	2117
davon aus Betrieb	2290	711	729	998
von außerhalb	89	269	1401	1119
Barausgaben	1938	980	2130	2117
davon Betrieb	570	171	475	358
davon Haushalt	1368	809	1655	1759
Barüberschuß				
pro Familie/Jahr	441	0	0	
pro Person/Jahr	67	0	0	0

Quelle: Paraguay: Barkow, A.; Doppler, W. und Dietze, R. E. (3); Mexiko: Riess, A. (18)

ten der Familien beeinflussen. Die Rentabilität ist erst realisierbar, wenn die Familien liquide bleiben. Dies bedeutet in der Regel einen höheren Grad an Unabhängigkeit in der Entscheidung. Eine erste Annäherung zu diesem Problembereich gibt die Analyse der Barmittelsituation. Für die angeführten Beispiele der Betriebssysteme mit Feldgraswirtschaft gibt Tab. 35 einen Überblick. Die Barmittelansprüche werden durch die Erzeugung von Rindern für den Markt und die außerbetriebliche Tätigkeit befriedigt. Ihr Bedarf entsteht vor allem im Haushalt. Selbst in den intensiver produzierenden ressourcenreichen Betriebssystemen werden die primär ertragssteigernden Produktionsmittel vor allem im Betrieb selbst produziert.

Die zunehmende Marktorientierung bei der Entwicklung der Betriebssysteme mit Tierhaltung entstand zu einem erheblichem Maße aus dem Bedarf an Bargeld, das zur Beschaffung von Marktprodukten und Dienstleistungen benötigt wurde. Je intensiver die Betriebe bewirtschaftet werden und umso mehr technische Fortschritte vom Markt zugekauft werden müssen, desto stärker gewinnt die Barmittelverfügbarkeit für den Betrieb an Bedeutung.

Die Liquidität der Familien innerhalb eines Jahres zeigt oft Schwankungen in Abhängigkeit von den Niederschlagsverhältnissen durch die damit bestimmten Verkaufszeitpunkte pflanzlicher und tierischer Produkte. Dabei tritt häufig die Situation auf, daß vor der Ernte und vor dem günstigsten Verkaufszeitpunkt der Tiere nicht ausreichend Barmittel verfügbar sind. Kurzfristige Produktions- und Konsumtionskredite sowie Aushilfen zwischen Verwandten und Nachbarn dienen zur Überbrückung.

Die Barmittelverfügbarkeit und die Liquidität hängen sowohl von der Bereitstellung als auch vom Bedarf an Barmitteln im Zeitablauf ab. Während der Bedarf an Barmitteln im Betrieb relativ unflexibel ist, wenn bestimmte Produktionsmittel eingesetzt werden sollen, kann im Haushalt durch Lagerhaltung und Komsumverschiebung flexibler reagiert werden. Die Beschaffung von Barmitteln aus der landwirtschaftlichen Produktion ist unflexibel und mit der Entscheidung über eine bestimmte Produktionsrichtung festgelegt.

Die Milchproduktion bietet besonders die Möglichkeit, im Zeitablauf relativ regelmäßig sowohl die Familie zu versorgen als auch Barmittel zu beschaffen. Abb. 29 zeigt die Kontinuität der Milchlieferung und der Barmittelbeschaffung am Beispiel von Betriebssystemen der Ackerwirtschaft mit eingeschränkter Transhumanz. Der meist in Abhängigkeit vom Marktangebot an Milch gültige Milchpreis gleicht in vielen Fällen die mengenmäßigen Schwankungen durch gegenläufige Preisschwankungen aus. Die Milchpoduktion ist vor allem wegen ihrer relativ kontinuierlichen Bereitstellung von Barmitteln eine Produktionsrichtung, die besonders in Kleinbetrieben bevorzugt wird.

3.2.8 Entwicklungsprobleme und Entwicklungspotential

Die Entwicklungsdynamik subsistenz- und marktorientierter Betriebssysteme mit Knappheit an Fläche und besonderer Nutzung des Produktionsfaktors Tier paßt sich in der Produktion, vor allem am semiariden Standort, noch stark an die Standortverhältnisse an. Mit zunehmender Knappheit an Fläche und Intensivierung beeinflussen diese Betriebssysteme immer mehr das Produktionspotential dieser Standorte. Langfristig zeigt sich eine hohe Dynamik, was besonders hohe Anforderungen an die Menschen und an die für eine umfassende Entwicklung erforderlichen Rahmenbedingungen stellt.

In diesen Betriebssystemen können umfassende Entwicklungsmaßnahmen von außen ansetzen. Sie können sowohl die Intensivierung und Stabilisierung der Produktion als auch eine zunehmende Integration in das Marktgeschehen anstreben. Dies wird unterstützt durch die Tatsache, daß gerade über diese Entwicklungsstufe wesentlich mehr Kenntnisse vorliegen als dies bei den subsistenzorientierten Betriebssystemen mit Tierhaltung der Fall ist.

Die **Notwendigkeit einer langfristigen Entwicklung und Förderung** dieser Betriebssysteme ist gerechtfertigt durch folgende Situation:

- Traditionelle Betriebssysteme an marginalen Standorten, wie beispielsweise im Semi-Nomadismus, würden heute nicht mehr selbständig überleben können. Sie sind unter dem Einfluß zunehmender Bevölkerungsdichten »künstlich« entstanden und weisen für eine traditionelle Verhaltensweise eine ungenügende Flächenausstattung aus. Diese Betriebssysteme aus ihrer Ausweglosigkeit zu führen, ist eine sozioökonomisch dringende Notwendigkeit, die Hilfe von außerhalb der Betriebe erfordert.
- Solche Betriebssysteme tendieren gleichzeitig zu Ressourcenverbrauch. Dies gilt für Fläche und Buschbestände (Energienutzung). Eine schnellstmögliche Überführung solcher Systeme in stabile Nutzungsformen ist daher auch aus der Sicht der langfristigen Stabilität der Ressourcennutzung und der regionalen Entwicklung notwendig.
- Die intensiveren Betriebssysteme haben selbst bei niedriger Flächenausstattung bewiesen, daß sie langfristig besonders stabil

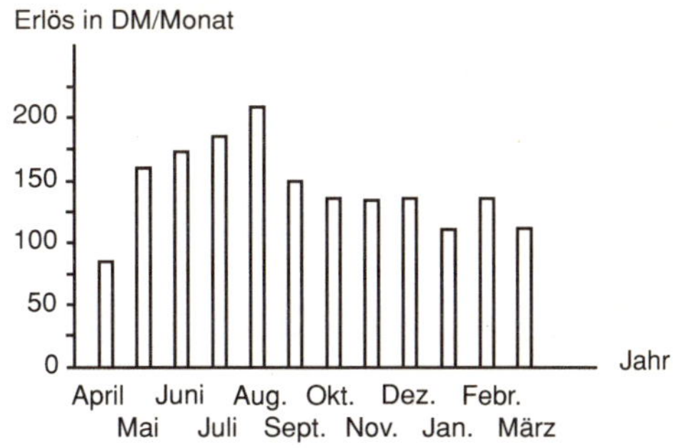

Abb. 29. Verkaufserlös aus Milch und Milchprodukten in Ackerwirtschaften mit eingeschränkter Transhumanz in Madauchi/Zonkwa, Zentral-Nigeria (Quelle: WALTERS-BAYER, A. (28), S. 111, 168).

sein können, wenn ihre Produktionstechnik auf die natürlichen Standortverhältnisse abgestimmt sind. Die Integration der Tierhaltung in Ackerwirtschaftssysteme schließlich kann als die Wirtschaftsform verstanden werden, die durch den Ausgleich in der Ressourcennutzung und Ressourcenerhaltung, durch die Diversifizierung im Anbau und damit auch in der Eigenversorgung und der Marktabhängigkeit zu langfristig stabilen Betriebssystemen führt. Solche Betriebssysteme können mit zunehmender Knappheit an Fläche als erstrebenswerte Beispiele angesehen werden.

Vor diesem Hintergrund kann erwartet werden, daß die Entwicklung der subsistenz- und marktorientierten Betriebssysteme mit Tierhaltung generellen Entwicklungslinien folgt, wie sie in Abb. 30 aufgezeigt sind. Der Entwicklungsspielraum der Betriebssysteme der Beduinen ist durch die Standortverhältnisse sehr begrenzt. Es kann bei derzeitigem Stand der Technik nur mit einer Zunahme des Kommerzialisierungsgrades gerechnet werden. In seltenen Fällen können sich Ranchsysteme herausbilden. Dieser Prozeß hat aber bereits stattgefunden, sofern die Rahmenbedingungen gegeben waren.

Die Entwicklung des Semi-Nomadismus wird ganz besonders von der Verfügbarkeit an Fläche bestimmt. Sie hängt damit stark von Bestimmungsgründen außerhalb der Betriebssysteme ab. Wenn noch ausreichend Fläche guter Qualität vorhanden ist, können Ranchbetriebe entstehen. Dies ist aber nur noch selten der Fall. Die zu erwartende Entwicklung geht insbesondere hin zu Ackerwirtschaften mit Transhumanz,

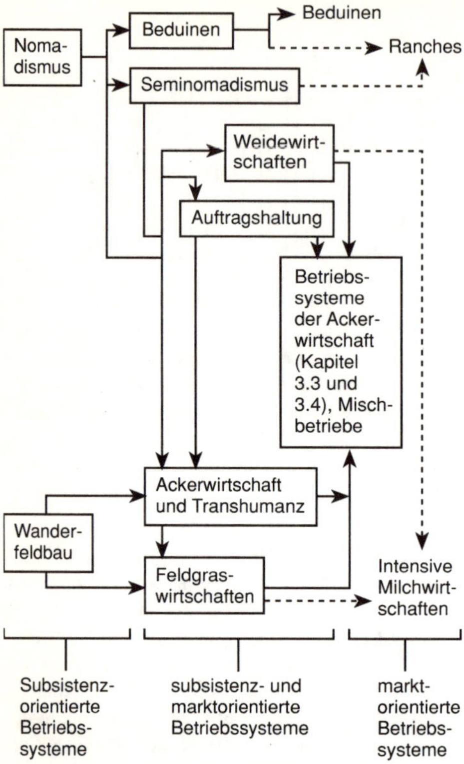

Abb. 30. Allgemeine Entwicklungsrichtungen von subsistenz- und marktorientierten Betriebssystemen mit Flächenknappheit und besonderer Nutzung des Produktionsfaktors Tier.

Feldgraswirtschaften und Weidewirtschaften oder direkt in Betriebssysteme der reinen Ackerwirtschaft. Die Entwicklungsrichtung kann dabei sehr stark durch Fördermaßnahmen von außerhalb der Betriebe bestimmt werden.

Die Auftragstierhaltung kann ebenfalls als ein Übergangssystem verstanden werden, das zu intensiverer Tierhaltung oder in Ackerbaubetriebe übergeht. Die Feldgraswirtschaften schließen in ihre Gruppe sehr intensive Systeme ein. Sie können sich langfristig etablieren und als solche bestehen bleiben. Gleiches gilt für intensive Weidewirtschaftsbetriebe. In Abhängigkeit von der Marktlage und den Marktbedingungen können diese Betriebssysteme auch in Ackerwirtschaften mit Zugtierhaltung übergehen. Besteht darüber hinaus die Möglichkeit, andere Ressourcen zu erschließen, können hieraus auch Dauerkultur- oder Bewässerungssysteme entstehen.

Bei den derzeitig verfügbaren Technologien sind somit die intensiven Formen der Feldgraswirtschaft einschließlich typischer Mischbetriebe und die Weidewirtschaftssysteme als langfristig stabile und verbreitete subsistenz- und marktorientierte Betriebssysteme mit Tierhaltung zu erwarten. Generell muß jedoch davon ausgegangen werden, daß in Zukunft die Tierproduktion in den heutigen Betriebssystemen mit Tierhaltung gegenüber der Pflanzenproduktion zurückgeht. Über Mischbetriebe wird der Übergang zu Ackerbaubetrieben erfolgen, wenn die Standortverhältnisse nicht besonders günstig für eine intensive Tierhaltung (vor allem Milchtierhaltung) sind.

Als **Maßnahmen für eine Entwicklung** der subsistenz- und marktorientierten Betriebssysteme mit begrenzter Flächenverfügbarkeit und besonderer Nutzung des Produktionsfaktors Tier erscheinen vielfach sinnvoll oder notwendig:

a) Verbesserung der Infrastruktur und Marktverhältnisse
   - Infrastrukturelle Erschließung von Regionen ermöglichen den Verkauf von Produkten und die Beschaffung von Produktionsmitteln vom Markt. Im Falle von Milch kommt der infrastrukturellen Erschließung zur Anbindung an eine Molkerei bzw. an städtische Märkte besondere Bedeutung für die Entwicklung abgelegener Regionen zu.
   - Schaffung von Vermarktungseinrichtungen (Molkereien und Schlachtereien) falls traditionelle Strukturen dies nicht erfüllen können. Dies dient der Erschließung von Nachfragepotential. Milch und Milchprodukte haben häufig eine hohe Nachfrage (wie aus dem Import von Trockenmilchpulver zu erkennen ist), die nur über die Verarbeitungsstufe zwischen Produzent in abgelegenen Regionen und Konsument in kaufkräftigen Zentren befriedigt werden kann.
   - Einführung und Kontrolle von Qualitätsstandards, um die Gesundheit der Bevölkerung sicherzustellen und Nachfragepotential zu erschließen. Dies gilt für Fleisch, vor allem aber auch für Milch und Milchprodukte. Häufig ist der Export nur möglich, wenn ein Minimum an Seuchenfreiheit garantiert ist. Verschiedene überbetriebliche Strategien, wie beispielsweise

krankheitsfreie Zonen (bekannt unter dem Begriff »Desease Free Zones«) während der Endmast oder Wochen vor dem Lebendexport mit gleichzeitiger Behandlung schaffen solche Qualitätsvoraussetzungen.

- Die Schaffung von Vermarktungsorganisationen kann sinnvoll sein, wenn dadurch wenig effiziente Systeme, die den Tierproduzenten und den Konsumenten eine zu hohe Gewinnspanne abschöpfen, ersetzt werden oder keine Vermarktungssysteme vorhanden sind. Mit dieser Strategie wurde allerdings in den vergangener Jahrzehnten sehr wenig Hilfe zur Entwicklung angeboten, da häufig traditionelle, funktionierende Vermarktungsstrukturen beseitigt wurden. Sie verschwanden, da moderne Konzepte mit Mitteln der Entwicklungshilfe offen oder verdeckt subventioniert wurden und dadurch konkurrenzfähiger waren als traditionelle Händler und Vermarktungsstrukturen. Die Händler sind nicht immer so wohlhabend, daß sie verhindert werden müssen. Traditionelle Handelsstrukturen sind häufig wertvolle Strukturen, die effizienter arbeiten können als es moderne Entwicklungsprojekte in der Realität tun.
- Bereitstellung einer lokalen Versorgungsstruktur für Produktionsmittel. Die Intensivierung der Produktion setzt bestimmte Produktionsmittel wie Kraftfutterkomponenten, veterinärmedizinische Medikamente, Saatgut, Düngemittel für die Futterproduktion und ähnliches mehr voraus. Die Verfügbarkeit in Reichweite der Siedlungen ist zwingende Voraussetzung für ihren Einsatz. Dazu sind Landhandel, Genossenschaften, Banken etc. geeignet.
- Die Bereitstellung von Produktionsmitteln und Produktionsfaktoren (z. B. verbesserte Tierrassen) erfordert eine Finanzierbarkeit in den Betrieben, damit die in diesen Ressourcen vorhandenen technischen Fortschritte übernommen werden können. Kreditprogramme unterschiedlicher Laufzeit bei verschiedenen Institutionen des Staates und der freien Wirtschaft sind hilfreich.

b) Sicherung der Eigentums- und Nutzungsrechte und Koordination von Eingriffen in die Raumordnung
   - Die Schaffung von Privateigentum des Einzelnen oder der Familie, vor allem an Fläche, das rechtlich verbrieft ist und damit als Sicherheit für Kredite dienen kann, gehört zu den dringenden Voraussetzungen für die Entwicklung hin zu intensiverer und wirtschaftlicherer Flächennutzung. Sofern dies nicht möglich ist, muß zumindest die Nutzung gesichert werden. Förderung des Übergangs vom Gemeinschafts- zu Einzeleigentum würde ein Teil der Übernutzungsprobleme bei Fläche reduzieren.
   - Schutz vor wilder Landnahme zur Sicherung der Eigentumsrechte und koordinierte Siedlungspolitik. Die in semiariden Zonen Afrikas weiter stattfindende Zuwanderung von Menschen und deren Drang zu Flächenbesitz führen weiterhin zu wilder Landnahme und Knappheit an Fläche. Der Knappheitsgrad steht häufig nicht in wirtschaftlich sinnvoller Relation zum Leistungsvermögen der Fläche. Dieser Prozeß geht für die noch traditionell orientierten Semi-Nomaden zu schnell, so daß sie nicht ausreichend mit Anpassung durch Ackerwirtschaft und/oder Intensivierung reagieren können.
   - In dem Prozeß des relativ schnellen Überganges von traditionellen zu moderneren Wirtschaftsformen, der unter dem Druck der zunehmenden Bevölkerungsdichte und Knappheit an Fläche abläuft, zeigen sich relativ amorphe Gesellschaftsstrukturen. Konflikte von Interessengruppen, teilweise auch zwischen ethnischen Gruppen, können zunehmen. Vor diesem Hintergrund ist häufig ein stärker regulierendes Eingreifen von gesellschaftlich verantwortlichen Instanzen notwendig. So ist beispielsweise ein Verbot der generellen Abholzung von Busch- und Waldbeständen für manche Zonen sinnvoll. Gleichzeitig sind alternative Lösungen aufzuzeigen und zu empfehlen, die der Einzelne nicht kennen oder als Einzelner nicht realisieren kann.

c) Entwicklung und Einführung von technischen Fortschritten in der Tierproduktion, Veterinärmedizin, Pflanzenproduktion, Lagerhaltung und Verarbeitung in Betrieben und Haushalten:
   - Technische Fortschritte in der Tierproduktion. Diese umfassen insbesondere züchterisch-technische, fütterungstechnische, haltungstechnische und veterinärmedizinisch-technische Fortschritte.

- Technische Fortschritte in der Pflanzenproduktion. Diese umfassen insbesondere solche in der Weidewirtschaft und im Futterbau, in der Koppelwirtschaft, in der Verarbeitung und Herstellung von Kraftfutter und im Anbau von Verkaufs- und Subsistenzkulturen.
- Technische Fortschritte in der Verarbeitung und Lagerhaltung. Dies gilt sowohl für pflanzliche als auch für tierische Produkte. Bei den tierischen Produkten ist auf diesem Gebiet ein besonderer Nachholbedarf, da traditionell weniger Verarbeitungs- und Lagerhaltungstechniken entwickelt wurden wie dies bei den pflanzlichen Produkten der Fall war, und da Lagerverluste höher sind.
- Technische Fortschritte im Haushalt im Bereich der Trinkwasserversorgung, der Gesundheitsvorsorge und Heilung, der Wohnverhältnisse und in der Bekleidung haben in diesen Betriebssystemen hier gleiche Relevanz wie auch in anderen.

Bei den technischen Fortschritten gilt in den subsistenz- und marktorientierten Betriebssystemen mit Tierhaltung, daß die Einführung biologisch-technischer Fortschritte Präferenz vor der Einführung mechanisch-technischer Fortschritte hat. In der Regel wirken biologisch-technische Fortschritte produktionsintensivierend und steigernd auf die Flächenproduktivität und gelegentlich arbeitsbeanspruchend. Diese Form der technische Fortschritte ist besonders geeignet für kleine und mittelgroße Betriebe. Mechanisch-technische Fortschritte, die überwiegend arbeitssparend und kapitalbeanspruchend sind, stellen die Formen für größere Betriebe und Regionen mit relativ dünner Besiedelung dar. Aus diesem Grund zeigen die Betriebssysteme der Feldgraswirtschaften in Lateinamerika einen besonders hohen Mechanisierungsgrad auf.

Das **Entwicklungspotential** und die realen Entwicklungsmöglichkeiten der subsistenz- und marktorientierten Betriebssysteme mit Knappheit an Fläche und besonderer Nutzung der Ressource Tier können als sehr hoch bezeichnet werden. Eine wesentliche Entwicklungslinie liegt innerhalb der Betriebssysteme zu intensiveren Stufen mit höherer sozioökonomischer Leistung, wie beispielsweise vom Semi-Nomadismus zu Mischbetrieben. Eine langfristig wichtige Funktion dieser Betriebssysteme besteht vor allem auch darin, die Weiterentwicklung zu effizienteren und sozioökonomisch sinnvolleren Betriebssystemen des Ackerbaues, der Dauerkulturen oder der Bewässerung voranzutreiben. Tierhaltung kann dabei Zusatzfunktionen übernehmen wie beispielsweise in der Zugtiernutzung und der Subsistenzversorgung. Die langfristige Entwicklung der Betriebssysteme in den Tropen und Subtropen wird allerdings zunehmend weniger von der Tierhaltung bestimmt werden.

3.3 Ressourcenknappheit bei Fläche und Arbeit

3.3.1 Merkmale und Verbreitung

Subsistenz- und marktorientierte Betriebssysteme mit Knappheit des Produktionsfaktors Fläche und besonderer Nutzung des Faktors Arbeit unterscheiden sich von den Betriebssystemen mit Tierhaltung (Kapitel 3.2) dadurch, daß hier die Tierproduktion keine nennenswerte Rolle spielt. Allenfalls die Zugtierhaltung kann wichtig werden. Sie unterscheiden sich von den Betriebssystemen mit Bewässerung (Kapitel 3.4) dadurch, daß die Ressource Bewässerungswasser hier nicht eingesetzt wird. Es handelt sich um **Betriebssysteme mit Pflanzenproduktion im Regenfeldbau**. Hinsichtlich der Flächenausstattung besteht prinzipiell die gleiche Knappheitssituation wie in den Betriebssystemen mit Tierhaltung oder Bewässerung. Wichtige Unterschiede bestehen aber im Einsatz von Arbeit und Kapital.

Die Knappheit an Fläche führt zum Problem der langfristigen Erhaltung der Bodenfruchtbarkeit. Die zunehmende Knappheit an Arbeit führt zum Einsatz von Fremdarbeitskräften und zur Mechanisierung. Die Mechanisierung beinhaltet in der Regel eine Substitution von Arbeit durch Kapital. Kapitalinvestitionen dienen aber auch zur Verbesserung der Produktionsgrundlagen durch Ausdehnung der Ressourcen, zur Erhöhung der Produktionsintensität und zur Verbesserung der nicht produktionsorientierten Betriebskomponenten wie Verarbeitung und Vermarktung in der Dauerkulturbewirtschaftung.

Subsistenz- und marktorientierte Betriebssysteme mit knapper Fläche und Arbeit zeigen folgende gemeinsame **Merkmale**:

a) Die Familien sind seßhaft. Dörfliche Ansammlungen haben sich vielerorts entwickelt. Dies ermöglicht die Ausprägung gesellschaftlichen Lebens in den Dörfern, das auf das Entscheidungsverhalten der Familien wirkt. Der kulturelle Einfluß ist stark, insbesondere in Dörfern, in denen gleiche Religionszugehörigkeit, Verwandtschaftsverhältnisse, ethnische und sprachliche Gemeinsamkeiten bestehen.

b) Die Eigenversorgung in diesen Betriebssystemen schwankt in den Extremen von 90 und 10% der Subsistenzproduktion am Gesamtproduktionswert des Betriebes. Diese Gruppe der Betriebssysteme weist zwar eine große Streubreite hinsichtlich der Bedeutung der Subsistenzproduktion auf, gleichzeitig gibt es aber innerhalb dieser Betriebssysteme Schwerpunkte:
   - Betriebssysteme mit einer der traditionellen Wirtschaftsweise verbundenen Organisation von Betrieb und Haushalt mit Eigenversorgungsanteilen von häufig zwischen 60 und 80% (Brachewirtschaften)
   - Betriebssysteme in der Transition zur intensivsten Wirtschaftsweise mit Eigenversorgungsanteilen zwischen 30 und 50% (permanenter Regenfeldbau)
   - Betriebssysteme mit intensivem Marktbezug und Eigenversorgungsanteilen zwischen 10 und 40% (Dauerkultursysteme).

   Mit zunehmender Verkaufsfruchtproduktion und Marktorientierung geht die Subsistenzproduktion zurück und das Einkommensniveau nimmt zu.

c) Die Produktion ist charakterisiert durch einen eindeutigen Schwerpunkt in der Pflanzenproduktion. Die Erhaltung der Bodenfruchtbarkeit (des Produktionspotentials der Fläche) spielt eine zentrale Rolle. Die Betriebssysteme entwickeln sich aus dem Wanderfeldbau mit zunehmender Flächenverknappung. Es kommt zu einer Ausbeutung der Fläche, der mit unterschiedlichen Maßnahmen begegnet wird. Diese Maßnahmen charakterisieren die verschiedenen Betriebssysteme. Mit zunehmendem Einsatz von Kapital nimmt die kurzfristige Flexibilität der Produktionsentscheidungen durch Spezialisierung ab. Dies gilt für Investitionen in größere Maschinen und Geräte und besonders in die Anlage von Dauerkulturen.

d) Es handelt sich fast ausschließlich um Familienbetriebe. Die Arbeitskapazität der Familie wird sowohl im eigenen Betrieb als auch außerhalb eingesetzt. Erste Beschäftigungsmöglichkeiten außerhalb des Betriebes treten auf. Gleichzeitig wird in diesen Betriebssystemen von außerhalb saisonal oder permanent Arbeit beschafft. Saisonale Fremdarbeitskräfte helfen insbesondere Arbeitsspitzen zu brechen.

e) Arbeit wird in diesen Betriebssystemen knapp, vor allem in Perioden mit ausgeprägten Arbeitsspitzen, wie beispielsweise in der Pflege- und Ernteperiode. Die Härte und Qualität der Arbeitserledigung sowie die zeitgerechte Arbeitsdurchführung führen zu Mechanisierung, Herbizidanwendung, aber auch zu Fremdarbeitseinsatz. Arbeit wird zu einem erheblichen Teil durch Kapital substituiert.

   Die Technisierung und Mechanisierung schwankt in diesen Betriebssystemen sehr stark. Von der Handarbeitsstufe bis zum Schleppereinsatz sind alle Zwischenstufen zu finden. Im allgemeinen steigt der Grad der Mechanisierung im Einzelbetrieb mit zunehmender Marktorientierung, Investitionsmöglichkeit, Flächenausstattung der Betriebe und zunehmendem Zwang zur Arbeitseinsparung. Mit fortschreitender Mechanisierung nimmt die Bedeutung der Investition und die Deckung der laufenden Kosten zu. Lohnunternehmen treten auf.

f) Der Einsatz von Kapital erfordert Kenntnisse in der Finanzwirtschaft und ein Minimum an Voraussetzungen im Kreditwesen der Region. Bei der Mechanisierung und der Anlage von Dauerkulturen wird die Rendite der Kapitalinvestition erst im Laufe von mehreren Jahren die liquiden Finanzmittel im Betrieb bereitstellen. Bei den Dauerkulturen wird dies noch dadurch verstärkt, daß häufig mehrere Jahre ohne Einnahmen zu überbrücken sind. Dies erhöht das Investitionsrisiko. Eine langfristige Finanzplanung ist in diesen Betriebssystemen ein neues Element, das in der bisherigen Entwicklung der Betriebssysteme nicht von nennenswerter Bedeutung war.

g) Die Verarbeitung spielt in Betriebssystemen ohne Dauerkulturen keine nennenswerte Rolle. Die Lagerhaltung ist aber von zentraler Bedeutung sowohl für die Eigenversorgung als auch für die Marktbelieferung. In Betriebssystemen mit Dauerkulturen sind Verarbeitung, Vermarktung und Absatzstrukturen von ganz entscheidender Bedeutung für Einkommen, Investitions- und Vermarktungsrisiko.

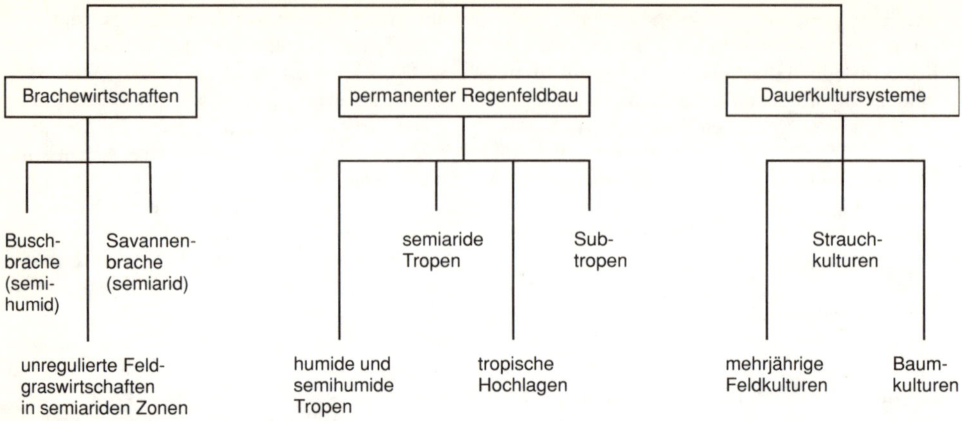

Abb. 31. Differenzierung der subsistenz- und marktorientierten Betriebssysteme mit Knappheit an Fläche und besonderer Nutzung der Ressource Arbeit.

h) Es haben sich Gewohnheits- und Nutzungsrechte von Einzelpersonen an Fläche herausgebildet, die bei weiterer Entwicklung der administrativen Kapazität der Staaten in grundrechtlich gesicherte Eigentumsverhältnisse übergegangen sind. Dies ist vor allem in der Entwicklungsphase vor größeren Kapitalinvestitionen der Betriebe zu erkennen.

Die **Betriebssysteme** mit Knappheit bei Fläche und besonderer Bedeutung des Faktors Arbeit lassen sich differenzieren nach der Intensität der Flächennutzung, dem Umfang der Kapitalinvestition, der Knappheitssituation bei Arbeit und dem Vermarktungsrisiko (Abb. 31):

a) Brachewirtschaften
Es handelt sich um Betriebssysteme, die sich direkt aus den traditionellen Betriebssystemen der Ackerwirtschaft (Kapitel 2) entwickelt haben. Naturbrache und Subsistenzproduktion sind noch von zentraler Bedeutung. Kapitalinvestitionen sind noch nicht weit verbreitet.

b) Permanenter Regenfeldbau
In diesen Betriebssystemen ist keine Naturbrache mehr eingeschaltet. Der Anbau der Ackerkulturen erfolgt in jeder Vegetationsperiode. Arbeit ist knapp. Kapitalinvestitionen werden zur Mechanisierung vorgenommen. Die Bedeutung der Marktbelieferung hat gegenüber der Brachewirtschaft zugenommen.

c) Dauerkultursysteme
In den permanenten Ackerbau werden Dauerkulturen integriert. Reine Dauerkultursysteme treten erst im Laufe der Entwicklung auf. Die Bedeutung der Subsistenzproduktion nimmt ab. Kapitalinvestitionen, Verarbeitung, Vermarktung und Absatzrisiko sind die zentralen Probleme dieser Betriebssysteme.

Zur weiteren Differenzierung wird bei den Brachesystemen und dem permanenten Regenfeldbau das Kriterium der Klimaverhältnisse, bei den Dauerkultursystemen die Festlegungsdauer der Produktionsrichtung durch Anlagen herangezogen (Abb. 31). Sie bestimmen die unterschiedliche Organisation von Betrieb und Haushalt und das Entscheidungsverhalten der Familie.

Die Betriebssysteme der Brachewirtschaften und des permanenten Regenfeldbaues sind in Afrika, Asien und Lateinamerika weit verbreitet. Besonders hervorzuheben ist die starke **Verbreitung** der Brachewirtschaften in den afrikanischen Savannen und in den Hochländern Lateinamerikas. In Afrika wird durch dieses Betriebssystem zur Zeit der größte Anteil der Fläche bewirtschaftet.

Die Betriebssysteme mit Dauerkulturen sind in Afrika, Asien und Lateinamerika gleichermaßen verbreitet. Die wichtigsten Bestimmungsgründe für ihre Verbreitung sind neben der Standorteignung für die Produktion, die Verarbeitungs-, Transport- und Absatzbedingungen. Die Entstehung solcher Absatzstandorte wurde besonders durch die Politik der ehemaligen Kolonialmächte geprägt. Subsistenz- und marktorientierte Betriebssysteme mit Dauerkulturen sind vor allem dort verbreitet, wo auch Plantagewirtschaften (marktorientierte Betriebssysteme mit Dauerkulturen) vorherrschen. Im allgemeinen findet man Dauerkulturen in den Subtropen häufiger als in den Tropen.

3.3.2 Beschreibung der Systeme

Die Betriebssysteme der Brachewirtschaften, des permanenten Regenfeldbaues und der Dauerkultursysteme zeigen in dieser Reihenfolge die Entwicklung von starker Subsistenz- zu mehr Marktorientiertheit, von der Handarbeitsstufe zur Mechanisierung, von wenig Kapitalinvestitionen zu hohem Investitionsniveau, von ausreichender Arbeitskapazität zu Arbeitsknappheit und von niedrigerem zu höherem Einkommen.

Sie sind prinzipiell pflanzenbaulich orientiert. Dies schließt nicht aus, daß die Tierhaltung, beispielsweise als Zugtierhaltung, zur Eigenversorgung, zur Beschaffung von laufenden Barmitteln oder als Kapitalanlage zur Risikoversicherung Bedeutung erlangen kann. Die pflanzliche Produktion stellt dabei aber den dominierenden Betriebszweig.

3.3.2.1 Brachewirtschaften

Unter Betriebssystemen der Brachewirtschaft werden Systeme verstanden, bei denen eine stationäre Ackerwirtschaft im Regenfeldbau mit Einschaltung der traditionellen Naturbrache betrieben wird. Die Verbundenheit zur traditionellen Produktionsweise spiegelt sich auch in einer Nähe zur traditionellen Lebensweise wider. Allerdings setzt hier der Prozeß der Marktorientierung im Entscheidungsverhalten der Menschen ein. Der Anteil der Marktbelieferung am Gesamtwert der Produktion liegt häufig bei 20 bis 40%.

Die Betriebssysteme der Brachewirtschaften entwickeln sich direkt aus denen des Wanderfeldbaus oder über die traditionellen Brachesysteme. Sie haben bei langfristiger Betrachtung meist den Charakter einer Übergangsstufe, in der meist ein Lern- und Erfahrungsprozeß mit neuen intensiveren, wirtschaftlicheren und sozial besser verträglichen Maßnahmen zur Weiterentwicklung durchlaufen wird. Die Geschwindigkeit dieses Prozesses wird wesentlich von den natürlichen Standortverhältnissen und der Marktorientierung geprägt.

Die Produktion umfaßt in der Regel einjährige Kulturen und erlaubt daher eine kurzfristig flexible Anpassung der Produktion an veränderte Versorgungs- und Marktbedingungen. Wesentliche Einschränkungen ergeben sich aus der Anbaufähigkeit bestimmter Kulturen. Mit zunehmender Trockenheit des Standortes sinkt die Anbauflexibilität.

Ein typisches Merkmal der Produktion ist die Naturbrache im Wechsel mit Anbau. Gegenüber dem Wanderfeldbau wird hier aber nur noch eine Kurzbrache praktiziert, die noch kürzer als in den traditionellen Brachewirtschaften ist. Der R-Wert liegt zwischen 33 und 66. Der Beitrag der Naturbrache zur Bodenfruchtbarkeit und zur Erhaltung der Ressource Fläche ist damit wesentlich geringer als in den traditionellen Systemen. Die verkürzte Naturbrache hat in Abhängigkeit von den natürlichen Standortverhältnissen folgende Konsequenzen:

a) Am semiariden Standort entstehen Savannenbrachesysteme, bei denen die Kurzbrache nur noch einen Grasaufwuchs erlaubt. Dieser reicht in der Regel nicht mehr aus, um die Nährstoffentnahme aus dem Anbau zu kompensieren. Zusätzliche Maßnahmen zur langfristigen Erhaltung des Ertragspotentials werden notwendig. Ruthenberg (33) unterscheidet die Entwicklung dieser Systeme nach den herrschenden Bodenverhältnissen:
   - Wo alluviale oder vulkanische Böden mit hoher Fruchtbarkeit bei gleichzeitig guten Niederschlägen vorherrschen, ist die Erhaltung der Bodenfruchtbarkeit nicht das prioritäre Problem, sondern die Kontrolle über die Verunkrautung. Da diese fruchtbaren Böden über längere Perioden ausgebeutet werden können und diese Zeitspanne meistens ausreicht, um in die Betriebe neue Maßnahmen zur Erhaltung der Bodenfruchtbarkeit einzuführen, ist eine kontinuierliche Weiterentwicklung dieser Betriebssysteme möglich.
   - Auf schlechten, degradierten Böden tendiert die Entwicklung in eine Sackgasse. Die niedrige Bodenfruchtbarkeit ist schnell verbraucht. Die Betriebe und Betriebsleiter sind noch nicht in der Lage, mit anderen Maßnahmen die Bodenfruchtbarkeit zu erhalten. Die Folge ist die Degradation der Böden durch Erosion, Auswaschung und einen hohen Grad an Verunkrautung. Typisch sind die degenerierten Savannen mit intensivem Wachstum des Ungrases *Imperata cylindrica*. Die Aus-

beutung der Ressource Fläche erreicht häufig ein Stadium, in dem diese nicht mehr mit vertretbarem Aufwand in Produktion genommen werden kann. Die Folgen sind steigender Flächenbedarf und schließlich Abwanderung und Entvölkerung solcher Regionen.

b) Am semiariden Standort entstehen unregulierte Grassysteme als Übergangsstufe zu den regulierten Feldgraswirtschaften. Die Naturbrache wird zunehmend durch Tiere genutzt und in der weiteren Entwicklung werden Gräser, gemischt mit Leguminosen, auf der ehemaligen Naturbrache angebaut. Diese Nutzungsform hat bodenfruchtbarkeitserhaltende Wirkung.

c) Am semihumiden und humiden Standort entstehen Buschbrachesysteme. Wenn entsprechende Marktbedingungen vorhanden sind, werden in diese Betriebssysteme Dauerkulturen aufgenommen. Sie stehen zunächst auf der ehemaligen Fläche der Naturbrache. Mit zunehmender Erfahrung bei Vermarktung, Absatz und Erkenntnis der Bedeutung von Bargeld werden die Dauerkulturen ausgedehnt. Es erfolgt ein Übergang zu den Betriebssystemen mit Dauerkulturen.

Diese Entwicklung der Brachewirtschaften kann aber auch bei unbefriedigenden Standort- und Marktbedingungen zu einer Rückentwicklung führen. Werden nicht ausreichend Maßnahmen zur Erhaltung des Ertragspotentials eingeführt, so kann es unter dem Einfluß zunehmender Knappheit an Fläche zu einer Substitution der Verkaufsprodukte durch nährstoffreiche Subsistenzkulturen wie Maniok und Yams kommen. Damit nimmt die Orientierung an der Subsistenzproduktion zu. Solche Systeme tendieren zur Verarmung.

In den Betriebssystemen der Brachewirtschaften sind die Hofstellen und Betriebe im Raum deutlich sichtbar abgegrenzt. Die Häuser sind meist in Massivbauweise erstellt. Der Anbau zeigt bereits systematische Fruchtfolgen. Dies führt zu einer deutlichen Einteilung der Flächen in Parzellen. Die Parzellenstruktur wechselt aber noch im Gegensatz zu den Betriebssystemen mit permanentem Regenfeldbau von Jahr zu Jahr. Gelegentlich erfolgt die Parzelleneinteilung durch eine Großfamilie oder Sippe, die den Kleinfamilien bestimmte Parzellen zuordnet. Sobald aber Einzeleigentum grundrechtlich festgelegt wird, wird die Parzellenstruktur konstant.

Die Arbeitsansprüche ändern sich gegenüber den traditionellen Betriebssystemen. Der Arbeitsanspruch für Roden geht stark zurück. Dafür nimmt er für die Unkrautbekämpfung ganz erheblich zu. Mit zunehmender Intensivierung der Produktion wird Arbeit knapp. Die Mechanisierung spielt aber noch keine nennenswerte Rolle. Jedoch beginnt bereits die Einführung der Zugtierhaltung. In diesen Betriebssystemen beginnt gerade der Prozeß der Nutzung langfristiger Kapitalinvestitionen.

3.3.2.2 Permanenter Regenfeldbau

Unter Betriebssystemen im permanenten Regenfeldbau werden Systeme verstanden, bei denen eine stationäre Ackerproduktion im Regenfeldbau in jeder Vegetationsperiode erfolgt, also keine Naturbrache mehr praktiziert wird. Unter Einbeziehung von Übergangsstufen und Berücksichtigung der Tatsache, daß auf der gleichen Fläche mehrere Ernten pro Jahr erzielt werden können, liegt der R-Wert zwischen 66 und über 100, gelegentlich bis zu 140. Bewässerung und der Anbau von Dauerkulturen findet nicht statt. Kapitalinvestitionen sind beschränkt auf die Substitution von Arbeit durch Mechanisierung.

Die Betriebssysteme des permanenten Regenfeldbaus entwickeln sich aus dem Wanderfeldbau, aus den traditionellen Brachewirtschaften, den Feldgrassystemen und gelegentlich aus den subsistenz- und marktorientierten Brachewirtschaften. In der Produktion wird der Anbau auf die bisherigen Flächen der Naturbrache oder der Feldgrasbestände ausgedehnt. Es handelt sich um typische Ackerwirtschaften, bei denen die Tierhaltung nicht dominiert, als Zugtierhaltung aber eine wichtige Funktion ausüben kann. Es sind permanente Betriebssysteme, die auch dann von Dauer sind, wenn die wirtschaftlicheren Alternativen wie Gemüsebau, Bewässerung und Dauerkultursysteme nicht möglich sind. Sind solche Betriebssysteme möglich, dann ist der permanente Regenfeldbau lediglich ein Übergangsstadium. Im Entscheidungsverhalten der Familien zeigt sich die Entwicklung zum permanenten Regenfeldbau durch eine zunehmende Orientierung an den Verkaufsmöglichkeiten am Markt.

Die Betriebssysteme des permanenten Regenfeldbaues unterscheiden sich besonders deutlich durch die Produktionsmöglichkeiten, die ihrerseits vor allem durch die Standortbedingungen bestimmt werden. Entsprechend lassen sich nach Ruthenberg und Andreae (34) diese Betriebssysteme unterscheiden:

a) Betriebssysteme des permanenten Regenfeldbaus in den humiden Tropen
In den humiden Tropen sind diese Betriebssysteme selten zu finden. Sie fungieren hier als ein Übergangsstadium zum Gartenbau in Marktnähe, zu Dauerkultursystemen oder zum Bewässerungsfeldbau. Langfristig stabile und wirtschaftlich sinnvolle Betriebssysteme des permanenten Regenfeldbaues scheitern bislang an der noch immer ungelösten Problematik der Erhaltung der Bodenfruchtbarkeit. Technisch wäre dies mit Mechanisierung, Mineraldüngereinsatz und Gründüngung durchaus realisierbar. Unter den herrschenden ökonomischen Rahmenbedingungen ist dies aber nicht die wirtschaftlich wettbewerbskräftigste Lösung.

b) Betriebssysteme des permanenten Regenfeldbaues in den semihumiden Tropen
In den semihumiden Klimazonen der Tropen ist dieses Betriebssystem am weitesten in Asien verbreitet. Auf den fruchtbaren Böden dieser Klimazone ist der permanente Regenfeldbau inzwischen zum vorherrschenden Betriebssystem geworden. Er tritt in Regionen mit hoher Bevölkerungsdichte häufig gemischt mit Bewässerungsfeldbau auf. Genutzt werden Flächen, für die eine Wasserzufuhr nicht möglich ist und Bewässerung damit ausscheidet. Permanenter Regenfeldbau und Bewässerung können in diesen Regionen innerhalb eines einzelnen Betriebes praktiziert werden. In Afrika ist der permanente Regenfeldbau in semihumiden Zonen noch nicht von Bedeutung. Er nimmt aber zur Zeit durch die Weiterentwicklung der Brachewirtschaften unter dem Einfluß der Flächenknappheit rapide an Bedeutung zu.
Besonderes Merkmal der Betriebssysteme mit permanentem Regenfeldbau in den semihumiden Tropen ist die Einbeziehung des Futterbaues und gelegentlich einer Stalldunggabe, vor allem in Asien aber besonders der Bau von Terrassen. Diese dienen der Verhinderung von Erosion. Durch die hohen Niederschläge, die vergleichsweise geringe Bodenbedeckung und die weit verbreiteten Hanglagen stellt die Erosion ein zentrales Problem des permanenten Regenfeldbaues an diesen Standorten dar.

c) Betriebssysteme des permanenten Regenfeldbaues in den semiariden Tropen
Der permanente Regenfeldbau findet in den Tropen seine weiteste Verbreitung in der semiariden Zone. Hier ist er das dominierende Betriebssystem. Der Grund hierfür liegt vor allem in der Tatsache, daß in diesen Zonen die Voraussetzungen für intensivere und wirtschaftlichere Alternativen, wie Betriebssysteme mit Bewässerung oder Dauerkulturen, in vielen Fällen nicht gegeben sind. Der permanente Regenfeldbau ist in Zonen mit wenig Auswaschungsproblemen typisch, wie beispielsweise in weiten Gebieten Indiens. Dort wird er schon seit Jahrhunderten praktiziert. In Afrika nimmt der Anteil zur Zeit durch den enormen Bevölkerungsdruck und die daraus resultierende Knappheit an Fläche rapide zu. Das Ertragsniveau ist niedrig, das Trockenheitsrisiko und die Erosionsgefahr hoch.

d) Betriebssysteme des permanenten Regenfeldbaues in den tropischen Höhenlagen
Der permanente Regenfeldbau ist in den dicht besiedelten tropischen Höhenlagen weit verbreitet, beispielsweise in den Anden, in Ostafrika und in Südindien. Häufig findet man diese Betriebssysteme in einer Region gemischt mit intensiven Milchbetrieben und Feldgraswirtschaften (Ostafrika und Anden). Die Betriebssysteme mit permanentem Regenfeldbau in den Hochlagen sind ähnlich organisiert wie die Betriebe in den gemäßigten Klimaten. Sie sind aufgrund des gemäßigten kühlen Klimas der Hochlagen von großer Dauerhaftigkeit, da die Möglichkeiten zur Erhaltung des natürlichen Ertragspotentials sehr ausgeprägt und vielfältig sind. Dies führt dazu, daß solche Systeme ohne Mineraldüngereinsatz wirtschaftlich betrieben werden können. In einigen regenreichen Lagen werden zwei Ernten pro Jahr erreicht.

e) Betriebssysteme des permanenten Regenfeldbaues in den Subtropen
Sie umfassen vor allem die Systeme des Trockenfeldbaues. Es handelt sich um Betriebssysteme des permanenten Regenfeldbaues am trockenen Standort, häufig bei Niederschlägen zwischen 150 und 350 mm jährlich. In feuchteren Standorten haben sich häufig andere Betriebssysteme als wettbewerbskräftiger erwiesen.
Das zentrale Problem des Trockenfeldbaues ist die Wasserknappheit. Der Anbau erfolgt

daher in der Regel mit der Einschaltung einer Schwarzbrache, bei der die Bracheflähe durch Abbrennen ohne Pflanzenbedeckung gehalten wird. Dies dient der Schonung der Bodenfeuchte für die nächste Vegetationsperiode. Die Einschaltung einer Brache bedeutet eine Abweichung von der klassischen Definition des permanenten Regenfeldbaues. Sie erlaubt den Ackerbau an Grenzstandorten.

3.3.2.3 Dauerkulturwirtschaften

Subsistenz- und marktorientierte Betriebssysteme mit Dauerkulturen sind kleine und mittelgroße Familienbetriebe. Im Unterschied zu den ausschließlich marktorientierten Plantagen stellen die Dauerkulturen einen Betriebszweig dar, der neben anderen Betriebszweigen in den Gesamtbetrieb integriert ist. Subsistenz- und marktorientierte Dauerkulturwirtschaften entwickeln sich vor allem aus den Betriebssystemen der Brachewirtschaften und des permanenten Regenfeldbaues. Sie werden vor allem durch die Absatzmöglichkeiten bestimmt.

Die Betriebssysteme mit Dauerkulturen sind in der Regel stärker markt- als subsistenzorientiert. Auch im Vergleich zu den Brachesystemen und dem permanenten Regenfeldbau ist der Marktbezug hier wesentlich intensiver. Das erzielte Einkommen liegt im Vergleich zu allen anderen subsistenz- und marktorientierten Betriebssystemen am höchsten. Die Barmittelverfügbarkeit ist relativ günstig. Der Haushalt wird zwar noch aus Eigenerzeugung versorgt, der Anteil der Haushaltsgüter, die vom Markt beschafft werden, übertrifft jedoch häufig alle anderen subsistenz- und marktorientierten Betriebssysteme.

Die Produktion ist charakterisiert durch hohe Inflexibilität bei der kurzfristigen Anpassung der Betriebsorganisation. Der hohe Aufwand für die Erstellung der Dauerkulturanlagen und den Aufbau der Absatzbeziehungen erlaubt keinen Wechsel der Produktionsrichtung in jeder Vegetationsperiode, wie dies bei den annuellen Kulturen möglich ist. Auf veränderte Marktbedingungen kann nur langfristig reagiert werden. Die Investition in die Anlagen der Dauerkulturen bis zur Erzielung des ersten Ertrages ist sehr hoch und zählt zu den wichtigsten ökonomischen Grundbedingungen dieser Systeme. Die Investition kann sowohl über Barmittel als auch über den Einsatz von Arbeit oder durch beides erfolgen.

Tab. 36. Verbreitung ausgewählter Dauerkulturen in den Tropen und Subtropen (Rangfolge der Länder nach Produktionsvolumen)

Zuckerrohr:	Brasilien, Indien, Kuba, Mexiko, China, Pakistan, Kolumbien
Ananas:	Thailand, Philippinen, Brasilien, Indien, Mexiko, Vietnam, Elfenbeinküste, China
Pyrethrum:	Kenia
Bananen:	Brasilien, Indien, Philippinen, Uganda, Kolumbien, Ecuador, Ruanda, Thailand, Indonesien, Zaire, Honduras
Kaffee:	Brasilien, Kolumbien, Mexiko, Elfenbeinküste, Äthiopien, Indonesien, Uganda, El Salvador, Guatemala, Indien, Costa Rica, Philippinen, Peru, Kenia, Ecuador, Zaire, Madagaskar
Reben:	Brasilien, Mexiko, Indien, Peru, Madagaskar, Tanzania, Kolumbien, Taiwan, Thailand
Sisal:	Brasilien, Mexiko, Kenia, Tanzania, Madagaskar
Tee:	Indien, China, Sri Lanka, Kenia, Indonesien, Iran
Vanille:	Madagaskar
Dattelpalme:	Ägypten, Saudi Arabien, Iran, Irak, Pakistan, Algerien, Sudan, Lybien, Oman, Tunesien, Marokko,
Grapefruits:	Israel, China, Argentinien, Mexiko
Kakao:	Elfenbeinküste, Brasilien, Ghana, Nigeria, Kamerun, Malaysia, Ecuador
Kaschunuß:	Indien, Brasilien, Tanzania, Mocambique, Nigeria
Kautschuk:	Malaysia, Indonesien, Thailand, Sri Lanka
Kokospalme:	Indonesien, Philippinen, Indien, Sri Lanka, Ozeanien, Malaysia, Mexiko, Thailand
Korkeiche:	Portugal, Senegal
Mandarinen:	Brasilien, Pakistan, China, Marokko, Argentinien, Türkei
Mango:	Indien, Pakistan, Mexiko, Philippinen, Brasilien, Indonesien
Oliven:	Mittelmeerraum
Ölpalme:	Westafrika, Südostasien
Orangen:	Brasilien, Mexiko, Ägypten, China, Indien, Israel, Marokko, Türkei, Argentinien
Rhizinus:	Indien, Brasilien, China, Thailand, Paraguay, Äthiopien, Sudan
Zitronen:	Mexiko, Indien, Argentinien, Türkei, Brasilien, China

Die Produkte der Dauerkulturen sind in der Regel nicht für die Grundversorgung der Familien geeignet (Ausnahme ist z. B. Öl aus der Ölpalme). Für die Eigenversorgung tragen sie – wenn überhaupt – nur zusätzlich bei (z. B. bei Tee oder Kaffee). Die meisten Produkte erfordern eine Verarbeitung, um das konsumreife Endprodukt zu erzeugen. Die Verarbeitung kann in verschiedenen landwirtschaftlichen Betrieben, Genossenschaften oder Fabriken erfolgen. Häufig führt eine Verarbeitung in den einzelnen landwirtschaftlichen Betrieben zu einer geringeren Qualität als bei den industriellen, standardisierten Verfahren.

Vermarktung ist für Dauerkultursysteme eine der wichtigsten ökonomischen Grundbedingungen. Sie erfolgt durch den Einzelbetrieb, über Vermarktungszusammenschlüsse (z. B. Genossenschaften), über staatliche Einrichtungen (»Boards«) oder industrielle Unternehmen (Verarbeitungsindustrie). Der Export der Produkte dominiert oft. Die Wirtschaftlichkeit hängt daher häufig von den Bedingungen des Weltmarktes ab.

Dauerkulturen sind in den Tropen und Subtropen weit verbreitet. Wichtige Bestimmungsgründe für die Verteilung dieser Betriebe sind neben der Standorteignung für die Produktion, die Markt-, Transport- und Verarbeitungsbedingungen, die Kapitalverfügbarkeit, die Investitionsbereitschaft und vor allem die Eigentumsverhältnisse. Dauerkulturwirtschaften zählen zusammen mit der Bewässerung zu den Produktionsrichtungen, die – abgesehen von Spezialfällen wie Gemüsebau – den größten Einkommensbeitrag in Betrieben mit geringer und mittlerer Flächenausstattung liefern. Die einzelnen Arten der Dauerkulturen sind in den Tropen und Subtropen mit unterschiedlichen Schwerpunkten verbreitet. Tab. 36 zeigt die länderweise Produktion in subsistenz- und marktorientierten Betriebssystemen mit Dauerkulturen und in Plantagen. Die Verbreitung von subsistenz- und marktorientierten Betriebssystemen mit Dauerkulturen zeigt in etlichen Fällen andere Länderschwerpunkte als die Plantagen.

Ein wesentliches Element der Dauerkulturwirtschaften ist die Kapitalinvestition in die Anlagen. Entsprechend der Nutzungsdauer der Dauerkulturen und damit der Festlegungsperiode von Kapital lassen sich dauerhafte Feldkulturen, Strauchkulturen und Baumkulturen unterscheiden. Dies führt zu einer unterschiedlichen Ausprägung der Betriebssysteme.

3.3.3 Intensität, Produktivität und Stabilität der Produktion

3.3.3.1 Produktionsintensität

Die Produktionsintensität, definiert als Einsatz- und Verwertungsniveau von Produktionsmitteln (Kapitel 1.5), zeigt in den subsistenz- und marktorientierten Betriebssystemen mit Knappheit an Fläche und besonderer Nutzung von Arbeit und Kapital eine große Streubreite, da diese Betriebssysteme gleichzeitig eine große Spanne der Entwicklungsstufen beinhalten. Diese ergibt sich unter anderem aus dem Zusammenhang zwischen der Produktionsintensität und der Marktorientierung.

Räumliche Differenzierung der Produktionsintensität

In Kleinregionen, in denen Betriebssysteme der Brachewirtschaften überwiegen, ist eine deutliche räumliche Differenzierung der Produktionsintensität festzustellen. Die Ursachen hierfür liegen in den natürlichen Standortverhältnissen sowie in dem unterschiedlichen Arbeitsaufwand für Transport und Kontrolle der Anbauentwicklung. Diese Differenzierung der Produktionsintensität gilt auch noch für die Übergangsstufen zu den Betriebssystemen des permanenten Regenfeldbaus. Dabei spielen nach RUTHENBERG (33) folgende Ordnungsprinzipien der Ackerproduktion eine zentrale Rolle:

a) Die horizontale räumliche Anordnung der Produktion. Mit zunehmender Entfernung der Nutzflächen von der Wohnstelle oder dem Dorf wird die Produktion extensiver. Soweit keine anderen Einflüsse wirken, lassen sich in konzentrischen Kreisen Intensitätsstufen der Nutzung um die Wohnstellen erkennen (Abb. 32). Das Erscheinungsbild erinnert an die THÜNENschen Kreise (37), übertragen auf die dörfliche Ebene. Die Bestimmungsgründe sind jedoch vor allem Transport- und Arbeitsaufwand.
Das allgemeine Prinzip zeigt den Gartenbau in der Nähe der Wohnstelle mit Obstbäumen wie Papaya und anderen mehrjährigen Kulturen sowie Gemüse. Der Entzug von Bodennährstoffen ist relativ hoch. Haushaltsabfälle und Fäkalien tragen entscheidend zur Bodenfruchtbarkeit bei. Der intensiven Gartenzone schließt sich meist eine Zone mit Getreide und Verkaufsfrüchten an, die intensiv genutzt wird.

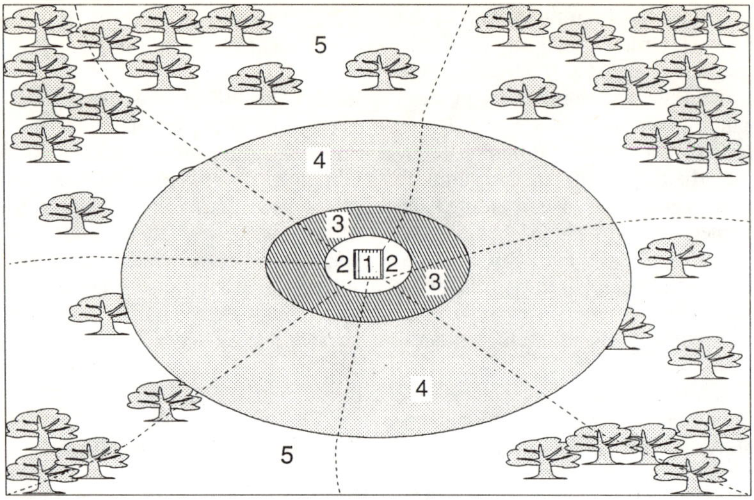

Abb. 32. Die horizontale räumliche Ordnung der Ackerwirtschaft in Betriebssystemen der Brachewirtschaft am Beispiel aus N'Gayene im Senegal. 1 = Hofstelle, 2 = permanenter Regelfeldbau, 3 = Brachewirtschaft, 4 = Weide, 5 = Busch (Quelle: Ruthenberg, H. (33), S. 77).

b) Die von der Höhenlage bestimmte (vertikale) Anordnung der Produktion in einer Kleinregion. Mit zunehmender Höhenlage wird entsprechend der Wasserverfügbarkeit und der Bodenqualität die Produktion extensiver. Die fruchtbaren Böden in Talauen werden durch abnehmende Bodenfruchtbarkeit der Flächen entlang eines Hangaufstieges, einer Katena, ersetzt. Abb. 33 zeigt ein solches Beispiel aus Tansania. Häufig sind die Eigentumsverhältnisse an Fläche so geregelt, daß eine Familie in allen Abschnitten der Katena Flächen besitzt. In der Erbfolge soll damit sichergestellt werden, daß das Produktions-, und damit häufig das Überlebensrisiko unter den Familien weit gestreut ist.

Horizontale und vertikale Ordnungsprinzipien der Ackerproduktion vermischen sich mit zunehmender Flächenknappheit und Einführung von Dauerkulturen. Dauerkulturen werden auch auf den von der Hofstelle entfernt liegenden Parzellen angebaut und führen zu höherer Produktivität dieser Flächen, die ihrerseits den Aufwand für spezielle Maßnahmen der Erhaltung der Bodenfruchtbarkeit rechtfertigt. Dies führt zu einer räumlich gleichmäßiger verteilten Produktionsintensität.

Betriebsinterne Intensivierung

Je traditioneller die Betriebssysteme, desto größer ist die Bedeutung der betriebsinternen Maßnahmen zur Produktionsintensivierung. Es handelt sich dabei um Maßnahmen, die nicht oder nur in geringem Umfang vom Zukauf betriebsexterner Produktionsmittel wie Mineraldünger, Saatgut und Pflanzenschutzmitteln abhängen. Die betriebsinternen Maßnahmen sind in den Brachesystemen von größter Bedeutung und nehmen über die Betriebssysteme des permanenten Regenfeldbaues bis zu den Dauerkultursystemen ab. Die wichtigsten betriebsinternen Maßnahmen sind die Naturbrache, der Mischanbau einjähriger Kulturen, der zeitverzögerte Mischanbau, der Stockwerksanbau als der Mischanbau mit Dauerkulturen und der Reihenmischanbau (»Intercropping«).

Mit abnehmender Naturbrache gewinnen Maßnahmen zur Erhaltung des Ertragspotential der Flächen und dessen Ausnutzung zentrale Bedeutung. Alle bereits in den Betriebssystemen der traditionellen Brachewirtschaften (Kapitel 2.3) praktizierten agronomischen Maßnahmen haben auch hier Bedeutung. Der Mischanbau findet sich in den Brachewirtschaften noch weit verbreitet und gewinnt in neueren Konzepten der Entwicklung mehr an Bedeutung. Die Wirkung des Mischanbaues läßt sich wie folgt zusammenfassen:

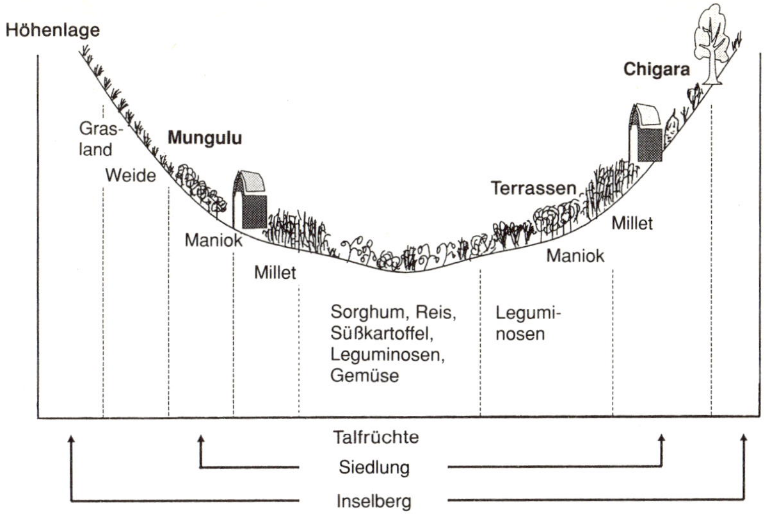

Abb. 33. Die vertikale Ordnung der Ackerwirtschaft in einer Katena-Abfolge auf der Insel Ukara im Viktoriasee (Quelle: LUDWIG, D. H. (25), S. 20).

- Durch den gleichzeitigen Anbau von Stickstoff-liefernden und Stickstoff-verbrauchenden Kulturpflanzen ergibt sich eine ergänzende Wirkung, durch die die Ertragsleistung der Fläche oft höher liegt als bei der Nutzung im Reinanbau.
- Zur gleichen Zeit und im Zeitablauf wird der Boden länger bedeckt als im Reinanbau. Dies führt zu einer wirtschaftlicheren Ausnutzung des natürlichen Wasserhaushalts des Bodens.
- Der Mischanbau kann den Aufwand des Pflanzenschutzes erhöhen, da die Luftfeuchtigkeit im Pflanzenbestand höher ist und auch durch die Vielfalt der Pflanzen die Wahrscheinlichkeit ansteigt, daß Wirtspflanzen von Schädlingen oder Krankheitsüberträgern zu größeren Ertragsverlusten führen können.

Im Zusammenhang mit dem Mischanbau sind zeitlich versetzte Vegetationsperioden der einzelnen Kulturen des Mischbestandes verbreitet. Die zeitliche Verschiebung des Anbaus kann durch Verschiebung der Aussaat bis hin zum Aussäen oder Einpflanzen in bestehende Pflanzenbestände vor der Reife- oder Ernteperiode erfolgen. Der zeitlich versetzte Anbau ist umso weiter verbreitet, je größer die Bedeutung der Subsistenzproduktion noch ist und die Mechanisierung noch nicht eingeführt wurde.

Der ökonomische Vorteil liegt in
- einer besseren zeitlichen Verteilung des Arbeitsanspruchs
- einer längeren Periode der Nahrungsmittelversorgung des Haushaltes und damit einer Reduzierung der Lagerungsperiode (Lagerkapazität und Lagerverluste)
- einer Reduzierung des Ertragsrisikos, da die Wahrscheinlichkeit, daß eine der Kulturen in eine günstige Niederschlagssituation fällt, hoch ist.

Der Mischanbau steht in direktem Zusammenhang zum Wettbewerb zwischen Subsistenz- und Verkaufskulturen. Im allgemeinen kann festgestellt werden, daß mit zunehmendem Verkaufsfruchtanbau der Mischanbau zurückgeht. Dies liegt vor allem daran, daß an die Verkaufsprodukte Ansprüche hinsichtlich Qualität und Menge gestellt werden, denen der Mischanbau nicht immer gerecht werden kann. Der Gewinn aus den Verkaufskulturen übersteigt oft den entgangenen Nutzen aus dem Verzicht auf die übrigen Kulturen des Mischanbaus.

Mischanbau wird auch mit Dauerkulturen betrieben. Dies ist meistens die Vorstufe zu reinen Dauerkultursystemen. Dauerkulturen im Mischanbau sind kennzeichnend für kleine und mittelgroße Betriebe. Es handelt sich dabei um den Stockwerksanbau. In diesen Anbausyste-

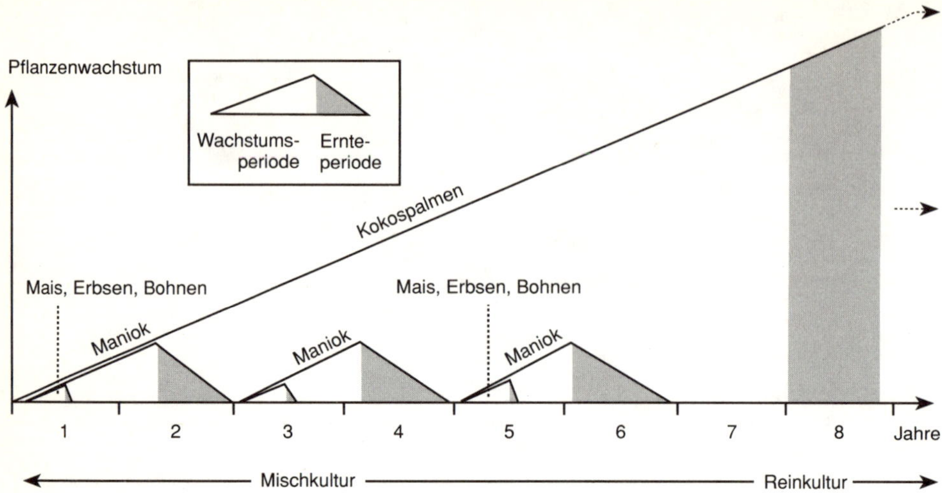

Abb. 34. Mischanbau in Dauerkultursystem mit periodischem Stockwerksanbau (Quelle: GROENEVELD, S. (16), S. 223).

men stehen einjährige Kulturpflanzen gemischt mit Sträuchern und Bäumen (Abb. 34). Verbreitet sind beispielsweise Kombinationen wie Mais, Maniok, Bohnen mit Kokospalmen, Kochbananen oder Kaffee. In noch teilweise traditionell orientierten Betriebssystemen wird die Kombination der Dauerkulturen mit typischen Subsistenzkulturen bevorzugt.

Mischanbau und Stockwerksanbau sind Systeme, die umso weiter verbreitet sind, je näher die Betriebssysteme den traditionellen Wirtschaftsweisen stehen und je höher noch die Bedeutung der Eigenversorgung ist. Mit zunehmendem Grad an Marktorientierung nimmt der Rein- und Monokulturanbau zu. Damit geht die Herausbildung von Fruchtfolgen einher. Diese deuten sich in den Brachewirtschaften bereits an. Im permanenten Regenfeldbau bilden sie die Grundlage des Anbaus.

Mit zunehmender Mechanisierung der Pflege des Pflanzenbestandes wird der Mischanbau zurückgedrängt, da eine mechanisierte Pflege Reihenbestände voraussetzt. Die Vorteile des Mischbestandes werden mit der Mechanisierung zu verbinden versucht, in dem der Reihenanbau mit verschiedenen Pflanzen wechselt. Die Reihen werden also gemischt. In Asien ist außerhalb des Reisanbaus die Pflanzenproduktion in vielen Regionen vom Mischanbau zum Reihenanbau mit gemischten Pflanzen übergegangen. Neuere Formen dieses Konzeptes sind die Alleeanbausysteme. Hier wird eine mehrjährige Kulturpflanze in Form von Alleen in bestimmten Abständen auf der Parzelle gepflanzt. Viel verwendet ist *Leucaenea*, die als Stickstoffsammler bodenverbessernde Wirkung besitzt, als Proteinlieferant ein eiweißreiches Tierfutter liefert und die neben Schattenwirkungen und Windschutz den Wasserhaushalt positiv beeinflussen kann. Zwischen solchen Alleen sind Mischbestände, gemischte Reihen und Reihenkultur einer Pflanzenart möglich.

Intensivierung durch Düngerwirtschaft

Mit zunehmender Marktorientierung nimmt der Einsatz betriebsexterner Produktionsmittel zur Intensivierung der Produktion zu. Es kommt zur Einführung von Handelsdünger und Reduzierung betriebsinterner Intensivierungsmaßnahmen. Abb. 35 gibt einen Überblick über die Entwicklung:

- Die Naturbrache wird in den Brachewirtschaften verkürzt und verschwindet mit der Ablösung der unregulierten Feldgraswirtschaften ganz.
- Die Zufuhr von Grünmasse oder Asche auf die bewirtschafteten Parzellen ist vor allem in Brachesystemen noch verbreitet. Mit zunehmender Knappheit an Fläche nimmt auch die für die Düngung verfügbare vegetative Masse ab. Damit scheidet diese Maßnahme mit zunehmender Bevölkerungsdichte aus.

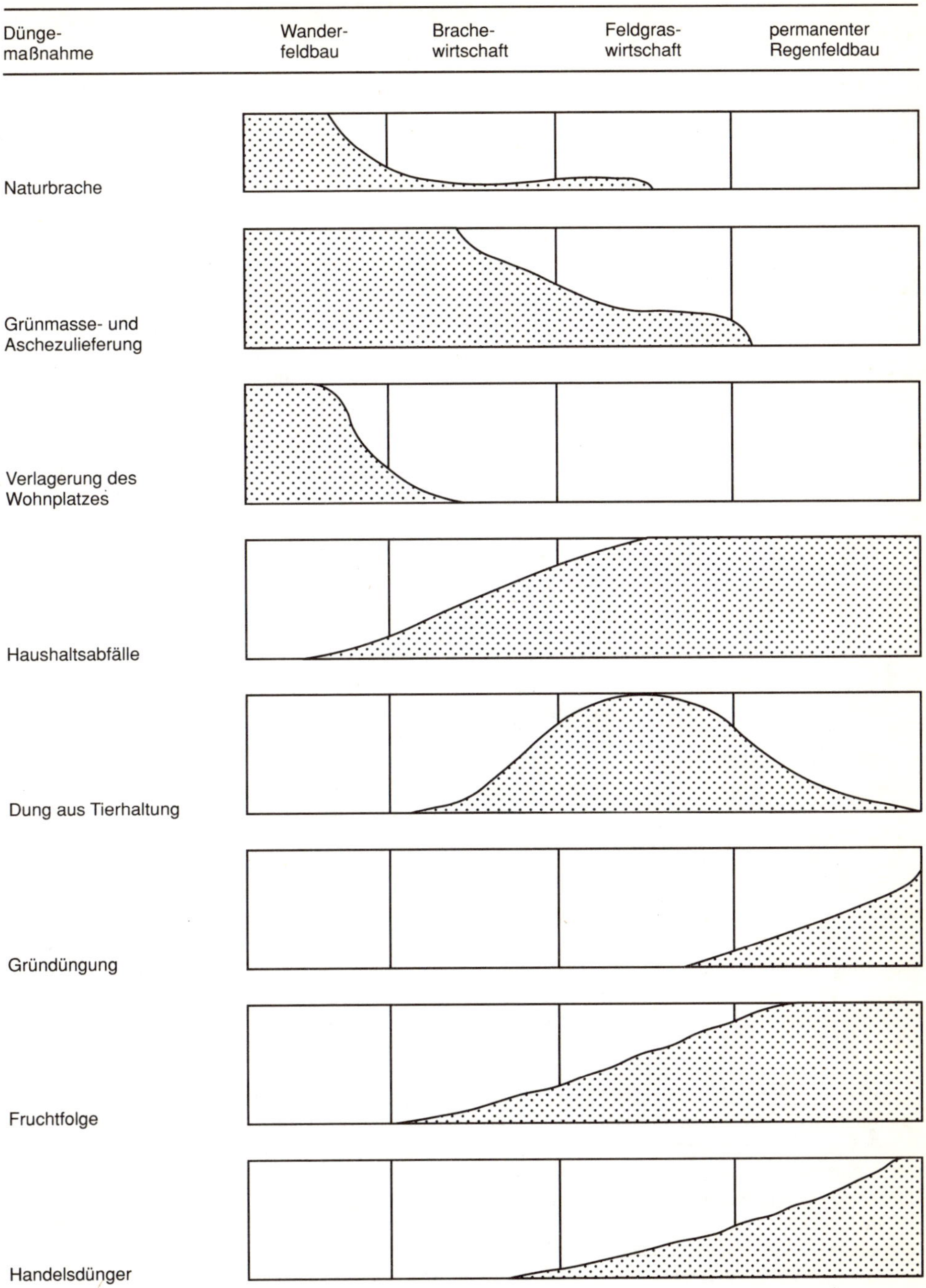

Abb. 35. Die Maßnahmen zur Bodenfruchtbarkeit (punktierte Fläche) in der Entwicklung der Betriebssysteme (Quelle: in Anlehnung an JAHNKE (21)).

Tab. 37. Vergleich geschätzter Wertproduktivitäten der subsistenz- und marktorientierten Betriebssysteme mit Knappheiten an Fläche und besonderer Nutzung von Arbeit (Regenfeldbau, pro Jahr)

Betriebssysteme	Fläche in DM/ha	Arbeit in DM/AK	Kapital in DM/DM
Brachewirtschaften			
– nur bewirtschaftete Fläche	100–1500	–	–
– Brache und bewirtschaftete Fläche	50–800	–	–
– Handarbeitsstufe	–	5–300	–
– Zugtieranspannung	–	30–600	1–1,5
Permanenter Regenfeldbau			
– Handarbeitsstufe degenerierend	25–600	5–250	–
– sich weiterentwickelnd	100–1800	30–700	1–1,5
– Zugtieranspannung	–	80–900	1–1,5
– Schleppereinsatz	–	100–1100	1–1,5
– Herbizideinsatz	–	60–1100	1–1,5
Dauerkultursysteme			
– Handarbeitsstufe	200–5000	100–2000	1–2
– Zugtieranspannung	200–5000	150–3000	1–2
– Schleppereinsatz	200–5000	150–4000	1–2
– Verarbeitung	–	–	1–2

- Die Düngewirkung aus der Verlagerung des Wohnplatzes ist nur beim Wanderfeldbau relevant. Die Verlagerung des Kraals oder des Pferchs aus der Tierhaltung hat nur in traditionellen Betriebssystemen mit Tiernutzung Bedeutung.
- Die Verwendung von Haushaltsabfällen reicht meistens nur für die als Garten in der Nähe der Wohnstelle genutzten Flächen aus.
- Der Dung aus der Tierhaltung unterliegt einem steigenden Wettbewerb zwischen der Nutzung als Düngemittel und Brennmaterial. In vielen wald- und buschfreien Regionen wird heute der Tierdung nicht mehr zur Erhaltung der Bodenfruchtbarkeit eingesetzt.
- Der Anbau von Gründüngungspflanzen ist bei ausreichender Feuchtigkeit technisch möglich und im permanenten Regenfeldbau mit unterschiedlichem Erfolgsrisiko zu finden. Der Anbau von Pflanzen zur Gründüngung beansprucht aber Fläche, die in der Regel besonders knapp ist. Die Familien könnten statt dessen Subsistenzprodukte oder Verkaufskulturen auf diesen Flächen anbauen. Häufig ist darüber hinaus der Anbau von Gründüngungspflanzen (Saatgutkosten, Einpflügen) noch nicht zu finanzieren.
- Die Praktizierung von Fruchtfolgen ist eine der wichtigsten betriebsinternen Maßnahmen, die mit abnehmender Naturbrache und Intensivierung der Pflanzenproduktion an Bedeutung gewinnt. In der Feldgraswirtschaft und vor allem im permanenten Regenfeldbau werden Fruchtfolgen realisiert, bei denen fruchtbarkeitszehrende und -mehrende Pflanzen auf den gleichen Parzellen im Zeitablauf wechseln.

Trotz dieser Vielfalt an betriebsinternen Möglichkeiten der Erhaltung und Verbesserung der Bodenfruchtbarkeit reichen alle diese Maßnahmen bei Ausscheiden der Naturbrache nicht aus, die langfristigen Ansprüche an die Bodenfruchtbarkeit zu decken, wenn eine Produktionsintensität erhalten oder erreicht werden soll, die bei gegebener Faktorausstattung einen ausreichenden Lebensstandard sichert. Aus diesem Grunde sind betriebsexterne Möglichkeiten zu nutzen. Die wichtigste ist der Kauf und der Einsatz von Handelsdünger.

Handelsdünger wird gelegentlich bereits in den Betriebssystemen der Brachewirtschaft eingesetzt, ist aber dort nicht typisch. In vielen Fällen reicht die Ertragslage für einen rentablen Einsatz nicht aus und sind die Barmittel nicht vorhanden. Vor allem aber ist in vielen Familien die Information und Einsicht über die Notwendigkeit noch nicht gegeben. Im permanenten Regenfeldbau ist der Mineraldüngereinsatz in vielen Regionen verbreitet. In Betriebssystemen mit Dauerkulturen ist er bereits die Regel.

3.3.3.2 Produktivität

Die Produktivität zeigt innerhalb der subsistenz- und marktorientierten Betriebssysteme mit Knappheit an Fläche und besonderer Nutzung von Arbeit (Regenfeldbau) folgende Tendenzen (Tab. 37):

a) Die Flächenproduktivität ohne Berücksichtigung der Bracheperiode nimmt von der Brachewirtschaft zum permanenten Regenfeldbau ab. Mit der Entwicklung dieser Betriebssysteme und damit der Einführung von Handelsdünger wird diese Abnahme aufgefangen und zunehmend wieder gesteigert. Unter Einbeziehung der Bracheperiode, d. h. der Betrachtung des mittleren Wertes der Flächenproduktivität über mehrere Jahre, zeigt sich eine konstante Produktivität zunächst noch bei abnehmender Brache, die dann in einen rapiden Abfall übergeht, der bei ungünstigen Standortverhältnissen durch den Verbrauch der Ressource Fläche Null werden kann. In Dauerkultursystemen ist die Flächenproduktivität sehr hoch. Sie erreicht zusammen mit bestimmten Bewässerungssystemen das höchste Niveau unter allen subsistenz- und marktorientierten Betriebssystemen.

b) Die Arbeitsproduktivität ist in den Betriebssystemen der Brachewirtschaft, vor allem aber im permanenten Regenfeldbau, extrem niedrig. Da es sich um Familienbetriebe handelt, bezieht sich diese Feststellung auf die Familienarbeit. Handelt es sich um die Handarbeitsstufe, dann gibt es nur wenige landwirtschaftliche Betriebssysteme in den Tropen und Subtropen, die das niedrige Niveau in den Brachewirtschaften und dem permanenten Regenfeldbau erreichen.
Beim Übergang von der Handarbeitsstufe zur Zugtieranspannung und zum Schleppereinsatz steigt die Arbeitseffizienz an. Ähnliches gilt für den Herbizideinsatz zur Unkrautbekämpfung. Da die Mechanisierung von der Brachewirtschaft über den permanenten Regenfeldbau zu den Dauerkulturwirtschaften zunimmt, steigt auch die Arbeitsproduktivität an. Die Mechanisierung findet aber primär in den Betriebssystemen statt, die günstige natürliche Standortverhältnisse haben und stärker an den Markt angeschlossen sind. Damit steigt die Arbeitsproduktivität vor allem in solchen Betrieben, in denen auch die Flächenproduktivität wieder ansteigt. In allen anderen Fällen der Brachewirtschaften und des permanenten Regenfeldbaues kommt zu einer abnehmenden Flächenproduktivität eine abfallende Arbeitsproduktivität hinzu. Bei den Dauerkultursystemen fallen steigende Flächen- und Arbeitsproduktivität zusammen.

c) Die Kapitalproduktivität nimmt mit zunehmender Bedeutung von Kapitalinvestitionen zu. Im allgemeinen werden in den Brachewirtschaften noch keine nennenswerten Investitionen getätigt. Diese nehmen mit Übergang zum permanenten Regenfeldbau vor allem durch die Einführung von Zugtieren und Schleppern zu. In den Dauerkulturwirtschaften kommen Investitionen in die Anlage der Dauerkulturen und gegebenenfalls in die Verarbeitungstechnik hinzu.

3.3.3.3 Produktionsstabilität

Beide Formen der Produktionsstabilität, keine Schwankungen der Leistungen im Zeitablauf und die Erhaltung der langfristigen Leistungsfähigkeit der Ressourcen sind in diesen Betriebssystemen als Folge der Intensivierung durch zwei Bereiche gefährdet:

- die nicht mehr ausreichende Sicherheit der Erhaltung der Bodenfruchtbarkeit
- das zunehmende Risiko durch stark ansteigende Krankheiten und Schädlinge in der Pflanzenproduktion.

Die Auswirkungen sind in den einzelnen Betriebssystemen unterschiedlich:

a) Instabilitäten in den Brachewirtschaften
Der zunehmenden Reduzierung der Naturbrache bei gleichzeitiger Ausdehnung des Anbaus und damit der Beanspruchung der Bodenfruchtbarkeit stehen in diesen Systemen noch keine ausreichenden Maßnahmen zur Erhaltung des Ertragspotentials gegenüber. Die betriebsinternen Möglichkeiten sind durch die Konkurrenz in anderer Verwendung begrenzt. Der Zukauf von Handelsdünger ist noch nicht rentabel oder kann noch nicht finanziert werden. Die Betriebssysteme der Brachewirtschaft sind aus diesem Grund in der Entwicklung lediglich als Durchgangsstadien anzusehen.
Entscheidend für die Stabilität der Produktion und die Versorgungslage der Familien ist die Dauer dieses Stadiums des Ressourcenver-

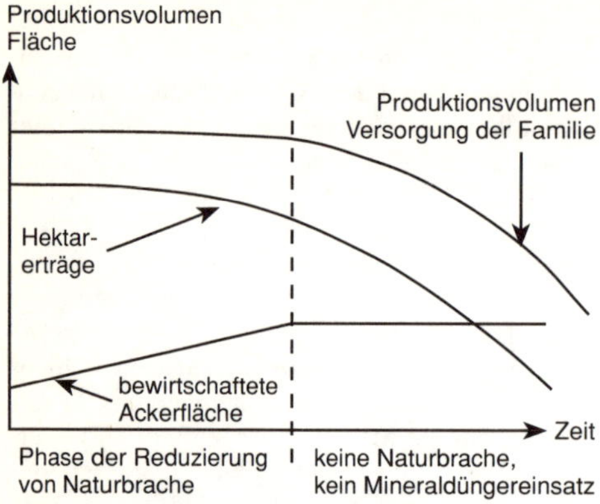

Abb. 36. Der Zusammenhang zwischen Flächenleistung, abnehmender Naturbrache und dem Produktionsvolumen der Betriebe.

brauchs. Bei höherer natürlicher Bodenfruchtbarkeit auf guten Böden ist diese Phase länger. Den Familien bleibt mehr Zeit für die Einführung von bodenerhaltenden und bodenverbessernden Maßnahmen. In fruchtbaren Talauen beispielsweise werden derartige Maßnahmen von den Betrieben eingeführt bevor es zu irreversiblen Schäden kommt. Unter solchen Standortverhältnissen entwickeln sich relativ schnell Betriebssysteme des permanenten Regenfeldbaus, der Gartenwirtschaft oder mit Dauerkulturen.

Unter ungünstigen Standortverhältnissen (niedriges Ertragspotential der Böden, wenige und schwankende Niederschläge) entsteht mit zunehmender Dauer der Ausbeutungsphase ein Verbrauch an Bodenfruchtbarkeit, der schließlich in irreversible Schäden übergehen kann. Diese Brachewirtschaften folgen dem Verlauf im Fall c der Abb. 13. Die Zeitperiode bis zum Eintritt irreversibler Schäden ist vergleichsweise kurz. Sie wird durch zusätzliche Wirkungen aus Wind- und Wassererosion, Überweidung, Abholzen von Windschutz und ähnliches mehr (siehe Abb. 24) noch verstärkt. Dies ist besonders am semiariden Standort ausgeprägt. Kommt zu diesem Prozeß eine weiterhin stark ansteigende Bevölkerungsdichte und damit eine weitere Verschärfung der Knappheitssituation bei Fläche hinzu, steigt der Zwang zur Intensivierung bei gleichzeitigem Verbrauch der Ressource. Der größte Teil der Sahelzone ist durch diese Situation charakterisiert. Diese Entwicklung führt in eine Sackgasse. Solche Betriebssysteme sind langfristig nicht existenzfähig und verbrauchen die künftige Lebensgrundlage der Familien.

Diese Gefahr für die Brachewirtschaften wurde in der Vergangenheit nicht ausreichend erkannt. Die Ursache hierfür war die Tatsache, daß durch die Reduzierung der Naturbrache das gesamte Produktionsvolumen des Betriebes erhalten oder gar erhöht werden konnte, jedenfalls konnten die Bedürfnisse der Familien weiterhin befriedigt werden (Abb. 36). Nicht beachtet wurde dabei häufig, daß dieses gleichzeitig mit kontinuierlich abnehmenden Hektarerträgen verbunden war, die einen Hinweis auf den Verbrauch des Ertragspotentials geben.

Spätestens zu dem Zeitpunkt, an dem keine Naturbrache mehr genutzt werden konnte, führte die weiterhin sinkende Hektarleistung zu einer Verminderung des gesamten Produktionsvolumens der Betriebe und damit der Versorgung und des Einkommens. Den einsetzenden Verarmungsprozeß versuchen die Familien durch Anpassung der Anbau- und Konsumstruktur hinauszuzögern. Der Anbau von höherwertigen Produkten wie Getreide mit geringerer Nährstoffleistung pro Flächeneinheit wurde ersetzt durch die traditionellen Kulturen wie Maniok und Yams, die eine hohe Nährstoffleistung je Flächeneinheit aufweisen. Dieser Rückschritt ist ein deutliches Zeichen degenerierender Systeme, an die sich die Menschen anzupassen versuchen.

b) Stabilitäten und Instabilitäten im permanenten Regenfeldbau

In den Betriebssystemen des permanenten Regenfeldbaus kann es zu Instabilitäten der Produktion sowohl durch abnehmende Bodenfruchtbarkeit als auch durch verstärkte Ausbreitung von Pflanzenkrankheiten und -schädlingen kommen. Das Problem der Krankheiten und Schädlinge beginnt häufig beim Übergang von der Brachewirtschaft zum permanenten Regenfeldbau.

An fruchtbaren Standorten mit Marktanschluß und in Höhenlagen sind die Probleme der Bodenfruchtbarkeit erheblich reduziert oder verschwunden. An diesen Standorten wurden meist gleichzeitig technische Fortschritte eingeführt, die die Schwankungen zwischen den Vegetationsperioden oder Jahren, also die kurzfristigen Instabilitäten, reduzierten. Ganz ent-

scheidenden Anteil hatte dabei die Einführung neuer Sorten und Pflanzen, die besser an die Standortverhältnisse angepaßt sind.
Instabilitäten als Folge von Krankheiten und Schädlingen werden relativ schnell über den Marktanschluß durch die Einführung von Maßnahmen der Schädlingsbekämpfung vermindert. Häufig stellen die Betriebssysteme des permanenten Regenfeldbaues unter solch günstigen Bedingungen nur ein Übergangsstadium zu wirtschaftlicheren Systemen, wie beispielsweise Gartenwirtschaften, Dauerkulturwirtschaften oder intensiven Bewässerungssystemen dar.
Die Betriebssysteme des permanenten Regenfeldbaues in semihumiden Zonen Asiens konnten vielfach diese Problematik der abnehmenden Bodenfruchtbarkeit durch den Bewässerungsfeldbau auffangen. Häufig besitzen Betriebe Bewässerungs- und gleichzeitig Regenfeldbauflächen. Die höhere Effizienz der Bewässerungsflächen und die relativ schnelle Marktanbindung mit Produkten des Bewässerungsfeldbaus erlauben eine bessere Schonung der Flächen im Regenfeldbau und einen schnelleren wirtschaftlichen Einsatz von betriebsexternen Produktionsmitteln, wie beispielsweise Handelsdüngern oder Pflanzenschutzmitteln.
Während in den Hochlagen und den semihumiden Gebieten größere Instabilitäten der Produktion durch schnelles Durchlaufen dieses Stadiums oder durch Entlastung aus dem Bewässerungsfeldbau vermindert werden, zeigen die Betriebssysteme des permanenten Regenfeldbaues in den semiariden Zonen ausgeprägte Instabilitäten. Diese werden weiterhin durch die zunehmende Knappheit an Fläche und Inkulturnahme von marginalen Flächen verschärft. Die Probleme sind vor allem in Afrika gravierend. Die in Abb. 36 aufgezeigte Verarmung schreitet weiter fort. Die abnehmende Produktionsleistung im Zeitablauf ist gleichzeitig gekoppelt mit einer zunehmenden Schwankung zwischen den Vegetationsperioden.

c) Stabilität der Dauerkulturwirtschaften
In den Dauerkulturwirtschaften sind Maßnahmen bekannt und eingeführt, mit denen das Ertragspotential der Flächen dauerhaft erhalten werden kann und Ertragsausfälle wegen Krankheiten und Schädlingen vermindert werden können. Selbst jahrzehntelange Monokulturwirtschaft kann stabil betrieben werden. Im allgemeinen sind die Betriebssysteme mit Dauerkulturen langfristig sehr stabil. Die gute ökonomische Grundlage erlaubt höhere Aufwendungen für Stabilisierungsmaßnahmen. Fälle von Instabilität treten durch Fehlentscheidungen einzelner Betriebe bei der Einführung von Dauerkulturen und in Zonen, in denen Dauerkulturen in für sie marginalen Standorten angebaut werden, auf.
Die kurzfristige Produktionsinstabilität, also die jährlichen Schwankungen der Produktion, ist in Dauerkulturwirtschaften wesentlich stärker ausgeprägt und von größerer Bedeutung als die langfristige. Dies vor allem, da die Ursachen hierfür nicht nur in den klimatischen Bedingungen liegen, sondern auch von der Marktlage, die nicht von den Betrieben beeinflußt werden kann, abhängen. Letztere ist für diese Betriebssysteme mehr eine Frage des Marktrisikos. Denn die Auswirkungen von Preisveränderungen sind meistens wesentlich größer als die Ertragsschwankungen wegen unbefriedigender Produktionsbedingungen.

3.3.4 Arbeitswirtschaft und Mechanisierung

Die subsistenz- und marktorientierten Betriebssysteme mit Knappheit an Fläche und besonderer Nutzung von Arbeit und Kapital sind in ihrer Arbeitswirtschaft gekennzeichnet durch:

- Auftreten von saisonalen und permanenten Arbeitsknappheiten und dadurch Beschäftigung von Fremdarbeitskräften
- Möglichkeiten, außerbetriebliche Beschäftigung für familieneigene Arbeit zu finden und zu nutzen
- Einführung der Mechanisierung auf verschiedenen Stufen zur Substitution von Arbeit durch Zukauf von mechanisch-technischen Fortschritten.

Dies bedingt weitreichende Veränderungen in der Arbeitswirtschaft und Kapitalanlage, wie sie in den traditionellen Betriebssystemen (Kapitel 2) nicht bestehen.

3.3.4.1 Arbeitswirtschaft

Die Arbeitswirtschaft in Betrieb und Haushalt umfaßt die verfügbare Arbeitskapazität und die Arbeitsansprüche sowie deren Ausgleich im Zeitablauf.

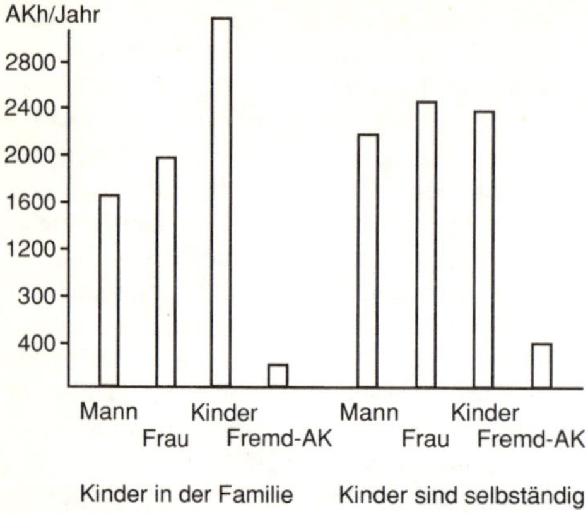

Abb. 37. Arbeitskapazität und Arbeitsverteilung in Abhängigkeit vom Lebenszyklus der Familien in Iloilo, Philippinen, (Regenfeldbau) von 1978 bis 1981 (Quelle: Rev, L. (31)).

Verfügbare Arbeitskapazität

Die Entwicklung der verfügbaren und eingesetzten Arbeitskapazität von den Brachewirtschaften zum permanenten Regenfeldbau und den Dauerkulturwirtschaften zeigt folgende allgemeine Tendenzen:

a) Die Familien werden kleiner, da die Sippen und Großfamilien in kleinere Familieneinheiten übergehen. Damit wird auch die verfügbare Kapazität an Familien-Arbeitskräften kleiner (und die Zahl der Betriebe und Haushalte nimmt zu). Dies hat ebenfalls zur Folge, daß der Altersverlauf der einzelnen Personen im Familienzyklus einen stärkeren Einfluß auf die verfügbare Arbeitskapazität und die Qualität der Arbeitserledigung hat. Häufig ist in jungen Familien die Arbeitskapazität hoch, sie steigt weiter mit zunehmendem Alter der Kinder an und fällt mit deren Ausscheiden aus der Familie wieder ab. Abb. 37 verdeutlicht dies am Beispiel des Lebenszyklus von Familien in Kleinbetrieben.

b) Die Rolle von Mann, Frau und Kindern im Arbeitsprozeß der Betriebe ändert sich. In den Brachewirtschaften ist eine geschlechter- und altersbezogene Arbeitsteilung typisch. Häufig ist die Frau für den Anbau, die Ernte und Lagerung der Produkte für den Eigenbedarf verantwortlich, während die Männer stärker auf den Anbau und die Vermarktung von Verkaufsprodukten konzentriert sind. Die Kinder versorgen vor allem die Tiere, soweit welche vorhanden sind, und beschaffen (oft zusammen mit den Frauen) Trinkwasser. Wo die Subsistenzproduktion noch von zentraler Bedeutung ist, zeigt sich eine ausgeprägte Tätigkeit der Männer bei der Feldarbeit, und hier besonders in der Unkrautbekämpfung und bei der Ernte.
Im permanenten Regenfeldbau löst sich diese geschlechterbezogene Arbeitsteilung vielerorts zunehmend auf. In etlichen Gesellschaften bleibt aber eine Dominanz der Männer bei Verkaufsangelegenheiten und ein erheblicher Einsatz der Frauen in der Produktion und Lagerung zur Eigenversorgung bestehen.
In Dauerkultursystemen ist häufig eine deutliche Trennung dieser Tätigkeiten nicht mehr vorhanden. Mit zunehmender Mechanisierung der Produktion nimmt der Arbeitseinsatz der Männer in der Produktion im allgemeinen relativ zu.
Mit der Änderung der Arbeitsverteilung innerhalb der Familie geht häufig eine Änderung der Betriebsstruktur einher. Während in den traditionellen Systemen, in denen die Frauen die Verantwortung für die Produktion zur Eigenversorgung haben, häufig »Sub-Betriebe« innerhalb der Betriebe bestehen, geht diese Struktur mit zunehmendem Arbeitseinsatz der Männer in der Produktion zurück. Solche »Sub-Betriebe« können von mehreren Frauen des Mannes oder von unverheirateten Verwandten bewirtschaftet werden, die Verfügungsgewalt über die Fläche bleibt aber weiterhin beim Familienoberhaupt (Ruthenberg, 33; Monnier et al., 27). Die Struktur der »Sub-Betriebe« geht in den Betriebssystemen des permanenten Regenfeldbaus zurück und ist in den Dauerkulturwirtschaften in der Regel nicht mehr zu finden.

c) Die Rolle von Mann, Frau und Kindern im Arbeitsprozeß des Haushaltes ändert sich ebenfalls. Zwar ist und bleibt die Essenszubereitung die Domäne der Frau, der Mann und die Kinder verwenden aber einen hohen Anteil der Arbeitszeit für Wasserbeschaffung und -transport und für Energiebeschaffung. Mit weiterer Entwicklung geht dieser Arbeitsaufwand durch die Verbesserung der Versorgung, vor allem der Infrastruktur, zurück. Es bleibt aber zu beachten, daß in diesem Bereich extreme Schwankungen entsprechend der gesellschaftlichen und soziokulturellen Gewohnheiten und Normen anzutreffen sind.

d) Mit zunehmender Knappheit an Arbeit und Verfügbarkeit an Kapital werden in den Betriebssystemen des permanenten Regenfeldbaus und vor allem in den Dauerkulturwirtschaften Fremdarbeitskräfte eingestellt. Dies beginnt mit saisonalen Arbeitern und wird, vor allem in den Dauerkulturwirtschaften, auch auf permanentes Personal ausgedehnt. Häufig handelt es sich um Landlose oder um Arbeiter aus Betrieben mit nicht ausreichender Flächenausstattung aus der Nachbarschaft. Eine Spezialisierung der Arbeit setzt ein.
e) Die Kenntnisse und Erfahrungen mit moderneren Techniken in Betrieb und Haushalt nehmen im Zusammenwirken mit dem Markt und den Institutionen in einer Region (allgemeine Verwaltung, Banken, Projektorganisationen, etc.) mit Übergang zum permanenten Regenfeldbau und insbesondere den Dauerkultursystemen zu. Die Qualität der Arbeit verbessert sich. Dies hat zentrale Bedeutung für das Management des Betriebes und Haushaltes.

Arbeitsverwendung
Die verfügbare Kapazität der Familienarbeitskräfte wird verwendet

- in Betrieb, Haushalt und Familie
- außerhalb des Betriebes zur Erwirtschaftung weiteren Einkommens
- außerhalb der Familie für soziale und kulturelle Zwecke.

Erhebungen in Betriebssystemen der Brachewirtschaft und des permanenten Regenfeldbaues in Uganda, Kamerun und der Elfenbeinküste über die Verwendung der insgesamt verfügbaren Arbeitskapazität der Familie zeigt eine weitverbreitete Verwendungsstruktur (Tab. 38). Von 12 Tagesstunden wird etwa die Hälfte der Zeit für die Einkommenserwirtschaftung im und außerhalb des Betriebes und zur Versorgung des Haushaltes beansprucht. Dies gilt für Männer und Frauen gleichermaßen. Während die Männer mehr Zeit für außerbetriebliche Tätigkeiten aufwenden, leisten die Frauen einen höheren Aufwand im Haushalt. Der Anteil des Arbeitsaufwandes im Betrieb beträgt insgesamt nur 25% der gesamten Tageszeit, wobei der Aufwandsanteil der Männer etwas überwiegt. Der Zeitaufwand für soziale Tätigkeiten liegt mit 21% nicht wesentlich unter dem betrieblichen Aufwand.

Tab. 38. Die Zeitaufteilung in Betriebssystemen der Brachewirtschaften und des permanenten Regenfeldbaues in Uganda, Kamerun und der Elfenbeinküste (in Stunden/Tag/Person)

Zeitverwendung	Männer Std./T.	%	Frauen Std./T.	%	Mittelwert Std./T.	%
Arbeitsverwendung:						
Im Betrieb	2,7	22	3,3	28	3,0	25
Im Haushalt	1,0	9	2,4	20	1,7	14
Außerbetrieblich	1,8	15	0,6	5	1,3	11
Summe	5,5	46	6,3	53	6,0	50
Sonstiges:						
Soziale Tätigkeit	2,7	22	2,3	19	2,5	21
Krankheit	1,0	9	0,9	7	0,9	7
Essen, Ruhen	2,8	23	2,5	21	2,6	22
Summe	6,5	54	5,7	47	6,0	50
Insgesamt	12,0	100	12,0	100	12,0	100

Quelle: BRANDT, H. (7), S. 109 ff., GUET, G. (17), S. 20 und SCHWARTZ, A. (36), S. 21

Im allgemeinen nimmt die für den Betrieb verfügbare Arbeitskapazität mit dem Übergang von Betriebssystemen der Brachewirtschaft zu denen des permanenten Regenfeldbaues und der Dauerkulturwirtschaften zu, da der Aufwand für den Haushalt und für soziale Tätigkeiten zurückgeht. Offensichtlich bestehen direkte Zusammenhänge zur zunehmenden Marktorientierung und Kommerzialisierung der Betriebe und Haushalte.

Die außerbetriebliche Tätigkeit nimmt von den Brachewirtschaften zu den Betriebssystemen des permanenten Regenfeldbaues zu. Dies betrifft vor allem die männlichen Familienmitglieder. Die Ursachen dafür liegen in einer enger werdenden Relation von Fläche zu Arbeit und den zunehmenden Beschäftigungsmöglichkeiten in einer Region, die sich bereits über die Stufe der Brachewirtschaften hinaus entwickelt hat. Beim Übergang zu Dauerkultursystemen besteht durch den höheren Arbeitsanspruch und die besseren Einkommensmöglichkeiten ein geringerer Druck zu außerbetrieblichen Einkünften. Allerdings findet man bei den Dauerkulturwirtschaften häufig Nebenerwerbsbetriebe, die meist sehr hohe Einkommensniveaus erreichen. Diese Ent-

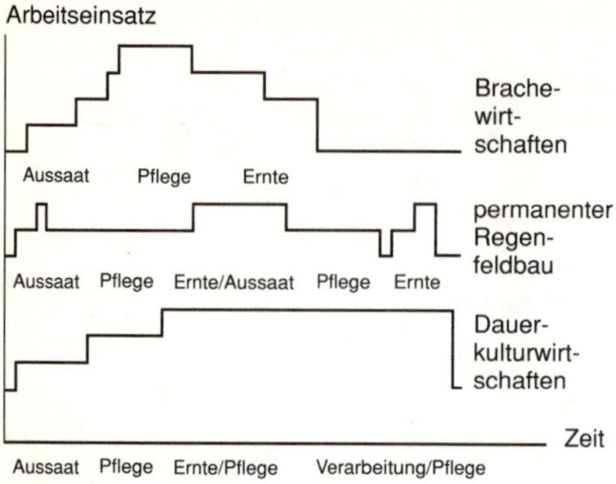

Abb. 38. Typischer Verlauf des Arbeitsbedarfs in Betriebssystemen mit Brachewirtschaft, permanentem Regenfeldbau und Dauerkulturwirtschaften (Kleinbetriebe, ohne Haushalt).

wicklung wird vor allem durch den hohen Einkommensanreiz und eine extreme Flächenknappheit gefördert. Entscheidender Bestimmungsgrund hierfür ist aber die Beschäftigungsmöglichkeit außerhalb der Betriebe.

Die Arbeitsansprüche in Betrieb und Haushalt werden durch den zunehmenden Einsatz von Kapital zur Mechanisierung und Risikoreduzierung beeinflußt. Deren Bedeutung steigt beim Übergang der Betriebssysteme von der Brachewirtschaft in den permanenten Regenfeldbau bis zu den Dauerkulturwirtschaften an. Im allgemeinen zeigen sich folgende Tendenzen:

a) Die Arbeitsstruktur im Betrieb ändert sich. Während im Wanderfeldbau der größte Arbeitsbedarf für die Rodung der Flächen bestand, erfordert in den Brachewirtschaften die Unkrautbekämpfung einen sehr hohen Arbeitseinsatz. Der Arbeitsanspruch beträgt in den Brachewirtschaften häufig das Doppelte und mehr des Bedarfs im Wanderfeldbau. Der Arbeitsanfall im Betrieb ist sehr ungleichmäßig über das Jahr verteilt (Abb. 38). Im permanenten Regenfeldbau sind bereits Pflüge und mechanisierte Unkrautbekämpfung zu finden, die den Arbeitsanspruch in dieser Zeitspanne reduzieren. Gleichzeitig wird durch die Ausdehnung der bewirtschafteten Flächen einschließlich einer Mehrfachnutzung der Flächen pro Jahr sowie durch Intensivierungsmaßnahmen der Arbeitsanfall über das Jahr gleichmäßiger verteilt. In den Dauerkulturwirtschaften geht der Arbeitsanspruch der Produktion ohne Ernte durch die Mechanisierung und die verbesserte Qualität der Arbeitserledigung gegenüber dem permanenten Regenfeldbau zurück. Der Arbeitsaufwand für die Ernte, die Verarbeitung und die Vermarktung nimmt zu. Die Auslastung der Arbeitskapazität in einem Jahr wird gleichmäßiger (Abb. 38). Allerdings hängt dies erheblich vom Grad der betriebseigenen Verarbeitung und Vermarktung ab.

b) Diese Betriebssysteme sind durch eine große Streubreite der Arbeitsansprüche in Abhängigkeit von den angebauten Kulturen, der Finanzkraft zur Mechanisierung, der Flächen-Arbeit-Relation und der Betrachtungsperiode gekennzeichnet. Dies wird besonders beim Vergleich zwischen verschiedenen Produktionsverfahren deutlich (Tab. 39). So hat Yam oft erheblich höhere Arbeitsansprüche als Mais. Auch innerhalb einzelner Arbeitszeitspannen bestehen Unterschiede. Die einzelnen Produktionsverfahren können sich hierin ergänzen. Eine wichtige Fähigkeit der Betriebsleiter ist gerade darin zu sehen, seine Produktionsverfahren so zu kombinieren, daß die Arbeitskapazität im Zeitablauf optimal ausgelastet ist.
Die Flexibilität ist ihm dabei teilweise durch die Möglichkeiten und Grenzen der Produktionsverfahren vorgegeben. Dies wird auch von der Produktionsintensität und der Mechanisierung mitbestimmt. Im allgemeinen kann gesagt werden, daß der arbeitswirtschaftliche Spielraum der Verfahrenskombination (Betriebsorganisation) in Brachewirtschaften noch niedrig ist, im permanenten Regenfeldbau sehr hoch ansteigt und in den Dauerkulturwirtschaften wieder auf ein niedriges Niveau absinkt.

c) Bei den Dauerkulturen kommen zu den Schwankungen der Arbeitsansprüche innerhalb eines Jahres (Abb. 38) Schwankungen von Jahr zu Jahr in Abhängigkeit vom Wachstumszustand und der Nutzung der Anlagen. Tab. 40 zeigt die langfristige Entwicklung der jährlichen Arbeitsansprüche für ausgewählte Dauerkulturen.
Schwankende Arbeitsansprüche innerhalb eines Jahres und zwischen den Jahren versuchen die Betriebe mit saisonalen Arbeitskräften und mit einer Diversifizierung der Altersstruktur der Dauerkulturanlage auszugleichen. So sind in Kleinbetrieben oft Dauerkulturpflanzen mit unterschiedlichem Alter zu

Tab. 39. Arbeitsansprüche von Verfahren der Pflanzenproduktion in Betriebssystemen der Brachewirtschaften in Ghana

Arbeitszeitspanne	Mais	Mais/ Millet	Mais/ Millet/ Erdnuß	Erdnuß	Reis	Yam	Summe
Arbeitskrafttage/ha:							
Bestellung	22	17	9	39	12	179	–
Pflege	52	36	30	86	38	129	–
Ernte	15	20	19	26	21	110	–
Insgesamt	89	73	58	151	71	418	–
Gesamtbetrieb:							
Fläche in ha	0,8	3,7	2,5	0,5	1,7	0,8	10
Arbeit in AKT	71	270	145	76	121	334	1017

Quelle: Schuler, J. (35), S. 27

finden oder werden Parzellen in verschiedenen Jahren angelegt.

d) Die Zeitperioden des Arbeitsanspruches werden weniger flexibel. Während im Wanderfeldbau das Roden in eine fast beliebige Zeitspanne gelegt werden konnte (z. B. in die Trockenperiode), werden in den Brachewirtschaften und im permanenten Regenfeldbau die Bodenbearbeitung, Bestellung und die Ernte zeitlich erheblich eingeengt. Für die Unkrautbekämpfung stehen oft nur wenige Tage zur Verfügung. Auch in den Dauerkultursystemen gilt dies für den Produktions- und teilweise den Verarbeitungsprozeß. Es gilt aber nicht in gleicher Weise für die Erstellung der Dauerkulturanlage. Diese ist häufig zeitlich flexibler. Ein Teil dieser Arbeit kann in arbeitsarmen Zeiten des Betriebes erledigt werden.

e) Die Arbeitsansprüche im Haushalt ändern sich im Laufe dieser Entwicklung ebenfalls, jedoch weniger wegen der Änderung des Arbeitsprozesses im Betrieb, sondern vielmehr als Folge einer zunehmenden Marktbeziehung und Änderung der Bedeutung der Lagerhaltung. Zunehmende Barmittelverfügbarkeit führt meist zu abnehmendem Arbeitsanspruch im Haushalt, da Investitionen in Trinkwasser- und Energieerschließung, in das Transportwesen, in die Häuser und Wohnungen, in sonstige Verbesserungen der hygienischen Bedingungen sowie in effizientere Lagerhaltungsformen zu niedrigerem Arbeitsanspruch führen. Als Folge dieser Entwicklung nimmt der Arbeitsaufwand im Haushalt für Kochen, Einkaufen und Versorgung mit Kleidung relativ zu, während Transportarbeiten zurückgehen, und es wird insgesamt im Haushalt mehr Arbeit freigesetzt, die in der Regel für den Betrieb oder außerbetriebliche Tätigkeiten zur Verfügung steht.

3.3.4.2 Mechanisierung

Unter Mechanisierung wird der Übergang von der Handarbeit zu einem Arbeitsprozeß mit mechanischen Hilfsmitteln verstanden, die über die Handarbeits- und Kleingeräte in Betrieb und Haushalt bei traditionellen Betriebssystemen hinausgehen. Die wichtigsten Bereiche der Mechanisierung sind daher:

- die Einführung der Zugtieranspannung
- die Einführung von Geräten und Anlagen für die Verarbeitung und Trocknung von Produkten (für Haushalt und Verkauf), für die Arbeit im Haushalt (z. B. Bau von Brunnen für die Trinkwasserversorgung) sowie für den Transport (häufig in Verbindung mit der Zugtieranspannung und dem Schleppereinsatz)
- die Einführung des Schleppers (im Lohnverfahren, in der Nachbarschaftshilfe oder als Kauf).

Die Mechanisierung erfordert Kapital, das in unterschiedlicher Weise beschafft werden kann. Das Kapital substituiert Arbeit, da die Mechanisierung in der Regel Arbeit ersetzt. Die freigesetzte Arbeit kann unter Verwendung vorhandener anderer Produktionsfaktoren zu einer zusätz-

Tab. 40. Die langfristige Entwicklung des Arbeitsanspruchs in Kleinbetrieben für ausgewählte Dauerkulturen im Zeitablauf in Arbeitstagen/ha

Alter der Kulturen in Jahren	Kaffee Kolumbien	Ölpalmen Indonesien	Kokospalmen Kenia
1	174	185	5
2	108	100	2
3	104	39	3
4	154	39	4
5	187	48	5
6	179	56	6
7	166	59	7
8	141	68	9
9	129	68	10
10	129	68	10
15	–	63	13
20	–	60	14

Quelle: Öl- und Kokospalmen: RUTHENBERG, H. (33), Kaffee: VARELA, E. (39)

lichen Produktion eingesetzt werden. Wird auf diesem Wege die vorhandene Arbeitskapazität auf dem alten Niveau ausgelastet, steigt die Gesamtproduktion und Gesamtleistung des Betriebes an.

Diese Wirkung des Kapitaleinsatzes kann insgesamt die Effizienz und Rentabilität des Arbeitseinsatzes steigern. Die steigende Arbeitsverwertung erlaubt den Betrieben eine höhere Arbeitsentlohnung und versetzt sie somit in die Lage, saisonale oder permanente Fremdarbeitskräfte entlohnen zu können. Im allgemeinen steigt diese Möglichkeit mit zunehmendem Kapitaleinsatz.

In vielen Regionen ist durch Unterbeschäftigung und Arbeitslosigkeit das Lohnniveau niedrig und bietet damit günstige Bedingungen für den Einsatz von Fremdarbeit. Die Zusammensetzung der Arbeitskapazität ändert sich dadurch. Ist die Arbeitsverwertung höher als die gezahlten Löhne, schöpft der Betrieb zusätzlich Gewinne ab, die sein Einkommen verbessern. Diese Bedingungen beginnen sich in Regionen mit Brachewirtschaften herauszubilden. Sie gelten aber insbesondere für Regionen, in denen der permanente Regenfeldbau und die Dauerkulturwirtschaften in Kleinbetrieben dominieren.

Gründe der Mechanisierunng

Die Gründe für eine Mechanisierung über die Zugtierhaltung oder den Schleppereinsatz sind:

- Einsparung an Arbeit
  Die Einsparung kann erforderlich werden, wenn bei Fremdarbeitskräften die Löhne die Kosten der Mechanisierung bei gleicher Arbeitserledigung übersteigen, wenn die eingesparte Arbeit für eine steigende Produktion verwendet werden kann oder wenn eine bisherige Überbelastung der Arbeitskräfte abgebaut werden soll. Die Freisetzung von Arbeit hat unter anderem in Betriebssystemen mit Brachewirtschaft zu einer Reduzierung der Naturbrache zugunsten eines dauernden Anbaues geführt. Vielerorts hat dieser Prozeß den Übergang zum permanenten Regenfeldbau beschleunigt.
- Erleichterung der Arbeit
  Die Mechanisierung bestimmter Arbeitsgänge kann zu wesentlichen Arbeitserleichterungen führen, wie beispielsweise bei der Trinkwasserversorgung, bei der Bodenbearbeitung und bei der Schädlingsbekämpfung. Dies gilt ganz besonders für die Substitution der Kinderarbeit, aber auch für viele Schwerarbeiten der Frauen.
- Erhöhung der Schlagkraft der Arbeitsprozesse
  Durch die in der Regel schnellere Arbeitserledigung bei zeitlich begrenzten Arbeiten kann das Produktionsrisiko reduziert und der Produktionserfolg erhöht werden. Gerade in den Brachewirtschaften, und in noch größerem Umfang im permanenten Regenfeldbau, führt eine schnelle Aussaat häufig zu einer besseren Ausnutzung kurzer Regenperioden, wodurch das Auflaufen der Pflanzen und die Ausnutzung der Niederschlagsperiode verbessert werden. Gleiches gilt für eine schnelle Unkrautbekämpfung, um Wasserverluste und Unterdrückung der Nutzpflanzen zu verhindern. In der Ernteperiode kann der wirtschaftliche Erfolg oft von einer schnellen Ernte, einem schnellen Transport, einer schnellen Verarbeitung und Lagerung entscheidend beeinflußt werden. Dies ist umso wichtiger, je empfindlicher die Produkte sind, wie dies bei vielen Dauerkulturen der Fall ist.
- Verbesserung und Gleichmäßigkeit der Qualität
  Mechanisierte Arbeitsprozesse führen durch die Reduzierung des menschlichen Einflusses in vielen Fällen zu einheitlichen Arbeitsprozessen mit relativ konstanter Arbeitsqualität. In empfindlichen Produktionsprozessen, wie beispielsweise der Schädlingsbekämpfung

und der Verarbeitung, aber auch bei der Bodenbearbeitung, kann die Konstanz der Arbeitserledigung zu höheren Erträgen führen. Dieses wiederum kann zu einer besseren Kontinuität in der Produktqualität führen. Unterschiedliche Arbeitsprozesse mit schwankender Genauigkeit der Durchführung kann beispielsweise bei Tee und Kaffee zu erheblichen Abstufungen der Qualität und damit der erzielbaren Preise führen.

- Ermöglicht bestimmte Nutzungen
  Die mit der Mechanisierung verbundene Möglichkeit, mechanisch-technische Fortschritte in die Betriebssysteme einzuführen, erlaubt gelegentlich eine Produktion an Standorten und unter Bedingungen, unter denen bislang diese Produktion nicht möglich war. So hat beispielsweise in etlichen Regionen die Einführung der Pflugkultur in Verbindung mit der Zugkraft von Schleppern eine Bodenbearbeitung erst erlaubt und damit den Anbau von Nutzpflanzen ermöglicht. Bisherige Grenzstandorte wurden der Nutzung zugeführt. Die Region Machakos in Kenia ist dafür ein Beispiel.

Voraussetzungen der Mechanisierung

Die Mechanisierung ist an Voraussetzungen gebunden, die in den einzelnen Betriebssystemen unterschiedlich erfüllt sind und dadurch zu unterschiedlichen Mechanisierungsniveaus führen. Diese Voraussetzungen lassen sich wie folgt zusammenfassen:

- Sie beansprucht Kapital
  Dies kann in einigen Fällen über Realkapitalbildung erlangt werden, wenn beispielsweise die Betriebe ihre Zugtiere selbst erzeugen. In der Regel sind aber Finanzmittel erforderlich. Dies gilt insbesondere dann, wenn mit der Mechanisierung ein größeres Bündel an mechanisch-technischen Fortschritten von außerhalb des Betriebes beschafft werden soll. Der Finanzmittelbedarf nimmt im allgemeinen mit steigendem Niveau der Mechanisierung zu. Der Kapitalbedarf kann aus der eigenen Kapitalverfügbarkeit oder über verschiedene Formen des Kredites beschafft werden. Viele Anzeichen deuten darauf hin, daß die Kapitalzufuhr von außen umso bedeutender ist, je mehr die Betriebssysteme den traditionellen Wirtschaftsweisen noch nahestehen. Umgekehrt gilt, daß mit zunehmender Produktion von Dauerkulturen und zunehmender Marktorientierung die Eigenkapitalbildung der Betriebe eine stärkere Eigenfinanzierung erlaubt.
- Sie erfordert Kenntnisse und Erfahrungen
  Dies gilt sowohl für die Nutzung der Mechanisierung in Betrieb und Haushalt, als auch für den gesamten Bereich des Finanzmanagements. Die technologischen Anforderungen, die mit der Einführung der Mechanisierung gestellt werden, sind in der Regel für die meisten Menschen sehr hoch und relativ um so höher, je traditioneller die bisherige Wirtschaftsweise war. Ungenügende Vorbereitung auf die Anwendung neuer Technologien führen daher unvermeidlich zu Fehlschlägen. Gerade in den Brachewirtschaften hat die nicht auf die Kenntnisse und Fähigkeiten der Menschen abgestimmte Einführung von mechanisch-technischen Fortschritten in den vergangenen 30 Jahren katastrophale Folgen gezeigt.
  Der Bereich des Finanzwesens ist dabei gleichermaßen schwierig. Erfahrungen mit Krediten und deren Rückzahlungen sowie damit verbundene oder entstehende Abhängigkeiten liegen oft nicht vor. Die Bedeutung der Kreditbedingungen sind nicht immer deutlich. Dies ist ebenfalls um so stärker ausgeprägt, je weniger die Menschen bisher mit dem Markt verbunden waren.

Zugtiernutzung

Die Einführung der Zugtiernutzung zeigt einige Besonderheiten, da sie in vielen Fällen die erste umfangreiche Mechanisierung in relativ traditionellen Betriebssystemen darstellt. Sie ist vielerorts, aber nicht immer, eine Vorstufe zur Einführung des Schleppers. Die Einführung der Zugtieranspannung ist ein dominierendes Element der Betriebssysteme der Brachewirtschaft, des permanenten Regenfeldbaus und des Bewässerungsfeldbaus. Seine hervorstechenden Merkmale und Eigenheiten sind:

a) Mit der Einführung der Zugtieranspannung wird die Tierhaltung in die Betriebe integriert. In vielen Fällen wurde vorher keine nennenswerte Tierhaltung betrieben. Fütterung, Haltung und Tiergesundheit sind neue Bereiche, in denen die Menschen erste Erfahrungen sammeln müssen. Mit Einführung der Tierhaltung können damit Grundlagen für eine

Weiterentwicklung zu Mischbetrieben gelegt werden, beispielsweise für intensive Feldgraswirtschaften oder Ackerfutterbau/Tierhaltung/Verkaufskultursysteme.

b) Als Tierart ist das Rind am weitesten verbreitet. Zugochsen sind dominierend. Milchkühe werden wesentlich seltener (z. B. in Indien) verwendet. Der Wasserbüffel ist das typische Zugtier in Betriebssystemen des Bewässerungsfeldbaues (z. B. in Südostasien). Die Beschaffung erfolgt in der ersten Stufe meist durch Zukauf. Nach Etablierung einer Tierhaltung werden auch eigene Tiere für die Arbeit angelernt.

c) Die Einführung der Zugtierhaltung bedeutet gleichzeitig die Einführung der Pflugkultur. Sie ist in den meisten Fällen der Grund für die Zugtiernutzung. Dies bedeutet arbeitswirtschaftlich eine Umorientierung in den Betrieben. Durch die Arbeitsersparnis und die Verkürzung der Arbeitsprozesse wird eine Umverteilung des Arbeitseinsatzes notwendig. Damit werden die Betriebe schlagkräftiger. Mit der Einführung der Pflugkultur ändert sich auch die Feldwirtschaft. Die Parzellen werden nun rechteckig, ihre Größe nimmt zu und die Zugangswege werden systematischer angelegt. Es entsteht eine deutlich abgegrenzte Flurstruktur, wodurch auch die damit häufig einhergehende Einführung von Fruchtfolgen optisch sichtbar wird.

d) Als Folge der Zugtiereinführung wird meist eine zunehmende Öffnung zu den Märkten nach Geräten für die Zugtiere (wie beispielsweise Hackgeräte, Erntegeräte) und Transportwagen sichtbar. Insbesondere die Anschaffung von ein- und zweiachsigen Ackerwagen erfolgt häufig kurz nach der Einführung der Zugtiere, wenn viel und häufig zum Markt transportiert werden muß. Dabei kann der Transport von nicht selbsterzeugten oder auch nicht-landwirtschaftlichen Produkten (wie beispielsweise Feuerholz, Holzkohle, Düngemittel) sehr bedeutend werden.

Die Kosten der Zugtierhaltung und des Arbeitseinsatzes sind landesspezifisch, meist sogar regionsspezifisch und hängen vor allem von den Anschaffungspreisen für Tiere und Geräte ab.

Schleppereinsatz

Die Einführung des Schleppers wird grundsätzlich von den gleichen Gründen und Voraussetzungen bestimmt wie die Einführung der Zugtieranspannung, jedoch zeigen sich folgende Abweichungen:

a) Mit der Einführung des Schleppers ist eine stärkere Spezialisierung in der Ackerwirtschaft festzustellen, die sich deutlich an höherwertigen Marktprodukten mit relativ hohen Preisen orientiert. Die Einführung des Schleppers führt nicht notwendigerweise zu einer Integration der Tierhaltung in das Betriebssystem, wie dies bei der Zugtierhaltung stattfindet. Häufig geht eine Reduzierung oder Aufgabe der Tierhaltung einher, da der Schlepper hohe Kapitalmengen beansprucht, die meist aus dem Verkaufsfruchtanbau besser zu erwirtschaften sind als mit der Tierhaltung.

b) Die Einführung des Schleppers erfolgt im Einzelbetrieb meist in Stufen. Solche Stufen, die für den Einzelbetrieb an dessen Kapitalverfügbarkeit angepaßt sein können, sind:
   - Lohnverfahren
     Die wirtschaftliche Entwicklung einer Region kann dazu führen, daß einzelne Betriebe in der Lage sind, die meist hohen Investitionskosten und laufenden Kosten für Schlepper aufzubringen und im Lohnverfahren Schlepperarbeit bereitstellen. Auf diese Weise gelangen Betriebe, die über solche Kapitalmengen nicht verfügen und den Schlepper nicht voll auslasten und wirtschaftlich einsetzen können, zu der Möglichkeit, ihn doch zu nutzen. Das Lohnverfahren ist in vielen Regionen mit Kleinbetrieben in Afrika und teilweise in Asien eine Mechanisierungsform sowohl in den Betriebssystemen der Brachewirtschaften, als auch insbesondere in denen des permanenten Regenfeldbaus, seltener in den Dauerkulturwirtschaften.
   - Maschinenringe, oder genossenschaftliche Schleppernutzung
     Diese im Rahmen der Entwicklungshilfe immer wieder diskutierten und probierten Konzepte haben sich bislang nicht in nennenswertem Umfang in den Betriebssystemen der Tropen und Subtropen etabliert.
   - Eigenbesitz des Schleppers
     Der Kauf eines Schleppers setzt eine Kapitalverfügbarkeit und eine Wirtschaftlichkeit des Schleppereinsatzes voraus, die in der Regel nur in sehr intensiv wirtschaf-

enden Regenfeldbaubetrieben, in Dauerkultursystemen und bei größerer Flächenausstattung gegeben sind. Die Verbreitung des Schlepperbesitzes der Einzelbetriebe ist daher besonders ausgeprägt in Betriebssystemen Lateinamerikas, wo mit größerer Flächenausstattung eine höhere Auslastung des Schleppers erreicht wird oder wo Dauerkulturen verbreitet sind. Allerdings ist der Zwang zum Schlepper in den Dauerkulturen weniger stark als in Brachewirtschaften und im permanenten Regenfeldbau, da die Bedeutung der Pflugkultur geringer ist.

c) Mit der Einführung des Schleppers wird die Schlagkraft, die Qualität der Arbeitserledigung und die Arbeitseinsparung im Vergleich zur Zugtieranspannung noch weiter verbessert und erhöht. Verbunden damit ist aber eine noch stärkere Abhängigkeit vom Markt, da die Arbeitswirtschaft nun auch von der Beschaffung betriebsexterner Produktionsmittel für den Schleppereinsatz (z. B. Dieselkraftstoff, Ersatzteile) abhängt und über Kredite stärker an das Bankenwesen angebunden ist. Der Umgang mit größeren Kapitalmengen und die Bewältigung der Finanzierungsprobleme stellt noch höhere Anforderungen an das betriebliche Management und die Fähigkeiten der Betriebsleiter. Es handelt sich in der Regel um bereits stark in den Markt integrierte Betriebssysteme.

Die Kosten für den Einsatz von Schleppern und zugehörigen Geräten sind sehr stark von den jeweiligen wirtschaftlichen und institutionellen Rahmenbedingungen eines Landes abhängig. Typisch sind die für viele Betriebe hohen Kaufpreise, die für einen Schlepper mit Pflug und Anhänger häufig den Wert des gesamten landwirtschaftlichen Betriebes übersteigen.

Die Handarbeitsstufe, die Zugtiernutzung und der Schleppereinsatz sind lediglich einige Eckpunkte einer wesentlich kontinuierlicheren Entwicklung, bei der viele Zwischenstufen, wie beispielsweise der Einachsschlepper, bestehen. Ein Vergleich dieser drei Stufen kann daher nur die Tendenzen aufzeigen. Grundsätzlich sind diese Stufen nicht einem Betriebssystem zuzuordnen. Sie können in allen Betriebssystemen mit Brachewirtschaften, permanentem Regenfeldbau, Dauerkulturwirtschaften und in Bewässerungssystemen in großem Umfang vorkommen. Es lassen sich jedoch leichte Tendenzen wie folgt erkennen:

- In Brachewirtschaften dominiert die Handarbeitsstufe, es ist aber auch in Anfängen Zugtierhaltung zu finden.
- Im permanenten Regenfeldbau hält sich in vielen Zonen die Handarbeitsstufe noch so stark wie die Zugtierhaltung und Schleppernutzung.
- In Dauerkulturwirtschaften entfällt die regelmäßige Feldbestellung, die Ackerpflege ist meist vereinfacht, die ständige Bodenbedeckung, die Pflege der Kulturpflanzen und die Ernte lassen sich häufig nicht oder nur sehr beschränkt mechanisieren, so daß die Produktion in vielen Fällen auf der Handarbeitsstufe erfolgt. Die Verarbeitung, der Transport und die Lagerung allerdings sind häufig mechanisiert.
- Die Bewässerungssysteme (Kapitel 3.4) zeigen hinsichtlich der Mechanisierung ähnliche Verhältnisse wie der permanente Regenfeldbau auf.

3.3.4.3 Exkurs: Herbizideinsatz und Arbeitswirtschaft

Mit den Betriebssystemen der Brachewirtschaft beginnt bereits eine Verunkrautung der Pflanzenbestände, die mit Pflegemaßnahmen bekämpft wird. Der Arbeitseinsatz hierfür erreicht im permanenten Regenfeldbau das höchste Niveau. Er ist besonders ausgeprägt beim Trockenreisanbau. Die Zunahme des Arbeitseinsatzes für Pflegemaßnahmen ist am trockenen Standort geringer und nicht so stark ausgeprägt als am feuchteren Standort.

Die Lieferung von chemischen Pflanzenschutzmitteln in die Tropen und Subtropen hat in den vergangenen 30 Jahren auch die Bereitstellung von Herbiziden eingeschlossen. Mit zunehmender Marktorientierung der Betriebssysteme eröffnet sich nun auch der Einsatz der Herbizide. Die Einführung dieser Form der Unkrautbekämpfung findet zunehmend im permanenten Regenfeldbau und in den Dauerkulturwirtschaften statt. Die ökonomischen Wirkungen beeinflussen direkt die Arbeitsverfügbarkeit und die Kapitalsituation der Betriebssysteme und lassen sich wie folgt zusammenfassen:

- Der Herbizideinsatz setzt Arbeit frei. Mit weniger Arbeitsaufwand kann der Bestand an Kulturpflanzen von Unkraut frei gehalten werden. Die freigesetzte betriebliche Arbeitskapazität kann in Arbeitsspitzen die Familienarbeitskräfte entlasten, eine fristgerechte Arbeitserledigung ermöglichen und Fremdarbeitskräfte einsparen. Die Ausbringung der Herbizide kann aber zu einer höheren Belastung der Menschen führen.

- Der Herbizideinsatz erfordert Kapital für den Kauf des Herbizids und für die Anschaffung von Ausbringungsgeräten, z. B. einer Rückenspritze. Kapital substituiert Arbeit. In vielen Ländern und Regionen mit permanentem Regenfeldbau und Dauerkulturwirtschaften führen niedrige Kosten des Herbizideinsatzes zum Überschreiten der Gewinnschwelle. Meistens sind die Herbizide relativ preiswert.

Die Beurteilung der Wirkung des Herbizideinsatzes auf die Entwicklung der Betriebssysteme ist sehr schwierig, da die Zeitdauer des Einflusses langfristige Wirkungen noch nicht klar erkennen läßt. Erfahrungen liegen aber im permanenten Regenfeldbau mit degenerierenden Flächen und rapide zunehmender Verunkrautung vor. Vor allem bei Ausbreitung von *Imperata cylindrica*, die in degenerierten Verhältnissen mit der Handhacke nicht mehr kontrolliert werden kann, hat sich der Einsatz von Herbiziden als Teilmaßnahme zur Regenerierung der Flächen als sinnvoll erwiesen.

In produktionsintensiven Betrieben ist bei den meistens vorherrschenden Preisen für Herbizide ihr Einsatz kurzfristig sinnvoll. Er erhöht die Schlagkraft der Arbeitsgänge, reduziert Arbeitskosten, reduziert das Produktionsrisiko und führt entsprechend zu mehr Produktionsstabilität.

Die langfristige Wirkung der Herbizide auf das ökologische und biologische Gleichgewicht an einem Standort mit einer Produktionsintensität, die an die Grenze der Leistungsfähigkeit der Fläche geht, ist nicht bekannt. Kenntnisse darüber sind aber grundsätzliche Voraussetzung für die Beurteilung des langfristigen Einflusses auf die Entwicklung der Betriebssysteme.

Durch die Substitution von Arbeit führt die Einführung von Herbiziden in Regionen mit ausgeprägtem saisonalen Arbeitseinsatz in der Unkrautbekämpfung zur Freisetzung von Arbeit und damit zu Arbeitslosigkeit. In der Regel trifft diese Arbeitslosigkeit landlose Familien oder Familien mit nicht ausreichender Flächenausstattung. Sie verdienen sich oft Bargeld mit saisonalen Pflegearbeiten in größeren Betrieben. Tendenziell wird eine schnellere Entwicklung größerer und wohlhabenderer Familien mit permanentem Regenfeldbau oder Dauerkulturwirtschaften und eine Verschlechterung des Lebensstandards der ärmeren Gesellschaftsgruppen zu erwarten sein.

3.3.5 Investitionen und Finanzierung

Die Investition von Kapital zur Beschaffung von Ressourcen (Produktionsfaktoren) und Erweiterung der Faktorkapazität nimmt bei der Entwicklung der Betriebssysteme von der Brachewirtschaft zum permanenten Regenfeldbau und den Dauerkulturwirtschaften an Umfang und Bedeutung zu. Parallel zu dieser Entwicklungsrichtung der ackerbaulich orientierten Betriebssysteme zeigen sich eine zunehmende Produktionsintensität, eine Steigerung des Einkommens und des Lebensstandards, abnehmende Bedeutung der Subsistenzversorgung, zunehmende Abhängigkeit vom Markt, zunehmender Kapitaleinsatz und steigende Anforderungen an das Betriebsmanagement.

Eine sinnvolle Investition setzt eine Rentabilität, die Verfügbarkeit des investierten Kapitals und die Rückzahlungsfähigkeit bei Kreditverwendung voraus. Dies hat für die subsistenz- und marktorientierten Betriebssysteme mit Knappheit an Fläche und besonderer Nutzung von Arbeit und Kapital folgende Besonderheiten:

a) Die Einführung der Zugtieranspannung erfordert in vielen Regionen einen Kapitalaufwand, der in Kleinbetrieben oft einen erheblichen Teil oder gar mehr als den Gesamtvermögenswert des landwirtschaftlichen Betriebes erreicht. Damit kann eine Investition bereits zu einem Existenzrisiko führen. Dies wird durch folgende Eigenschaften der Zugtierhaltung verstärkt:
   - Die Steigerung des Erlöses ist erst langfristig spürbar. Diese Steigerung wird indirekt über die Umverteilung des Arbeitseinsatzes zu effizienteren Produktionsrichtungen erreicht.
   - Die Steigerung des Erlöses ist meist nicht sehr groß und damit ist die Rentabilität begrenzt. Die häufig auftretende Arbeitserleichterung verändert nicht die Rentabilität.

   Dies bedeutet, daß der Anreiz, der von der Rentabilität ausgeht, in der Anfangsphase nicht sehr hoch ist und damit die Einführung der Zugtiernutzung langsam und vorsichtig erfolgt. In Betriebssystemen mit Brachewirtschaften ist die Rentabilitätserwartung sehr gering. Das Produktionsvolumen und die Preise sind so niedrig, daß die Einführung der Zugtierhaltung nur kleine Steigerungsraten der Wirtschaftlichkeit der Zugtiernutzung erlaubt. In der höherwertigeren Produktion des permanenten Regenfeldbaues und ganz besonders in Dauerkulturwirtschaften steigt die Rentabilität stark an.

b) Die Einführung des Schleppers erfordert eine hohe Investition. Das erforderliche Finanzvolumen übersteigt oft den Vermögenswert des Betriebes und führt damit zu einem hohen Risiko. Dieses wird dadurch vermindert, daß das Produktions- und Einkommenspotential beispielsweise über Dauerkulturen erhöht wird und dadurch die Kapitalverwertung wie auch die Kapitalrückflüsse zur Finanzierung verbessert werden.

Auch beim Schlepper gilt, daß die Steigerung der Wirtschaftlichkeit des Betriebes durch den Schleppereinsatz langfristig erfolgt. Mit dem Schlepper eröffnet sich aber häufig die Möglichkeit, durch Einsatz im Lohnverfahren für Arbeitsprozesse und Transport außerhalb des Betriebes zusätzliche Einkünfte zu erzielen. Da der Schlepper in Betriebssystemen mit besonderer Knappheit an Arbeit eingesetzt wird, führt er zu einer höheren Arbeitsverwertung und damit zu einer wichtigen Einkommenssteigerung in den Familienbetrieben. Solche Betriebssysteme sind insbesondere Betriebe mit mittelgroßer Flächenausstattung, bei der die Relation von Fläche zu Arbeit oberhalb 10 : 1 liegt oder arbeitsintensiv wirtschaftende Betriebe mit mehreren Arbeitsgängen der Bodenbewirtschaftung pro Jahr.

Die Finanzierung muß in den Betriebssystemen des permanenten Regenfeldbaues in der Regel über Fremdkapital erfolgen. In Dauerkulturwirtschaften hat der Eigenkapitalanteil an der Finanzierung eine gewisse Bedeutung erlangt. Jedenfalls ist der Beitrag des Eigenkapitals wesentlich höher als im permanenten Regenfeldbau.

c) Die Investition in Dauerkulturen ist besonders dadurch gekennzeichnet, daß während der Aufbauphase der Anlage noch keine Erlöse aus der Investition erwirtschaftet werden. Dies ist bedingt durch die Tatsache, daß der Naturalertrag bei Dauerkulturen erst nach längerer Zeit als bei den annuellen Kulturen anfällt. Die Dauerkulturen unterscheiden sich in der Dauer der »Nicht-Ertrags-Phase« oder vorzufinanzierenden Produktionsphase sehr stark (Tab. 41). Während Zuckerrohr bereits nach einem Jahr geerntet werden kann, ist bei Kakao oder Gewürznelken erst nach 8 bis 11 Jahren der erste Ertrag zu erwarten. Dies bedeutet einen Kapitalbedarf nicht nur zur Erstellung der Anlage, sondern auch für ihre Pflege und für die Verzinsung des Anlagekapitals bis zum ersten Ertrag.

Die Nutzungsdauer der Anlage ist langfristig. Sie kann 2 bis 8 Jahre bei dauerhaften Feldkulturen, 10 bis 50 Jahre bei Strauchkulturen und 30 bis 100 Jahre bei Baumkulturen umfassen. Häufig haben Dauerkulturen mit langen ertragslosen Perioden auch eine lange Nutzungsdauer. Je traditioneller die Sorten, umso länger sind die ertragslosen Perioden und die Nutzungsdauer. Entsprechend ist der Spielraum für Rückzahlungen von Krediten zur Erstellung ertragbringender Anlagen.

Für die Wirtschaftlichkeit der Investitionen in Strauch- und Baumkulturen ist auch der Verlauf der Leistungen im Zeitablauf von Einfluß. In vielen Fällen erreicht der Naturalertrag nach den ertragslosen Anfangsjahren seine maximale Ertragsleistung und sinkt dann langsam ab. Arbeits- und Kapitalbedarf verhalten sich umgekehrt. Abb. 39 zeigt zwei typische Beispiele. Dies gilt nicht für einige mehrjährige Feldkulturen, die nur eine Ernte erlauben.

Die Nutzung des Produktes der Dauerkulturen kann in vielen Fällen sowohl im eigenen Haushalt als auch über den Markt erfolgen (Tab. 41). Die Anlage von Dauerkulturparzellen für den Eigenbedarf ist allerdings oft nicht wirtschaftlich. In traditioneller Wirtschaftsweise werden Dauerkulturen ohne systematische Bewirtschaftung und ohne planmäßige Parzellenanlage im Garten angebaut und zur Eigenversorgung der Familie genutzt, wie beispielsweise bei Banane, Papaya, Mango, Ölpalme, Kokospalme, Kaffee, Zuckerrohr, Sisal oder Pfeffer. Wirtschaftlich sinnvolle Investitionen in Dauerkulturanlagen sind in der Regel nur über eine planmäßige Bewirtschaftung, Verarbeitung und Vermarktung möglich.

Die Finanzierung der Mechanisierung und der Erstellung von ertragsfähigen Anlagen der Dauerkulturen ist ein Kernproblem für die Entwick-

Tab. 41. Dauerkulturen und deren Nutzungsmöglichkeiten in subsistenz- und marktorientierten Betriebssystemen

Kulturart	Verkaufsprodukt	Eigenverbrauch	Jahre bis zum ersten Ertrag	Nutzungsperiode in Jahren
1. Kurze Investitionsperiode (dauerhafte Feldkulturen)				
Zuckerrohr	Stengel	Saft/Zucker	1–1,5	2–4
Ananas	Frucht	Frucht/Saft	1,5	6–8
Sisal	Blatt	Faser	3	5–9
Pyrethrum	Blüte	Öl	1	2–3
Pfeffer	Frucht	Frucht	2,5–3	20–30
2. Mittelfristige Investitionen (Strauchkulturen)				
Bananen	Frucht	Frucht	1–2	10–20
Kaffee	Frucht	Bohne	3	50–80
Tee	grüne Blätter	getrocknete Blätter	3	50
Reben	Trauben	Trauben/Wein	3	50–80
3. Langfristige Investitionsperioden (Baumkulturen)				
Zitrus	Frucht	Frucht/Saft	3–5	40
Ölbaum	Frucht/Öl	Frucht/Öl	7–8	30
Ölpalme	Öl	Öl	3–4	35–50
Kokospalme	Kopra	Öl	4–6	60–80
Dattelpalme	Frucht	Frucht	5	75–100
Kautschuk	Rindensaft	Rohgummi	4–7	35
Kakao	Frucht	Bohnen	8–11	80–100
Kaschunuß	Nuß	Nuß	3	20
Mango	Frucht	Frucht/Saft	4–5	50
Gewürznelken	Blütenknospen	Blütenknospen	8–9	100

lung der subsistenz- und marktorientierten Betriebssysteme mit Knappheit an Fläche und besonderer Nutzung von Arbeit und Kapital. An diesem Problem entscheiden sich häufig die Entwicklungsmöglichkeiten dieser Systeme.

Die Eigenkapitalbildung reicht in der Regel zur Finanzierung nicht aus. Dies gilt für alle Entwicklungsstufen: der vergleichsweise niedrige Kapitalbedarf für die Einführung der Zugtiernutzung ist für viele Betriebe in der Brachewirtschaft zu hoch, der Kapitalbedarf für die Anschaffung eines Schleppers übersteigt bei Kleinbetrieben im permanenten Regenfeldbau die Finanzkraft, und der Kapitalanspruch bestimmter Dauerkulturen ist für Brachewirtschaftssysteme und den permanenten Regenfeldbau nicht immer zu leisten. Allerdings bieten die Dauerkulturen die Möglichkeit der Realkapitalbildung, die die Abhängigkeit von einer betriebsexternen Finanzierung erheblich reduzieren kann. Der Einsatz von Arbeit für Roden, Auspflanzen und Pflege über mehrere Jahre bis zur ersten Ernte vermindert den Kapitalbedarf auf den Zukauf von Saatgut oder Setzlingen und Mineraldüngung. In traditionellen Systemen werden auch die Pflanzen selbst angezogen. Dieser Weg steht Kleinbetrieben offen, die sich an einem marktnahen Standort für Produkte der Dauerkulturen befinden.

3.3.6 Lagerhaltung, Verarbeitung und Vermarktung

3.3.6.1 Lagerhaltung

In den Betriebssystemen der Brachewirtschaften, des permanenten Regenfeldbaus und der Dauerkulturwirtschaften entwickelt sich eine ausgeprägte Lagerhaltung, die auf folgenden Tendenzen basiert:

a) In den Brachewirtschaften werden Wurzelfrüchte (Maniok, Yams, Taro) über längere Zeit geerntet. Der Konsum erfolgt häufig direkt nach der Entnahme aus dem Feld. Lagerhaltung wird kaum betrieben. Bei den Getreidearten (Millet, Sorghum, Teff, Bergreis,

Mais) ist die Ernteperiode auf nur kurze Zeit beschränkt. Lagerung für die Eigenversorgung wird notwendig. Durch den zeitversetzten Anbau wird aber auch die Ernte der verschiedenen Parzellen zeitlich versetzt und damit die Lagerung reduziert.

Lagerhaltung wird auch aus Gründen der Risikoabsicherung betrieben. In der Erwartung niedriger Erträge in der Zukunft wird eine Sicherheitsmenge an Nahrungsmitteln im Lager gehalten.

b) Mit zunehmender Intensivierung der Produktion, dem Wechsel zu Kulturpflanzen, die eine kurze Ernteperiode bedingen und mit dem Übergang von den traditionellen (Mischanbau, zeitversetzte Pflanzung) zu modernen Anbauformen und Fruchtfolgen wird die Lagerhaltung für die Eigenversorgung ausgedehnt. Dies wird im permanenten Regenfeldbau deutlich. Die Einführung von Verkaufskulturen schließlich führt zur Lagerhaltung, die dem Zweck besserer Produktpreise dient. In Abhängigkeit vom Markt wird die Lagerdauer und der Lagerungsumfang bestimmt. Lagerhaltung ist damit auch ein Instrument der Vermarktung. Es bestehen aber produktspezifische Unterschiede.

c) In den Betriebssystemen mit Dauerkulturwirtschaften werden die Produkte der Dauerkulturen häufig nicht in der Familie konsumiert. Sie müssen oft sofort nach der Ernte verarbeitet und vermarktet werden. Eine Lagerung findet nur dann statt, wenn die Verarbeitung auf dem Betrieb erfolgt und ein günstiger Vermarktungszeitpunkt abgewartet werden kann. Die Produktion zur Eigenversorgung erfolgt dann meist auf anderen Flächen. Lagerhaltung wird dann meist nur für die Subsistenzprodukte betrieben.

d) Mit zunehmender Marktorientierung werden immer mehr Produkte für den Haushalt vom Markt bezogen. Die Subsistenzprodukte und damit auch die Lagerung nehmen an Bedeutung ab.

e) Die Lagerhaltung von Produktionsmitteln nimmt mit zunehmender Intensivierung der Produktion zu. Saatgut muß bereits in den Brachewirtschaften gelagert werden. Bei der Beschaffung von betriebsexternen Produktionsmitteln kann eine Lagerung notwendig werden, wenn Preisvorteile genutzt werden sollen oder wenn die Sicherheit der Beschaffung dies erfordert.

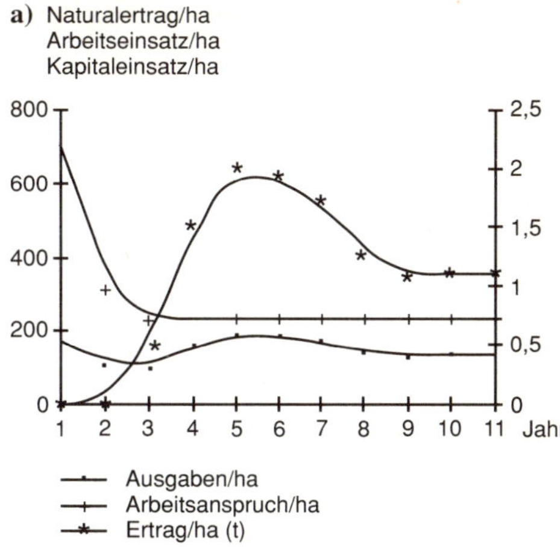

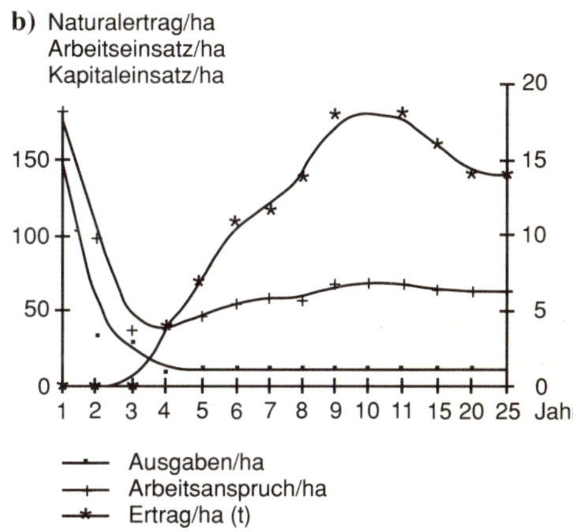

Abb. 39. Die Entwicklung von Naturalertrag, Arbeitseinsatz und Kapitaleinsatz bei Dauerkulturen in Kleinbetrieben a) Kaffeeanbau in Kleinbetrieben, Kolumbien, b) Ölpalmen in Kleinbetrieben, Sumatra (Quelle: VARELA, E. (39); RUTHENBERG, H. und ANDREAE, B. (34)).

Im Laufe der Entwicklung sind vielfältige Formen der Lagerhaltung entstanden. Die wichtigsten davon sind:

- Einlagerung auf dem Felde, z. B. durch Einmieten, wie beispielsweise bei Sorghum in Brachesystemen in Südwest-Somalia
- Lagerung im Haus in Säcken, Körben oder lose, wie beispielsweise in Südostasien
- Lagerung in traditionellen Vorratsbehältern (Speichern) in der Nähe der Wohnstelle, wie beispielsweise in weiten Zonen Afrikas

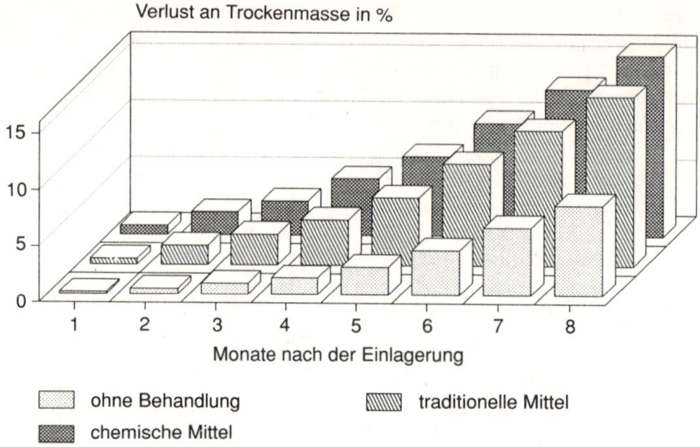

Abb. 40. Verluste bei der Lagerung von Kolbenmais in traditionellen Speichern in Kleinbetrieben mit Brachewirtschaften in Togo (Quelle: ALBERT, H. (1)).

– Lagerung in Steinhäusern, die häufig von mehreren Familien oder dem gesamten Dorf genutzt werden. Insbesondere in Asien sind solche Formen als Selbsthilfegruppen entstanden.

Die Lagerung in traditionellen Vorratsbehältern ist in einer großen Vielfalt zu finden. Sie hängt vom Klima, der Bauweise der Wohnstellen, der kulturellen Entwicklung und von der Nähe zum Markt ab.

Die Lagerung von Nahrungsmitteln ist verbunden mit Verlusten bei der Lagerung. Damit geht ein Teil des produzierten Gutes verloren. Die Lagerungsverluste hängen von dem Zustand des Lagerungsgutes bei der Einlagerung (z. B. Beschädigungen bei der Ernte), von klimatischen Verhältnissen, von Insekten, Nagern, Pilzen und von Diebstahl sowie von der Lagerdauer ab. Die Verluste bei der Lagerung können sich wie folgt zeigen:

– Verminderung der Qualität des eingelagerten Produktes
  Dies ist bei der Eigenversorgung nicht notwendigerweise mit Verschlechterung der Versorgung verbunden, da minderwertige Marktprodukte keine Minderung des Nährwertes aufweisen müssen. Es können aber Nährstoffverluste auftreten. Bei Verkauf ist mit Preisreduzierungen zu rechnen. Für eingelagertes Saatgut können Qualitätsminderungen zu schwerwiegenden Konsequenzen hinsichtlich der Keimfähigkeit führen.

– Reduzierung der physischen Menge des eingelagerten Gutes
  Sowohl bei der Eigenversorgung als auch bei den Markterlösen ist mit Verlusten zu rechnen.

Der Umfang der Verluste kann erhebliche Ausmaße annehmen. Am semihumiden Standort in Togo wurden bei der Maislagerung in Kleinbetrieben mit Brachewirtschaften die in Abb. 40 dargestellten Verlustraten ermittelt. Die Verlustwerte wurden aus verschiedenen »On-farm«-Versuchen bei einem mittleren Schädlingsbefall abgeleitet. Mit zunehmender Lagerdauer steigen auch die relativen Verluste an. In Abb. 40 beträgt der Verlust der unbehandelten Kolbenlagerung nach achtmonatiger Lagerdauer 15,4%. Dieser Verlustwert ist allerdings nur wenig aussagekräftig, da der tatsächliche (quantitative) Lagerungsverlust von der Einlagerungsmenge, der Lagerdauer und der monatlichen Entnahme bestimmt wird.

Wird die Einlagerungsmenge in regelmäßigen monatlichen Abständen aus dem Lager entnommen, dann reduzieren sich die Lagerungsverluste auf 6% der Einlagerungsmenge. Bei verkürzter Lagerdauer, wie sie für viele Betriebe gelten, sind die Verluste noch erheblich niedriger. Bei einer regelmäßigen monatlichen Entnahme und einer Lagerdauer von sechs Monaten entstehen Lagerungsverluste von 3,7% und bei einer Lagerdauer von drei Monaten von 1,3% der Einlagerungsmenge.

Wird der eingelagerte Mais mit Vorratsschutzmitteln behandelt, dann reduzieren sich die Verluste entsprechend der Effizienz der eingesetzten Mittel. So entstehen beispielsweise bei der mit chemischen Mitteln behandelten Kolbenlagerung (Abb. 40) bei einer Einlagerungsmenge von 600 kg, einer regelmäßigen monatlichen Maisentnahme von 100 kg und einer Lagerdauer von sechs Monaten Lagerungsverluste von 11,2 kg (1,9% der Einlagerungsmenge).

Die Maßnahmen gegen Verluste lassen sich unterscheiden nach Einlagerung des Korns ohne Behandlung, Behandlung mit Neem (z. B. Mischen mit Neemblättern), Mischen mit Asche oder Sand, Räuchern, Behandlung mit Tierexkrementen oder Rückständen der Palmschnapsherstellung sowie Behandlung mit chemischen Mitteln.

Lagerhaltung erfordert Aufwendungen für das Lager und den Betrieb der Lagerhaltung und bringt Verluste. Traditionelle Lagerhaltung beansprucht vor allem Arbeit. Baustoffe sind in der Regel auf dem Betrieb oder im Dorf kostenlos oder zu niedrigen Preisen verfügbar. Moderne Lagerformen hängen in erheblichem Umfang von der Verfügbarkeit und den Preisen der Baustoffe vom Markt ab. Entsprechend nimmt mit steigender Marktverbundenheit und Barmittelverfügbarkeit die Tendenz zu massiven und größeren Lagern zu.

Die Bedeutung der Lagerhaltung ergibt sich insbesondere aus der Eigenversorgung. Lagerhaltung zur Abschöpfung von Preissteigerungen des eingelagerten Produktes ist seltener und für kleine Mengen verbreitet. Mit größerer Lagerung für Verkaufsprodukte wird durch die Ausdehnung des Lagerraumes und die Sicherung der Qualität in vielen Fällen die Finanzkraft von Betriebssystemen der Brachewirtschaft und des permanenten Regenfeldbaues überschritten.

3.3.6.2 Verarbeitung und Vermarktung

Die **Verarbeitung** landwirtschaftlicher Produkte kann sowohl vor als auch nach einer Lagerung und für den Eigenbedarf als auch für den Markt sinnvoll sein. Bei der Verarbeitung ist grundsätzlich danach zu unterscheiden, ob sie im Betrieb oder außerhalb stattfindet. Dies bestimmt zu einem erheblichen Teil den Freiheitsgrad der Betriebe beim Verkauf. Die wichtigsten betrieblichen Formen der Verarbeitung sind:

- Die Verarbeitung und Behandlung von Nahrungsmitteln vor der Einlagerung. Dazu zählt beispielsweise das Entlieschen und Entkolben bei Mais, das Pressen von Öl aus der Ölpalme oder Sesam, das Vergären zu alkoholischen Getränken, das Trocknen der verschiedensten Produkte sowie die Behandlung mit Mitteln zur Verhinderung von Lagerverlusten. Arbeitswirtschaftliches Kennzeichen ist die zeitlich beschränkte Durchführung gleich nach der Ernte. Traditionelle Techniken sind weit verbreitet und erfordern wenig Kapitaleinsatz.
- Die Verarbeitung von Nahrungsmitteln zum direkten Verbrauch nach der Ernte oder nach der Lagerung. Dazu zählen beispielsweise das Pressen von Zuckerrohrsaft, Mahlen von Reis und Sorghum, Trocknen und Vergären verschiedener Produkte, das Schälen von Maniok oder die Herstellung von Mehl. Arbeitswirtschaftlich erreicht dies in der Regel einen hohen Aufwand, der sich aber über große Zeiträume verteilen kann. Traditionelle Techniken mit meist niedrigem Kapitalbedarf sind weit verbreitet. Jedoch werden auch kapitalintensivere neue Techniken mit steigender Marktorientierung eingesetzt.
- Die Verarbeitung von Nahrungsmitteln für den Verkauf. Dazu zählen Reinigen und Selektieren zur Verbesserung der Qualität sowie Trocknen.
- Die Verarbeitung von Nicht-Nahrungsmitteln für den Verkauf, wie z. B. Jute, Sisal oder Gewürze.

Die betriebliche Verarbeitung findet in allen Betriebssystemen der Brachewirtschaft und des permanenten Regenfeldbaus statt. Traditionelle Verarbeitungstechniken dominieren.

In den Betriebssystemen mit Dauerkulturen nimmt die Verarbeitung eine hervorragende Stellung ein. Die Verarbeitung der meisten Produkte des Dauerkulturanbaus erfolgt allerdings nicht in den landwirtschaftlichen Betrieben. Produkte, die davon abweichen sind insbesondere Kaffee, Kakao oder Kautschuk. Der betriebliche Verarbeitungsprozeß erreicht aber in der Regel nicht die Stufe des Endproduktes, sondern lediglich eine transportwürdige Verarbeitungsstufe. Bei den Produkten, die in der eigenen Familie verbraucht werden, erfolgt die Verarbeitung überwiegend mit traditionellen Techniken. Die Verarbeitung außerhalb der Betriebe ist durch hohes technisches Niveau gekennzeichnet. Tab. 42 zeigt einen Überblick über typische Verarbeitung und Verwendung ausgewählter Dauerkulturen.

Die Verarbeitung außerhalb der Betriebe mit Dauerkulturen steht meist in direktem Zusammenhang zur Vermarktung. Dies läßt sich wie folgt charakterisieren:

Tab. 42. Möglichkeiten der Verarbeitung und Vermarktung von Produkten der Dauerkulturen in tropischen Familienbetrieben (Produktion in Familienbetrieben)

Produkt	Verarbeitung		Verwendung		Vermarktungsorganisationen
	im Betrieb	betriebsextern	Familie	Markt	
1. Kurze Investionsperioden (dauerhafte Feldkulturen)					
Bananen	–	–	ja	ja	selten
Zuckerrohr	ja	ja	Saft	selten	ja
Ananas	–	zu Saft	ja	ja	ja
Sisal	ja	ja	selten	ja	ja
Pyrethrum	Trocknen	ja	nein	nein	ja
2. Mittelfristige Investitionen (Strauchkulturen)					
Kaffee	(ja)	ja	(ja)	(ja)	ja
Tee	(ja)	ja	(ja)	(ja)	ja
Gewürze	ja	ja	ja	ja	ja
3. Langfristige Investitionen (Baumkulturen)					
Zitrus	–	zu Saft	ja	ja	ja
Ölpalme	ja	ja	ja	ja	ja
Kautschuk	ja	ja	nein	nein	ja
Kakao	Trocknen	ja	(ja)	selten	ja
Mango	–	zu Saft	ja	ja	ja

( ) = Einschränkung, vor allem wegen unterschiedlicher Qualität und unterschiedlichem Endprodukt

a) Trennung von Produktion und Verarbeitung/Vermarktung
Das landwirtschaftliche Produkt wird von den Betrieben an private Einzelhändler verkauft. Über den Handel wird das Produkt in großen Mengen von einer privaten, halbstaatlichen oder staatlichen Einrichtung aufgekauft, verarbeitet und vermarktet.

b) Genossenschaftliche Verarbeitung und Vermarktung
Produktion, Verarbeitung und Vermarktung liegen sehr nahe beieinander. Der erzeugende Betrieb liefert direkt zur Genossenschaften. Diese verarbeitet das Produkt und gibt dann entweder die Vermarktung an den Privathandel ab, oder betreibt auch die Vermarktung. Die Vermarktung wird vor allem dann an den Handel abgegeben, wenn die Kapazität der Genossenschaft zu klein oder der Markt weit entfernt ist, wie z. B. beim Export. Die Beziehung zwischen produzierendem Betrieb und Genossenschaft kann unterschiedlich sein:

– Handelt es sich um Genossenschaften, bei denen die Landwirte die Genossen bzw. Eigentümer, zumindest aber mehrheitlich an den Entscheidungen der Genossenschaft beteiligt sind, so erfolgt in der Regel eine vollständige Belieferung dieser Genossenschaft durch alle Mitglieder. Abweichungen sind häufig nicht zulässig und nicht selten auch mit sozialen Sanktionen verbunden. Bewährte Beispiele sind bei der Verarbeitung von Kaffeebohnen und ihrer Vermarktung in Kolumbien zu finden.
– In sehr vielen Fällen der Genossenschaften handelt es sich um Vereinigungen von Interessengruppen, wie beispielsweise Händler oder Investoren, die nicht den landwirtschaftlichen Produzenten einschließen. Diese Genossenschaften sind meistens erheblich größer als die bäuerlichen Genossenschaften und versuchen eher die an die Betriebe auszuzahlenden Preise zu drücken als dies in den bäuerlichen Genossenschaften der Fall ist. Die Kapitalverfügbarkeit ist meistens sehr hoch sowie auch das Interesse, über den Markt mehr Einfluß auf die Abschöpfung von Preis- und Handelsspannen zu nehmen. Diese Genossenschaften besitzen da-

her meist die Verarbeitungsanlagen und die zugehörige Vermarktungsorganisation. In etlichen Fällen besitzen sie sogar das Monopol in einem Land.

c) Anbindung an Plantagen-Verarbeitung und -Vermarktung
Kleinbetriebliche Dauerkulturwirtschaften werden sehr oft in Regionen betrieben, in denen auch Plantagenwirtschaft besteht. Häufig sind diese Regionen räumlich so organisiert, daß an günstigen Produktionsstandorten die unter der Kolonialzeit aufgebaute Plantagenwirtschaft produziert. Im Laufe der Jahre haben sich um diese Plantagen herum Kleinbetriebe mit Dauerkulturen entwickelt. Diese Entwicklung wurde möglich, da die Verarbeitungsmöglichkeiten und der Marktanschluß der Plantagen auch von den Kleinbetrieben genutzt werden konnten. Es entstand eine Zusammenarbeit, die sich wie folgt organisiert:

- Vertragslandwirtschaft. Verträge zwischen den Plantagenbetrieben und den Kleinbetrieben bestimmen häufig Liefermenge, Lieferzeitpunkt, Produktqualität und gelegentlich auch den Preis. Diese Zusammenarbeit sichert den Kleinbetrieben den Absatz und Preis und damit die Barmittel für den Betrieb. Die Übernahme des Markrisikos durch die Plantagen führt aber zu niedrigeren Auszahlungspreisen.
- Freier Aufkauf der Produkte durch die Plantage, je nach Anlieferung der Kleinbetriebe und Bedarf der Plantagenbetriebe. Diese Zusammenarbeit ermöglicht den Kleinbauern hohe Preise, wenn eine hohe Knappheit besteht. Die Bedingungen am Markt werden aber ohne Einschränkungen an die Kleinbauern weitergegeben. Sie tragen das Marktrisiko und müssen sich der Auslastung der Kapazität der Verarbeitungsanlagen der Plantagen anpassen.

Die Vorteile dieser Zusammenarbeit liegen für die Kleinbetriebe darin, einen Marktzugang für Produkte der Dauerkulturen zu haben, dadurch Barmittel zu bekommen und in der Regel eine höchst wirtschaftliche Produktion betreiben zu können. Der Marktzugang bezieht sich dabei auf die Verarbeitung des Produktes, damit es am Markt abgesetzt werden kann, auf den Transport und auf die Verkaufsabwicklung. Für die Verarbeitung in den Kleinbetrieben ist für solche Fälle häufig das Kapital und technische Wissen für Verarbeitungsanlagen nicht vorhanden. Auch die Vermarktung, insbesondere für den Export, kann von einzelnen Kleinbetrieben nicht durchgeführt werden.

Tab. 43. Verwendungsmöglichkeiten von Mais in Kleinbetrieben mit Brachewirtschaft in der Küstenregion Togos

Leistung	Haushalt	Tierproduktion
Hauptleistung:		
Saatgut	–	–
Maiskolben	geröstete Maiskolben	–
Maiskörner	geröstete Körner	–
	gekochte Körner	Abfall als Futter
	Maisbier	–
Maismehl	Maisbrei/ Cous-Cous	–
	Maissuppe	–
	Maisbrot/ Krapfen	
Nebenleistung:		
Maisblätter	Verpackung	Futter
Kleie	–	Futter
Stengel	Bau- und Brennmaterial, Dünger	Futter in Trokkenzeit
Spindeln	Schwammersatz, Stöpsel	–
Lieschblätter	Verpackung, Füllstoff für Matratzen	–
trockene Blätter	–	Futter in Trockenzeit
Unkraut	–	Futter für Großvieh, Schafe

Die Vorteile einer solchen Zusammenarbeit für die Plantagen sind die Steigerung der Kapazitätsauslastung der Verarbeitungsanlagen, die Sicherung einer einheitlichen und guten Qualität bei eigener Verarbeitung der Produkte, ein Vermarktungsgewinn durch Differenzen zwischen Einkaufs- und Verkaufspreis, Gewinnmargen am Markt durch ein größeres Angebot mit einheitlicher Qualität und grundsätzlich Kostenersparnisse durch größere Vermarktungsmengen.

Tab. 44. Die Verwendung der Nahrungsmittelproduktion in Betriebssystemen der Brachewirtschaft in Nabogo und Kpalon in Nordghana (in kg/Familie/Jahr)

Nahrungs-mittel	Eigenver-brauch	Zukauf	Subsistenz-produktion	Verkauf	Eigen-produktion
Mais	2796	265	2531	312	2843
Erdnuß	612	0	612	1461	2073
Reis	395	0	395	474	869
Millet	204	0	204	11	215
Yams	353	0	353	0	353

Quelle: SCHULER, J. (35), S. 51

3.3.7 Selbstversorgung, Einkommen, Liquidität und Risiko

Die subsistenz- und marktorientierten Betriebssysteme mit Knappheit an Fläche und besonderer Nutzung von Arbeit umfassen eine große Gruppe von Betriebssystemen in den Tropen und Subtropen, die an der Schwelle von der traditionellen zu den modernen Systemen stehen. Dies betrifft sowohl die Produktionstechnik, als auch die langfristige Wirtschaftlichkeit und insbesondere auch das Verhalten der Menschen. Dies schlägt sich im Selbstversorgungsgrad, im Einkommen, in der Liquiditätssituation, im Risiko und den Maßnahmen zu dessen Verhinderung nieder.

3.3.7.1 Versorgungssituation

Die wichtigsten Bereiche der Versorgung sind die Bereitstellung von Nahrungsmitteln, Genußmitteln, Wasser, Kleidung, Wohnung, Transportmitteln, Bildung und Ausbildung sowie die Sicherstellung von Gesundheit.

Die Versorgung der Familie mit Nahrungs- und Genußmitteln aus der Eigenproduktion des Betriebes ist in den Brachewirtschaftssystemen noch relativ hoch und nimmt beim Übergang zu den Betriebssystemen des permanenten Regenfeldbaus und den Dauerkultursystemen in der Regel ab. Während der Wert der vom Betrieb für die eigene Familie bereitgestellten Nahrungsmittel in den Betriebssystemen der Brachewirtschaft häufig bei etwa 80% liegt, sinkt er in Betriebssystemen mit Dauerkulturen in vielen Fällen auf 30% ab, da nun die restlichen 70% durch die Barmittelverfügbarkeit vom Markt beschafft werden können.

Mit fortschreitender Marktorientierung geht mit der Reduzierung des Anteils der betriebseigenen Nahrungsmittellieferung meistens auch eine Veränderung der Konsumgewohnheiten einher. In Brachewirtschaften dominieren die typischen Subsistenzprodukte und entsprechend sind die Konsumgewohnheiten von Sorghum, Millet, Maniok, Yams oder Mais und in Asien von Reis bestimmt. Die Verwendungsgewohnheiten sind extrem vielfältig. Tab. 43 zeigt am Beispiel von Mais die traditionelle Verwendung der Produkte in der menschlichen Ernährung, dem Haushalt, der Fütterung und als Verpackungsmaterial. Mit zunehmender Marktbezogenheit steigt der Konsum der, gemessen am Marktwert, höherwertigeren Produkte. Der Übergang von Sorghum oder Maniok zu Weizen oder Reis sind klassische Beispiele. Häufig geht eine Reduzierung der sonstigen Nutzungs- und Verwendungsarten einher. Mehr Barmittel werden verfügbar und erlauben zunehmend die Beschaffung von Artikeln des täglichen Bedarfs, wie beispielsweise Verpackungsmaterial und Küchenausstattung, auf dem Markt. Damit nimmt die traditionelle Produktverwendung, wie beispielsweise die Verwendung von Bananen- oder Maisblättern als Geschirr, ab.

Die Nahrungsmittelproduktion und ihre Verwendung in Betriebssystemen mit Brachewirtschaften ist noch stark an dem Eigenbedarf ausgerichtet. Tab. 44 zeigt ein typisches Beispiel. Der Zukauf für die Versorgung der Familie beschränkt sich auf Perioden mit knapper Eigenversorgung. Dies ist häufig vor der Ernte der Fall, wenn keine Vorräte mehr eingelagert sind. Der Verkauf umfaßt den Überschuß typischer Subsistenzprodukte. Dieser Überschuß wird zur Risikoabsicherung eingeplant. In Jahren mit schlechten Erträgen dient er der Eigenversorgung. In guten Ertragsjahren werden die nicht benötigten Subsistenzprodukte verkauft. Die Einführung der ersten typischen Verkaufskulturen (z. B. Baumwolle) deuten bereits den Übergang zum permanenten Regenfeldbau an.

In den Betriebssystemen mit permanentem Regenfeldbau verschwindet die Naturbrache, und oft sind andere Maßnahmen zur Erhaltung der Bodenfruchtbarkeit noch nicht ausreichend eingeführt. An Standorten mit ungünstigen Klimabedingungen und schlechten Böden zeigt sich durch zunehmend schlechtere Produktionsleistungen ein Verarmungsprozeß, den die Familien durch eine Rückentwicklung aufzufangen versuchen. Die höheren energetischen Leistungen der Wurzelfrüchte Maniok und Yams pro Flächeneinheit führen dazu, daß sie wieder eingeführt bzw. ausgedehnt werden, und zwar auf Kosten der wertvolleren Produkte (z. B. Getreide) mit allerdings geringerer Versorgungsleistung pro Flächeneinheit. Solche degenerierenden Systeme können langfristig nicht bestehen.

An guten Standorten und bei guten Marktverbindungen führt der Markteinfluß in den entwicklungsfähigen Betriebssystemen des permanenten Regenfeldbaus zu einer Steigerung des Zukaufs von Produktionsmitteln und der Beschaffung von Investitionsgütern zur Mechanisierung. Der Einsatz betriebseigener Produktionsmittel geht relativ zurück. Arbeit wird über die Mechanisierung durch Kapital substituiert.

Im Laufe dieser Entwicklung zeigt die zunehmende Mechanisierung einen abnehmenden Versorgungsanteil aus der Eigenproduktion der Betriebe. So hat beispielsweise die Mechanisierung in Tansania (Binder, K., 5) den Selbstversorgungsgrad der Familien wie folgt verändert (in %):

	Brachewirtschaft	permanenter Regenfeldbau	
	Handhacke	Zugtiere	Schlepper
Pflanzliche Produkte	90	62	65
Tierische Produkte	31	39	30
Gesamtproduktion	87	61	62

In dieser Entwicklung wird der Selbstversorgungsanteil aus der Pflanzenproduktion zuerst reduziert. Der Anteil aus der Tierproduktion kann dabei zunächst noch konstant bleiben oder gar ansteigen, wenn über die Zugtierhaltung die zusätzliche Nutzung von tierischer Produktion sich als Koppelproduktion anbietet. Langfristig zeigt sich aber, daß auch der Selbstversorgungsanteil in der Tierproduktion zugunsten des Zukaufs zurückgeht. Dies wird gelegentlich durch bessere Qua-

Tab. 45. Die Versorgung der Haushalte in Betriebssystemen der Brachewirtschaft bei unterschiedlichen Standortverhältnissen und mit traditionellen und verbesserten Maissorten in Swaziland (durchschnittliche Familie pro Jahr)

Versorgungsparameter	Regionen und Maissorten			
	Middleveld		Lubombo	
	lokal	verbessert	lokal	verbessert
1. Energetische Bilanz				
Subsistenz in MJ	22 231	24 318	22 516	19 040
Nahrungsbedarf in MJ	32 043	32 198	30 419	25 700
Zukauf in MJ	9 813	7 880	8 263	6 660
Standardabweichung der Subsistenz in MJ	12 341	14 940	13 831	9 494
2. Proteinbilanz				
Proteinzufuhr in kg	171	181	178	162
Proteinbedarf in kg	97	97	91	78
Überschuß in kg	74	84	87	80
Standardabweichung der Proteinzufuhr in kg	93	110	91	58
3. Jahresration einer Familie in kg				
Mais	1 138	1 228	1 149	935
Bohnen	51	49	64	45
Jugobohnen	9	10	25	2
Erdnüsse	35	41	33	40
Kürbis	89	126	94	104
Sorghum	9	2	1	4
Kartoffeln	39	70	52	61
Süßkartoffeln	26	24	30	18
Maniok	1	7	7	3
Gemüse	158	171	177	162
Bananen	9	16	7	4
Ananas	1	2	0	2
andere Früchte	15	17	18	25
Milch	253	259	247	225
Eier (in Stück)	9	11	10	11
Rindfleisch	127	101	109	136
Huhn/Hähnchen	41	41	52	48
Ziegen-, Schaffleisch	6	2	15	1
Schweinefleisch	3	3	9	7

Quelle: Kariuki, J. (22), S. 349, 353, 356

lität und Hygiene des zugekauften Produktes, z. B. bei der Milch, oder durch Lagerhaltungsprobleme bei großen Schlachteinheiten gefördert.

Mit dem Übergang zu Brachewirtschaften und permanentem Regenfeldbau geht häufig eine regionale Entwicklung einher, die an manchen Standorten gute Möglichkeiten außerbetrieblicher Beschäftigung bietet. Es kann zu kleinen Familienbetrieben im Zuerwerb kommen, in denen die außerbetrieblichen Einkünfte sowohl die betriebliche als auch die haushaltsbezogene Entwicklung beeinflussen. Tab. 45 zeigt solche Betriebssysteme für die Brachewirtschaft im Übergang zum permanenten Regenfeldbau. In dieser Übergangsstufe spielt die Einführung biologisch-technischer Fortschritte eine wichtige Rolle. Im aufgeführten Beispiel aus Swaziland handelt es sich um die Einführung von Hybridmais. Die Wirkung solcher Fortschritte wird sehr stark von den Standortverhältnissen bestimmt. Im Beispiel der Tab. 45 sind sie in der Region Middleveld besser als in Lubombo.

Die Ergebnisse zeigen die für stabile und entwicklungsfähige Betriebssysteme typische Situation: Die Nahrungsmittelversorgung der Familie reicht in durchschnittlichen Jahren sowohl im traditionellen System wie auch bei der Einführung von technischen Fortschritten aus.

Die empirischen Daten aus dem aufgeführten Beispiel zeigen aber auch, daß die Einführung bestimmter technischer Fortschritte zwar positive Wirkungen hat, diese können aber unter anderen Standortbedingungen auch negativ sein. Die Standardabweichung im Beispiel der Tab. 45 deutet auf eine große Streuung der Nahrungsversorgung zwischen den Familien hin, die die Vermutung zuläßt, daß doch ein wesentlicher Teil der Familien Engpässe in der Versorgungslage kennen muß.

Die Jahresration einer Familie spiegelt die Konsumgewohnheiten wider und stellt die Nutzung der Produktions- und Zukaufsbedingungen zur Versorgung der Familie dar. Die Rationen in Tab. 45 zeigen eine hinsichtlich Getreide, Wurzelfrüchten, eiweißreichen pflanzlichen Produkten, Gemüse und Obst sowie tierischen Produkten ausgeglichen zusammengesetzte Nahrungsgrundlage, die offensichtlich wenig vom Standort und der Einführung technischer Fortschritte beeinflußt wird. Allerdings wird dies durch die außerbetrieblichen Einkünfte in diesem Falle begünstigt. Die Stabilität der Konsumstruktur und Konsumgewohnheiten ist in entwicklungsfähigen Betriebssystemen der Brachewirtschaften und des permanenten Regenfeldbaues meistens hoch und oft konträr zur Produktionsstabilität dieser Betriebssysteme.

Die Abnahme des Selbstversorgungsgrades für den Gesamtbetrieb wird im Zeitablauf weiter voranschreiten und zeigt besonders dann deutliche Sprünge, wenn Dauerkulturen für die Marktbelieferung systematisch angebaut und genutzt werden. In den Betriebssystemen mit Dauerkulturen sind die Entwicklungsrichtungen, die beim Übergang von der Brachewirtschaft zum permanenten Regenfeldbau aufgezeigt wurden, noch deutlicher ausgeprägt. Der Konsum im Haushalt basiert zum größten Teil auf dem Zukauf vom Markt. Der Subsistenzanteil wird häufig nur noch in Hausnähe, oft im Garten, produziert. Er beschränkt sich meist auf Körnerleguminosen, Gemüse und Früchte, selten noch Maniok oder Sorghum.

Neben der Versorgung der Familie mit Nahrungsmitteln ist die Versorgung mit Genußmitteln, Trinkwasser, Kleidung, Wohnung und Medizin entscheidend für den Lebensstandard. Bei der Entwicklung der Betriebssysteme von der Brachewirtschaft über den permanenten Regenfeldbau zu den Dauerkultursystemen ändern sich die Wohnungsansprüche und die Möglichkeiten der Wohnungsversorgung. Durch die Seßhaftwerdung beim Übergang zu den Brachewirtschaften werden die Wohnstellen massiv errichtet. Der Zugang zu Bargeld erlaubt, Baumaterialien vom Markt zu beschaffen. Häufig sind bereits Steinhäuser und Blechdächer zu finden. Diese erlauben das Einsammeln von Niederschlägen. Dadurch wird hygienisch einwandfreies Wasser für den Haushalt verfügbar. Für viele Familien wird gleichzeitig der Arbeitsaufwand für die Beschaffung von Trink- und Gebrauchswasser reduziert. Verbesserte Wohnqualität, Trinkwasserverfügbarkeit und -qualität führen zu einer Verbesserung der Gesundheitssituation.

Es entstehen Gärten um die Wohnstelle, die mit zunehmender Entwicklung zum permanenten Regenfeldbau, unter anderem auch durch den Zwang aus der zunehmenden Flächenknappheit, immer intensiver und ausgedehnter bewirtschaftet werden. Dominierend sind dabei häufig zunächst Obstbäume, die zunehmend durch Gemüseanbau ergänzt werden. Dies führt zu einer Verbesserung der Versorgung, die meist in Statistiken nicht erfaßt wird.

Diese allgemeine Entwicklung der Versorgung in den Betriebssystemen von der Brachewirtschaft über den permanenten Regenfeldbau zu den Dauerkulturwirtschaften beinhaltet oft äußerst schwierige Entwicklungsphasen, die vor allem durch eine Verschärfung der Flächenknappheit als Folge der Realteilung bei gleichzeitig hohem Bevölkerungswachstum und der Bodendegradierung entstehen.

3.3.7.2 Einkommen

Die Einkommenssituation in den subsistenz- und marktorientierten Betriebssystemen mit Knappheit an Fläche und besonderer Nutzung von Arbeit zeigt folgende hervorstechenden Merkmale:

a) Das Betriebseinkommen ist in den Brachewirtschaften am niedrigsten. Selbst bei relativ hoher Flächenausstattung bleibt das Einkommensniveau durch die niedrige Produktionsintensität und Flächenproduktivität niedrig (Tab. 46). Der Eigenverbrauch stellt noch eine wichtige Einkommenskomponente dar. Er wird vor allem aus der Pflanzenproduktion gedeckt. Vertraute Produktionsrichtungen werden oft noch einer intensiven und modernen Produktionsweise vorgezogen. Eine solche, aus der Kenntnis anderer Betriebe vertraute Produktionsrichtung ist die Tierhaltung. Mit ihr wird gelegentlich die Brachfläche genutzt, wenn keine anderen Alternativen der Intensivierung und Nutzung der Arbeitskräfte vorhanden sind. Unter solchen Bedingungen, wie sie hier am Beispiel eines trockenen Standorts in den Subtropen aufgezeigt werden, können Übergänge zu den Betriebssystemen mit Feldgraswirtschaften bestehen.

b) Das Betriebseinkommen steigt von den Betriebssystemen der Brachewirtschaften über die des permanenten Regenfeldbaus an (Tab. 46 und 47). Auch die zunehmende Mechanisierung wirkt sich einkommensfördernd aus. Im permanenten Regenfeldbau stellt der Eigenverbrauch immer noch eine wesentliche Komponente des Einkommens dar. Allerdings geht dies mit zunehmender Ausdehnung von typischen Verkaufskulturen, wie z. B. Baumwolle, zugunsten der Einnahmen aus dem Verkauf zurück.

c) Das Familieneinkommen, welches das Betriebseinkommen und die Einkommen der Familienmitglieder aus außerbetrieblicher Tätigkeit umfaßt, steigt beim Übergang von den Brachewirtschaften zum permanenten Regenfeldbau häufig ebenfalls an. Durch die Mechanisierung werden Arbeitsengpässe in den Betrieben aufzufangen versucht. Die wichtigste Ursache dafür liegt aber in zunehmenden Beschäftigungsmöglichkeiten außerhalb der Betriebe. Dies kann auf eine allge-

Tab. 46. Einkommenssituation und -vergleich in Betriebssystemen der Brachewirtschaft bei unterschiedlicher Flächenausstattung in Syrien (pro Jahr)

Einkommens-parameter	größere Betriebe ohne Weizen	größere Betriebe mit Weizen	kleinere Betriebe mit Weizen	kleinere Betriebe wenig Gerste
Faktorausstattung				
Betriebsgröße in ha	22,5	25,3	16,5	16,9
Familienmitglieder	5,9	5,5	6,0	4,0
Gerste in ha	15,7	14,3	8,5	4,9
Weizen in ha	0	5,9	4,2	3,0
Betriebsertrag in DM				
Verkauf aus Pflanzenproduktion	182	219	130	149
Tierproduktion	894	903	984	499
Bestandsveränderung	530	607	573	618
Naturallöhne und Eigenverbrauch	554	608	519	540
Summe Betriebsertrag	2160	2 337	2 206	1806
Betriebsaufwand in DM				
Produktionsmittel	1082	1 072	761	679
Löhne für Fremd AK	172	135	161	148
Sonstiges	–	–	–	–
Summe Betriebsaufwand	1254	1 207	922	827
Betriebseinkommen				
in DM/Betrieb	905	1 130	1 284	979
in DM/Person	153	177	214	234
in DM/ha	58	58	139	118
Getreideäquivalent in kg Weizen/Betrieb	9100	11 300	12 800	9800

Quelle: März, U. (26), S. 231, 232

Tab. 47. Einkommenssituation und -vergleich in Brachewirtschaften und im permanenten Regenfeldbau (pro Jahr)

Einkommens-parameter	Brachewirtschaft		perman. Regenfeldbau	
	Handarbeitsstufe		Zugtiere	Schlepper
	Ghana	Tansania	Tansania	Tansania
Betriebsgröße in ha	10,9	2,6	7,4	5,1
Familienarbeit, AKh	17 040	2517	3 598	2839
Betriebsertrag in DM				
Verkauf aus				
Pflanzenproduktion	476	199	1 997	1690
Tierproduktion	763	69	1 072	332
Bestandsveränderung	0	9	200	81
Naturallöhne und				
Eigenverbrauch	2 251	1818	3 856	3305
Sonstiges	326	0	742	0
Summe Betriebsertrag	3 816	2095	7 867	5408
Betriebsaufwand in DM				
Produktionsmittel	807	53	587	153
Löhne für Fremd-AK	187	0	0	0
Bestandsveränderung	0	5	40	12
Abschreibung	517	6	459	60
Unterhaltung	259	0	77	0
Sonstiges	0	0	1	153
Summe Betriebsaufwand	1 770	64	1164	378
Betriebseinkommen				
in DM/Betrieb	2 046	2031	6 703	5030
in DM/Arbeitsstunde	0,1	0,8	1,9	1,8
iin DM/ha	188	781	906	986
Getreideäquivalent				
in kg Mais/Betrieb	5 800	3100	10 300	7700
Außerbetriebliches Einkommen in DM	0	548	1 266	810
Familieneinkommen				
in DM/Familie	2 046	2579	7 929	5840
in DM/Person	91	385	871	721

Quelle: SCHULER, J. (35),S. 67; BINDER, K. (5), S. 111; DOPPLER, W. (11), S. 186; MUNZINGER, P. (28), S. 315

meine wirtschaftliche Entwicklung der betreffenden Region zurückzuführen sein, aber auch auf eine steigende Arbeitsnachfrage in anderen, meist größeren landwirtschaftlichen Betrieben der Region.

d) Beim Übergang vom permanenten Regenfeldbau zu den Dauerkulturwirtschaften kommt es zu weiter steigender Knappheit der Fläche. Durch Steigerung der Produktions-, Verarbeitungs- und Vermarktungsintensität steigt auch die Knappheit bei Arbeit weiter an. Daraus folgt vielfach eine zunehmende Substitution von Arbeit durch Kapital (Mechanisierung) und häufig ein sprunghafter Anstieg des Betriebseinkommens. Dies ist umso stärker ausgeprägt, je stärker die Marktanbindung erfolgte und besonders preiswürdige Produkte erzeugt werden. Es kommt zu einer Mechanisierung, die bei Arbeitsknappheit einkommenssteigernd wirkt. Auch das Betriebseinkommen je Faktoreinheit steigt in der Regel an, wobei der Anstieg je Flächeneinheit trotz

Mechanisierung in vielen Fällen noch stärker ist als der Anstieg des Einkommens pro Arbeitskraft und je Kapitaleinheit.

Abschließende Beurteilungen über die Einkommensniveaus müssen die Schwankungen des Einkommens in mehreren Familien und damit das Einkommensrisiko berücksichtigen. Im allgemeinen zeigt sich, daß das Einkommensrisiko in den Betriebssystemen der Brachewirtschaft und des permanenten Regenfeldbaus sehr hoch ist. Die Ursachen liegen vor allem in den noch nicht ausreichend an die gegebene Flächenknappheit angepaßten Produktionstechniken, an den oft ungünstigen Standortverhältnissen des permanenten Regenfeldbaus und schließlich an der Sensibilität der Märkte für diese Betriebssysteme. In Dauerkulturwirtschaften sind die langfristigen Schwankungen der Einkommen und die Unterschiede zwischen den Jahren und zwischen den einzelnen Betrieben in der Regel wesentlich niedriger. Die Marktbeziehungen sind besser ausgebaut und die Betriebe besser auf die Marktbedingungen abgestellt.

Die Streuung der Einkommen für die gleiche Zeitperiode innerhalb der Familien eines Betriebssystemes zeigt Tab. 48 beispielhaft. Die Standardabweichung von Betriebseinkommen und Familieneinkommen ist im Beispiel aus Swaziland für verschiedene Standorte mit oder ohne Einführung technischer Fortschritte so hoch, daß in vielen Fällen eine weitere Differenzierung der Betriebssysteme vorgenommen werden muß, wenn spezifische Verbesserungsvorschläge gemacht werden sollen.

Tab. 48. Einkommenssituation und -vergleich von Betriebssystemen der Brachewirtschaft an unterschiedlichen Standorten mit traditionellen und verbesserten Maissorten in Swaziland (pro Jahr)

	Regionen und Maissorten			
Einkommensparameter	Middleveld lokal	Middleveld verbessert	Lubombo lokal	Lubombo verbessert
Faktorausstattung				
Betriebsgröße, ha	2,27	2,3	1,9	2,38
Familienmitglieder	11,11	11,02	11,66	9,58
Familien-AKh	7589	7338	7483	5507
Einkommen in DM				
Betriebseinkommen				
Mittelwert	1195	1371	1042	1052
Standardabweichung	1122	1261	905	984
Außerbetriebliche Einkünfte	1538	1927	1640	1759
davon in Bar	787	892	825	1040
Familieneinkommen				
Mittelwert	2733	3293	2683	2810
Standardabweichung	2075	4001	1694	2145
Haushalt in DM				
Nahrungszukauf	1217	1273	1413	1219
Andere Lebenshaltungsausgaben	1249	1501	1029	1092

Quelle: nach Kariuki, J. (22), S. 68, 72

3.3.7.3 Finanzielle Belastbarkeit, Liquidität und Risiko

Die Entwicklung von Betriebssystemen der Brachewirtschaft zu denen des permanenten Regenfeldbaues und der Dauerkulturwirtschaften ist geprägt durch eine zunehmende Finanzierung von Technologien und durch Kenntnisse, die von außerhalb des Betriebes beschafft werden müssen. In diesen subsistenz- und marktorientierten Betriebssystemen spielt zwar die Eigenleistung bei der Schaffung von Produktions-, Verarbeitungs- und Absatzmöglichkeiten weiterhin noch eine wichtige Rolle, der Kauf und damit die Finanzierung von größeren Vorhaben nimmt aber immer mehr an Bedeutung zu.

Daraus entstehen die für diese Gruppe von Betriebssystemen besonders typischen Fragen nach der finanziellen Belastbarkeit bei Investitionen und der Sicherung der Liquidität und Unabhängigkeit von Geldverleihern. Die wichtigsten Bereiche, für die diese Fragen relevant werden, sind häufig:

a) Investitionen in die Mechanisierung, z.B. Zugtiernutzung, Schleppereinsatz, Geräte zur Bodenbearbeitung
b) Investitionen in Verarbeitungsanlagen, vor allem bei Dauerkulturen
c) Investitionen in Gebäude für Lagerhaltung und Anlagen zur marktmäßigen Vorbereitung der Verkaufsprodukte
d) Liquiditätsengpässe bei der Vorfinanzierung der Produktion (z. B. Saatgut, Handelsdünger, Schädlingsbekämpfungsmittel etc.), der Lagerhaltung und der Versorgung der Familie in der Periode vor der nächsten Ernte.

Tab. 49. Kapitaldienstgrenze in Betriebssystemen der Brachewirtschaft und des permanenten Regenfeldbaus bei unterschiedlichen Mechanisierungsstufen (in DM/Jahr)

Einkommen, Aufwendungen	Brachewirtschaft	permanenter Regenfeldbau		
	Ghana (Tamale)	Tanga-Region in Tansania		
		Handarbeit	Zugtiere	Schlepper (Miete)
Familieneinkommen	2046	2579	7929	5840
– Haushaltsentnahme	582	778	2382	1539
Eigenkapitalbildung	1464	1801	5547	3941
+ Zinsen (Aufwand)	50	0	193	0
– Risikoabschlag	401	498	1402	1124
Nachhaltige Kapitaldienstgrenze	1113	1303	4338	2817
– Abschreibungen	571	6	459	60
– Aktueller Kapitaldienst	0	0	310	0
Aktuelle Kapitaldienstgrenze	542	1297	3569	2757

Quelle: BINDER, K. (5), S. 126; MUNZINGER, P. (28), S. 315, SCHULER, J. (35)

Zur Ermittlung der Wirtschaftlichkeit der Investition dient als Maß ihre Auswirkung auf das Einkommen. Zur Ermittlung der Sicherheit der Rückzahlung von Fremdkapital und Zinsen, die sich aus einer Investition ergeben, wird die Analyse der Kapitaldienstbelastung verwendet. Die Ermittlung der dazu erforderlichen nachhaltigen und aktuellen Kapitaldienstgrenze ist in Tab. 49 am Beispiel von Betriebssystemen mit unterschiedlicher Mechanisierungsstufe dargestellt.

Die allgemeine Entwicklung zeigt, daß die nachhaltige Kapitaldienstgrenze mit zunehmender Marktorientierung der Betriebe ansteigt und damit auch beim Übergang von den Brachewirtschaften über den permanenten Regenfeldbau zu den Dauerkulturwirtschaften. Soweit es allerdings im permanenten Regenfeldbau zu einer verschärften Knappheit an Fläche kommt, die nicht mehr über eine Steigerung der Produktionsintensität ausgeglichen werden kann und die Arbeitsproduktivität abnimmt, geht auch die Kapitaldienstgrenze zurück. In den Dauerkulturwirtschaften liegt die Kapitaldienstgrenze in der Regel am höchsten. Die aktuelle Kapitaldienstgrenze folgt häufig der Entwicklung der nachhaltigen Kapitaldienstgrenze.

Die Kapitaldienstgrenze steigt in der Regel mit zunehmender Mechanisierung. Im allgemeinen steigen aber die Lebenshaltungskosten der Familie beim Übergang von den Betriebssystemen der Brachewirtschaft bis zu den Dauerkulturwirtschaften durch Änderung des Konsumverhaltens und insgesamt durch höhere Bedürfnisse bei der Versorgung der Familie, so daß daraus eine Reduzierung der Kapitaldienstgrenze festzustellen ist.

Die Liquidität des Betriebes und der Familie soll sicherstellen, daß Finanzmittel verfügbar sind, wenn notwendige Ausgaben entstehen. Die Liquidität kann auf der Seite der Auszahlung durch Reduzierung der Ausgaben und auf der Seite der Einzahlung durch Erhöhung der Verkaufserlöse, Beschaffung von Krediten, Verwendung von Rücklagen und durch Erhöhung von außerbetrieblichen Einkünften gesichert werden. Im Rahmen der Entwicklung von den Brachewirtschaften zu den Dauerkulturwirtschaften nehmen die Verkaufserlöse und die Verwendung von Krediten zu. Tab. 50 zeigt ein Beispiel für die steigenden Einzahlungen und Auszahlungen mit zunehmender Mechanisierung. Im Betriebssystem mit Zugtieranspannung werden mehr Finanzmittel beansprucht, es erzeugt aber auch gleichzeitig eine »höhere« Liquidität.

Das Risiko der Familien gilt grundsätzlich für folgende Bereiche:

a) Das Risiko der Produktion, wie beispielsweise das Absinken der Erträge bei gegebenen Aufwendungen; das Risiko der Lagerhaltung, wie beispielsweise das Auftreten von Lagerverlusten; das Marktrisiko, wie beispielsweise negative Preisänderungen infolge von Angebot-/Nachfrageveränderungen;
b) Das Risiko der Investition, d. h. daß die erwartete Wirtschaftlichkeit oder die erwartete Liquidität als Folge von Preis-/Kostenände-

Tab. 50. Liquiditätsentwicklung in Betriebssystemen mit Brachewirtschaft und permanentem Regenfeldbau in Tansania bei unterschiedlicher Mechanisierungsstufe (in DM/Periode)

Liquiditätsparameter	Ernte	Lagerung	Aussaat	Pflege
1. Brachewirtschaft auf Handarbeitsstufe				
Einzahlung:				
Bar aus Vorperiode	10	70	84	11
Ackerbau	179	0	20	0
Tierproduktion	10	10	25	25
Dienste	0	0	0	0
Kredite	0	0	0	50
außerbetrieblich	74	242	116	116
Verfügbare Summe:	273	322	245	202
Auszahlung:				
Produktionsmittel	1	1	1	1
Löhne, Dienste	8	4	39	36
Investitionen	0	0	0	0
Kapitaldienst	0	0	0	0
Privatentnahmen	194	233	194	156
Verbrauch, Summe:	203	238	234	193
Überschuß	70	84	11	9
2. Permanenter Regenfeldbau mit Zugtieranspannung				
Einzahlung:				
Bar aus Vorperiode	150	1506	1445	1164
Ackerbau	1398	100	400	100
Tierproduktion	204	204	383	281
Dienste	284	355	31	71
Kredite	0	0	0	0
außerbetrieblich	327	367	286	286
Verfügbare Summe:	2363	2532	2545	1902
Auszahlung:				
Produktionsmittel	85	25	299	85
Löhne, Dienste	67	63	388	252
Investitionen	0	174	0	0
Kapitaldienst	110	110	99	90
Privatentnahmen	595	715	595	476
Verbrauch, Summe:	857	1087	1381	903
Überschuß	1506	1445	1164	999

Quelle: Modifiziert nach Binder, K. (5), S. 130

rungen oder niedrigerer Leistungen nicht eintreffen. Es entstehen wirtschaftliche Verluste und bei Illiquidität der Verlust von Vermögen, z. B. Fläche. Das Einkommensrisiko, d. h. das Risiko, daß das erwartete Einkommen nicht erreicht wird, ergibt sich aus der Gesamtheit von Produktions-, Lagerhaltungs-, Verarbeitungs-, Markt- und Investitionsrisiko.

Das Investitionsrisiko ist im allgemeinen am höchsten in den Betriebssystemen der Brachewirtschaften, da auf dieser Entwicklungsstufe noch wenig Erfahrung mit umfassenden technischen Neuerungen und dem mit der Investition verbundenen Finanzwesen vorliegen. In den Betriebssystemen des permanenten Regenfeldbaues liegt das Investitionsrisiko meist etwas niedriger und basiert vor allem auf Unsicherheiten bei der Entscheidung über

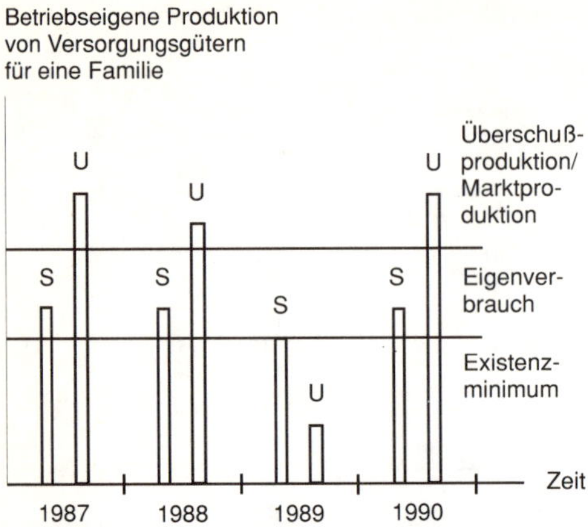

Abb. 41. Die Wirkung einer gesicherten niedrigen (S) und einer unsicheren hohen (U) Versorgungslage der Familie auf die Existenzsicherung und Marktbelieferung.

die Zweckmäßigkeit der einzuführenden technischen Neuerungen. In den Dauerkulturwirtschaften sind beide Ursachen schon stark abgebaut, so daß in der Regel das Investitionsrisiko im Vergleich niedriger ist. Allerdings kann sich das Marktrisiko negativ auf das Investitionsrisiko auswirken. Das Einkommensrisiko ist in den Betriebssystemen der Brachewirtschaften um so niedriger, je näher diese Betriebssysteme noch beim Wanderfeldbau stehen. Je weiter die Reduzierung der Naturbrache fortschreitet und noch nicht entsprechende Ersatzmaßnahmen eingeführt wurden, um so höher ist das Einkommensrisiko. Dabei besteht die Gefahr, daß das Einkommen kontinuierlich absinkt mit zunehmender Knappheit an Fläche und ungenügenden Maßnahmen zur Stabilisierung und Intensivierung der Produktion. Beim Übergang vom permanenten Regenfeldbau zu den Dauerkulturwirtschaften nimmt das Einkommensrisiko in der Regel stark ab.

c) Von besonderer Qualität ist das Existenzrisiko. Tritt der Risikofall ein, ist die Familie in ihrer Existenz bedroht. Dies führt in traditionellen Betriebssystemen, die häufig in der Nähe des Existenzminimums sind, zu einem Entscheidungsverhalten, das primär auf Existenzsicherung basiert und das sich in einer sehr hohen Zurückhaltung neuen technischen oder organisatorischen Fortschritten gegenüber äußert. Abb. 41 soll darstellen, daß unter unsicheren Erwartungen über den Erfolg von neuen Maßnahmen die traditionelle auf Ausschalten jeglichen Existenzrisikos ausgerichtete Verhaltensweise rational notwendig ist. Das Ziel der Existenzsicherung geht über das Ziel der Einkommensmaximierung durchschnittlicher Jahre hinaus.
Die Einführung technischer Fortschritte kann oft zu einer Steigerung der jährlichen Produktion im Durchschnitt vieler Jahren führen und sogar die Möglichkeit von Überschüssen eröffnen, die dann zum Markt gebracht werden können. Damit könnte der Beginn einer Marktorientierung der Betriebe eingeleitet werden. Das Problem liegt meist in der aus Unkenntnis vernachlässigten Situation, daß die Sicherheit wesentlich empfindlicherer »moderner« Produktionssysteme, auf die zudem die Kenntnis der Familien und Berater noch nicht abgestimmt ist, in ungünstigen Jahren zu extremen Produktionsausfällen führen können (Abb. 41). Extreme Situationen mit nicht ausreichender Versorgung der Familien sind in wesentlich größerem Umfang an »moderne« Produktionssysteme gekoppelt als vielerorts eingestanden wird. Eine Familie, die Gefahr läuft, unterhalb des Existenzminimums zu fallen, wird neuen Konzeptionen nicht folgen und nicht folgen dürfen. Selbst von den Familien subjektiv empfundene Existenzrisiken können erst abgebaut werden, wenn diese objektiv, d. h. durch für sie sichtbare Tatsachen, widerlegt sind. In vielen Fällen behaupten Berater, daß solche Familien nur wegen mangelnder Information einer solchen subjektiven Sicht unterliegen, ohne selbst aber jemals den Beweis dafür erbracht zu haben, daß jeglicher Abfall unter das Existenzminimum unter allen real vorstellbaren Standortbedingungen ausgeschlossen ist.

Diese Zusammenhänge sind in den Betriebssystemen vom Wanderfeldbau über die Brachewirtschaften bis zum permanenten Regenfeldbau von zentraler Bedeutung und haben bislang den Erfolg vieler Entwicklungsprojekte fragwürdig gemacht.

3.3.8 Entwicklungsprobleme und Entwicklungspotential

Die Entwicklungsdynamik subsistenz- und marktorientierter Betriebssysteme mit Knappheit an Fläche und besonderer Nutzung des Produktionsfaktors Arbeit (Regenfeldbau) erfährt ihre wichtigste Antriebskraft aus der zunehmenden Öffnung zum Markt und wird beeinflußt von den Standortverhältnissen und steigenden Bevölkerungsdichten. Die daraus resultierende zunehmende Knappheit an Fläche wird vor allem durch Intensivierung der Produktion aufzufangen versucht.

Die Entwicklung dieser Betriebssysteme führt vom Wanderfeldbau zur Brachewirtschaft und zum permanenten Regenfeldbau, die dann, wenn der Markt oder die verfügbaren Ressourcen es zulassen, in Bewässerungs- oder Dauerkultursysteme übergehen können. Beim Übergang von den Betriebssystemen des Wanderfeldbaus zu denen der Brachewirtschaften und des Regenfeldbaus treten folgende **Probleme** auf:

a) Die Dauer der Naturbrache nimmt ab und muß durch andere Maßnahmen der Erhaltung der Bodenfruchtbarkeit aufgefangen werden. Die Abnahme der Bodenfruchtbarkeit ist umso schneller, je ungünstiger die natürlichen Standortverhältnisse, vor allem die Bodenverhältnisse, sind. In den meisten Fällen ist die Periode der Entwicklung und Übernahme neuer bodenfruchtbarkeitserhaltender Techniken langsamer als der Verbrauch der Bodenfruchtbarkeit durch Reduzierung der Naturbrache, so daß über bestimmte Perioden ein Ressourcenverbrauch erfolgt. Bei besonders ungünstigen Standortverhältnissen führt diese Entwicklung zur Degeneration der Systeme und langfristig zum Ausscheiden der Flächen aus der landwirtschaftlichen Produktion. Diese Verhältnisse sind zur Zeit besonders stark in den semiariden Zonen Afrikas mit sauren, phosphatarmen und leichten Böden, wie beispielsweise im Sahel, verbreitet.

b) Die Knappheit an Arbeit nimmt zu. Dies führt zum Einsatz von Fremdarbeitskräften. Da die Knappheit zuerst bei extrem ausgeprägten Arbeitsspitzen beginnt, wie beispielsweise bei der Unkrautbekämpfung oder der Ernte, werden vor allem saisonale Fremdarbeitskräfte eingestellt. Daraus ergibt sich in den Dörfern und regional ein Beschäftigungseffekt für landlose oder landarme Familien.

c) Als Folge der zunehmenden Knappheit an Arbeit gewinnt die Mechanisierung große Bedeutung. Sie entwickelt sich in der Bodenbearbeitung und im Transport über die Zugtierhaltung bis hin zum Schlepper. Auch in der Verarbeitung und in der Tierhaltung werden arbeitssparende technische Fortschritte eingeführt. Die Substitution von Arbeit durch Kapital zeigt auf regionaler Ebene eine Absenkung der Beschäftigung von landarmen und landlosen Familien.

d) Die Substitution von Arbeit durch Kapital erfolgt aber auch durch den Einsatz von Herbiziden. Mit extrem hohen Zuwachsraten findet der Herbizideinsatz gerade im permanenten Regenfeldbau Eingang. Dies wird dadurch gefördert, daß niedrige Preise für Herbizide ihren Einsatz aus der Sicht des Einzelbetriebes kurzfristig lohnend machen. Preissubventionierungen unterstützen diese Situation. Die Wirkung des Herbizideinsatzes auf die Beschäftigung der landlosen und landarmen Familien ist negativ.
Diese soziale Komponente verschärft sich noch dadurch, daß die meisten landwirtschaftlichen Entwicklungsprojekte primär die Landeigentümer oder Pächter oder solche Familien fördern, die Zugang zur Ressource Fläche haben. Landarme und landlose Familien, deren sozioökonomische Verhältnisse in der Regel wesentlich schlechter sind, werden nicht einbezogen. Die derzeitigen Hungerkatastrophen der Erde betreffen weniger die Landbesitzenden, sondern vor allem die Landlosen und Landarmen. Gerade diese leben in Regionen, in denen die Brachewirtschaften und der permanente Regenfeldbau die dominierenden Betriebssysteme sind.

e) Als Folge der Mechanisierung und des Herbizideinsatzes nimmt der Zwang zur Beschaffung von Bargeld zu. Die Orientierung an der Produktion von typischen Verkaufsfrüchten verstärkt sich. Der Anbau richtet sich zunehmend nach den preiswürdigsten Produkten. Die Eigenversorgung tritt demgegenüber in den Hintergrund. In der Tendenz folgt damit eine Abkehr von typischen Subsistenzkulturen, wie beispielsweise Sorghum und Maniok, und Hinwendung zu Reis, Baumwolle und Exportgütern. Damit sinkt auch die Produktion an Grundnahrungsmitteln in der Region. Die Abhängigkeit von der Nahrungsmittelzufuhr aus anderen Regionen stellt Ansprüche an das Transport- und Vermarktungssystem, die in vielen abgelegenen Regionen nicht erfüllt werden können. Nachteile erwachsen dann insbesondere den Familien, die vom

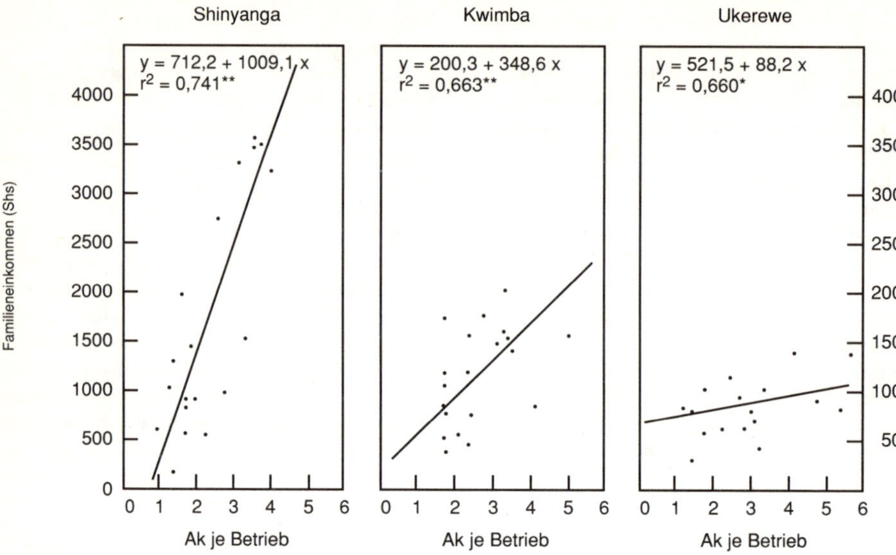

Abb. 42. Der Zusammenhang zwischen Bevölkerungsdichte, Nutzungsintensität, Produktivität und Familieneinkommen am Beispiel von drei Regionen in Sukumaland, Tansania (Quelle: ROTHENHAND, D. VON (32), S. 78).

Kauf billiger Nahrungsmittel abhängen. Dies sind in der Regel wieder landarme und landlose Familien.

Betriebssysteme der Brachewirtschaften und des Regenfeldbaus sind aus sozioökonomischer Sicht die labilsten Betriebssysteme. Während die Flächenrente zunehmend nur den Landbesitzenden zufließt, wird an ungünstigen Standorten die Ressource Fläche von diesen gleichzeitig verbraucht, bei der Desertifizierung sogar irreversibel. Gleichzeitig führt die Substitution von Arbeit durch Kapital dazu, daß tendenziell die Beschäftigung der Landlosen zurückgeht und ihre Nahrungsmittelversorgung relativ teurer wird. An Standorten mit schlechter Bodenqualität, geringer Anbindung an den Markt und niedriger Investitionskapazität der Betriebe tritt bei abnehmender Flächenverfügbarkeit ein Verarmungsprozeß ein.

In Abb. 42 ist ein solches Beispiel aus drei benachbarten Regionen in Tansania dargestellt. Am Standort Shinyanga ist die Bevölkerungsdichte niedrig, die Flächenausstattung der Betriebe entsprechend hoch. In dieser Ausgangsstufe der Brachewirtschaften führt eine Ausdehnung und Intensivierung der Produktion durch verstärkten Einsatz der Arbeit zu einer stark ansteigenden Einkommensverbesserung. Mit zunehmender Landnutzung und Intensivierung ohne entsprechende betriebsexterne Produktionsmittel nimmt der Einkommenszuwachs durch vermehrten Arbeitseinsatz ab. Im Falle von Ukerewe schließlich sind alle betrieblichen Möglichkeiten ausgeschöpft. Mehrarbeit führt nicht mehr zur Einkommensverbesserung.

Die **Entwicklung** innerhalb der subsistenz- und marktorientierten Betriebssysteme mit Knappheit an Fläche und besonderer Nutzung von Arbeit erfolgt nach den in Abb. 43 aufgezeigten Linien. Maßnahmen zur Entwicklung dienen der Verhinderung von degenerierten Systemen und der besseren Marktanbindung entwicklungsfähiger Betriebssysteme. Unter besonderen Bedingungen sind Übergänge zu marktorientierten Betriebssystemen möglich. Diese Bedingungen werden allerdings primär von außerhalb der Betriebe bestimmt.

In der Regel liegt das **Entwicklungspotential** in folgenden Bereichen:

a) Für Betriebssysteme der Brachewirtschaften ohne schnell zunehmende Knappheit an Fläche und guter Bodenqualität reicht in der Regel die verfügbare Zeit aus, um sie an den Markt heranzuführen und verstärkt zu integrieren. Maßnahmen zur Intensivierung mit vorwiegend betriebseigenen Produktionsmitteln und die Einführung biologisch-technischer Fortschritte erlangen größte Bedeutung. Unter diesen Bedingungen ist meist ausreichend Zeit für einen kontinuierlichen Übergang in Betriebssysteme des permanenten Regenfeldbaus oder der Dauerkulturwirtschaften.

Ein Beispiel für die Wirkung biologisch-technischer Fortschritte zeigt die Züchtung von Mais mit kürzeren Vegetationsperioden und damit niedrigen Ansprüchen an Niederschläge (Abb. 44). Die größere Übereinstimmung von Wasseranspruch und Wasserverfügbarkeit führt zu einer Minderung des Ertragsrisikos. Verkürzte Vegetationsperioden erlauben an manchen Standorten darüber hinaus eine zweite Vegetationsperiode. Damit wird die Fläche intensiver genutzt.

b) Für Betriebssysteme der Brachewirtschaften mit sehr schnell zunehmender Flächenknappheit und schlechter Bodenqualität sind die Entwicklungsspielräume sehr begrenzt. Prinzipiell müßten alle möglichen Intensivierungsmaßnahmen schnellstmöglich eingeführt werden, die Marktanbindung für Verkauf und Zukauf unverzüglich erfolgen und eine entsprechende Investitionskraft in diesen Betriebssystemen geschaffen werden. Die schnell abnehmende Bodenfruchtbarkeit und gleichzeitige Abnahme der nutzbaren Fläche pro Familie führt zu einem Wettlauf mit Maßnahmen der Bodenfruchtbarkeitserhaltung und gleichzeitiger Intensivierung der Produktion. Mit diesen Bedingungen können die dem traditionellen Verhalten noch nahestehenden Menschen in den Brachewirtschaften normalerweise nicht Schritt halten. Ihr Verhalten kann sich nicht auf die sich schnell ändernden Ansprüche einstellen. Das Entwicklungspotential ist eng begrenzt. Die Realität der bisherigen Entwicklung deutet auf eine längere Überbrückungsphase hin, die mit Ressourcenverbrauch und Verarmung der Menschen verbunden ist.

Zwar gab es ähnliche Situationen in weiten Teilen Asiens in den vergangenen 200 Jahren, jedoch war dies – mit Ausnahme von einigen Zonen Indiens und Bangladeschs – nicht mit einer schnellen Zunahme und extrem ausgeprägter Knappheit an Fläche verbunden, und man konnte sie über die Möglichkeit der Bewässerung kompensieren. Die oben beschriebenen Engpässe und Schwierigkeiten in den Brachewirtschaften zeichnen sich in Afrika seit etwa 10 bis 15 Jahren ab. Die schwerwiegenden Auswirkungen kommen aber erst in den nächsten 25 Jahren voll zum Tragen. Dann werden die zur Zeit bereits geborenen Kinder im Rahmen der Erbteilung eine starke Aufsplitterung der Flächen bedingen. Die Sackgasse von Brachewirtschaftssystemen wie auch des permanenten Regenfeldbaus am schlechten Standort wird das zentrale Problem Afrikas der nächsten 20 Jahre sein .

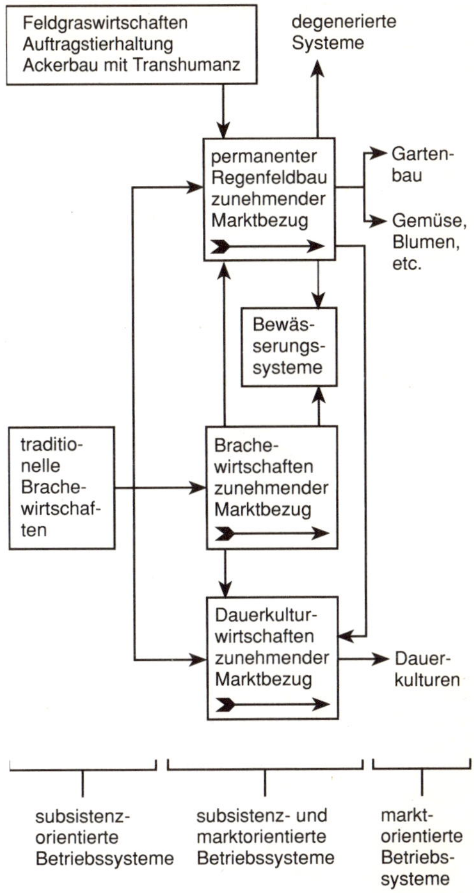

Abb. 43. Allgemeine Entwicklungsrichtungen von subsistenz- und marktorientierten Betriebssystemen mit Knappheit an Fläche und Arbeit

c) Für Betriebssysteme mit permanentem Regenfeldbau bei langsamer oder auslaufender Zunahme an Flächenknappheit ist in der Regel das Entwicklungspotential groß. Dies er-

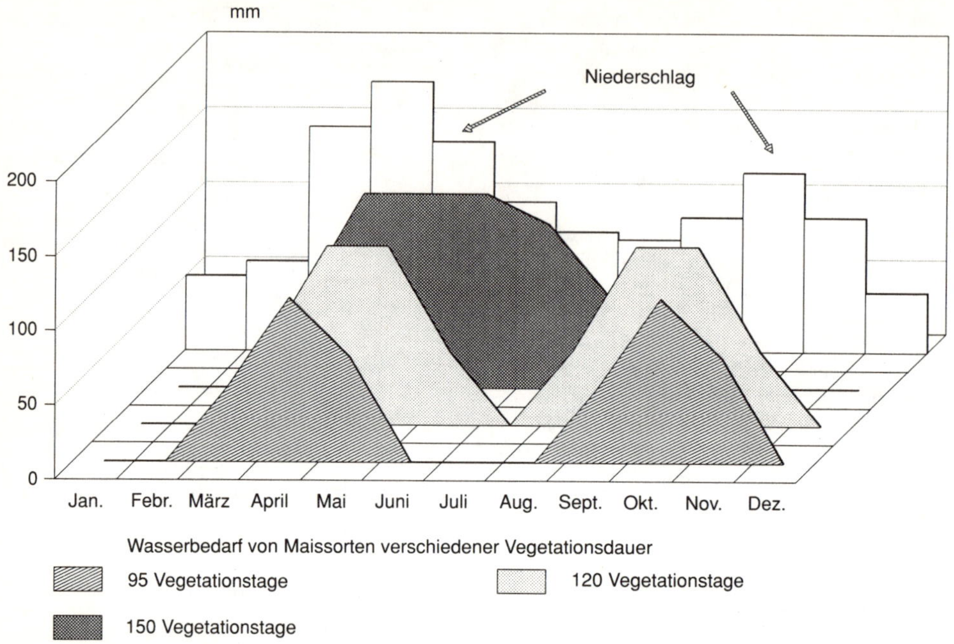

Abb. 44. Die Anpassung des Wasserbedarfs der Maisproduktion an die Wasserverfügbarkeit und die Reduzierung des Risikos durch Einführung neuer Maissorten im Saya-Distrikt in Kenya (Quelle: Collison, M. (8), entnommen aus Ruthenberg, H. und Andrea, B. (34), S. 140).

gibt sich aus der Möglichkeit, biologisch-technische Fortschritte einzuführen. Sie bilden die Grundlage für die Intensivierung auf der Basis betriebsexterner Produktionsmittel. Voraussetzung dafür ist der Zugang zum Markt, der durch den Ausbau der Infrastruktur und der Märkte geschaffen werden kann. Sind kaufkräftige Märkte erreichbar und die Standortverhältnisse geeignet, entwickeln sich häufig Dauerkultursysteme. In einer zweiten Phase, nach der Einführung biologisch-technischer Fortschritte, setzt häufig die Übernahme mechanisch-technischer Fortschritte ein. In diesem Stadium erlangt die Verfügbarkeit von Krediten eine große Bedeutung. Diese Gruppe der Betriebssysteme kann langfristig stabil bleiben und eine Verbesserung der Einkommenssituation erlangen, wenn einigermaßen stabile Marktbedingungen vorliegen. Besonders ausgeprägt sind solche Bedingungen in Lateinamerika.

d) Für Betriebssysteme mit permanentem Regenfeldbau mit weiterhin schneller Zunahme der Flächenknappheit bei schlechten Böden ist das Entwicklungspotential ähnlich beschränkt wie bei den unter b) aufgeführten Brachewirtschaften.

e) Die Betriebssysteme mit Dauerkulturen haben das höchste Entwicklungspotential unter den Betriebssystemen mit Knappheit an Fläche und besonderer Nutzung von Arbeit. Es liegt ganz besonders im Bereich der Verarbeitung, Vermarktung und der Marktentwicklung. Überbetriebliche Zusammenschlüsse, wie beispielsweise Genossenschaften bei der Verarbeitung und Vermarktung, bieten auch weiterhin noch erhebliche Entwicklungsreserven. In der Produktion nehmen Investitionsfragen und damit die Liquidität und Kreditverfügbarkeit an Bedeutung zu. Biologisch-technische Fortschritte liegen vor allem in den Bereichen der Qualitätserzeugung, der Standortangepaßtheit der Sorten, im Pflanzenschutz und in der Unkrautbekämpfung. Mechanisch-technische Fortschritte zeigen hier die wichtigsten Entwicklungspotentiale auf, die eine höhere Arbeits- und Flächenproduktivität erlauben.

Die subsistenz- und marktorientierten Betriebssysteme mit Knappheit an Fläche und besonderer Nutzung von Arbeit umfassen etwa 30% der bewirtschafteten Fläche und etwa 40% der Menschen in den Tropen und Subtropen. Die Verhinderung oder Reduzierung von Degradations- und Verarmungsprozessen ist gerade in diesen Betriebssystemen von zentraler Bedeutung. Gleichzeitig besteht über die Nutzung von Dauerkulturen und den Anbau von Verkaufskulturen ein gutes Potential zur Weiterentwicklung eines großen Teils dieser Betriebssysteme.

3.4 Ressourcenknappheit bei Fläche und Wasser

Subsistenz- und marktorientierte Betriebssysteme mit Knappheit an Fläche und Wasser und besonderer Nutzungsmöglichkeit von Bewässerungskapazität sind dadurch gekennzeichnet, daß die Knappheit an Fläche teilweise ausgeglichen werden kann durch Wasser. Dazu müssen natürliche Wasservorkommen vorhanden sein und Investitionen zu deren Erschliessung und Nutzung getätigt werden. Wasser hat damit die Funktion eines Produktionsfaktors, der Investitionen beansprucht, die die Bewässerungskapazität langfristig nutzbar machen. Wasser ist zudem ein primär ertragssteigerndes Produktionsmittel, das bei jeder Nutzung verbraucht wird. Diese Doppelfunktion im ökonomischen Entscheidungsprozeß führt in den Betriebssystemen mit Bewässerung zu komplexen Zusammenhängen.

3.4.1 Merkmale und Verbreitung

3.4.1.1 Merkmale

Die subsistenz- und marktorientierten Betriebssysteme mit Knappheit bei Fläche und Wasser zeigen folgende gemeinsame Merkmale:

a) Die Familien sind seßhaft, in manchen Regionen bereits mehrere hundert und über tausend Jahre. Bewässerung setzt die Seßhaftwerdung geradezu voraus, da die Wasserquelle örtlich festliegt und die Verteilungsinfrastruktur und damit die Investition räumlich gebunden ist. Ein gesellschaftliches Leben in den Dörfern besteht und hat Einfluß auf das Entscheidungsverhalten. Häufig ist das Wasser ein Bestandteil gesellschaftlicher und kultureller Prozesse. Im Koran beispielsweise erfährt das Wasser eine ganz spezifische Behandlung.

b) Der Grad der Marktorientierung schwankt häufig zwischen 20 und 90%. Dadurch ist eine große Streubreite von traditionellen bis modernen Betriebssystemen in dieser Gruppe zu finden. Tendenziell besitzen die Betriebssysteme der Bewässerung gute Voraussetzungen für die Marktproduktion. Mit zunehmender Marktorientierung steigt die Tendenz zu höherwertigen Produkten. Die Subsistenzproduktion geht zurück und das Einkommensniveau steigt.

c) Die zur Nutzung verfügbare Fläche ist begrenzt. Sie befindet sich im Einzeleigentum in klar abgegrenzten Parzellen. Die Flächenausstattung ist in der überwiegenden Zahl der Betriebe extrem niedrig. Ein großer Teil der Betriebssysteme übersteigt nicht mehr als 1 ha Bewässerungsfläche pro Betrieb.

d) Das Wasser unterliegt unterschiedlichen Eigentumsformen und Nutzungsrechten. Dies reicht vom individuellen Beschaffungs- und Nutzungsrecht bis hin zu gesellschaftlichem Eigentum. Die Beschaffung, der Transport, die Verteilung und die Ausbringung von Bewässerungswasser haben sich in vielfältigen Formen entwickelt. Die verfügbare Ressource Wasser sowie die erforderlichen Anlagen zur Beschaffung, Verteilung und Ausbringung am Pflanzenstandort stellen gemeinsam eine Bewässerungskapazität bereit, die nur zusammen mit der Fläche das erwünschte Ertragspotential liefert. Investitionen, Nutzungsrechte und Bezugsmöglichkeiten an Wasser sowie die daraus resultierende Produktionsstruktur sind wesensbestimmende Merkmale dieser Betriebssysteme.

e) Mit der Bewässerung wird von dem Prinzip abgewichen, daß sich die Betriebe ausschließlich den natürlichen Standortverhältnissen anpassen. Durch Einsatz von Arbeit und Kapital werden in den Bewässerungssystemen umgekehrt die Standortverhältnisse den Bedürfnissen (vordergründig der Pflanzenproduktion) der Menschen angepaßt.
Der Produktionsschwerpunkt dieser Betriebssysteme liegt in der Regel in der Pflanzenproduktion. Die Erhaltung der Bodenfruchtbarkeit ist in den Betriebssystemen mit Bewässerung im Vergleich zu denen der Tierproduktion, der Brachewirtschaften und des permanenten Regenfeldbaues häufig leichter,

da hier einfachere und praktikable Lösungswege besser bekannt sind und praktiziert werden.

f) Da häufig Wasser als ein gesellschaftliches Gut verstanden wird und durch gemeinschaftliche Wasserquellen ein Verteilungsmechanismus zwischen den Betrieben erforderlich ist, sind Fragen der Organisation der Wasserverteilung und der Bezahlung dieser gesellschaftlichen Leistung zentrale Elemente von Bewässerungssystemen. Dies führt zu Abhängigkeiten in der Versorgung mit Bewässerungswasser.

g) Die Arbeitskapazität der Familie wird sowohl im eigenen Betrieb als auch außerhalb eingesetzt. Es handelt sich um Familienbetriebe. Im Vergleich zu den subsistenz- und marktorientierten Betriebssystemen der Tierhaltung und der Ackerwirtschaften (Kapitel 3.2 und 3.3) treten hier allerdings in letzter Zeit einige wenige Lohnarbeitsbetriebe auf. Die Familienbetriebe sind aber auch durch saisonal oder permanent eingestellte Arbeitskräfte gekennzeichnet.

h) Mit zunehmender wirtschaftlicher Entwicklung kommt den Investitionen in Anlagen immer mehr Bedeutung zu. Während auf der traditionellen Stufe der Bewässerungswirtschaft (Kapitel 2.3) die Realkapitalbildung über den Einsatz von familieneigener Arbeitskraft von zentraler Bedeutung ist, rückt die Kapitalinvestition über Kredite in den subsistenz- und marktorientierten Bewässerungssystemen immer mehr in den Vordergrund. Die Ansprüche an die Kenntnisse in der Finanzwirtschaft und an regionale und lokale Kreditsysteme nehmen zu.

3.4.1.2 Historische Entwicklung und Verbreitung

Die Verbreitung der Betriebssysteme im Bewässerungsfeldbau in vielen Zonen der Tropen und Subtropen ist geprägt durch die enge Verknüpfung des Wassers mit der wirtschaftlichen, sozialen und kulturellen Entwicklung von Gesellschaften. Traditionelle Bewässerungssysteme haben in der Geschichte eine große Rolle für die meisten Menschen in Asien, vor allem in Ägypten, im Nahen Osten, in Indien und dessen Nachbarstaaten sowie in China und den Andenregionen gespielt. Mit steigender Bevölkerungsdichte wurde zunehmend die landwirtschaftliche Nutzfläche knapp. Dies war besonders ausgeprägt in den fruchtbaren Flußbecken und Talauen (Schwemmlandböden) mit starker Bevölkerungskonzentration. Intensivierung und Ertragssicherung förderten einen Wohlstand, der eine wirtschaftliche und kulturelle Blüte erlaubte. Voraussetzung waren umfassende Kenntnisse und Fähigkeiten, Techniken zu entwickeln, einzuführen und deren Einsatz zu organisieren.

Am Nil wurde bereits vor etwa 8000 Jahren Bewässerungsfeldbau betrieben, zunächst noch ohne umfassende wasserbauliche Maßnahmen. Vor etwa 4000 Jahren vor Christus wurden die ersten Poldersysteme errichtet und eine geregelte Überflutung durchgeführt. Die Wasserzuteilung war bereits nicht mehr im alleinigen Entscheidungsbereich der Bauern. Gesellschaftliche Instanzen mußten die Regulierung übernehmen. Weit verzweigte Kanalsysteme und Deiche entlang der Nilmündung wurden errichtet und damit neue Ackerflächen erschlossen.

In Mesopotamien wurden etwa 4000 Jahre vor Christus von den Sumerern bereits die ersten Bewässerungsflächen erstellt und 2000 Jahre später mit einem dichten Kanalsystem versorgt. Zu dieser Zeit wurden in Mesopotamien etwa 2,6 Mio. ha Fläche bewässert. Schon frühzeitig wurde dem Versalzungsproblem durch die Entwicklung geeigneter Anbaumethoden und Entwässerung Rechnung getragen. Wasserverteilung, Dränage und Anbau unterlagen strengen Regelungen. Davon wurde das ganze Einzugsgebiet von Euphrat und Tigris beeinflußt. Die Wasserräder von Hama in Syrien, die vorwiegend der Trinkwasserversorgung der Menschen dienten, zeugen noch heute von dem technisch hohen Stand dieser alten Systeme.

Im Indus-Gebiet entstanden ab etwa 2500 vor Christus ähnliche Bewässerungssysteme wie in Ägypten. Das Wasser wurde aus dem Fluß entnommen und in Kanalsystemen zu den Betrieben geleitet. In Südindien und Ceylon entwickelten sich aufgrund der unterschiedlichen Topographie Systeme, die die Niederschläge einsammelten. Besonders ausgeprägt ist die Tank-Bewässerung. Diese ist als kleine Einheit auf einzelbetrieblicher Ebene (Kapitel 2.3), aber auch als Groß-Tank-System (wie von den ceylonesischen Königen bevorzugt) zu finden. Sie waren die Vorläufer und Vorbilder der Staudämme.

In China dienten die wasserbaulichen Maßnahmen sowohl der landwirtschaftlichen Produktion als auch dem Hochwasserschutz. Es ent-

Tab. 51 Verteilung der Bewässerungsflächen in den Tropen und Subtropen

Kontinent, Land	Bewässerungsfläche in 1000 ha	Anteil der Bewässerungs- an der Ackerfläche in %	Anteil an der Bewässerungsfläche in %
Asien	130 950	29,1	86,2
Afrika	7 831	4,6	5,2
Lateinamerika	13 016	9,2	8,6
Insgesamt	151 797	–	100
Dabei entfallen auf:			
China	48 000	48,2	31,6
Indien	35 000	21,1	23,0
Pakistan	14 000	70,4	9,2
Mexiko	5 000	21,5	3,3
Ägypten	2 838	100	1,9

Quelle: FA0 (23)

standen die für diese Gebiete typischen Damm-Flüsse (am Huang-Ho). Daraus folgten zwangsläufig große Bewässerungsregionen, die von einer Wasserquelle versorgt wurden und deren Wasserverteilung und Nutzung gesellschaftlichen Regulierungen unterworfen war. In Mittelamerika waren vor allem das Siedlungsgebiet der Maya in Yucatan und Guatemala und das Inka-Reich an der peruanischen Küste Zentren hochentwickelter Bewässerungssysteme.

Im Laufe der Jahrtausende wurden diese Zonen durch weitere Erschließung von Bewässerungswasser ausgedehnt. Parallel dazu haben sich in vielen Tälern Asiens mit hohen Monsun-Niederschlägen kleine Bewässerungs-Areale gebildet, die aus den traditionellen Brachewirtschaftssystemen entstanden sind. In diesen Zonen wurde mit zunehmender Knappheit an Fläche der Bewässerungsfeldbau ebenfalls ausgedehnt. In Hanglagen führte dies zur Terrassenwirtschaft. Diese Entwicklung zieht sich durch Asien und ist in Teilen Lateinamerikas und in Enklaven Nordafrikas zu finden. Im Laufe dieser Entwicklung ist jedoch folgendes festzustellen:

a) Der Aufwand für die Erschließung neuer Wasserquellen wird immer höher.
b) Die Entfernung von der Wasserquelle zum Pflanzenstandort wird immer größer und die Nutzung durch steigende Kosten aufwendiger.
c) Die Bodenqualität nimmt ab, da die besseren Standorte zuerst in Nutzung genommen wurden. Damit ist mit höheren Wasserverlusten und geringeren Naturalerträgen bei einer Flächenausdehnung zu rechnen.
d) Die natürliche Eignung der Standorte für Bewässerung nimmt ab, so daß Dränagesysteme und sonstige Maßnahmen zur Entsalzung und Verhinderung von Wasserstaus notwendig werden.

Diese Entwicklung führte zur heutigen Verteilung der subsistenz- und marktorientierten Betriebssysteme mit Bewässerung schwerpunktmäßig in Asien. Von den Bewässerungsflächen der Kontinente Afrika, Asien, Lateinamerika liegen etwa 85% in Asien, davon allein 64% in China, Indien und Pakistan (Tab. 51). Die Bedeutung der Betriebssysteme mit Bewässerung für die einzelnen Länder wird durch den Anteil der Bewässerungsfläche an der gesamten landwirtschaftlich genutzten Fläche sichtbar, der in Ländern wie Ägypten oder Surinam 100% erreichen kann.

Betriebssysteme mit Bewässerung in Afrika sind im wesentlichen unter dem Einfluß von Entwicklungsprojekten entstanden. Gemessen an der insgesamt genutzten Fläche sind sie unbedeutend. In Lateinamerika sind sowohl kleinbetriebliche Bewässerungsperimeter als auch großbetriebliche Bewässerungssysteme zu finden. Regional können sie sehr bedeutend sein, auf ganz Lateinamerika bezogen sind die Betriebssysteme mit Bewässerung aber ebenfalls wenig bedeutend.

Die Systematik der subsistenz- und marktorientierten Betriebssysteme mit Bewässerung wird oft an der Struktur der Pflanzenproduktion,

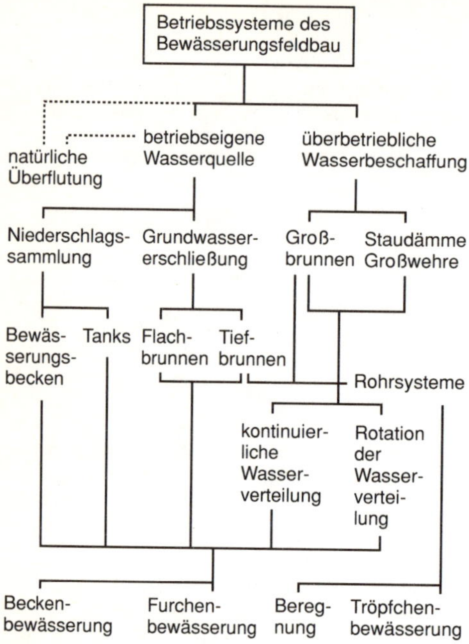

Abb. 45. Klassifizierung der subsistenz- und marktorientierten Betriebssysteme mit Knappheit an Fläche und Bewässerungswasser.

am häufigsten aber anhand wasserbaulicher Kriterien vorgenommen. Beide Betrachtungsweisen reichen für sozioökonomische Untersuchungen nicht aus. Im Gegenteil, sie haben oft zu sozioökonomisch falschen Schlußfolgerungen geführt. Die Vielfalt der Betriebssysteme der Bewässerung erfordert eine Beschränkung auf die wichtigsten Gruppen. Als erstes wichtigstes Unterscheidungskriterium gilt der Freiheitsgrad der Entscheidung der Bewässerungslandwirte über den Zugriff und die Verwendung von Wasser.

Danach lassen sich folgende drei Gruppen unterscheiden (Abb. 45):

a) Wasser gelangt auf den Pflanzenstandort ohne Beeinflussung durch die Betriebe. Dazu zählt die Überflutung in Talauen großer Flüsse.
b) Die Betriebe haben eigenen Zugriff zur Wasserquelle und können diese Wasserquelle in eigener Verantwortung erschließen. Hierzu zählen insbesondere die Niederschlagssammlung und die einzelbetrieblichen Bewässerungsbrunnen.
c) Die Wasserquelle kann von mehreren Familien genutzt werden und erfordert umfassende Gemeinschaftsaufwendungen für Erschließung und Verteilung. Überbetriebliche, halbstaatliche und staatliche Organisationen betreiben die Erschließung und die Wasserbewirtschaftung. Großbrunnen und Staudämme sind typische Beispiele.

Innerhalb dieser Gruppen gibt es weitere erhebliche Unterschiede hinsichtlich der Entscheidungsfreiheit über die Wassernutzung, die damit verbundenen Investitionen und laufenden Aufwendungen und die natürliche Begrenzung der Wasserkapazität.

In den Betriebssystemen mit Bewässerung dominiert der Reisanbau. Die Reisanbausysteme hängen entscheidend von der Wasserverfügbarkeit und Wasserzufuhr ab. Die wichtigsten Systeme sind (Abb. 46):

a) Trockenreisanbau. Hier wird der Reis im Regenfeldbau angebaut, Bewässerung findet nicht statt. Weltweit werden etwa 10% der Reisanbaufläche auf diese Weise genutzt. In der Regel sind es Betriebssysteme im permanenten Regenfeldbau.
b) Bewässerter Reisanbau im Tiefland. Bewässerungswasser wird von den Bauern zum Pflanzenstandort geführt. Diese Bewässerung wird oft als »künstliche« Bewässerung oder Bewässerung im engeren Sinne bezeichnet. Weltweit werden etwa 45% der Reisfläche in diesem System bewirtschaftet.
c) Reisanbau im überfluteten oder überschwemmten Tiefland. Hier erfolgt die Wasserzufuhr auf natürliche Weise durch Niederschlag oder Überlauf von Flüssen. Etwa 30% der Reisanbaufläche werden im überschwemmten Tiefland genutzt.
d) Reisanbau im Tiefwasser und Treibreis. Diese Anbausysteme sind in überschwemmten Ufern und Talauen zu finden. Je nach Höhe des Wasserstandes werden beide Formen unterschieden. Tiefwasserreis wird auf etwa 11% und Treibreis auf etwa 4% der Reisanbaufläche angebaut.

3.4.2 Beschreibung der Betriebssysteme mit eigener Wasserbeschaffung

Betriebssysteme mit eigener Wasserquelle besitzen die Entscheidungsfreiheit der Wasserentnahme, der Wasserverteilung und der Wassernutzung. In den subsistenz- und marktorientierten Betriebssystemen mit Bewässerung handelt

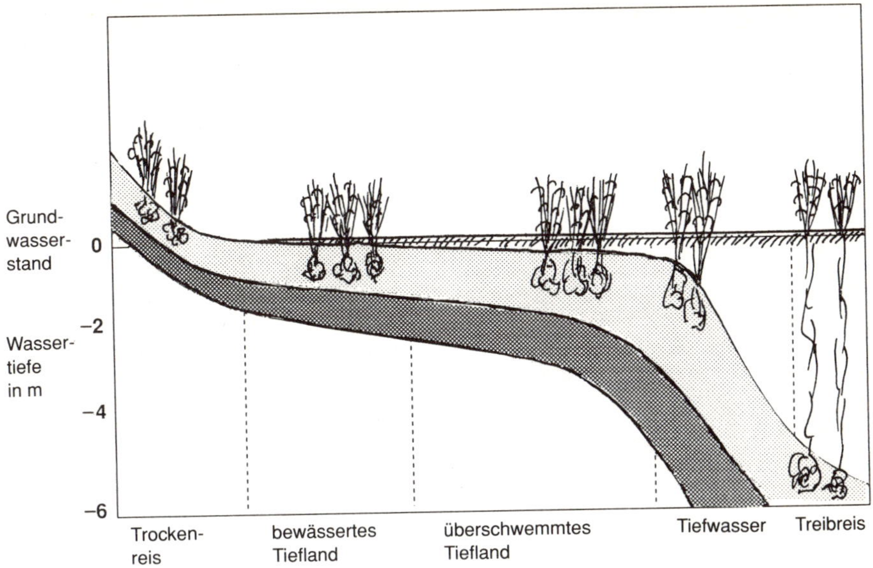

Abb. 46. Reisanbausysteme bei unterschiedlicher Wasserverfügbarkeit und Wasserzufuhr (Quelle: ACHTNICH, W. (2)).

es sich meistens um »kleine Betriebe mit großer Entscheidungsfreiheit«. Grenzen setzen lediglich die natürliche Wasserverfügbarkeit und die Investitionsmöglichkeiten des Betriebes.

3.4.2.1 Natürliche Überflutung

Betriebssysteme mit natürlicher Überflutung durch Flüsse können die Wasserzufuhr nach Menge und Zeit selbst nicht regulieren. Ihr Anbausystem paßt sich vollständig dem Überflutungsverlauf an. Mit zu- und abnehmender Flut wird die Randzone der Überflutung bewirtschaftet. Der Wohlstand der Familien in diesen Betriebssystemen hängt entscheidend von den natürlichen Wasserverhältnissen ab. Ein typisches Beispiel sind traditionelle, lokale Reissorten, die zur Anpassung an steigende Fluten bis zu 10 cm Längenwachstum an einem Tag erreichen können. Die wichtigsten Überflutungsgebiete liegen am Ganges und am Huang-Ho.

Im Prinzip gleiche Verhältnisse bestehen in Betriebssystemen mit Überflutung durch Meere wie beispielsweise auf südostasiatischen Inseln und an einigen Küstenstreifen Westafrikas. Hier kommt als besonderes Problem die Versalzungsgefahr hinzu. Mit entsprechenden Anbaumethoden und Wasserregulierungsmaßnahmen werden diese Probleme zu verhindern versucht. Der Mangroven-Reisanbau zählt zu diesem Bereich.

Die Betriebssysteme mit natürlicher Überflutung gehören häufig noch zu den subsistenzorientierten Betriebssystemen (Kapitel 2.3). Sie gehen in Asien durch eine verstärkte Anbindung an den Markt in subsistenz- und marktorientierte Betriebssysteme über.

3.4.2.2 Niederschlagssammlung

In Betriebssystemen mit Niederschlagssammlung ist der Niederschlag die einzige Wasserquelle. Der Niederschlag wird in den meisten Fällen auf folgende Weise gesammelt:

a) Sammeln des Niederschlages auf der Parzelle, auf der die Pflanzen angebaut werden. Dazu werden an den Rändern der Parzelle kleine Dämme errichtet. In diesem Becken wird das Wasser angestaut (Abb. 47). Bei unterschiedlicher Höhenlage dieser Parzellen können andere Parzellen dem Wasserlauf folgend mit Wasser versorgt werden. Je nach Niederschlagssituation und Hanglage kann unterschieden werden in:
   - Autarke Wassersammlung und Wassernutzung auf den einzelnen Parzellen. In diesem Fall erfolgt kein Wasseraustausch zwischen den einzelnen Becken. Produktion und Wasserverfügbarkeit über die Zeit sind aufeinander abgestimmt.

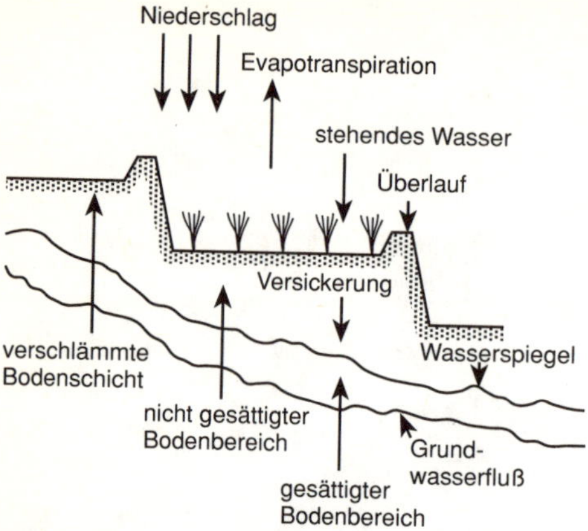

Abb. 47. Das Prinzip der Niederschlagssammlung in Becken und Terrassen zur Reisproduktion.

- Wasserüberschuß auf höher gelegenen Parzellen wird zur Versorgung tiefer liegender Parzellen verwendet. Dies kann zeitgleich auf allen Parzellen erfolgen, wenn ausreichend Niederschläge fallen und die tieferliegenden Becken weniger Niederschläge erreichen. Häufig geschieht dies auch zeitversetzt, insbesondere wenn Niederschläge knapp sind. Unter solchen Bedingungen wir der Anbau in den höheren Becken zuerst erfolgen. Aus diesen wird Wasser in tiefer liegende Becken abgeleitet, sobald in den hochliegenden Becken der Wasserbedarf zurückgeht.

Es handelt sich also um Beckenbewässerung, bei der die Becken den Monsunregen einfangen und aufstauen. Die Wasser- und Flächennutzung erfolgt ausschließlich im Reisanbau. Während die Wassersammlung und Wassernutzung in Becken den natürlichen Niederschlagsbedingungen folgt, wird im Gegensatz dazu gelegentlich von der künstlichen Bewässerung gesprochen, wenn Wasser »künstlich« (also mit ökonomischem Aufwand) von einem anderen Standort zum Pflanzenstandort gebracht wird. Auch bei der »künstlichen« Wasserzufuhr ist Beckenbewässerung mit Reisanbau verbreitet.

Wichtiges Merkmal der Beckenbewässerung ist die Anpassung der Parzellen- und Beckenstruktur und des Anbaus an die Niederschlagsmenge und -verteilung. Klassische Ausprägungen dieser Systeme sind die Terrassenbewässerungen in Asien. Die Terrassenwirtschaft mit Reisanbau zeigt eine unterschiedliche Intensität. Die Notwendigkeit zur Einebnung der Fläche führt zum Zwang der Anpassung an die Topographie des Geländes. Um alle Flächen nutzen zu können, kommt es daher zu Terrassen. Diese sind um so kleiner und mit umso höheren Parzellendämmen zu versehen, je stärker die Hangneigung des Geländes ist. Unter diesen Bedingungen sind die Möglichkeiten der Mechanisierung sehr begrenzt. Eine Wasserverteilung oder eine nachbarschaftliche Steuerung des Wasserlaufes kann notwendig werden, wenn die Wasserzufuhr wie auch der Wasserablauf zwischen den einzelnen Parzellen eines Betriebes mit den dazwischen liegenden Parzellen des Nachbarn koordiniert werden muß.

b) Sammeln der Niederschläge auf Flächen des Betriebes in kleinen Sammelbecken, z. B. in »Tanks« in Indien und Sri Lanka. Die Niederschläge werden entsprechend der Topographie der Betriebsflächen an folgenden Standorten gesammelt:
   - Sammelbecken am höchstgelegenen Standort der Betriebsflächen. Damit wird das Regenwasser, das auf den Parzellen des Nachbarn niedergeht, gesammelt. Dies ist langfristig meist nur möglich, wenn die Nachbarflächen landwirtschaftlich nicht genutzt werden. Der Vorteil dieser Wassersammlung liegt in der Ausnutzung der Schwerkraft zur Weiterleitung des Bewässerungswassers auf die betriebseigenen Parzellen.
   - Sammelbecken in der tiefsten Lage der Betriebsfläche. Hier wird das Niederschlagswasser gesammelt, das in der Regel auf der betriebseigenen Fläche abfließt. Das Wasser steht dann in dem Speicher zur zusätzlichen Versorgung der Flächen zur Verfügung. Durch die Tieflage sind aber Aufwendungen erforderlich, um das Wasser auf die höher liegenden Nutzflächen zu transportieren.
   - Sammelbecken liegen in mittleren Höhenlagen der Betriebsflächen. Hier gilt eine Kombination der in den beiden Extremen von oben aufgeführten Bedingungen.

Die Nutzung des gesammelten Niederschlages ist von der Menge des gesammelten Wassers abhängig. Diese wiederum wird von den Niederschlägen und dem daraus resultierenden

Oberflächenabfluß sowie von der Flächengröße (Einzugsbereich der Wassersammlung) bestimmt. Die Nutzung hängt andererseits zusätzlich von den Ansprüchen der Pflanzen ab. Hier haben die Betriebe Wahlmöglichkeiten, die von einer intensiven Beckenbewässerung mit Reis bis hin zu einem Regenfeldbau mit Zusatzbewässerung reichen kann. Gerade die Kombination zwischen Regenfeldbau und Bewässerungsfeldbau ist bei diesen Systemen weit verbreitet, wenn es sich um Kleinbetriebe und niedrige Oberflächenabflüsse handelt.

Die Sammlung des Niederschlages erfordert in der Regel keine finanzielle Aufwendungen durch die Betriebe. Es entsteht aber ein Arbeitsbedarf, insbesondere durch die Erstellung der Speicherdämme und die Regulierung der Wasserausbringung zu den Pflanzen, der durch Familienarbeit gedeckt werden kann.

Die Bestimmungsgrößen dieses Systems sind die Niederschlagsmenge und -verteilung, die Ausdehnung des Wassereinzugsgebietes, der Oberflächenwasserabfluß, die Aufwendungen für die Einebnung und Eingrenzung der Parzellen mit kleinen Dämmen sowie die Regulierung der Wasserausbringung.

3.4.2.3 Brunnenbewässerung

Betriebssysteme mit eigenem Brunnen können in der Regel selbst über Wasserentnahme, Wasserverteilung im Betrieb und Anbaustruktur mit Bewässerung entscheiden. Sie sind »die kleinen Betriebe mit großer Entscheidungsfreiheit«. Die wichtigsten Merkmale der Betriebssysteme mit Brunnenbewässerung sind:

a) Wasserentnahme erfolgt aus dem Grundwasser. Zu dieser Entnahme sind Brunnen erforderlich. Der Bau dieser Brunnen bedeutet in der Regel eine Investition, die dauerhaft genutzt wird und die bei der Nutzung laufende Kosten der Wasserförderung verursachten. Die Brunnentypen sind sehr vielfältig. Die wichtigsten Gruppen sind:

Flachbrunnen

Sie sind bei hoch anstehendem Grundwasserstand zu finden. Je nach Bodenbeschaffenheit sind sie entweder einfache Ausgrabungen oder ausgemauerte Fassungen. Ihre vom Grundwasserstand und der Nachfließgeschwindigkeit abhängige Tiefe kann zwischen 2 m und 15 m liegen. Die Wasserförderung ist unterschiedlich:

- durch menschlichen Arbeitseinsatz mit Tragen von Wassergefäßen
- durch Einsatz von Tieren und Wasserhebeverfahren, wie beispielsweise bei Wassersäcken über Seilzug
- durch Pumpen mit Diesel- oder Elektroantrieb.

Die Ausbringung zum Pflanzenstandort kann über Gräben, Furchen und als Überstau in Becken erfolgen und wird in der Regel durch den Einsatz von Arbeitskräften durchgeführt.

Tiefbrunnen

Dieser Brunnentyp wird bei tiefem Grundwasserstand oder hoher Grundwasserschwankung verwendet. Tiefe Brunnen sind häufig sicherer in der Wasserlieferung zum Zeitpunkt des größten und wichtigsten Wasserbedarfs der Vegetationsperiode. Die Investitionen sind in der Regel erheblich höher als bei den Flachbrunnen. In vielen Fällen muß das Bohren der Brunnen von spezialisierten Firmen durchgeführt werden. Tiefbrunnen sind selten gemauert. Gelegentlich werden sie mit Betonrohren ausgekleidet, in der Regel werden Stahlrohre verwendet. Die Wasserförderung erfolgt fast ausschließlich durch Pumpen, die sowohl Dieselantrieb als auch Elektroantrieb haben können.

b) Transport und Verteilung des Bewässerungswassers vom Brunnen zum Pflanzenstandort kann durch Schwerkraft über Kanalsysteme und Gräben, als Überstau oder in Furchen oder Rillen erfolgen. Die Wasserverteilung erfordert unter diesen Bedingungen kaum Investitionen, da sowohl Kanäle und Gräben als auch die Furchen auf der Parzelle von den Familienarbeitskräften erstellt, und die Regulierung der Wasserverteilung ebenfalls von diesen vorgenommen wird. Diese Verteilungssysteme beanspruchen vor allem Arbeitskräfte.
In Ländern mit ausreichend maschinentechnischem Niveau und einer entsprechenden Finanzkraft ist auch die Beregnung oder gar die Tröpfchenbewässerung zu finden. Die Wasserverteilung erfolgt dann unter Druck und erfordert in den meisten Fällen entsprechende laufende Aufwendungen für Pumpensysteme und Ersatzteile. Die Investition in die Wasserverteilungs- und Wasserausbringungssysteme ist sehr hoch und erreicht zusammen mit den Investitionen in Brunnen in der Regel ein Niveau, welches diese Technologie für klassische

Entwicklungsländer nicht geeignet erscheinen läßt. Entsprechend sind solche Systeme in kleineren Betrieben der Entwicklungsländer auch nur zu finden, wenn hohe Subventionierung betrieben wird. Hier ist eine Ursache für das Scheitern von Bewässerungsprojekten in der Vergangenheit zu finden. In sogenannten Schwellenländern allerdings, wie beispielsweise in Tunesien, können solche Konzepte sinnvoll werden, da die Wirkung einer sparsamen und effizienten Wasserausbringung die Nachteile der höheren Kosten und Management-Empfindlichkeit übersteigt.

c) Die landwirtschaftliche Produktion der Betriebssysteme mit Brunnenbewässerung unterscheidet sich zu anderen Betriebssystemen der Bewässerung nicht in der Art der Wassererschließung und Wasserverteilung. Allerdings bestimmt die Tatsache, daß es sich um kleinere Familienbetriebe handelt, die selbständig entscheiden können, wann sie wieviel Bewässerungswasser entnehmen und auf ausgewählte Kulturen ausbringen, die Auswahl der Anbausysteme. Tendenziell führt die in Abhängigkeit von der natürlichen Wasserkapazität getroffene Entscheidung in der Bewässerung zum Anbau höherwertiger Produkte, mit denen zu bestimmten Zeiten am Markt hohe Preise erzielt werden können. Dies bedeutet eine Entwicklung hin zu Verkaufskulturen und zu Spezialkulturen, wie beispielsweise Gemüse und Gewürzen. Diese Tendenz ist umso stärker ausgeprägt, je mehr Investitionen und laufende Kosten bei der Wassererschließung und Wasserverteilung entstehen.

Zunehmende Wasserverfügbarkeit hinsichtlich Wassermenge und Sicherheit ihrer Verfügbarkeit im Zeitablauf führt in den meisten Fällen zum Übergang von den Flachbrunnen zu den Tiefbrunnen. Dies erfordert gleichzeitig höhere Aufwendungen für Investition und Deckung der laufenden Ausgaben sowie zunehmende Intensität der Produktion und Nutzungshäufigkeit der Fläche (mehrere Anbauperioden pro Jahr auf der gleichen Fläche). Parallel dazu tritt in den meisten Betriebssystemen der Brunnenbewässerung eine zunehmende Mechanisierung auf, die direkt zu einer Intensivierung der Beziehungen zu den Absatz- und Beschaffungsmärkten führt. Dieser Trend läßt eine steigende Kommerzialisierung der Betriebssysteme erkennen, bei dem die Subsistenzproduktion an Bedeutung verliert. Im Rahmen dieser Entwicklung entstehen Betriebssysteme mit Brunnenbewässerungen, die die ganze Streubreite subsistenz- und marktorientierter Betriebssysteme – von 20% Verkaufsanteil am Gesamtproduktionswert des Betriebes bis zu 90% – abdecken. Innerhalb dieser Streubreite erfolgt eine sehr intensive und weitreichende Entwicklung innerhalb des Betriebssystems mit Brunnenbewässerung. Die Erfahrungen in Asien zeigen, daß diese Entwicklung für die Menschen in diesen Betriebssystemen so weitreichend sein kann, wie dies beim Übergang vom Wanderfeldbau über die Brachewirtschaften zum permanenten Regenfeldbau in Afrika gilt.

3.4.3 Beschreibung der Betriebssysteme mit überbetrieblicher Wasserbeschaffung

Bei Wasserquellen, deren Erschließung hohe Investitionen erfordern, deren Nutzungsrechte nicht bei einem Einzelbetrieb liegen, sowie bei der Überbrückung größerer Entfernungen von der Wasserquelle zum Pflanzenstandort (mit hohem Investitionsbedarf) sind überbetriebliche Einrichtungen zu finden. Sie sind für die Wassererschließung und Wasserverteilung an die einzelnen Betriebe verantwortlich. Die Verteilung und die zeitliche und mengenmäßige Zuteilung von Wasser erhält zentrale Bedeutung. Überbetriebliche Organisationen, die solche Systeme regulieren, sind meist traditionelle dörfliche Strukturen, Wassernutzer-Organisationen, Genossenschaften, private Investoren, halbstaatliche oder staatliche Einrichtungen.

Funktionen der Wasserbeschaffung und Wasserverteilung befinden sich also im Gegensatz zu den Betriebssystemen mit eigener Wasserquelle nicht im einzelbetrieblichen Entscheidungsbereich. Der Einzelbetrieb muß sich den überbetrieblichen Regelungen über Wassermenge, zeitliche Wasserverfügbarkeit und Wasserkosten anpassen. Es handelt sich im wesentlichen um die Systeme mit Großbrunnen, Staudämmen oder Großwehren und Kanalsystemen der Verteilung sowie um Drucksysteme mit Rohrleitungen.

3.4.3.1 Großbrunnensysteme

Großbrunnen haben in der Regel eine große Tiefe. Sie sind auf jeden Fall gekennzeichnet durch hohe Wasserlieferung aus dem Grundwasser. Ihre Wasserbereitstellung reicht für Flächen mehrerer Betriebe aus. Die Gründe für den Bau von Großbrunnen können vielfältig sein:

a) Der Grundwasserspiegel liegt sehr tief. Zur Sicherung einer kontinuierlichen und ausreichenden Wassermenge sind tiefe Brunnen notwendig. Die dazu erforderlichen Investitionen und laufenden Kosten können nicht von einzelnen Familienbetrieben aufgebracht werden.
b) Wasserrechte für Grundwasser in größeren Tiefen sind nicht einzelnen Betrieben zugewiesen, sondern gelten für die gesamte Gesellschaft. Die Nutzung dieser Wasserressourcen wird daher als eine Angelegenheit der Gesellschaft angesehen, die auch die Kriterien für die Kostenverteilung auf die Wassernutzer festzulegen hat. Damit wird beabsichtigt, die langfristig sinnvolle Verwaltung der Ressource sicherzustellen. Langfristige Absenkungen des Grundwasserspiegels und daraus resultierende Folgeschäden sind aus gesellschaftlicher Sicht zu vermeiden.
In den Fällen, in denen größere Betriebe das alleinige Nutzungsrecht an großen Wasserressourcen haben, sind in der Regel marktorientierte Betriebssysteme entstanden, die gelegentlich auch als Wasserverkäufer auftreten (siehe Kapitel 4.3.4).

Großbrunnensysteme können Bewässerungsflächen von 10 bis 100 ha pro Brunnen erreichen. Die Wasserverteilung nach der Förderung aus dem Grundwasser kann über Rohrleitungssysteme erfolgen. In den meisten Fällen geschieht dies aber über Kanalsysteme. Auf den Parzellen der Einzelbetriebe sind alle Systeme der Wasserausbringung von der Beckenbewässerung bis zur Furchen- und Rillenbewässerung verbreitet.

Eines der wichtigsten Merkmale dieser Systeme ist die Organisationsform und das Management der Wasserbeschaffung und der Wasserverteilung zwischen den Betrieben. Folgende Strukturen sind verbreitet:

a) Staatliche oder halbstaatliche Organisationen. Diese Institutionen sind meist erst in den vergangenen 40 Jahren entstanden und entscheidend durch Bewässerungsprojekte der Entwicklungshilfe mit Förderung staatlicher Einrichtungen ermöglicht worden.
b) Gesellschaftliche Gruppen, Dörfer, Vereine oder Genossenschaften der beteiligten Bevölkerung. Diese traditionellen Strukturen wurden in den vergangenen 15 Jahren in neuere Formen der Zusammenschlüsse von Wassernutzern weiterzuentwickeln versucht.
c) Private Personen (z. B. Händler) oder Institutionen (z. B. Banken, Landhandel), die nicht gleichzeitig Bewässerungsbetriebe bewirtschaften, investieren und verkaufen Wasser an Bewässerungsbetriebe. Diese Formen sind sehr selten im Bereich subsistenz- und marktorientierter Betriebssysteme zu finden.

Die Kernprobleme, mit denen sich diese Einrichtungen befassen, sind die Beschaffung von Finanzmitteln und das Management der Wasserverteilung. Die hohen Investitionskosten und laufenden Ausgaben müßten über die Wassergebühr wieder von den Wassernutzern einbezogen werden. Dies geschieht in modernen Systemen nicht sehr häufig. Traditionelle Strukturen ergreifen meist drastische Maßnahmen zur Sicherung der Finanzgrundlage. Das Management der Wasserverteilung wird zum zentralen Problem, da das Wasser meist die wichtigste Ressource darstellt und oft über das Überleben, zumindest aber über das Wohlstandsniveau entscheidet. Daher sind Korruption, Wasserdiebstahl und Wasservergeudung wichtige Elemente bei der Verteilung und Zuteilung von Wasser nach Menge und Zeit. Staatliche Institutionen sollten die Unabhängigkeit der Wasserzuteilung durch Bewässerungsbeamte gewährleisten. Kontrollen wie beispielsweise in der Nacht sind aber schwierig. Diese Probleme gelten nicht nur für die Großbrunnensysteme, sondern auch für die übrigen Systeme mit gemeinsamer Wasserverteilung.

3.4.3.2 Staudämme und Großwehre

Die Erschließung von Oberflächenwasser bei großräumlicher Erfassung durch Staudämme oder Flußwasserentnahme durch Wehre kann von einzelnen Familienbetrieben nicht durchgeführt werden. Dies gilt sowohl für die finanzielle als auch für die wasserrechtliche Grundlage. In der Regel sind für diese umfassende Wassererschließung und -verteilung staatliche oder halbstaatliche Einrichtungen verantwortlich. Zusammenschlüsse der Wassernutzer sind selten.

Die verschiedenen Formen der Wehre und Staudämme (z. B. Erdaufschüttungen, Stahlbeton-Konstruktionen) sind für die Ausprägung der Betriebssysteme mit Bewässerung unbedeutend. Wichtig ist vielmehr die Bereitstellung von Wasser. Danach ist zu unterscheiden:

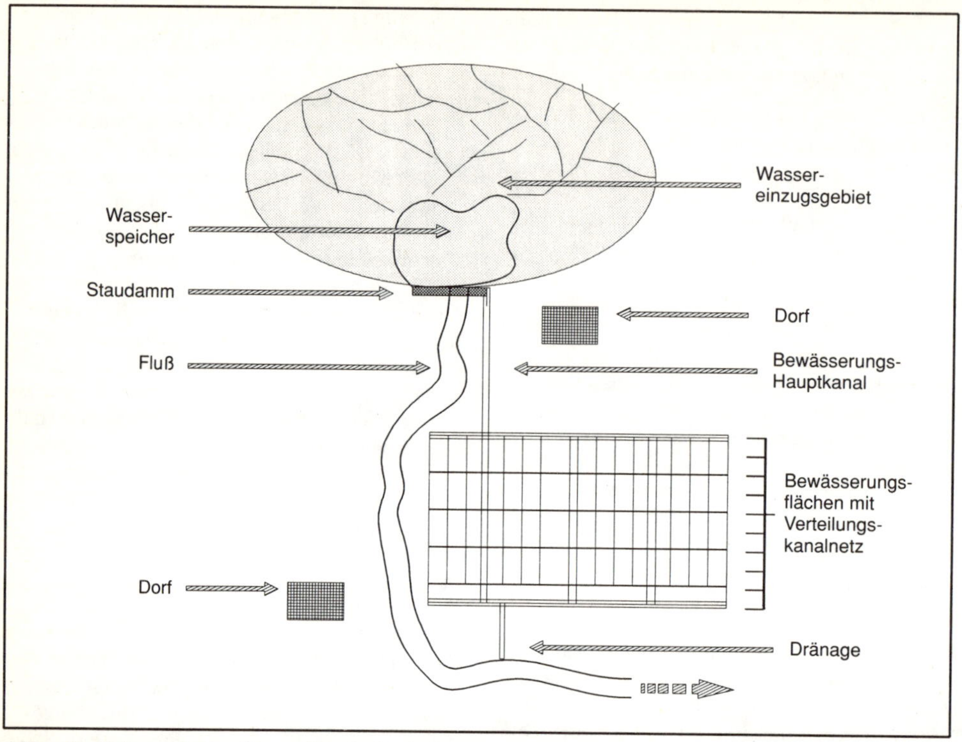

Abb. 48. Schematische Darstellung einer Bewässerungsregion mit Wassereinzugsgebiet, Staudamm, Wasserverteilungssystem und Wasserabflußsystem.

a) Wehre und Staudämme, die ausschließlich der Versorgung von landwirtschaftlichen Betrieben mit Bewässerungswasser dienen. Die Nutzung der verfügbaren Wassermenge erfolgt ausschließlich nach den Bedürfnissen der Betriebe mit Bewässerungsfeldbau. Von entscheidender Bedeutung ist die planerische Vorausschau des Wasserbedarfs in Abhängigkeit von der jeweils verfügbaren Wassermenge im Wasserspeicher oder im Flußlauf.

b) Mehrfachnutzung des Wassers im Verbund mit Elektrizitätserzeugung und Hochwasserschutz. Die Entwicklung der vergangenen 40 Jahre zeigt, daß bei Mehrfachnutzung der Bewässerungsfeldbau an letzter Stelle der Prioritätenskala rangiert. Bei niedrigeren Niederschlägen können somit Engpässe derart entstehen, daß bei Verknappung an Bewässerungswasser die Pflanzenbestände nicht mehr ausreichend mit Wasser versorgt werden können und das Ertragsrisiko stark ansteigt.

Die Erschließung der Wasserressource mit Staudämmen oder Wehren bedingt in der Regel, daß nachfolgend ein großes Verteilernetz benötigt wird. In den meisten Fällen sind dies umfassende Kanalsysteme. Abb. 48 zeigt schematisch die typischen Elemente einer Bewässerungsregion mit überbetrieblicher Wasserbeschaffung und Wasserverteilung. Jahrtausendalte Traditionen dieses Systems sind z. B. im Nildelta, im mesopotamischen Raum oder in Sri Lanka zu finden.

Die Kanalsysteme haben inzwischen eine vielfältige Ausprägung erfahren. Am weitesten verbreitet sind Erdkanäle wie z. B. in der Gezira im Sudan. Im Rahmen von Entwicklungsprojekten sind betonierte Kanäle erstellt worden. Wie auch bei der Wasserverteilung zwischen den Betrieben bei den Großbrunnensystemen (Kapitel 3.4.3.1) sind auch hier die Organisation und das Management der Wasserverteilung die neuralgischen Bereiche. Auch hier sind in der Realität eine Vielzahl von Organisationsformen und Techniken zu finden, die von der staatlich-autoritären Verordnung bis zu der Beteiligung von Bauern und schließlich bis zur selbständigen Regulierung zwischen Bauern (bzw. zu Gruppen zusammengefaßten Bewässerungsbetrieben), reichen.

3.4.3.3 Sonderbereich Dränagesysteme

Nicht zu trennen von der Bewässerung ist die Dränage. Die Abführung überflüssigen Wassers ist grundsätzlich mit der Bewässerung verbunden. In vielen Fällen steht sie in direkter Verbindung mit der Gefahr der Versalzung. Die Notwendigkeit zur Dränage und Verhinderung von Versalzung gilt für alle Betriebssysteme. Dies kann ohne Dränagesystem erfolgen, wenn die Zufuhr von Bewässerung auf den Wasserbedarf abgestimmt ist. Zusätzliche Kosten entstehen dabei in der Regel nicht. Es darf aber keine Versalzungsgefahr bestehen.

Sie lassen sich unterscheiden in:

a) Natürliche Dränagesysteme. Die natürlichen topographischen, geologischen und bodenkundlichen Bedingungen sind so günstig, daß eine Dränage gesichert ist. Die Natur liefert die Dränage kostenlos.
b) Einzelbetriebliche Dränagesysteme mit einfacher Ableitung in Flüsse oder gar in das Grundwasser. Die Durchführung kann häufig durch Arbeitseinsatz erfolgen.
c) Großräumige Dränagesysteme. Sie werden in der Regel von überbetrieblichen Einrichtungen erstellt und überwacht. Diese Einrichtungen sind meist identisch mit den überbetrieblichen Einrichtungen der Wasserbeschaffung und -verteilung.

Eine wichtige Funktion erfüllen die Dränagesysteme bei Versalzungsgefahr. Sie bieten die Möglichkeit, durch Auswaschen des Bodens den Salzgehalt im Boden auf einem für das Pflanzenwachstum erforderlichen Niveau zu halten. Dies setzt allerdings voraus, daß das zugeführte Wasser einen niedrigeren Salzgehalt hat als der auszuwaschende Boden. Es bedingt gleichzeitig einen höheren Wasserverbrauch, als er bei ausschließlicher Bewässerung erforderlich wäre.

3.4.4 Intensität, Produktivität und Stabilität der Produktion

3.4.4.1 Produktionsintensität

Die Produktionsintensität in Betriebssystemen mit Bewässerung wird entscheidend durch den

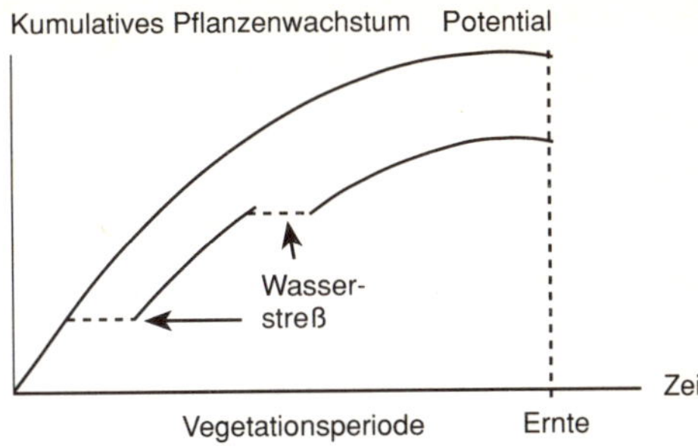

Abb. 49. Die Wirkung von Wasserstreß auf das kumulative Wachstum

Einsatz von Bewässerungswasser bestimmt. Das Einsatz- und Verwertungsniveau von Bewässerungswasser hängt vor allem ab von:

a) der eingesetzten Wassermenge, dem Einsatzzeitpunkt, der Einsatzhäufigkeit und der Wasserqualität; dies wiederum wird von der verfügbaren Wasser- und Bewässerungskapazität des gesamten Betriebes beeinflußt
b) dem Wasserbedarf der Pflanzen nach Menge, Zeit und Qualität. Dies hängt von der Anbaustruktur und dem Anbauumfang der verschiedenen Kulturpflanzen, den Klima- und Bodenbedingungen sowie der Bewässerungstechnik ab.

Die spezielle Intensität des Wassereinsatzes ergibt sich aus der Produktionsfunktion, der die Boden-Wasser-Pflanze-Beziehungen zugrunde liegen. Eine pflanzenphysiologisch optimale Wasserversorgung erlaubt ein höheres Produktionsniveau als bei Wasserunterversorgung (Abb. 49). Wirkt eine solche aus Wassermangel hervorgerufene Streßsituation für einige Zeit, dann wird das Produktionspotential nicht mehr voll ausgenutzt. Dies kann über eine Vegetationsperiode mehrmals auftreten.

Dadurch entstehen irreversible Ertragsverluste, die auch bei einer nachfolgenden ausreichenden Wasserversorgung nicht mehr ausgeglichen werden können. Die Verhinderung von Wasserstreß durch Bewässerung schafft die Voraussetzung für die Ausnutzung des Produktionspotentials. Dabei hängen die Bewässerungen innerhalb einer Vegetationsperiode nach Menge, Zeit und Häufigkeit voneinander ab. Liegt die Wasserversorgung ohne Ertragsverluste zwischen Feldkapazität und permanentem Welkepunkt, dann kann mit der Bewässerung die Einhaltung dieser Versorgung gesichert werden (Abb. 50). Nach einer pflanzenphysiologisch optimalen Wasserversorgung hätte die Bewässerung immer dann zu er-

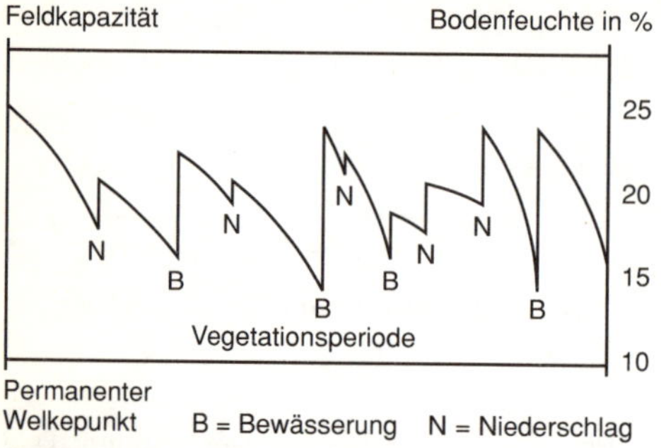

Abb. 50. Wasserversorgung zwischen Feldkapazität und permanentem Welkepunkt und die Wirkung der Bewässerung

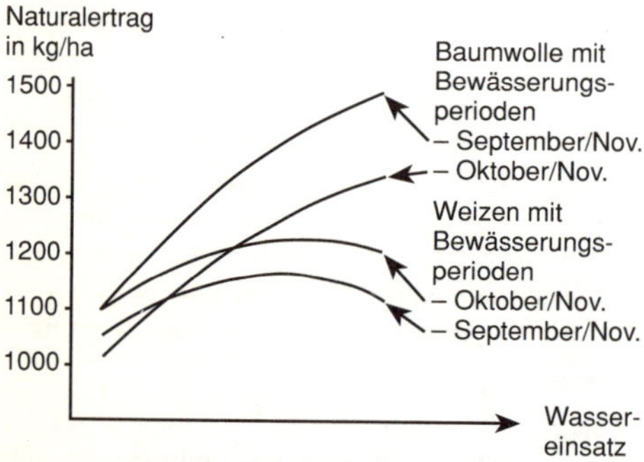

Abb. 51. Die Beziehung zwischen Wassereinsatz und Naturalertrag verschiedener Kulturpflanzen in der Gezira und Managil im Sudan (Quelle: FAKKI, H. (22), S. 54).

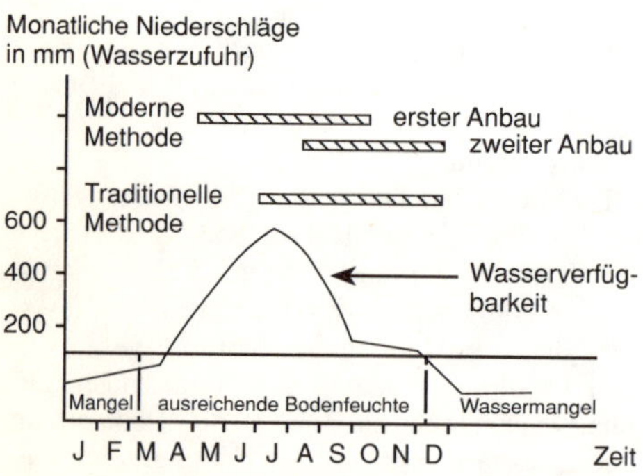

Abb. 52. Aussaat und Verpflanzungen von Reis und die Nutzung der Bodenfeuchtigkeit in Balacan, Philippinen (Quelle: IRRI aus RUTHENBERG, H. und ANDREAE, B. (38), S. 150).

folgen, wenn beim Ausbleiben von Niederschlägen die Bodenfeuchte abnimmt.

Diese Zusammenhänge bedingen eine Produktionsfunktion des Wassereinsatzes, die die technische Beziehung zwischen Wasser und Naturalertrag sowie das Verwertungsniveau wiedergibt (Abb. 51). Mit zunehmendem Einsatzniveau an Bewässerungswasser steigen die Naturalerträge, um ab einem Sättigungsgrad wieder abzufallen. Dies kann in Abhängigkeit von der Pflanzenart, vom Bewässerungszeitpunkt und vom Standort verschieden sein.

Die Wirkung des Wassereinsatzes wird aber von weiteren Faktoren beeinflußt, die eine simultane Wirkung zum Wasser zeigen. Dazu zählen vor allem die Einführung neuer Pflanzensorten, der Mineraldüngung und des Pflanzenschutzes. Die gemeinsame Wirkung solcher Maßnahmen führen in vielen Fällen zu einer höheren Leistung pro eingesetzter Wassereinheit und erlaubt oft eine höhere Produktionsintensität. Höhere Kostenniveaus des Wassereinsatzes können nun gedeckt werden. Bewässerung wird wirtschaftlicher.

So hat beispielsweise die Züchtung neuer Reissorten mit kürzeren Vegetationsperioden, mit zunehmender Streßtoleranz gegenüber Wasserknappheit und mit besserer Eignung für zeitlich verkürzte Anbautechniken zu einer steigenden Wirtschaftlichkeit der Bewässerung geführt. Die Verkürzung der Anbauperiode und die Änderung der Anbautechnik hat in dem in Abb. 52 aufgezeigten Beispiel des Reisanbaus auf den Philippinen zu zwei Vegetationsperioden pro Jahr auf der gleichen Fläche geführt. Diese ermöglichten eine bessere Ausnutzung von Bewässerungswasser in einer bisher nicht genutzten Zeitperiode (Mai bis Juli) und eine intensivere Nutzung des Wassers in der bisherigen Anbauperiode. Die Wasserverwertung steigt mit der Verwertung anderer Ressourcen durch die Einführung technischer Fortschritte an.

Diese Zusammenhänge können aber zwischen den Betrieben einer Bewässerungsregion zu unterschiedlichen Produktionsintensitäten und Wasserverwertungen führen. Die wichtigste Ursache dafür ist neben den natürlichen Standortverhältnissen und der Marktsituation die Wasserverfügbarkeit der Betriebe. Dies wird bei überbetrieblicher Wasserbeschaffung durch die Wasserallokation zwischen den Betrieben bestimmt.

Die regionale Wasserallokation zwischen den Betrieben, wie sie häufig entlang von Bewässerungskanälen zu finden ist, führt zu unterschiedlichen betrieblichen Optimalitäten und damit zu unterschiedlicher Wasserverwertung. In der Gezira im Sudan (Tab. 52) läßt sich ein abnehmender Naturalertrag bei allen Produkten mit zunehmender Entfernung der Bewässerungsflächen (und Betriebe) vom Kanalanfang feststellen. Daraus folgt eine abnehmende Verwertung von Bewässerungswasser, die unterschiedliche Betriebe trifft.

Die Produktionsintensität und ihre Abhängigkeit vom Einsatz an Bewässerungswasser waren in der Reisproduktion der vergangenen Jahrzehnte von gravierendem Einfluß auf die Entwicklung der Betriebssysteme mit Bewässerung. Unter dem Einfluß der Züchtung, der Verbesserung der Wasserversorgung und dem Einsatz weiterer Produktionsmittel wurde der Reisanbau, der in vielen Ländern der Tropen und Subtropen die Versorgungsgrundlage der Menschen mit Nahrungsmitteln darstellt, erheblich verbessert. Die Produktionsleistungen haben zu Naturalerträgen geführt, die in Asien 3,3 t/ha, in Lateinamerika 2,3 t/ha und in Afrika 1,9 t/ha erreichen.

Tab. 52. Naturalerträge und Einkommensbeitrag in Abhängigkeit von der Lage am Bewässerungskanal in der Gezira, Sudan

Leistung nach Produktart	Entfernung zum zuführenden Kanal nahe	entfernt
Naturalertrag, kg/ha		
Baumwolle	2645	2143
Weizen	2701	2352
Erdnuß	2684	1978
Sorghum	1058	767
Betriebseinkommen in DM/Familie		
Baumwolle	7282	4640
Weizen	9076	6262
Erdnuß	11595	6817
Sorghum	5985	3494

Quelle: nach Fakki, H. (22), S. 104 und 107; bewertet zu Preisen von 1989

3.4.4.2 Produktivität

Die Produktivität zeigt innerhalb der Betriebssysteme mit Bewässerung folgende Tendenzen:

a) Die Flächenproduktivität in diesen Betriebssystemen ist im allgemeinen unter den subsistenz- und marktorientierten Betriebssystemen am höchsten. Sie werden gelegentlich nur noch von den Betriebssystemen mit Dauerkulturen übertroffen. Innerhalb der Bewässerungssysteme gilt in den meisten Fällen, daß die höchsten Wertproduktivitäten für Fläche in Betriebssystemen mit Becken- und Brunnenbewässerung unter der Regie des Einzelbetriebes erzielt werden (Tab. 53). Niedrigere Flächenproduktivitäten werden im allgemeinen in den Betriebssystemen mit überbetrieblicher Wasserbeschaffung erreicht. Am niedrigsten ist sie in den Betriebssystemen mit natürlicher Überflutung.

   Die Flächenproduktivität steigt im allgemeinen mit zunehmender Wasserverfügbarkeit je Flächeneinheit und mit höherer Marktanbindung. Sie sinkt in vielen Fällen mit steigender Betriebsgröße. Kleinere Betriebe wirtschaften intensiver auf knapper Fläche, insbesondere mit hohem Arbeitseinsatz, und verlagern ihre Produktion auf Produkte, die einen hohen Marktpreis erzielen. So werden beispielsweise Getreidearten außer Reis selten im Bewässerungsfeldbau angebaut. Gemüse und Gewürze nehmen zu. Der R-Wert in Bewässerungssystemen kann sehr hoch sein.

   Der Reisanbau spielt in der Bewässerungslandwirtschaft der Tropen die zentrale Rolle. Seiner Produktivität kommt daher eine wichtige Bedeutung zu. Die Mengenproduktivität für die Flächen im Reisanbau ist länderweise in den Tab. 54 und 55 zusammengefaßt. Die Mengenproduktivität der Reisflächen, ausgedrückt im Reisertrag/ha, schwankt auf der Länderebene zwischen 900 und 7000 kg/ha. Dies drückt sowohl das unterschiedliche Potential als auch das unterschiedliche Ausnutzungsniveau des Potentials aus. Des weiteren zeigen Länder mit hohem Bewässerungsanteil eine höhere mengenbezogene Flächenproduktivität als solche mit hohem Anteil an Reisanbau im Regenfeldbau (also ohne Bewässerung). Diese Werte zeigen die wichtige Stellung des Bewässerungsfeldbaus und erklären zum Teil die Tatsache, daß in den Tropen und Subtropen auf etwa 18% der Ackerfläche Bewässerung betrieben wird, mit der etwa 40% des Produktionswertes der Landwirtschaft erzeugt wird.

b) Die Produktivität der Bewässerungskapazität zeigt innerhalb der Betriebssysteme mit Bewässerung folgende Tendenzen:

Tab. 53. Vergleich geschätzter Wertproduktivitäten in subsistenz- und marktorientierten Betriebssystemen mit Bewässerung (pro Jahr)

Betriebssysteme	Fläche in DM/ha	Wasser in DM/m³	Arbeit in DM/AK	Kapital in DM/DM
Natürliche Überflutung:	50–1500	–	5–300	1–2
Niederschlagssammlung:				
Reisanbau mit Beckenbewässerung	200–5000	0,02–0,5	30–1000	1–1,5
Andere Systeme	100–8000	0,05–1,5	30–1100	1–1,5
Grundwasserentnahme:				
Flachbrunnen				
– Reisanbau	200–5000	0,02–0,5	30–800	0,5–1,3
– Sonstiges	100–8000	0,05–1,5	30–900	0,5–1,3
Tiefbrunnen				
– Reisanbau	200–5000	0,02–0,5	30–1000	0,5–1,0
– Sonstiges	100–8000	0,05–2,5	30–1100	0,5–1,0
Überbetriebliche Wasserbeschaffung:				
Großbrunnensysteme				
– Reisanbau	200–5000	0,02–0,5	50–1800	0,8–1,8
– Sonstiges	100–6000	0,05–2,0	50–2000	0,8–1,8
Schwerkraftsysteme				
– Reisanbau	200–5000	0,02–0,5	50–1500	0,8–1,8
– Sonstiges	100–6000	0,03–1,5	50–1800	0,8–1,8

- Die Produktivität sinkt mit zunehmender Wasserkapazität, häufig auch mit zunehmender Bewässerungskapazität, sofern die Bewässerungskosten relativ niedrig bleiben. Mit steigender Wasserkapazität nimmt die Gefahr der Wasservergeudung und damit der Absenkung der Wasserproduktivität zu. Die Produktivität des eingesetzten Wassers hängt auch von der Flächenkapazität bzw. von der Wasserkapazität je Flächeneinheit ab. Im allgemeinen gilt, daß die Wasserproduktivität umso höher ist, je niedriger die Bewässerungskapazität je Flächeneinheit.
- Andererseits nimmt häufig die Wasserproduktivität mit steigenden Kosten der Wasserbeschaffung und des Wassereinsatzes zu. Dies ist die Folge zunehmender Erkenntnis über die Knappheit des Wassers und der daraus resultierenden sparsamen Verwendung des Wassers, die zu einer Steigerung der Wasserverwertung führt.
- Die Wasserproduktivität ist in der Regel bei Zusatzbewässerung höher als bei allgemeiner Bewässerung. Unter Zusatzbewässerung wird eine ergänzende Bewässerung im Regenfeldbau verstanden. Ein Naturalertrag wird auch ohne Bewässerung erzielt, eine zusätzliche Bewässerung aber erhöht die Sicherheit des Produktionsergebnisses, erlaubt einen Übergang zu einer neuen Kulturpflanze mit höherwertigem Produkt oder zur Erzielung einer weiteren Vegetationsperiode mit geringen Wassermengen. Die Zusatzbewässerung ist durch niedrige Wassermengen je Flächeneinheit und häufig durch nur einmalige Wasserzufuhr gekennzeichnet. Durch geringe Mengen an Wasser werden in der Regel hohe zusätzliche Produktionswerte erzielt, die pro eingesetzte Wassereinheit extrem hoch sein können. Gerade am subtropischen Standort kann selbst bei vergleichsweise niedriger Produktionsintensität die Wasserverwertung bei der Zusatzbewässerung sehr hoch sein.
- Von Einfluß auf die Wasserproduktivität sind die Ausbringungstechnik und die Managementfähigkeiten in den Bewässerungsbetrieben. Aus technischer Sicht gilt, daß wassersparende Ausbringungstechni-

ken zu einer Steigerung des Produktionsvolumens je eingesetzter Wassereinheit führen. Entsprechend steigt das Produktionsvolumen pro Wassereinheit beim Übergang von der Becken- zur Furchenbewässerung und weiter zur Beregnung und liegt schließlich am höchsten bei der Tröpfchenbewässerung. Die meisten bewässerungstechnischen Kriterien (sogenannte Effizienzkriterien) zur Bewertung von Bewässerungssystemen liegen in diesem Bereich (DOPPLER, 19).

Wird jedoch das Produktionsvolumen auf die Kosten des Einsatzes der Wassereinheit bezogen, gilt dies nicht mehr in dieser deutlichen Weise, da mit höherer Technologie die Einsatzkosten steigen. Verallgemeinerungen der Kosten sind aber nicht möglich, da in den Tropen und Subtropen große Preisunterschiede bestehen. Eine Differenzierung zwischen den verschiedenen Betriebssystemen der Bewässerung kann daher nur standortspezifisch erfolgen.

Vor diesem Hintergrund lassen sich die Wertproduktivitäten des Wassers zwischen 0,02 und 2,5 DM/m³ Bewässerungswasser (Tab. 53) schätzen.

c) Die Arbeitsproduktivität in den subsistenz- und marktorientierten Betriebssystemen mit Bewässerung ist in der Regel durch eine hohe Arbeitsintensität geprägt, die aber von der Mechanisierung beeinflußt wird. Es lassen sich folgende Tendenzen verallgemeinern:
- Im Vergleich zu den Betriebssystemen mit stationärer Tierhaltung, mit permanentem Regenfeldbau und Dauerkulturwirtschaften ist die Arbeitsproduktivität in der Regel niedrig. Allerdings zeigen die Betriebssysteme mit Bewässerung eine hohen Beschäftigungsstand der Familienarbeitskräfte auf. Die Beschäftigung von Fremdarbeitskräften ist meist niedriger als in Betriebssystemen mit permanentem Regenfeldbau.
- Die Arbeitsproduktivität wird in den Betriebssystemen mit Bewässerung ganz besonders durch den Mechanisierungsgrad der Betriebe bestimmt, da neben der Bodenbearbeitung viele Bereiche, wie Wasserbeschaffung, Wasserverteilung oder Wasserausbringung, mechanisiert werden können. Da die Mechanisierung gleichzeitig von der Investitionskraft der Betriebe, diese wiederum von der Marktanbindung, dem Kenntnisstand der Entscheidenden und den Standortverhältnissen abhängt, steigt die Arbeitsproduktivität mit der Verbesserung dieser Voraussetzungen. Die standortspezifischen Unterschiede dieser Rahmenbedingungen, vor allem die unterschiedliche Flächenausstattung und die unterschiedlichen Eigentumsrechte der Betriebe, führen zu einer großen Streubreite der Arbeitsproduktivität, wie sie in Tab. 53 dargestellt ist. Diese Extreme können besonders ausgeprägt sein. Ein traditioneller Kleinbetrieb mit Reisanbau in Indien kann die Arbeitsproduktivität von extensiven Brachewirtschaften erreichen; ein mechanisierter mittelgroßer Betrieb mit bewässertem Zitrusanbau in Tunesien kann die

Tab. 54. Kennzahlen der Reisproduktion in Asien

	Reisfläche 1000 ha	Reisertrag t/ha	Reisfläche in % bewässert	überflutet	Regenreis
Asien	**129 530**	**3,3**	–	–	–
Afghanistan	211	2,2	100	0	0
Bangladesch	10 229	2,2	12	79	9
Birma	4 718	3,2	17	68	15
China	32 798	5,3	93	5	2
Indien	40 991	2,1	35	50	15
Indonesien	9 889	4,0	63	23	14
Iran	493	3,7	100	0	0
Japan	2 298	6,3	98	0	2
Kambodscha	1 717	1,1	10	65	25
Nordkorea	858	7,0	67	20	13
Südkorea	1 229	6,4	91	8	1
Laos	599	2,2	11	40	49
Malaysia	647	2,9	66	22	12
Nepal	1 352	1,9	21	76	3
Pakistan	2 010	2,4	100	0	0
Philippinen	3 426	2,7	43	45	12
Sri Lanka	851	2,9	63	30	7
Thailand	9 378	2,0	14	83	3
Türkei	57	4,9	100	0	0
Vietnam	5 691	2,8	40	53	7

Quelle: IRRI (31) unter Verwendung von FAO-Daten

Tab. 55. Kennzahlen der Reisproduktion in Lateinamerika und Afrika

	Reisfläche 1000 ha	Reisertrag t/ha	Reisfläche in % bewässert	überflutet	Regenreis
Lateinamerika	**7606**	**2,3**	–	–	–
Argentinien	108	3,7	100	0	0
Brasilien	5457	1,8	18	6	76
Kolumbien	378	4,8	65	0	35
Kuba	156	3,4	100	0	0
Dominikanische Rep.	101	4,0	98	0	2
Ecuador	173	2,7	40	50	10
Guyana	87	3,7	95	0	5
Mexiko	189	3,4	41	0	59
Peru	203	4,7	84	0	16
Surinam	75	4,0	100	0	0
Uruguay	84	4,7	100	0	0
Venezuela	143	2,6	90	0	10
Afrika	**5368**	**1,9**	–	–	–
Elfenbeinküste	418	1,3	6	–	87
Ägypten	423	5,9	100	0	0
Guinea	560	0,8	5	–	47
Liberia	232	1,2	0	–	94
Madagaskar	1183	1,9	31	–	19
Nigeria	717	2,0	16	–	55
Sierra Leone	350	1,4	0	–	67
Tanzania	318	1,6	10	–	26
Zaire	337	0,9	5	–	90

Quelle: IRRI (31) unter Verwendung von FAO-Daten

höchste Arbeitsproduktivität aller subsistenz- und marktorientierten Betriebssysteme aufweisen.

d) Die Kapitalproduktivität in Betriebssystemen mit Bewässerung unterliegt ebenfalls hohen Schwankungen, die insbesondere durch die Marktanbindung und die Nachfragesituation am Markt bestimmt werden. Im allgemeinen gilt, daß die Kapitalproduktivtät hoch ist, wenn durch Kapitaleinsatz die Wasserkapazität bei Wasserknappheit erhöht wird. Bei ausreichender Bewässerungskapazität führt ein zusätzlicher Kapitaleinsatz jedoch nicht zu einer wesentlichen Erhöhung der Kapitalproduktivität.

3.4.4.3 Produktionsstabilität

Die Produktionsstabilität wird durch die Bewässerung günstig beeinflußt. Im allgemeinen gilt, daß der Übergang von anderen Betriebssystemen in solche mit Bewässerung zu einer Verbesserung beider Formen der Produktionsstabilität führt:

a) Die Schwankungen der Naturalerträge zwischen den einzelnen Vegetationsperioden (Leistungsvariabilität) werden durch die Bewässerung reduziert.

b) Das Produktionspotential von Wasser und Flächen wird durch sachgerechte Grundwasserentnahme, Bewässerung, Anbausysteme sowie durch Terrassenwirtschaft langfristig erhalten (Ressourcenerhaltung).

Leistungsvariabilität

Sachgerechte Bewässerung reduziert die Schwankungen der Naturalerträge in der Pflanzenproduktion im Zeitablauf durch eine Anpassung der Wasserzufuhr entsprechend der unterschiedlichen Niederschläge. Der Eingriff des Menschen in den Produktionsablauf und die Beeinflussung der natürlichen Standortverhältnisse verhindert die durch Wetter und Klimaschwankungen entstehenden Schwankungen der Naturalerträge. Damit wird gleichzeitig das Produktionsrisiko in erheblichem Umfang reduziert. Dies wirkt sich auf die Schwankungen der Eigenversorgung, des Einkommens, der Barmittelverfügbarkeit wie auch auf die Abhängigkeit der Familien von anderen aus.

Die Schwankungen der Naturalerträge zwischen den Vegetationsperioden sind in den Betriebssystemen mit Bewässerung bei sachgerechter Wasserverfügbarkeit und Wasserausbringung am niedrigsten im Vergleich zu allen anderen Betriebssystemen in den Tropen und Subtropen. Dieser Fall wird aber nicht immer erreicht, da folgende die Leistungsvariabilität beeinflussenden Kräfte wirken können:

a) Unsichere Wasserkapazität
Für Betriebssysteme mit natürlicher Überflutung gilt nicht die durch Menschen beeinflußte Wasserbereitstellung. Der Naturalertrag in diesen Betriebssystemen schwankt in Abhängigkeit von der Überflutung und damit vom Anfall an Oberflächenwasser (aus Niederschlägen). Diese Betriebssysteme weisen die höchsten Schwankungen innerhalb der Betriebssysteme mit Bewässerung auf. Durch

starke Schwankungen bei der Ausdehnung der Überflutung kann das Produktionsrisiko höher liegen als im Regenfeldbau. In traditionellen Überflutungszonen liegen die Anbaugebiete aber häufig in relativ regelmäßig überfluteten Bereichen. Mit zunehmender Flächenknappheit können allerdings marginale Flächen in diese Systeme einbezogen werden (wie beispielsweise in Bangladesch), die sehr hohen Risiken ausgesetzt sind.

b) Nicht ausreichende Bewässerungskapazität und/oder zu hohe Kosten für die Wassersammlung, den Wassertransport und/oder die Wasserausbringung
Engpässe bei der Wassersammlung können beim Einsatz von kleinen Wasserspeichern (»Tanks«, »Haffire«) entstehen. Ihre Ursachen liegen meist in unzureichender Niederschlagsmenge in Relation zu der verfügbaren Sammelfläche oder in nicht ausreichender Speicherkapazität. Tab. 56 gibt für einzelne Distrikte in Indien einige Beispiele für die Schwankungen der Naturalerträge und des gesamten Produktionsvolumens wieder. Dieses beinhaltet neben der Schwankung des Naturalertrages die Schwankung der ausgesäten und geernteten Flächen. Solche Schwankungen treten verstärkt in Betriebssystemen mit einzelbetrieblicher Wasserbeschaffung auf.
Kapazitätsbegrenzungen im Speichervolumen und im Kanalnetz sind häufig anzutreffen in Betriebssystemen mit überbetrieblicher Wasserbereitstellung, da bei regionaler Wasserversorgung oft eine knappe Bemessung der Wasserbereitstellung zugunsten einer größeren Bewässerungsfläche zu finden ist. Grundsätzlich können die Betriebe sich mit dem Anbauprogramm anpassen, sofern nicht unter eine Mindestwasserversorgung gegangen wird. Diese ist vor allem für den Reisanbau sehr schnell ein limitierender Faktor.
Wasser kann auch in Reisanbausystemen mit Beckenbewässerung auf der Basis von Niederschlägen knapp werden, wenn nicht ausreichend Niederschläge fallen. Dies ist jedoch nur an hinsichtlich des Niederschlags marginalen Standorten zu erwarten. Bislang ist dies noch nicht von allzu großer Bedeutung.

c) Nicht an die verfügbare Bewässerungskapazität angepaßte Anbausysteme
Hier handelt es sich meist um Erscheinungsformen, die nur über wenige Vegetationsperioden auftreten, da die Bewässerungsbetriebe in der Regel ihr Anbauprogramm an diese Bedingungen anpassen. Erfahrungen bei der Einführung von Hochertragssorten bei Reis wie auch bei der Einführung von Reis in nicht reisorientierte Anbausysteme haben dies gezeigt.

Tab. 56. Variabilität der Reiserträge und Reisproduktion in ausgewählten Distrikten Indiens bei Wassersammlung in kleinen Speicherbecken (»Tanks«) von 1954/55 bis 1964/65

Distrikt	Reisertrag		gesamte Reisproduktion	
	in kg/ha	Variationskoeffizient	in 1000 t/Jahr	Variationskoeffizient
Thamil Nadu				
Chinglepet	1165	9,15	356	17,61
Ramanadhapuram	945	17,14	200	22,17
Andhra Pradesh				
Nellore	1269	15,33	264	35,93
Medak	897	18,96	91	38,93
Mahababnagar	956	27,20	107	49,45
Guntur	1519	9,70	334	14,98
Maharashtra				
Sholapur	637	40,33	6	49,22
Akola	542	23,42	4	27,51

Quelle: Oppen, von, M. und Shandhu, H. S. (35), S. 8 und 10

d) Unzureichendes Management der Wasserzuteilung bei überbetrieblicher Wasserverteilung und/oder unzureichendes Wassermanagement in den Betrieben
Ertragsschwankungen als Folge dieser Engpässe sind eine Erscheinung moderner Bewässerungssysteme. Sie haben in den vergangenen Jahrzehnten zugenommen und stellen heute eines der größten Probleme neuerer Bewässerungssysteme dar. Sie haben folgende Erscheinungsformen und Ursachen:
– Ungleichmäßige Wasserverteilung zwischen Betrieben und Parzellen entlang eines Bewässerungskanals. Diese in der Literatur (5, 9, 14, 22) als »tail-ender«-Problem bezeichnete Situation bedeutet, daß tendenziell die am Kanalende liegenden Betriebe oder Parzellen weniger Wasser bekommen, vor allem aber in besonders wasserknappen Perioden vor existentiellen Fragen stehen können (Tab. 52). Ihre Ertragsschwankungen zwischen den Vegetationsperioden kön-

nen besonders hoch sein. Soziale Ungerechtigkeit für die Familien als auch volkswirtschaftlich suboptimale Ausnutzung von knappen Ressourcen (Flächen, Investitionen in Infrastruktur) sind die Folgen. Als Ursache gilt vor allem ein unzureichendes Management, das eine Folge von Machtverhältnissen, Unfähigkeit der Verantwortlichen oder ungeeigneter wasserbaulicher Infrastruktur sein kann.

- Mit zunehmender Ausdehnung des Bewässerungsfeldbaus wurden vermehrt Flächen, die immer weniger für die Bewässerung geeignet waren, dem Bewässerungsfeldbau erschlossen. Damit wurden Ressourcen in Nutzung genommen und Bewässerungssysteme geschaffen, die bei ungenügendem Management empfindlich reagieren und so zu starken Ertragsschwankungen im Zeitablauf führen. Bei langfristiger Betrachtung zeigt sich dies als ein allgemeiner Trend. Bewässerungsprojekte der vergangenen 40 Jahre mit hohem Managementanspruch haben bei Marginalbetrieben zu größeren Ertragsschwankungen zwischen den Vegetationsperioden geführt als traditionelle Systeme. Diese Probleme sind vor allem in Bewässerungssystemen mit überbetrieblicher Wasserzufuhr über Kanalnetze ausgeprägt.
- Die Abhängigkeit des Bewässerungsfeldbaues von der Belieferung betriebsexterner Produktionsmittel und Betriebsmittel (wie beispielsweise von Diesel, Benzin, Strom, Ersatzteilen) mit zunehmender Mechanisierung der Bewässerungswirtschaft führt zu einem Risiko, das sich in Leistungsschwankungen im Zeitablauf auswirken kann. Die Betriebe haben in der Regel nur die Möglichkeit, mit Diversifizierung der Mechanisierung sich an Zulieferprobleme anzupassen.

Ressourcenerhaltung

Im Vergleich zu den anderen subsistenz- und marktorientierten Betriebssystemen sind die Bewässerungssysteme grundsätzlich durch eine langfristig stabile Produktion gekennzeichnet. Bei sachgerechter Pflanzenproduktion tritt ein Verbrauch der Fläche, wie sie bei Überweidung mit Tieren oder am semiariden Savannenstandort mit Brachewirtschaften oder mit permanentem Regenfeldbau zu finden sind, nicht auf. Auch die Ressource Wasser wird bei sachgerechter Entnahme erhalten.

Die sachgerechte Nutzung der Ressourcen ist aber nicht immer sichergestellt, so daß für die Betriebssysteme der Bewässerung typische Gefahren des Ressourcenverbrauchs bestehen. Diese Gefahren werden auf verschiedenen Wegen zu verhindern versucht:

a) Die Erhaltung des Produktionspotentials durch entsprechende Fruchtfolgen
Dominierend in der Bewässerung ist der Reisanbau. Dieser wird in den meisten Bewässerungsregionen stets nacheinander angebaut. Es sind Anbausysteme bekannt, in denen Reis schon über mehrere hundert Jahre angebaut wird. Bislang ist Reis als Monokultur über lange Perioden ohne Ertragseinbußen durch Fruchtfolgeprobleme möglich. Ordnungsgemäßer Reisanbau bedeutet eine langfristige Erhaltung des Produktionspotentials. Diese Eigenschaft muß heute angesichts einer immer intensiveren Produktionsweise und damit immer empfindlicheren Produktionssystemen als eine Ressource an sich betrachtet und behandelt werden.

b) Verhinderung von Versalzung
Die Versalzung ist das Damoklesschwert (die im Glück stets drohende Gefahr) der Bewässerung. Nach allen Informationen, die über Mesopotamien vorliegen, war es letztendlich die Versalzung, die zum Untergang dieser Hochkultur geführt hat. Nach JACOBSON und ADAMS (32) wurde von den Sumerern im Gebiet Girsu etwa 2400 Jahre vor Christus ein Getreideertrag von 17,4 dt/ha und 2100 Jahre vor Christus 10,0 dt/ha erzielt, der dann etwa 1700 vor Christus im Gebiet Larsa auf 6,2 dt/ha abfiel.
Ein erschreckend hoher Anteil der Bewässerungsflächen scheidet jährlich aus der landwirtschaftlichen Nutzung wegen Versalzung und Staunässe aus. Künftig wird allein die Rehabilitation dieser Fläche mehr als die Hälfte der bisherigen Hilfen für die Bewässerungslandwirtschaft in den Tropen und Subtropen beanspruchen.

Die Ursachen der Versalzung können sein:

- salzhaltiges Grundwasser, das so hoch ansteht, daß es durch kapillare Aufwärtsbewegung als Folge der Oberflächenverdunstung (aride und semiaride Zonen) zur Salzanreicherung in der Wurzelzone führt

- Zufuhr von salzhaltigem Bewässerungswasser
- Versalzung als Folge von Bewässerung; dies kann erfolgen durch Anheben eines salzhaltigen Grundwasserspiegels (bei undurchlässigen Böden) oder durch zu niedrige Wassergaben, die für eine Auswaschung der Salze nicht ausreichen.

Maßnahmen zur Verhinderung sind demnach eine ausreichende Wasserzufuhr über die Bewässerung zur Auswaschung, ausreichende Dränage, Zufuhr salzarmen Wassers sowie entsprechende Anbaumethoden und Fruchtfolgen. Die Gefahr der Versalzung besteht grundsätzlich unabhhängig vom Betriebssystem. Die Maßnahmen zur Verhinderung der Versalzung stehen aber im Zusammenhang mit dem Betriebssystem. Eine Anpassung über Anbaumethoden und Fruchtfolgen sind in allen Betriebssystemen möglich. Auswaschungen und Dränagen zeigen häufig bei Betriebssystemen mit überbetrieblicher Wasserzufuhr höhere Erfolgsquoten, da diese Maßnahmen häufig nur im regionalen Verbund geregelt werden können.

c) Verhinderung von Erosion durch Terassenwirtschaft

Bewässerungsfeldbau in monsunreichen Hanglagen ist besonders in Asien verbreitet. Es handelt sich meistens um Betriebssysteme mit Niederschlagssammlung auf der Parzelle mit Becken für den Reisanbau. Hohe Niederschlagsmengen in relativ kurzer Zeit und sehr ausgeprägte Hangneigungen führen zu extrem hoher Gefahr des Bodenabtrages. Terrassenbau verhindert dies. Gleichzeitig fördert die Terrasse die Nutzungsmöglichkeit, da ohne sie häufig eine Beckenbewässerung und der Anbau von Bewässerungsreis nicht möglich ist. Terrassenbau und Terrassenunterhaltung ist in vielen Kleinbetrieben der asiatischen Gebirgslagen, aber auch in einigen Zonen der Anden, eine der umfassendsten Arbeitsaufwendungen der Familienarbeitskräfte. Terrassenwirtschaft sichert das Produktionspotential von Fläche und Wasser langfristig.

d) Verhinderung von langfristigen Absenkungen des Grundwasserspiegels

In Betriebssystemen mit Brunnenbewirtschaftung bei freier Entscheidung von vielen Einzelbetrieben einer Region besteht die Gefahr der langfristigen Absenkung des Grundwasserspiegels, wenn der natürliche Wassernachfluß im Grundwasser zeitweilig oder langfristig nicht die Grundwasserentnahme erreicht. Zunehmende Bewässerung durch Flächenausdehnung und der Anbau stärker wasserbeanspruchender Pflanzen erhöhen die Grundwasserentnahme. Können alle Betriebe frei über die Entnahme von Grundwasser entscheiden, wird solange vermehrt Wasser entnommen, als daraus eine hohe Wasserverwertung erzielt wird. Im allgemeinen ist dies umso ausgeprägter, je kleiner die Flächenausstattung der Betriebe ist und je intensiver sie wirtschaften, je näher ihre Lage am Markt mit hohen Preisen für Produkte mit hohem Wasseranspruch in der Produktion (z. B. Gemüse) ist und je finanzkräftiger die Betriebe sind.

In Regionen mit Betriebssystemen mit freier Grundwasserentnahme ist die Gefahr der langfristigen Absenkung des Grundwasserspiegels besonders ausgeprägt. Kommt es zu einer langfristigen Absenkung, dann wird mehr in Brunnen investiert, um weiterhin Zugang zu Wasser zu haben. Die Brunnen werden tiefer, die Leistung der Pumpen höher. Es entwickelt sich ein wirtschaftlicher Wettbewerb zwischen den Betrieben um das gemeinsame Gut Grundwasser.

Tendenziell wandert das Wasser zum besser Wirtschaftenden. Ohne Regulierung kann ein ruinöser Wettbewerb entstehen, bei dem die wirtschaftlich stärksten Betriebe überleben und die wirtschaftlich schwächeren die weiteren Investitionen für größere Brunnen nicht mehr tragen können. Sie beginnen extensiver zu produzieren und können damit das Produktionspotential der Ressourcen nicht mehr optimal ausnutzen oder sie kaufen Wasser von den wirtschaftlich stärkeren Betrieben ab und werden abhängig. In solchen Fällen führt die Entwicklung der Betriebssysteme mit Brunnenbewässerung zu Einkommensdisparitäten und volkswirtschaftlich suboptimaler Nutzung von Ressourcen.

Zur Verhinderung solcher Entwicklungen sind Eingriffe der Gesellschaft auf den Zugang und die Entnahme von Grundwasser notwendig. Überbetriebliche Regelungen werden erforderlich, die zu einer Einschränkung der Entscheidungsfreiheit führen können, wie sie in den Betriebssystemen mit überbetrieblicher Wasserbeschaffung gelten.

3.4.5 Wasser als Produktionsfaktor

Bewässerungswasser ist aus der Sicht der Pflanzenproduktion als **Produktionsmittel** anzusehen, da es im Produktionsprozeß verbraucht wird. Es dient der Intensivierung und Stabilisierung der Produktion. Die Erschließung und Bereitstellung des Wassers erfordert aber in der Regel Investitionen in Anlagen. Aus dieser Sicht ist bereitgestelltes Bewässerungswasser als ein **Produktionsfaktor** anzusehen, der in Form von Anlagen und nachfließender Wasserquelle dauerhaft genutzt werden kann.

Die Bereitstellung dieser Ressource erfordert Investitionen, laufende Ausgaben und Managementaufwendungen. Das Management erfolgt bei einer einzelbetrieblichen Wasserquelle innerhalb des Betriebes, bei überbetrieblicher Wasserbeschaffung sind das Management der Wasserbeschaffung (z. B. mit Staudämmen) und der Wasserverteilung (z. B. in großen Kanalsystemen) mit dem einzelbetrieblichen Management auf den Feldern zu kombinieren. In letzterem Falle ist die Frage der Finanzierung über die Beteiligung der Bewässerungsbetriebe ein zentrales einzelbetriebliches und gesellschaftliches Problem.

3.4.5.1 Wasser- und Bewässerungskapazität

Die Nutzung von Bewässerungswasser in der Pflanzenproduktion setzt die Verfügbarkeit von Wasser und die Erschließung und Bereitstellung von Wasser voraus. Entsprechend setzt sich die Bewässerungskapazität wie folgt zusammen:

a) Wasserkapazität
Sie ergibt sich aus dem Zugang zu Wasser nach Menge und Zeit. Bei Grundwassernutzung wird sie aus dem vorhandenen Grundwasser, dem natürlichen Wassernachfluß im Zeitablauf und den Rechten zur Nutzung, bei Oberflächenwasser vom Oberflächenabfluß, vorhandenen Wasserspeichern und Nutzungsrechten bestimmt.
Die Wasserkapazität stellt das Potential des Betriebes dar, das er nutzen könnte. Häufig entstehen dafür keine Ausgaben. Beim Kauf von Wassernutzungsrechten oder einer Pacht für die Nutzung einer Wasserquelle ist die Wasserkapazität aber mit Kosten zu belasten.

b) Anlagenkapazität
Um die Wasserkapazität nutzen zu können, sind Anlagen zu errichten und zu betreiben, die Wasser erschließen, transportieren und am Pflanzenstandort ausbringen. Die Erstellung der Anlagenkapazität erfordert in der Regel Investitionen, zumindest aber familieneigenen Arbeitsaufwand. Für Unterhalt und Betrieb entstehen laufende Ausgaben, zumindest aber Arbeitsaufwand. Diese Anlagen können vollständig im Privateigentum des Einzelbetriebes sein (z. B. bei der Brunnenbewässerung) und von diesen selbständig betrieben werden oder sie können teilweise im Eigentum überbetrieblicher Einrichtungen bzw. des Staates sein (z. B. Staudämme) und von diesen bewirtschaftet werden.
Die Anlagenkapazität bestimmt, in welchem Umfang die Wasserkapazität ausgenutzt ist. Mit ihr sind gleichzeitig die Kosten der Wassererschließung und -verteilung festgelegt.

c) Bewässerungskapazität
Sie bringt die Wasser- und Anlagekapazität zusammen und bedeutet die Menge an Bewässerungswasser, die im Zeitablauf am Pflanzenstandort verfügbar ist. Sie stellt damit die Planungsgrundlage der Betriebe dar und bestimmt die Kosten der Bewässerung.

Die Betriebssysteme mit Bewässerung sind mit unterschiedlichen Kapazitäten ausgestattet. In Betriebssystemen mit natürlicher Überflutung hängt die Wasserkapazität von der Überschwemmungssituation ab. Anlagen zur Wasserbereitstellung und zum Wassereinsatz sind meist nicht notwendig. Ausnahmen können Maßnahmen zur Wasserrückhaltung sein. Im wesentlichen können diese Betriebssysteme ihre Bewässerungskapazität nicht beeinflussen. Sie ist in der Regel identisch mit der Wasserkapazität.

In Betriebssystemen mit Niederschlagssammlung hängt die Wasserkapazität von den Niederschlägen ab. Sie wird aber auch in Abstimmung mit Nachbarbetrieben durch Mehrfachnutzung des Wassers im Terrassenanbau beeinflußt. Die Anlagenkapazität wird zu erheblichen Teilen durch Arbeitskräfte erstellt und betrieben. Die dadurch entstehenden Aufwendungen erreichen meist ein Niveau, das den Betrieben noch erlaubt, die Anlagekapazität zu erweitern, um das Wasserpotential besser auszulasten. Aus diesem Grunde ist in diesen Betriebssystemen die Bewässerungskapazität meist identisch mit der Wasserkapazität.

In Betriebssystemen mit Brunnenbewässerung wird die Wasserkapazität vom Grundwasser bestimmt. Die Anlagekapazität ist meist mit Investitionen verbunden. Innerhalb der Betriebssysteme mit Brunnenbewässerung sind alle Ausprägungen der Anlagekapazität zu finden. Je höher die Finanzkraft des Betriebes, desto größer ist die Anlagekapazität. In der Regel gilt damit auch, daß diese Betriebe um so höhere Anlagekapazitäten aufweisen, je stärker sie an den Markt angebunden sind. Aus diesen Gründen schwankt die Bewässerungskapazität bei diesen Betriebssystemen sehr stark. Dies führt zu Betrieben mit einer niedrigen Auslastung der Wasserkapazität, da die Investitionskraft für die Anlagen fehlt, bis hin zu Betrieben mit voller Auslastung des Wasserpotentials. Vor diesem Hintergrund ist die große Streubreite der Erscheinungsformen und der Einkommensverhältnisse in Betriebssystemen mit Brunnenbewässerung zu verstehen.

In Betriebssystemen mit überbetrieblicher Wasserbeschaffung ist die Wasserkapazität und die Anlagenkapazität bis zu den Betriebsflächen durch überbetriebliche Regulierungen vorgegeben. In den meisten Fällen ist für den Einzelbetrieb festgelegt

- wieviel Wasser zu welchem Zeitpunkt für welche Parzelle verfügbar ist oder
- wieviel Bewässerungsflächen er wann bewässern darf.

Tatsächlich wird ihm eine Bewässerungskapazität an seinen Betriebsflächen bereitgestellt, die er nur gelegentlich noch mit eigenen Anlagen zum Pflanzenstandort bringen muß. Handelt es sich um Wassertransport in Kanälen und Furchen- oder Beckenbewässerung, kann die betriebseigene Anlagenkapazität meist mit Arbeitskräften erstellt und betrieben werden. Im Falle der Beregnung oder Tröpfchenbewässerung sind umfassende Investitionen und Aufwendungen des Betriebes erforderlich. Diese Technologie ist in Familienbetrieben der Entwicklungsländer nicht wirtschaftlich und hat daher auch keine Bedeutung.

3.4.5.2 Wasserbeschaffung

Die Wasserbeschaffung umfaßt die Erschließung der Wasserquellen und die Wasserförderung. Sie ist für die Betriebssysteme mit eigener Wasserquelle wie auch für die überbetriebliche Wasserquelle gleichermaßen von großer Bedeutung. Sie unterscheidet sich in beiden Fällen aber erheblich in der Zuständigkeit, der Technik und in den Kosten.

Die Wasserbeschaffung in einzelbetrieblichem Zuständigkeitsbereich basiert auf Techniken, die der Einzelbetrieb auch finanzieren kann. Tab. 57 gibt einen Überblick über diese Techniken. Heute haben die Wasserbecken (»Haffire«) in Afrika und die Kleinwasserspeicher (»Tanks«) in Indien und Sri Lanka noch große Bedeutung. So wurden beispielsweise 1976/77 in Indien 11,2% der Bewässerungsfläche aus Kleinwasserspeichern (»Tanks«) bewässert (VON OPPEN,36). Im Vergleich dazu wurden 42,6% über Brunnen und 39,6% der Bewässerungsflächen über überbetriebliche Kanalbewässerung versorgt.

Die überbetrieblichen Wasserbeschaffungstechniken (Tab. 57) sind durch große Anlagen mit hohen Investitionen und laufenden Kosten gekennzeichnet. Ihre Wasserversorgung ist meist etwas verläßlicher als die der Versorgung mit Oberflächenwasser der Einzelbetriebe. Dies wird aber häufig nur durch hohe Wasserreserven erreicht. Die Speicherung ist im Vergleich zur Grundwasserversorgung meist sehr teuer.

3.4.5.3 Wasserverteilung

Die Wasserverteilung erfolgt zwischen den Einzelbetrieben und innerhalb der Betriebe. Die zwischenbetriebliche Wasserverteilung ist ein Merkmal der Betriebssysteme mit überbetrieblicher Wasserversorgung. Die innerbetriebliche Wasserverteilung gilt für alle Betriebssysteme, ausgenommen solche mit natürlicher Überflutung.

Technik der Verteilung

Wichtige Unterschiede zwischen den einzelnen Betriebssystemen mit Bewässerung bestehen in den Verteilungstechniken, den daraus resultierenden Kosten und der Wasserverfügbarkeit an den Bewässerungsfeldern.

Ein übergeordnetes technisches Kriterium der Differenzierung der Verteilungssysteme stellt die Wasserzufuhr oberhalb der Bodenoberfläche oder unterirdisch dar (Abb. 53). Mit der unterirdischen Wasserzufuhr am Pflanzenstandort sind geschlossene Leitungssysteme in den Parzellen erforderlich, deren Investition in Familienbetrieben der Entwicklungsländer in der Regel nicht wirtschaftlich ist. Sie sind daher selten zu finden und nur dann, wenn die natürlichen Standortverhältnisse dafür besonders geeignet sind oder wenn ohnedies vorhandene Dränagesysteme dazu verwendet werden können.

Die Oberflächenbewässerung ist die in den subsistenz- und marktorientierten Betriebssystemen mit Bewässerung am weitesten verbreitete

Tab. 57. Techniken der Wasserbeschaffung in subsistenz- und marktorientierten Betriebssystemen mit Bewässerung

Einzelbetriebliche Techniken	
1. Sammlunng von Niederschlägen:	
– Zisternen:	Regenwassersammlung mit Hilfe von Erdbecken z. B. „Haffire" im Sudan
– Tanks:	Kleinspeicher verschiedene Materialien (z. B in Indien und Sri Lanka)
– Kleinwasserspeicher:	Auffangen von Oberflächenwasser in Mulden, Einschnitten in hügeligem Gelände; Anlage künstlicher Seen z. B. „Caghi collinari" (Italien), Dagonplateau (Mali)
2. Bewässerungsbrunnen:	
– Artesische Brunnen:	Nutzung von Grundwasser durch unter natürlichem Druck stehende Quellen
– Schacht- bzw. Flachbrunnen:	gegrabene Brunnen mit oder ohne Ausmauerung; Weiterentwicklung des Wasserlochs
– Bohr- bzw. Tiefbrunnen:	gebohrte Brunnen, die eine Erschließung größerer Tiefen ermöglichen.
Überbetriebliche Techniken	
1. „Rain-Harvesting":	
– Sturzwasserbewässerung:	Regenwasser wird auf größerer Fläche aufgefangen und auf die wesentlich kleinere Bewässerungsfläche geleitet (Auffangfläche : Bewässerungsfläche wie etwa 25 : 1)
2. Stauseen:	
– Talsperren – Rückhaltebecken	Aufstau Hochwasser führender Oberflächengewässer durch Dämme; Staudämme als Erddämme, als gemauerte Rückhaltebecken oder als Talsperren aus Stahlbeton
3. Wehre, Barrieren:	Aufstau von kleineren Wasserläufen
4 Kanate:	
– Ghanat – Karez – Foggara	Grundwasser aus Berghängen wird durch Stollen angeschnitten und über ein Gefälle von 1–2% nach außen geführt
5. Großbrunnen:	Tiefbrunnen mit einer Flächenversorgung von mehr als 20 ha

Quelle: in Anlehnung an Achtnich, W. (2), S. 97 bis 105

Technik. Sie läßt sich unterscheiden nach der Wasserzufuhr unter Ausnutzung der Schwerkraft oder mit Drucksystemen (Abb. 53).

Drucksysteme erfordern umfassende Rohrleitungssysteme und Druckanlagen, deren Ansprüche an Investitionen, laufende Kosten, Kosten und Verfügbarkeit der Ersatzteile und an das Management so hoch sind, daß sie meist nur für Schwellenländer der Tropen und Subtropen geeignet erscheinen. Drucksysteme sind typisch für Betriebssysteme mit eigener Wasserquelle (z. B. Brunnen, direkte Flußentnahme). Daher sind sie vor allem in den marktorientierten Betriebssystemen (Kapitel 4) zu finden.

Die Schwerkraftbewässerung kann verbunden sein mit Niederschlagssammlung auf der Parzelle oder in Tanks, mit Grundwasserentnahme aus Flach- oder Tiefbrunnen, mit direkter Flußwasserentnahme wie auch mit der überbetrieblichen Wasserbeschaffung aus Großbrunnen oder Staudämmen und Wehren. Sie ist daher in allen subsistenz- und marktorientierten Betriebssystemen mit Bewässerung zu finden und ist dort auch von größter Bedeutung. Allerdings gibt es folgende Unterschiede:

- Das Transportsystem zwischen Wasserquelle und Parzelle ist in Betriebssystemen mit eigener Wasserquelle sehr klein, wird in einzelbetrieblicher Regie unterhalten und genutzt. Es besteht sehr häufig aus Kanälen und Furchen.
  In Betriebssystemen mit überbetrieblicher Wasserbeschaffung ist die gesamte Bewässerungsregion durch ein typisches Kanalnetz zur Wasserverteilung überzogen. Dieses wird in der Regel überbetrieblich erstellt, unterhalten und genutzt. Die Nutzung beinhaltet eine Wasserzuteilung zu den Einzelbetrieben über ein Kanalnetz unterschiedlicher Kanalgrößen und überbetrieblicher Kontrolle.
- Die Ausbringungstechnik auf Bewässerungsparzelle kann sehr unterschiedlich sein (Abb. 53). Rillenbewässerung wird nur noch in traditionellen Systemen und bei hohem Aufwand für die Einebnung von Land durchgeführt. Die in den subsistenz- und marktorientierten Bewässerungsbetrieben am weitesten verbreitete Ausbringungstechnik in den Tropen und Subtropen ist die Furchen- und die Beckenbewässerung. Die Beckenbewässerung ist die typische Ausbringungstechnik im Naßreisanbau. Sie dominiert die Betriebssysteme mit Nieder-

schlagssammlung auf der Fläche. Sie ist aber im Reisanbau auch bedeutend bei anderen Formen der Wasserbeschaffung.

Organisation der Verteilung

Die Verteilung von Wasser erfolgt auf zwei Ebenen: a) zwischen Betrieben und b) innerhalb der Betriebe zwischen Parzellen und alternativen Produktionsprozessen. Die Wasserverteilung hat immer eine zeitliche Dimension, da ihre Abhängigkeit von Wasserverfügbarkeit und Anspruch im Laufe eines Jahres schwankt.

Die Organisation der Wasserverteilung zwischen den Betrieben ist für solche Betriebssysteme relevant, bei denen die Wasserbeschaffung überbetrieblich reguliert ist. Die zwischenbetriebliche Wasserverteilung entscheidet über die zeitliche und mengenmäßige Wasserverfügbarkeit der Einzelbetriebe. Dabei haben die Organisation und das Management der Wasserverteilung erheblichen Einfluß auf die Kosten der Wasserbereitstellung und über die sachgemäße Bereitstellung einen Einfluß auf die Leistungen in den Bewässerungsbetrieben. Im wesentlichen sind folgende Verteilungskonzepte verbreitet:

a) Kontinuierliche Wasserversorgung der Betriebe
In diesem Falle wird den Betrieben kontinuierlich Bewässerungswasser angeboten. Dieses Konzept wird meist dann praktiziert, wenn ausreichend viel Wasser verfügbar ist oder wenn mit Rohrleitungssystemen (Beregnung, Tröpfchenbewässerung) die Wassermenge relativ einfach gemessen werden kann. Bei der kontinuierlichen Wasserversorgung in Schwerkraftsystemen muß tendenziell mit einer höheren Wasservergeudung gerechnet werden als bei nicht-kontinuierlicher Versorgung.

b) Rotierende Wasserversorgung der Betriebe
In diesem Falle wird den Betrieben nur in zeitlich begrenzten Perioden Wasser angeboten. Dies bedeutet, daß eine Parzelle nur in bestimmten Abständen bewässert werden kann. Wollen die Betriebe bewässern, sind sie an die zeitliche Festlegung der Wasserzufuhr gebunden, die sich in der Regel nach einer festgelegten Rotation zwischen den einzelnen Betrieben ergibt. Die Rotation der Wasserbereitstellung kann entlang eines Bewässerungskanals erfolgen. Die Zahl der in einer Rotationsgruppe zusammengefaßten Betriebe wird bestimmt durch die verfügbare Gesamtwassermenge, die Leistungsfähigkeit des Verteilungssystems, die Flächengröße der Einzelbetriebe und in der Regel auch durch die planerisch festgelegte Anbaustruktur. Die Ansprüche an das Management sind bei dem rotierenden System höher als beim kontinuierlichen. In der Regel wird aber Bewässerungswasser sparsamer verwendet.

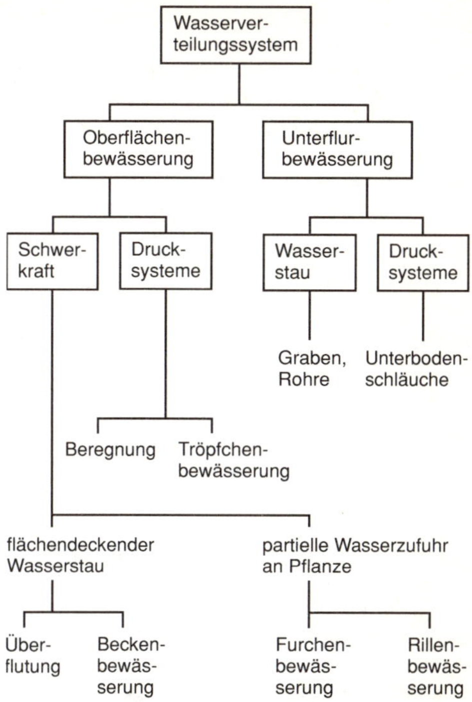

Abb. 53. Differenzierung der Wasserverteilungssysteme nach technischen Kriterien.

Während zur Festlegung der Wasserverteilung zwischen den Betrieben soziale (z. B. Minimierung der Einkommensdisparitäten) und volkswirtschaftliche (z. B. bezüglich der Nutzung knapper Ressourcen) Kriterien verwendet werden, basiert die Wasserverteilung innerhalb eines Betriebes auf betriebswirtschaftlichen Überlegungen.

Bei der Wasserverteilung innerhalb der Betriebe ist die Wassermenge, der Bewässerungszeitpunkt, die zu bewässernde Parzelle und die zu bewässernde Kulturart zu bestimmen. Diese Festlegungen gelten grundsätzlich für alle Betriebssysteme mit Bewässerung. Entsprechend dem unterschiedlichen Freiheitsgrad der Entscheidung gibt es jedoch Einschränkungen:

a) Für Betriebssysteme mit überbetrieblicher Wasserversorgung ist nur die zu festen Zeiten und vorgegebenen Mengen angelieferte Wassermenge optimal auf Kulturen mit bestimmter Flächenausdehnung auszubringen. Die Entscheidung der Betriebe reduziert sich auf die Auswahl der Kulturpflanzen und die Flächenausdehnung. In klassischen Reisanbaugebieten ist diese Entscheidung noch stärker eingeschränkt bis hin zu einer verbindlichen Vorgabe über die Nutzung der Fläche.

b) Für Betriebssysteme mit eigener Wasserbeschaffung und Regulierung des zeitlichen und mengenmäßigen Anfalls sind alle Bereiche obiger Fragestellung variabel. Diese Betriebssysteme besitzen damit eine größere Flexibilität und dadurch sehr oft eine bessere Möglichkeit, einen höheren wirtschaftlichen Nutzen aus dem Wassereinsatz zu erzielen als die Betriebssysteme mit überbetrieblicher Wasserversorgung.

Der hohe Grad der Entscheidungsfreiheit und der daraus resultierende hohe Nutzen in diesen Betriebssystemen erreicht seine Grenzen dann, wenn Ressourcen verbraucht werden. Dies gilt vor allem bei einer Grundwasserentnahme, die langfristig über dem natürlichen Wassernachfluß im Grundwasser liegt. Gesellschaftliche Regelungen werden notwendig, die solche Prozesse unterbinden.

Überbetriebliche Wasserbeschaffung ermöglicht häufig erst eine Bewässerungswirtschaft in den Betrieben. Dies rechtfertigt den niedrigeren Grad der Entscheidungsfreiheit im Vergleich zur betriebseigenen Wasserbeschaffung. Bei der überbetrieblichen Wasserbeschaffung werden in der Regel Investitionen und Betrieb von Organisationen, Anlagen und Ausstattungen der Wasserwirtschaft von überbetrieblichen Institutionen durchgeführt. Dort entstehen auch die Kosten der Wassererschließung und Wasserbereitstellung. Der Nutzen des Wassereinsatzes entsteht in den Bewässerungsbetrieben und schlägt sich dort im Familieneinkommen nieder. Soll keine Subventionierung der Bewässerungsbetriebe erfolgen, ist ein Transfer von den Nutzern zu den Institutionen erforderlich, die die Investitionen in die Bewässerungsinfrastruktur und den Bewässerungsbetrieb getätigt haben und den Betrieb sichern. Dazu ist die Erhebung einer Gebühr oder die Bezahlung eines Preises notwendig.

Die Festlegung der Wassergebühr bzw. des Wasserpreises kann nach folgenden Prinzipien erfolgen (13):

- Kostenprinzip
  Die Kosten der Investition und des Betriebes aller zur Bereitstellung von Bewässerungswasser erforderlichen Anlagen werden auf die an den einzelnen Betrieb abgegebenen Wassermengen umgelegt. Werden die gesamten Kosten (aus Investition und Betrieb) für die Ermittlung der Wassergebühr zugrunde gelegt, kann die Bewässerung ohne Subventionierung betrieben werden. Allerdings übernehmen nach diesem Prinzip die Betriebe das Risiko des Wassermanagements, da mangelnde Effizienz zu höheren Gebühren führt. In der Anfangsphase der Bewässerung sind in der Regel die gesamten Kosten höher als der bei den Betrieben anfallende Nutzen, der als Gebühr abgeschöpft werden könnte.
  Weiter verbreitet ist die Festlegung der Wassergebühr auf der Basis der laufenden Kosten. In vielen Bewässerungsprojekten dient dies nach einer Freiphase von einigen Jahren als Richtlinie für die Wassergebühr. Die Kosten der Investition werden durch Subventionierung auf die Gesellschaft abgewälzt.

- Nutzenprinzip
  Die Festlegung der Wassergebühr nach dem Nutzenprinzip bedeutet, daß die ökonomische Wirkung der Bewässerung in den Betrieben gemessen wird und der Wasserpreis sich daran orientiert. Für die Betriebe führt dies zu einer Reduzierung des Risikos. Beim Nutzenprinzip obliegt das Managementrisiko der überbetrieblichen Bewässerungsorganisation, also bei der Gesellschaft. Es ist sichergestellt, daß die Betriebe nicht mehr bezahlen müssen als sie zumindest aus dem Wassereinsatz erwirtschaften. Das Nutzenprinzip wird selten angewandt, da eine kontinuierliche Quantifizierung des Nutzens in vielen Einzelbetrieben mit unterschiedlicher Wasserverwertung oft als zu aufwendig angesehen wird.

- Marktpreis
  Hier handelt es sich um einen Gleichgewichtspreis, der sich auf einem freien Wassermarkt bildet. Die Voraussetzungen eines freien Wassermarktes sind wegen der Bindungen an festliegende Infrastrukturen nicht immer gegeben. Bei Vernetzung von Rohrleitungssystemen in größeren Regionen (z. B. in Israel)

können solche Instrumente anwendbar sein. In Entwicklungsländern der Tropen und Subtropen spielt der Marktpreis keine Rolle.

Die praktische Anwendung dieser Überlegungen folgt meist – sofern eine Wassergebühr überhaupt erhoben wird – dem in Abb. 54 dargestellten Verlauf. Die Obergrenze der Wassergebühr ist durch den Nutzen im Betrieb als Folge der Wasserbereitstellung gegeben. Läge die Wassergebühr darüber, würden die Betriebe den Wasserbezug einstellen. Die Untergrenze der Wassergebühr wird aus den zur Deckung der Kosten für Wasserbeschaffung und Wasserbereitstellung erforderlichen oder erforderlich gehaltenen Beträgen bestimmt. Der nur langsame Anstieg der Gebühr im Zeitablauf beinhaltet in der Regel eine stärkere Subventionierung in der Anlaufphase, um die Betriebe durch höhere Gewinnerwartungen zu interessieren.

Der Bereich zwischen unterer und oberer Grenze ist der Spielraum der regionalen Entscheidungsträger.

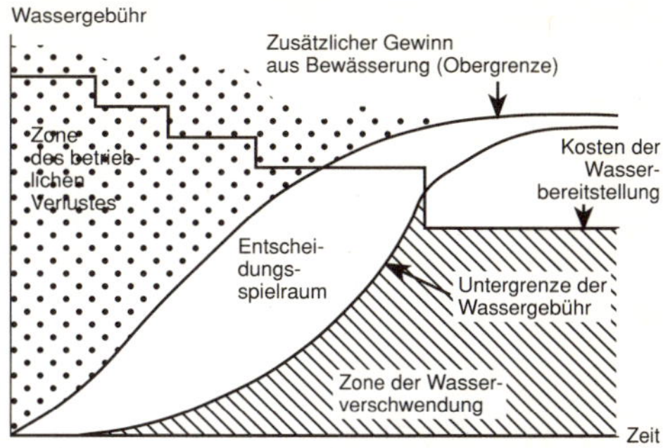

Abb. 54. Ober- und Untergrenzen der Wassergebühr im Zeitablauf bei der Einführung der Bewässerung

3.4.6 Arbeitswirtschaft, Mechanisierung und Investition

Die arbeitswirtschaftliche Entwicklung in den Betriebssystemen mit Knappheit an Fläche und Wasser unterscheidet sich grundsätzlich von der in den Betriebssystemen mit Knappheit an Fläche und Arbeit (Kapitel 3.3) durch die einfacheren Möglichkeiten der Substitution von Arbeit durch Kapital und damit durch einen niedrigeren Grad der Arbeitsknappheit.

Mit der Einführung der Bewässerung wurde die Produktionsintensität durch arbeitsintensivere Techniken gesteigert. Dies erlaubte eine bessere Auslastung der Familienarbeit im Vergleich zu den Betriebssystemen mit Brachewirtschaft. Eine weitere Steigerung der Arbeitsintensität führt zunächst zum Einsatz an Fremdarbeitskräften. Diese werden aber dann durch Mechanisierung ersetzt, wenn die hohe Finanzkraft der Bewässerungsbetriebe durch ihren Verkausfruchtanbau Investitionen erlaubt. Dies ist im Bewässerungsfeldbau wesentlich ausgeprägter als im Regenfeldbau. Gleichzeitig erlaubt die Art der Mechanisierung auf vielen kleinen Stufen mit kleineren technischen Einheiten und entsprechend weniger Investitionsvolumen pro neuer Technik eine frühzeitige Mechanisierung. Bei weiterer Entwicklung sind größere Investitionen möglich. Das Problem der Arbeitsknappheit wird hier zu einem Problem der Kapitalknappheit, dem die Betriebe mit wachsender Finanzkraft bei stärkerer Marktorientierung begegnen können.

Arbeitswirtschaft, Mechanisierung und Investition stehen in engem gegenseitigem Zusammenhang, da Mechanisierung Arbeit substituieren, erleichtern und effizienter gestalten kann.

3.4.6.1 Arbeitswirtschaft

Die Arbeitswirtschaft in Bewässerungsbetrieben wird wesentlich von der Wasserbeschaffung, dem Wassereinsatz und den erforderlichen Rahmenarbeiten wie Einebnung der Fläche etc. bestimmt. Trennt man die Arbeitsgänge in solche, die direkt dem Wasser gelten und in solche, die ausschließlich der Pflanze und deren Produkt gelten (wie im Regenfeldbau), dann zeigt sich, daß etwa 30 bis 60% des gesamten Arbeitseinsatzes für den ersten und etwa 70 bis 40% für den zweitgenannten Bereich aufgewendet werden. Dies wird von den Kulturarten, der Anbautechnik, der Bewässerungsintensität, der Bewässerungstechnik und dem Grad der Mechanisierung bestimmt.

Die Verteilung der Arbeit auf die einzelnen Arbeitsprozesse in den Bewässerungsbetrieben und ihr Zusammenhang zur Mechanisierung wird beispielhaft in einer Gesamtbetrachtung der ägyptischen Bewässerungslandwirtschaft in Abb. 55 dargestellt. Der Schleppereinsatz ist weit verbreitet in der Saatbettvorbereitung. Der Einsatz von Pumpen in der Bewässerung erreicht bereits ein Niveau von etwa 60% und der Dreschvorgang bei der Ernte erfolgt nur noch zu geringem Teil von Hand oder mit Tieren. Säen, Ernte, Transport und Reinigung sind noch die klassischen Domänen der Handarbeit. Die Arbeiten der Flächenein-

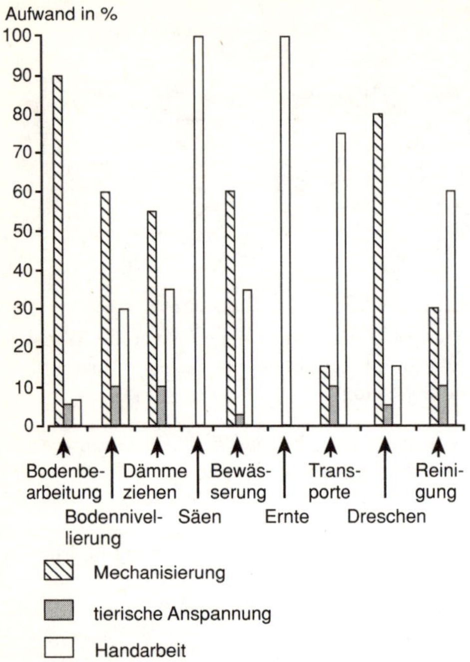

Abb. 55. Der Anteil der Handarbeit, der tierischen Anspannung und der Mechanisierung an der Arbeitserledigung ägyptischer Bewässerungsbetriebe (Quelle: HECHT H. und ABO-HABAGE, M. (27), S. 345, nach SAHRIGI und HADDAD).

ebnung vor der Aussaat, der Aufbau und die Unterhaltung der Dämme sowie der Bewässerungsvorgang sind überwiegend mechanisiert. Ein großer Teil erfolgt noch in Handarbeit, und der Einsatz von Tieren ist erheblich zurückgedrängt. Dieses Beispiel dürfte für viele Bewässerungsregionen in den Tropen und Subtropen typisch sein, sofern es sich um Schwerkraftbewässerung mit Furchen oder Becken handelt.

Der Arbeitseinsatz für die Wasserbeschaffung, den Wassertransport und den Wassereinsatz im Feld zeigt folgende allgemeine Tendenzen (Tab. 58):

a) Die Betriebssysteme der Bewässerung zeigen untereinander unterschiedliche Arbeitsschwerpunkte. In traditionellen, den natürlichen Wasserverhältnissen angepaßten Systemen ist der Arbeitsbedarf für Wasserbeschaffung und Wassereinsatz sehr niedrig. Mit zunehmendem Eingriff der Menschen in den Wasserhaushalt wird der Arbeitsaufwand größer.

Tab. 58. Die wichtigsten Arbeitsschwerpunkte subsistenz- und marktorientierter Betriebssysteme mit Bewässerung für Wasserbeschaffung und Wassereinsatz

Betriebssystem	Arbeitsanspruch des Wassermanagements
Natürliche Überflutung	Arbeitsaufwand unbedeutend; gelegentlich für kleine Rückhaltebecken oder Wasserrillen am Übergang von überfluteten zu nicht überfluteten Flächen
Niederschlagssammlung in Becken	Arbeit zur Erstellung und Reparatur der Beckendämme, zur Einebnung der Flächen, zur Terrassenpflege, zur Kontrolle des Wasserablaufs und der Wasserhaltung
Niederschlagssammlung in Kleinspeichern (Tanks)	Arbeit zur Erstellung und Pflege des Speichers, zur Weiterleitung auf die Flächen (Furchenerstellung, Wasserkontrolle) Kontrolle der Wasserhaltung
Einzelbetriebliche Brunnenbewirtschaftung	Arbeit zur Unterhaltung und Pflege von Brunnen, Pumpe und Antrieb; Erstellung und Pflege der Wasserleitung auf die Flächen (Furchen, Rohre, Wasserkontrolle); Kontrolle von Grundwasser und Einsatz
Überbetriebliche Wasserbeschaffung	Arbeit zur Erstellung und Reparatur von betrieblichen Zuleitungsgraben, Becken oder Furchen, Kontrolle der Wasserzuteilung und des Wassereinsatzes

b) Zunehmende Mechanisierung der Wasserwirtschaft hat häufig folgende Wirkungen auf den Arbeitseinsatz im Wassermanagement:
   - Der Übergang von traditionellen Wasserhebeverfahren zum Einsatz der Pumpe in Bewässerungsbrunnen führt zu einer Arbeitserleichterung und -einsparung.
   - Beim Übergang zu einer Mechanisierung, die gleichzeitig die verfügbare Wasserkapazität erhöht (wie beispielsweise von kleinen Brunnen zu leistungsfähigeren Brunnen und Pumpen), wird die freiwerdende Arbeit in der Regel für den erhöhten Arbeitsanspruch bei der Wasserverteilung und dem Einsatz auf den Bewässerungsparzellen

benötigt. Eine Substitution der Arbeit findet für den Betrieb als ganze Einheit nicht statt. Allerdings wird die Produktionsintensität wie auch das Produktionsvolumen über größere Anbauflächen erhöht und das Produktionsrisiko reduziert.

– Eine Mechanisierung der Wasserausbringung, beispielsweise über Rohrleitungssysteme und Beregnung, führt nur dann zu Arbeitseinsparungen, wenn ein Teil der Ausbringung automatisiert ist. Ohne Automatisierung wird der arbeitssparende Effekt von Rohrleitungssystemen über Intensivierung und Produktionsausdehnung meistens aufgebraucht.

c) Mit zunehmendem Grad der Mechanisierung des Wassermanagements nimmt auch die Mechanisierung der Pflanzenproduktion zu. Dies wird ermöglicht durch die bessere Finanzkraft der Betriebe. Diese Mechanisierung setzt in der Regel Arbeit frei, die meistens nicht mehr in der Wasserversorgung nachgefragt wird. Die Mechanisierung der Pflanzenproduktion erfolgt häufig in der Bodenbearbeitung, der Aussaat und in der Unkraut- und Schädlingsbekämpfung. Erst an zeitlich letzter Stelle der Entwicklung steht die Mechanisierung der Ernte. Zusammen mit dem relativ kontinuierlichen Arbeitsanspruch des Wassermanagements ergibt sich in den Betriebssystemen mit Bewässerung meistens ein über das Jahr hinweg ausgeglichenerer Arbeitsbedarf als in den Betriebssystemen mit permanentem Regenfeldbau oder Brachewirtschaften.

Der Arbeitseinsatz für Wasserbeschaffung, -verteilung und -ausbringung sowie die dazu erforderlichen Arbeiten in Speicherbecken und auf den Bewässerungsflächen der Betriebe sind im Vergleich mehrerer Betriebssysteme in den Abb. 56 und 57 zusammengefaßt. Die verallgemeinerten Arbeitsaufwendungen in den Bewässerungsbetrieben zeigen:

a) Der Arbeitsaufwand ist im Zeitablauf kontinuierlicher und
b) die Arbeitspausen im jahreszeitlichen Ablauf werden kürzer als in den Betriebssystemen des Regenfeldbaus.

3.4.6.2 Mechanisierung und Kosten

Die Mechanisierung in den Betriebssystemen mit Bewässerung betrifft vor allem die Wasserbeschaffung, die -verteilung und die -ausbrin-

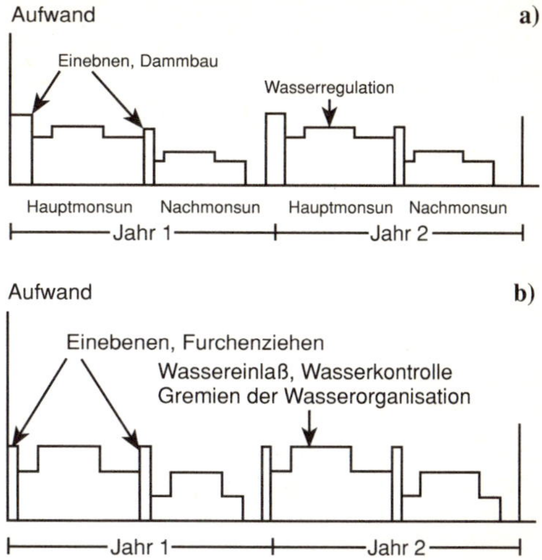

Abb. 56. Der Aufwand für die Bewässerung in Betriebssystemen mit Niederschlagssammlung und Beck-, Terrassen- und Furchenbewässerung. a) Beckenbewässerung bei Niederschlagssammlung in Becken oder Terrassen b) Beckenbewässerung oder Furchenbewässerung bei Wasserlieferung durch überbetriebliche Einrichtung

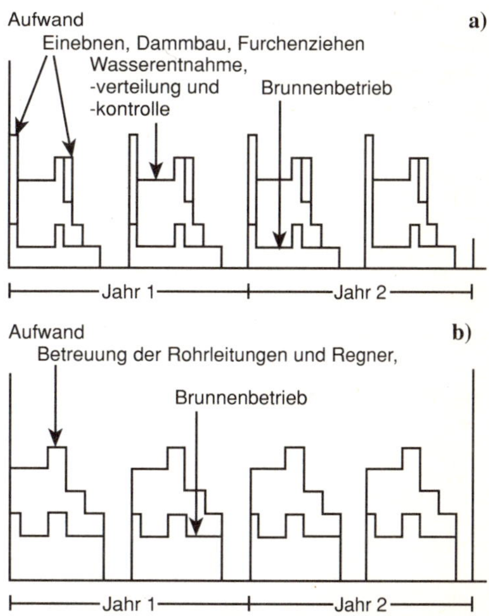

Abb. 57. Der Aufwand für die Bewässerung in Betriebssystemen mit eigener Wasserentnahme über Brunnen. a) Brunnen mit anschließender Schwerkraftbewässerung, b) Brunnen mit anschließender Beregnung.

Tab. 59. Kosten- und Ausgabenvergleich unterschiedlicher Wasserhebeverfahren bei Brunnen, Indien

Wasserhebeverfahren	Zwei-Eimer-Förderanlage	Brunnensysteme Diesel (5 PS)	Strom (5 PS)
Investitionskosten, DM			
Pumpe und Antrieb	–	1 250	1 195
Stromanschluß	–	–	211
Pumpenhaus	–	225	225
Brunnengraben	4 446	4 446	4 446
Förderanlage	740	–	–
Zwischensumme	5 186	5 921	6 077
Laufende Kosten/Jahr, DM			
Arbeit	122	24	24
Diesel, Strom, Tiere	405	196	70
Reparatur	12	12	12
Zwischensumme	539	232	106
Gesamtkosten/Jahr			
Nutzungsdauer in Jahren	8	8	8
Gesamtkosten, DM/Jahr:			
a) mit Bewertung von Arbeit, Futter	1 187	972	866
b) ohne Bewertung	105	392	286
Bewässerung			
Wasserbedarf für Reis in m^3/ha/Jahr	16 200	16 200	16 200
Wasserversorgung bei Reis in ha/Jahr	0,5	1	1
Wasserkosten in DM/ha			
a) mit Bewertung von Arbeit und Futter	2 374	972	866
b) ohne Bewertung	209	392	286
Reisproduktion			
Naturalertrag in kg/ha/Jahr (2 Ernten)	2 000	2 000	2 000
Wasserkosten in DM/kg Reis			
a) mit Bewertung von Arbeit und Futter	1,18	0,49	0,43
b) ohne Bewertung von Arbeit und Futter	0,11	0,20	0,14

Quelle: ermittelt aus ENGELHARDT, T. (21), S. 76

gung auf der Parzelle (Wassermanagement) sowie die klassischen Arbeitsgänge der Pflanzenproduktion. Daraus resultieren Kosten, die durch die Mechanisierungsstufe und damit von der allgemeinen Entwicklungsstufe der Bewässerungslandwirtschaft bestimmt werden. Im Laufe der Entwicklung der Betriebssysteme mit Bewässerung lassen sich mehrere Stufen der Mechanisierung unterscheiden:

a) Grundwassernutzung

Stufe 1: Wasserentnahme aus Bodenlöchern mit Kübeln und Tragen zum Pflanzenstandort durch Mensch oder Tier.

Stufe 2: Einführen von Wasserhebeverfahren mit Tieranspannung, wie beispielsweise Seilzug in Brunnen, das Persische Wasserrad oder Göbbelwerke. Auf dieser Stufe werden in der Regel Wasserverteilungssysteme (Gräben, Furchen) eingeführt.

Stufe 3: Einführen der Pumpe mit Antrieb (Diesel oder Strom). Der Übergang von Stufe 2 nach Stufe 3 ist exemplarisch in den Kosten der Tab. 59 wiedergegeben. Die Kostendegression wird bereits beim Übergang zur Pumpe deutlich, sofern sie ausgelastet werden kann. Das Beispiel zeigt gleichzeitig, daß innerhalb dieser Stufe weitere Differenzierungen möglich sind. Wobei, wie im Falle der Diesel- oder Elektroantriebsaggregate, die regionale Verfügbarkeit der Energie sowie die Stromausfallquote eine wichtige Rolle spielen.

Stufe 4: Bohren von tieferen Brunnen (Bohrlöcher) und Einsatz leistungsfähigerer Pumpen und Antriebe.

Stufe 5: An Tiefbrunnen mit leistungsfähigen Pumpsystemen werden Druckanlagen zur Wasserverteilung und Regner zur Wasserausbringung auf der Parzelle angeschlossen. Diese Stufe ist in subsistenz- und marktorientierten Kleinbetrieben der Entwicklungsländer kaum verbreitet.

b) Oberflächenwassernutzung

Stufe 1: a) Direkte Wasserentnahme aus Flüssen oder Quellen und Tragen von Mensch oder Tier zum Pflanzenstandort oder b) Sammlung von Regenwasser durch Becken oder Kleinspeicher oder c) traditionelle Wasserentnahme aus Flüssen oder Quellen mit Wasserrad o. ä. und anschließend Gräben und Furchen zum Feld und auf der Parzelle. Dies erfolgt typischerweise in einzelbetrieblicher Regie.

Stufe 2: Entnahme aus Flüssen mit Pumpsystemen und Weiterleitung zum Pflanzenstandort mit Kanälen. Diese Mechanisierung ist dann weit verbreitet, wenn die Wasserentnahme in einzelbetrieblicher Regie erfolgt.

Stufe 3a: Bei überbetrieblicher Organisation wird Stufe 2 häufig übersprungen. Es kommt zum Bau von Wehren im Fluß, mit denen die Wasserableitung und Weiterleitung über Kanalsysteme überbetrieblich erfolgt und den Einzelbetrieben Wasser zugeteilt wird.

Stufe 3b: Die Sammlung von Regenwasser in Kleinspeichern der Einzelbetriebe aus Stufe 1 kann direkt übergehen in eine überbetriebliche Wassersammlung in Speichern.

Stufe 4: Auf dieser Stufe finden sich moderne Staudämme und Wehre. Ihnen schließen sich Schwerkraft-Verteilungsnetze an, denen auf den Parzellen Becken- oder Furchenbewässerung folgen. Auf dieser Ebene der Entwicklung werden die Bewässerungsflächen und die Flur insgesamt für die Verteilungssysteme mit der Landeinebnung durch überbetriebliche Organisationen vorbereitet. Tab. 60 gibt ein Beispiel für die dabei entstehenden Kosten. In diesen Fällen entstehen die Kosten nicht direkt in den Einzelbetrieben. Sie können teilweise oder vollständig über den Wasserpreis aus den Betrieben gedeckt werden.

Stufe 5: Auch bei der Oberflächenwassernutzung folgen als nächste Stufe die Rohrleitungssysteme und die Beregnung. Auch diese Systeme sind in subsistenz- und marktorientierten Betriebssystemen der Entwicklungsländer selten zu finden.

Die Entwicklung der Wassererschließung und Wassernutzung geht mit einer Mechanisierung einher, die Kosten verursacht. Diese beeinflussen die Entscheidungen in den Bewässerungsbetrieben. Bei der Brunnenbewässerung in einzelbetrieblicher Verantwortung gilt häufig, daß mit zunehmender Brunnentiefe die Wasserverfügbarkeit nach Menge und Zeit verbessert werden kann und Investitionen in Brunnen die Bewässerungskapazität erhöhen. Eine typische Entscheidungssituation ist in Abb. 58 dargestellt. Mit zunehmender Auslastung eines Brunnens gehen die Stückkosten des Wassers zurück. Wird die Brunnenkapazität überschritten, werden Investitionen in einen tieferen Brunnen erforderlich. Die degressive Entwicklung der Kosten führt zusammen mit der Wasserverwertung in der Pflanzenproduktion bei zunehmendem Marktanschluß der Betriebssysteme tendenziell zu einer steigenden Wasserentnahme.

Da viele Betriebe in einer Region mit Brunnenbewässerung sich so verhalten können, besteht die Gefahr der Grundwasserabsenkung. Dies hat soziale Kosten zur Folge, die sich in den Betrieben durch höhere Wasserbereitstellungs-

Tab. 60. Kosten zur Erstellung und Unterhaltung der Bewässerungsinfrastruktur bei überbetrieblicher Wasserzufuhr am Pampanga-Fluß auf den Philippinen und im Chao Phya Projekt, Thailand (1975) in DM/ha

Aufwendungen	Philippinen Kinalan-guyan	Philippinen Caanina-plahan	Thailand (1) teil-weise	Thailand (1) voll-ständig
Vermessen	85	85	45	45
Flächennivellierung	795	795	111	345
Zuleitungsgräben für die Parzellen	333	328	66	141
Dränagegräben	82	50	39	63
Verteilungseinrichtungen und Brücken	359	171	48	87
Investitionskosten	1654	1429	309	681
Jährliche Kosten der Unterhaltung	53	53	24	27

(1) teilweise bedeutet im Gegensatz zu vollständig, daß Teile der Arbeiten den Betrieben zur Erledigung überlassen wurde

Quelle: Philippinen: Doppler, W. (14), S. 123; Thailand: Trung, N. Q. (40)

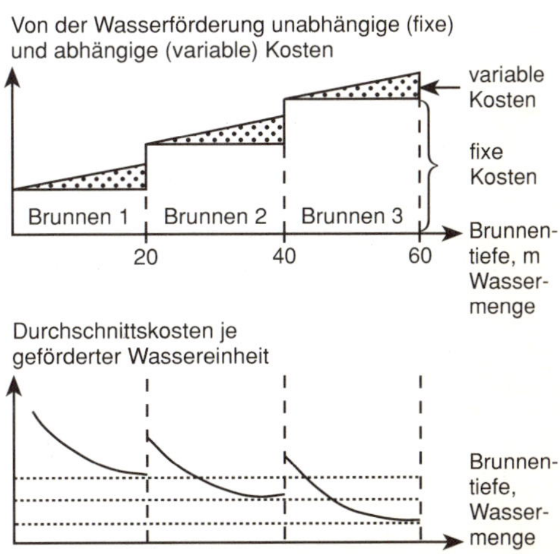

Abb. 58. Die betrieblichen Kosten der Grundwassererschließung in Abhängigkeit von der geförderten Wassermenge.

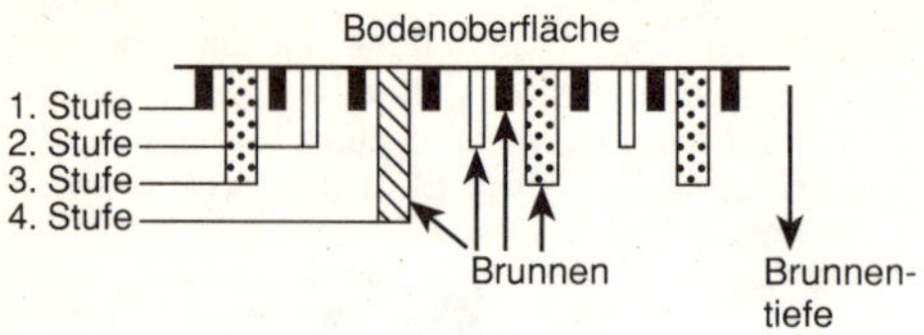

Abb. 59. Schematische Darstellung des Zusammenhangs zwischen langfristig sinkendem Grundwasserspiegel einer Region und Verringerung der Zahl der Brunnen und Vergrößerung ihrer Kapazität (Konzentration der Wasserquelle auf wenige Eigentümer an Wasser).

kosten oder gar durch Ausscheiden aus der betriebseigenen Wasserförderung ergeben können. Zwischen den Betrieben besteht tendenziell ein Wettkampf um das Grundwasser über tiefere Brunnen, bei dem der investitionsfähigste Betrieb letztendlich den Zugang zur Wasserressource behält (Abb. 59). Die Kosten der Brunnenbewässerung sind daher nicht unabhängig vom Verhalten bei der Wasserentnahme in Nachbarbetrieben.

Zur Verhinderung solcher Entwicklungen werden verschiedene Maßnahmen praktiziert. Appelle an die freiwillige Reduzierung der Förderung zeigen langfristig wenig Wirkung, einschneidender sind offizielle Beschränkungen der Wasserentnahme. Kontrollen sind allerdings schwierig zu praktizieren.

Bei ruinöser Grundwasserausbeutung zeigt sich häufig ein Übergang der Wasserentnahme in die Verantwortung überbetrieblicher Institutionen, deren Einhaltung der Auflagen zur Wasserentnahme kontrolliert werden kann. Dadurch entstehen in solchen Regionen Großbrunnen, denen ein Wasserverteilungsnetz folgt, wie es auch bei Staudämmen oder Flußwehren praktiziert wird.

Tab. 61 zeigt ein Beispiel mit Großbrunnen aus den Philippinen. Ein Vergleich im Zeitablauf über verschiedene Vegetationsperioden deutet folgende allgemeine Probleme dieser Systeme an:

- Der Naturalertrag kann von Vegetationsperiode zu Vegetationsperiode trotz Bewässerung stark schwanken, da den Ansprüchen des Wassermanagements auf dieser Technologiestufe selten gerecht wird.
- Die Auslastung von Brunnen, Pumpe und Antrieb liegt erheblich unter der Kapazität. Dies ist teilweise bedingt durch die unterschiedlichen Niederschlagsverhältnisse.
- Die Energie stellt einen entscheidenden Kostenfaktor des Betriebes dar. Indirekte Kosten ergeben sich aus Stromausfällen. In vielen Fällen muß mit Stromausfall gerechnet werden, der sich über 30 bis 40% der Bewässerungszeit erstrecken kann. Handelt es sich um Dieselmotoren, ist das Problem für kurzfristige Ausfälle durch Vorratshaltung weniger gravierend. Langfristige Versorgungsengpässe bei Diesel wirken aber ähnlich schwerwiegend wie der Mangel an Ersatzteilen.
- Die Kosten der Arbeit sind vorgegeben durch die Beschäftigungsverhältnisse zur Bewirtschaftung des Großbrunnens. In der Realität sind diese Beschäftigungsverhältnisse meist nicht von der Förderungsmenge abhängig.
- Der Anteil der Betriebskosten des Großbrunnens am Deckungsbeitragsaufkommen der Betriebe schwankt von Vegetationsperiode zu Vegetationsperiode sehr stark. Die Festlegung der Wassergebühr muß sich an einem Mittelwert orientieren, der auch in Perioden mit relativ niedrigem Anteil des Deckungsbeitrages von den Bewässerungsbetrieben noch verkraftet werden kann.

3.4.7 Selbstversorgung, Einkommen, Liquidität und Risiko

Die subsistenz- und marktorientierten Betriebssysteme mit Knappheit an Fläche und Wasser umfassen Betriebssysteme mit einer großen Streubreite sozioökonomischer Verhältnisse. Ähnlich wie bei den Betriebssystemen mit Knappheit an Fläche und Arbeit (Kapitel 3.3) gibt es auch hier Betriebssysteme, die noch traditionell orientiert und solche, die nicht mehr weit von den marktorientierten Systemen entfernt sind. Entsprechend ist eine Änderung in der Wertevorstellung und im Verhalten der Menschen festzustellen. Dies schlägt sich im Selbstversorgungsgrad, im Einkommen, in der Notwendigkeit, die Liquidität zu beachten und im Risiko nieder.

3 4.7.1 Versorgungssituation

Die Versorgungssituation in den Betriebssystemen mit Bewässerung ist denen in den Betriebssystemen des Regenfeldbaus und der Dauerkulturen ähnlich, soweit sie auf der gleichen Entwicklungsstufe von traditionellen zu modernen Systemen stehen. Die wichtigsten Abweichungen lassen sich wie folgt zusammenfassen:

Tab. 61. Kosten und Leistungen von Großbrunnen in Abhängigkeit von den Vegetationsperioden im San Manuel Grundwasserprojekt auf den Philippinen

Leistung und Kosten	Regen- und Trockenperioden					
	Regen 1976	Trocken 1977	Regen 1977	Trocken 1978	Regen 1978	Trocken 1979
Leistung:						
Bewässerungsfläche in ha	51	51	51	51	51	51
Reisertrag in kg/ha	3520	2110	3870	1570	2830	3400
Deckungsbeitrag in DM/ha	248	319	770	140	463	948
Pumpenbetrieb:						
Std./Tag	9,3	13,0	11,1	8,9	8,1	14,9
Std./Saison	375	1288	471	790	346	1221
Wasser						
m^3/Std.	399	359	370	368	287	398
1000 m^3/Saison	150	462	174	291	99	486
Strom						
1000 KWh/Saison	16	64	31	48	20	65
Kosten in DM:						
Strom	324	3607	1740	3291	1517	4534
Unterhaltung und Reparatur	100	344	562	530	92	326
Arbeit	1254	1254	1254	1254	1245	1245
Betriebskosten:						
DM/Saison	1678	5205	3556	5075	2854	6105
DM/ha	33	102	70	100	56	120
DM/kg Reis	0,48	2,47	0,92	0,23	1,01	1,80
Betriebskosten je ha in % des Deckungsbeitrages	13	32	9	71	12	13

Quelle DOPPLER. W. (14), S. 179

a) Die Versorgung mit Nahrungsmitteln wird durch den Reis bestimmt. In den meisten Bewässerungszonen Asiens ist Reis das zentrale Grundnahrungsmittel. Die Wurzelfrüchte wie beispielsweise Maniok und Yams, die für die Brachewirtschaften und den permanenten Regenfeldbau im Zentrum stehen, spielen hier keine oder eine untergeordnete Rolle. In Afrika allerdings führten Bewässerungssysteme bislang nicht zu einer Dominanz von Reis in der Versorgung der bäuerlichen Haushalte. Dort erfolgt gelegentlich die Subsistenzproduktion im Regenfeldbau und die Verkaufsfruchtproduktion in der Bewässerung.

b) In Bewässerungsbetrieben (vor allem in Asien) gibt es in der Regel nur eine oder bestenfalls zwei Ernten pro Jahr, wobei die Ernte sich auf einen kurzen Zeitraum erstreckt. Daraus ergibt sich ein höherer Lagerungsbedarf als in traditionellen Regenfeldbausystemen.

c) Das Risiko der Nahrungsmittelversorgung ist in den Betriebssystemen mit Bewässerung mit hohem Eigenversorgungsanteil im allgemeinen niedriger als in den Betriebssystemen mit Brachewirtschaft und Regenfeldbau. Der Unterschied ergibt sich im wesentlichen durch die höhere Sicherheit des Naturalertrages durch Bewässerung.

Die Versorgung der Familie basiert zum einen auf einem Beitrag aus der eigenen Produktion. Diese wird vor allem von Familiengröße, Konsumgewohnheiten und Bargeldverfügbarkeit im Zeitablauf bestimmt. Im wesentlichen aus dem Verkaufsanteil der eigenen Produktion werden die Barmittel erwirtschaftet, die für den Zukauf zur Verfügung stehen. Bislang gibt es keine Untersuchungen, die darüber hinaus einen direkten Einfluß der unterschiedlichen Bewässerungssysteme nachweisen. Indirekte Zusammenhänge dürften bestehen, da mit steigender Finanzkraft

Tab. 62. Eigenversorgung der Familien in kleinen Bewässerungsbetrieben mit unterschiedlicher Wasserbeschaffung im Tangail-Distrikt, Bangladesch

Produktverwendung	Überflutung Sammlung Brunnen	Regenfeldbau Überflutung Sammlung, Brunnen	Regenfeldbau Sammlung Brunnen
Reis in kg			
– Überflutung:			
Eigenerzeugung	1092	521	0
Eigenverbrauch	201	185	0
– Niederschlagssammlung:			
Eigenerzeugung	907	637	368
Eigenverbrauch	231	419	368
– Brunnenwasser:			
Eigenerzeugung	253	294	334
Eigenverbrauch	50	97	334
Milch in kg			
Eigenerzeugung	160	188	217
Eigenverbauch	160	133	107
Rinder in Stück			
Eigenerzeugung	0,8	0,9	1
Eigenverbrauch	0	0	0
Ziegen in Stück			
Eigenerzeugung	3,0	5	6
Eigenverbrauch	2,2	3	4
Hühner in Stück			
Eigenerzeugung	12	14	16
Eigenverbrauch	4	3	3
Eier in Stück			
Eigenerzeugung	458	450	442
Eigenverbrauch	89	90	82
Betriebsgröße in ha	2,0	1,8	1,5
Familienmitglieder	4,4	6,4	8,4
davon Erwachsene	1,2	1,5	1,8
Wert des Eigenverbrauchs in			
DM/Familie	917	921	883
DM/Person	208	144	105
Produktionswert			
in DM/Betrieb	2085	1862	1655
in DM/ha	1043	1034	1103

Quelle: DOPPLER, W. und MÄRZ, U. (18), S. 90 und 97

der Betriebe gleichzeitig steigende Verkaufsanteile und steigender Zukauf von Versorgungsgütern zu erkennen ist. Eine häufig auftretende Situation ist im Vergleich der Eigenversorgungs- und Verkaufsanteile bei verschiedenen Bewässerungssystemen in Tab. 62 dargestellt.

Der Zukauf, als die zweite Komponente der Haushaltsversorgung, wird von den Bareinkünften der Familie, den Konsumgewohnheiten, der Familiengröße und -struktur bestimmt. Zu den Bareinkünften zählen sowohl das Bareinkommen aus dem landwirtschaftlichen Betrieb als auch die außerbetrieblichen Einkünfte. Tab. 63 zeigt einen beispielhaften Vergleich zwischen Haushalten mit überbetrieblicher Wasserbeschaffung und Reisanbau mit Beckenbewässerung an verschiedenen Standorten und einem größeren Betrieb mit Regenfeldbau. Diese statische Betrachtung zeigt, daß der Regenfeldbau durchaus so wettbewerbskräftig wie der Bewässerungsfeldbau sein kann, wenn die Flächenausstattung entsprechend größer ist. Mit zunehmender Knappheit an Fläche geht diese Wettbewerbskraft schnell verloren. Eine dynamische

Tab. 63. Verbrauch der Eigenproduktion und Barmittel in Haushalten von Betriebssystemen mit Reisanbau bei überbetrieblicher Wasserversorgung im Vergleich zu Regenfeldbau auf den Philippinen (in DM/Jahr)

Produkte und Barmittel für Haushalt	Bewässerung Bagong Sirang	Bewässerung Candon Ilocos Sur	Regenfeldbau General Santos
1. Wert der Eigenproduktion:			
Reis	429	758	0
Hühner	19	13	19
Hunde	76	0	95
Rinder	125	25	0
Summe	649	796	114
2. Verfügbare Barmittel für Haushalt und Familie	1602	2367	6853
davon außerbetriebliche Einkünfte	0	2262	0
3. Verfügbar für Lebensstandard (1 + 2)	2251	3163	6967
4. Barausgaben für Lebensunterhalt:			
Schulgeld	86	908	2413
Petroleum	83	94	107
Reinigungsmittel	26	42	66
Kleider	181	241	452
Salz, Gewürze, etc.	136	155	210
Gemüse, Salate, Fisch	151	217	381
Mungbohnen	45	0	27
Fleisch, Mehl, etc.	0	57	1318
Haus, Wohnung	0	180	196
Summe	708	1894	5170
5. Barmittel für Familie	894	473	1683
6. Leistung/Ressource:			
Betriebsgröße in ha	3	1	8
Personen im Haushalt	7	7	7
davon Erwachsene	4	3	5
Barausgaben in DM/Person	101	271	739
Lebensstandard in DM/Person	323	452	995

Quelle: DOPPLER, W. et al. (17), S. 72 und 139

Betrachtung zeigt aber, daß die Schwankungen von Vegetationsperiode zu Vegetationsperiode ein wesentlich höheres Risiko der Produktion und der Versorgung im Regenfeldbau bedingen.

3.4.7.2 Einkommen und Einkommensrisiko

Die Einkommenssituation in den Betriebssystemen mit Bewässerung unterscheidet sich zu der in Betriebssystemen mit Brachewirtschaft, permanentem Regenfeldbau und Dauerkulturen wie folgt:

a) Vergleicht man Betriebssysteme auf gleichem Grad der Marktbeziehungen, dann liegt das Einkommen der Betriebssysteme mit Bewässerung meist höher als das in den Brachewirtschaften und im permanenten Regenfeldbau, aber unterhalb des Niveaus in Dauerkulturwirtschaften. Das höchste Einkommensniveau der subsistenz- und marktorientierten Betriebssysteme wird in Betriebssystemen mit bewässerten Dauerkulturwirtschaften erzielt.

b) Ein Vergleich der jährlichen Schwankungen des Betriebseinkommens zeigt geringere Ausmaße in den Betriebssystemen mit Bewässerung. Die Tatsache, daß die außerbetrieblichen Einkünfte regelmäßiger anfallen und in den Betriebssystemen mit permanentem Regenfeldbau stärker auftreten als in Betriebssystemen mit Bewässerung führt dazu, daß das Familieneinkommen in vielen Regionen bei permanentem Regenfeldbau und Bewässerung ähnliche Schwankungen aufweist. Die höchsten Schwankungen weisen Betriebssysteme mit Brachewirtschaften und in weniger weit entwickelten Regionen mit permanentem Regenfeldbau auf, die niedrigsten die Dauerkulturwirtschaften, speziell solche mit Bewässerung. Die Betriebssysteme mit Bewässerung weisen das niedrigste Einkommensrisiko im Zeitablauf auf.

Diese allgemeine Einkommenssituation in den Betriebssystemen mit Bewässerung wird von Bedingungen bestimmt, die zu folgenden spezifischen Ausprägungen führen:

a) Bewässerungsbetriebe erwirtschaften auf weniger Fläche mehr Einkommen bei tendenziell niedrigeren Schwankungen als Betriebssysteme der Brachewirtschaft und des permanenten Regenfeldbaus. Fläche wird durch Wasser substituiert. Hinzu kommt aber auch der Einsatz von anderen Produktionsmitteln, die zusammen mit Wasser eine hohe Produktionsintensität erlauben. Diese Intensität wird in vielen Regionen der Tropen und Subtropen bei gleichzeitiger ökologischer Stabilität erzielt.

b) Eigentum an Fläche und Wasser in den Familien der Bewässerungsbetriebe ist ein wesentlicher Bestimmungsgrund für das Einkommensniveau. Einkommensabschöpfungen über die Pacht, die bei der weitverbreiteten Teilpacht zwischen 20 und 70% des Naturalertrages liegen kann, können das Einkommensniveau der Familien im Extremfall bis auf das Niveau in Brachewirtschaften reduzieren. Dieses Problem tritt in vielen asiatischen Regionen auf. Es kann das Ergebnis der historischen Entwicklung bestimmter Sozialstrukturen (z. B. unter dem Einfluß des Kastenwesens in Indien oder der ehemaligen Kolonialmächte) sein. Es kann aber auch das Ergebnis eines wirtschaftlichen Wettbewerbs um Wasser (wie er in Kapitel 3.4.6 beim Grundwasser beschrieben wurde) sein, der den Wasserbesitzern ähnliche Vorteile hinsichtlich dem Wasserpreis erlaubt, wie den Grundbesitzern bei der Pacht. Diese Problematik ist im Vergleich von Durchschnittsbetrieben aus zwei Regionen auf den Philippinen und Bangladesch in Tab. 64 dargestellt.

c) In vielen Bewässerungsregionen und Einzelbetrieben reicht das Wasser nicht aus, um alle Flächen zu bewässern. Die daraus entstehende Mischstruktur von Bewässerungs- und Regenfeldbau ist für viele Betriebssysteme mit eigener Grundwasserentnahme typisch. Im allgemeinen zeigt sich, daß das Einkommensniveau höher ist, wenn es sich ausschließlich um Bewässerung handelt. Diese Tendenz geben auch die Beispielsvergleiche in den Tab. 64 und 65 wieder. Allerdings haben diese Mischsysteme auch positive Einkommenseffekte durch Diversifizierung der Produktion und Vermarktung, die zu einer besseren Auslastung der Produktionsfaktoren (vor allem Arbeit) und besserer Absicherung gegen Preisverfall einzelner Produkte am Markt führen.
Aus der Sicht der Betriebssysteme im Regenfeldbau führt die Einführung der Bewässerung auf einem Teil der Flächen zur Einkommensverbesserung und zur Stabilisierung des Einkommens im Zeitablauf. Bei regional begrenzter Wasserquelle bietet diese Mischstruktur eine sozialpolitisch wünschenswerte Streuung der Einkommenseffekte zwischen den Familien: es nehmen mehr Familien am Einkommenszuwachs teil als im Falle reiner Bewässerungssysteme mit 100% Bewässerungsfläche.

d) Das Einkommen pro Arbeitskraft in den Betriebssystemen mit Bewässerung unterliegt zwei einschneidenden Einflüssen. Die hohe Arbeitsintensität tendiert zu niedrigerem Einkommen pro Arbeitskraft, das in Bewässerungsbetrieben nicht immer durch die steigende Produktionsintensität und höherwertige Produkte kompensiert werden kann. Diese Tendenz wird oft durch eine abnehmende Zahl an Arbeitskräften pro Familie und damit steigendem Einkommen pro Arbeitskraft überlagert. Dies ist die Folge einer generellen Entwicklung, die langfristig mit anhaltend steigendem Einkommen zur Abnahme des Familienzuwachses führen kann.

Diese Entwicklungen zeigen Parallelen in den verschiedenen Betriebssystemen der Bewässerung. Im allgemeinen zeigt sich, daß das Einkommensniveau und die Sicherheit des Einkommens (Tab. 64 und 65)

- in den Betriebssystemen mit betriebseigener Wasserquelle beim Übergang von Flachbrunnen zu Tiefbrunnen und beim Übergang von

Tab. 64. Einkommenssituation und -vergleich in kleinen Reisbetrieben mit überbetrieblicher Wasserbeschaffung auf den Philippinen und in Bangladesch

Einkommens-parameter (1)	Philippinen Bagong Sirang	Philippinen Candon Ilocos Sur	Bangladesch Tangail ÜSB	Bangladesch Distrikt RSB
Faktorausstattung				
Fläche in ha	3,0	1,0	2,0	1,5
davon Pacht in %	0	100	0	0
davon bewässert in %	100	100	100	80
Familien-Arbeitskräfte	4,0	3,0	1,2	1,8
Zugtiere in Stück	2	2	0	0
Betriebsertrag in DM				
Verkauf				
pflanzliche Produkte	4144	1872	831	173
tierische Produkte	0	0	282	772
Bestandsveränderung	0	0	0	0
Eigenverbrauch	649	796	917	883
Sonstiges	0	0	0	0
Summe	4793	2668	2030	1828
Betriebsaufwand in DM				
Produktionsmittel	1212	1767	416	338
Löhne für Fremd-AK	0	0	0	0
Bestandsveränderung	0	0	0	0
Abschreibung	150	110	214	214
Unterhaltung	98	69	242	182
Pacht	1330	0	0	0
Summe	2790	1946	872	734
Betriebseinkommen				
DM/Betrieb	2003	722	1158	1094
DM/AK	501	240	965	608
DM/ha	668	722	579	729
Getreideäquivalent				
in kg Reis/Betrieb	4900	1800	2800	2600
außerbetriebliches Einkommen	0	2262	121	864
Familieneinkommen				
in DM/Familie	2003	2984	1279	1958
in DM/Person	286	426	291	233

(1) ÜSB = Überflutung, Sammlung von Niederschlag, Brunnenbewässerung; RSB = Regenfeldbau, Bewässerung mit Niederschlagssammlung und Brunnenbewässerung Quelle: DOPPLER, W. et al. (17) und DOPPLER, W. und MÄRZ, U. (18)

der natürlichen Überflutung zur Niederschlagssammlung in Bewässerungsbecken ansteigt

- in den Betriebssystemen mit überbetrieblicher Wasserbeschaffung mit steigender Effizienz der Wasserzuteilung zu den Einzelbetrieben ansteigt, unabhängig davon, ob es sich um Großbrunnen oder Kanalsysteme mit Staudämmen oder Wehren handelt.

Diese Zusammenhänge zur Bewässerungsinfrastruktur sind aber nicht ausschließlicher Natur und oft sogar nicht ursächlich. Entscheidend wird der gesamte Rahmen der betrieblichen Entwicklung: Wasserverfügbarkeit, Kapitalverfügbarkeit, Flächenverfügbarkeit, Intensivierungsmöglichkeiten, der Grad der Marktorientierung und schließlich die Entwicklung der Familienstruktur.

Tab. 65. Einkommenssituation und -vergleich für Mischbetriebe mit Regen-, Bewässerungsfeldbau, Dauerkulturen und Rinder in Hidalgo, Mexiko und der Cova da Beira, Portugal

Einkommens-parameter (1)	Mexiko RA	Mexiko RR	Portugal RA	Portugal RR
Faktorausstattung				
Fläche in ha	6,0	8,8	3,5	5,6
davon Pacht in %	48	22	0	0
davon bewässert in %	51	60	53	76
Familien-Arbeitskräfte	2,72	3,22	1,8	1,8
Kühe/Bullen in Stück	5	8	11	26
Dauerkulturen in ha	0	0	1,2	0
Betriebsertrag in DM				
Verkauf				
pflanzliche Produkte	3 890	8 107	4 949	6 160
tierische Produkte	6 550	11 700	25 201	59 388
Bestandsveränderung	0	0	0	0
Eigenverbrauch	1 204	1 204	735	735
Sonstiges	0	0	0	180
Summe	11 644	21 011	30 885	66 463
Betriebsaufwand in DM				
Produktionsmittel	6 815	11 119	15 226	34 055
Löhne für Fremd-AK	487	671	0	0
Bestandsveränderung	0	0	0	0
Abschreibung	628	705	1 477	8 515
Unterhaltung	0	0	0	0
Sonstiges	77	138	1 403	3 488
Summe	7 507	12 633	18 106	46 058
Betriebseinkommen				
DM/Betrieb	4 137	8 378	12 780	20 405
DM/Familien-AK	1 521	2 602	7 100	11 336
DM/ha	690	952	3 651	3 644
Getreideäquivalent				
in kg Weizen/Betrieb	21 700	44 100	36 500	58 300
außerbetriebliches Einkommen	669	477	0	0
Familieneinkommen				
in DM/Familie	4 806	8 855	12 780	20 405
in DM/Person	1 767	2 750	7 100	11 336

(1) RA = ressourcenarme, RR = ressourcenreiche Betriebe
Quelle: Mexiko: THOME, B. (40); Portugal: GEORGI, J. (26)

3.4.8 Entwicklungsprobleme und Entwicklungspotential

Die **Entwicklungsdynamik** der subsistenz- und marktorientierten Betriebssysteme mit Knappheit an Fläche und Wasser erfährt ihre wichtigste Antriebskraft aus der Wasserverfügbarkeit und der Öffnung zum Markt. Die Knappheit an Fläche wird durch Intensivierung zu kompensieren versucht. Kapital und Wasser substituiert Fläche. Es ist offensichtlich, daß damit die Entwicklungsdynamik besonders dann hoch ist, wenn die Wasserquellen umfangreich sind, Kapital beschafft werden kann und gute Marktanbindungen bestehen.

Dies schlägt sich in den allgemeinen **Entwicklungsrichtungen** der Betriebssysteme mit Bewässerung nieder (Abb. 60). Aus den traditionellen Bewässerungssystemen (Kapitel 2.3) entwickeln sich Betriebssysteme mit natürlicher Überflutung. Diese Entwicklung tritt dann ein, wenn keine Alternative der Wasserbeschaffung besteht, wenig Kapital verfügbar und die Marktanbindung noch nicht weit entwickelt ist. Erst im Laufe der wirtschaftlichen Entwicklung sind Übergänge zu anderen Betriebssystemen sichtbar. Sofern die Überflutungsgebiete durch regionale Wasserregulierungseinrichtungen kontrolliert werden (z. B. über Staudämme, Wehre), entstehen Bewässerungsregionen mit überbetrieblicher Wasserverteilung. Dies ist vor allem an großen Flüssen, wie Ganges oder Huang-Ho, zu finden. Handelt es sich um kleinere Überflutungsflächen, entwickeln sich auch einzelbetriebliche Systeme, z. B. an kleinen Flüssen oder am Meer (südostasiatische Inseln, Westafrika).

Die klassische Entwicklung von Bewässerungssystemen verläuft aus den traditionellen Bewässerungssystemen subsistenzorientierter Betriebssysteme zur Bewässerung in einzelbetrieblicher oder überbetrieblicher Wasserbeschaffung. In Fällen, in denen Kapital relativ schnell verfügbar, die Marktnähe gegeben ist und die Marktverhältnisse günstig sind, können Bewässerungssysteme direkt aus den Brachewirtschaften und dem permanenten Regenfeldbau entstehen. Eine solche Entwicklung wurde in den vergangenen Jahrzehnten vor allem über Entwicklungsprojekte gefördert.

Die Entwicklung der Betriebssysteme mit Bewässerung ist vor allem aber gekennzeichnet durch

- eine ausgeprägte Entwicklungsspanne innerhalb der Bewässerungssysteme
- wenig Möglichkeiten der Weiterentwicklung in marktorientierte Betriebssysteme.

Innerhalb der subsistenz- und marktorientierten Betriebssysteme mit betriebseigener wie überbetrieblicher Wasserbeschaffung bestehen viele Entwicklungsstufen, die letztendlich zu hohem Einkommensniveau führen können. Die Anstrengungen der Entwicklung müssen sich daher auf diesen Prozeß konzentrieren.

Die Weiterentwicklung zu marktorientierten Betriebssystemen ist erheblich eingeschränkt durch Begrenzung der verfügbaren Flächen- und Wasserkapazität und die Marktverhältnisse. Die niedrige Flächenausstattung in vielen Regionen würde den Übergang zu Gemüse und Spezialkulturen wie Gewürzen bedingen, für den oft die Entfernung zu großen und internationalen Märkten zu groß ist bzw. die erforderlichen Vermarktungsstrukturen nicht gegeben sind. Die Weiterentwicklung zu marktorientierten Betriebssystemen ist daher ein langfristiger Prozeß. Aus entwicklungspolitischer Sicht ist die Weiterentwicklung innerhalb der subsistenz- und marktorientierten Betriebssysteme größere Priorität zu geben, da dort die größeren Entwicklungsdefizite liegen.

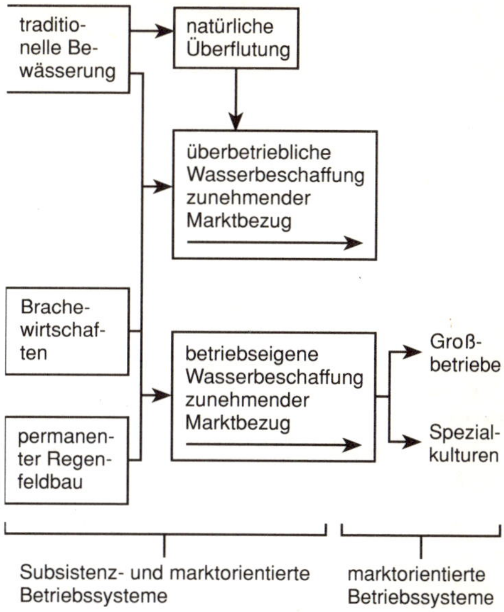

Abb. 60. Allgemeine Entwicklungsrichtungen von subsistenz- und marktorientierten Betriebssystemen mit Knappheit an Fläche und Wasser.

Die **Entwicklungsprobleme** der Betriebssysteme mit Bewässerung lassen sich wie folgt zusammenfassen:

a) Eine wirtschaftliche Intensivierung der Produktion erfordert neben dem Einsatz von Bewässerungswasser andere Produktionsmittel, die zu Instabilitäten der Produktion führen können. So hat beispielsweise die anfängliche Züchtung von Reis ausschließlich unter dem Aspekt der Steigerung des Hektarertrages zu größeren Ertragsschwankungen, zu stärkeren Rückstandsproblemen und Resistenzen durch verstärkten Einsatz von chemischen Pflanzenschutzmitteln und Verlusten an Nebenprodukten (z. B. zur Fütterung) geführt. Die Intensivierung hat aber auch an manchen Standorten zu einer Absenkung des Grundwasserspiegels geführt.

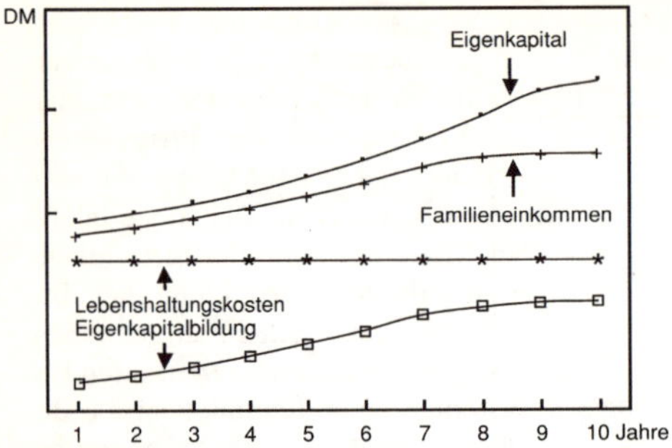

Abb. 61. Schätzung der langfristigen Entwicklung von Erfolgsparametern ressourcenarmer Betriebe mit Bewässerung in Hidalgo, Mexiko (Beispiel RA, Tab. 65) (Quelle: nach THOME, B. (40)).

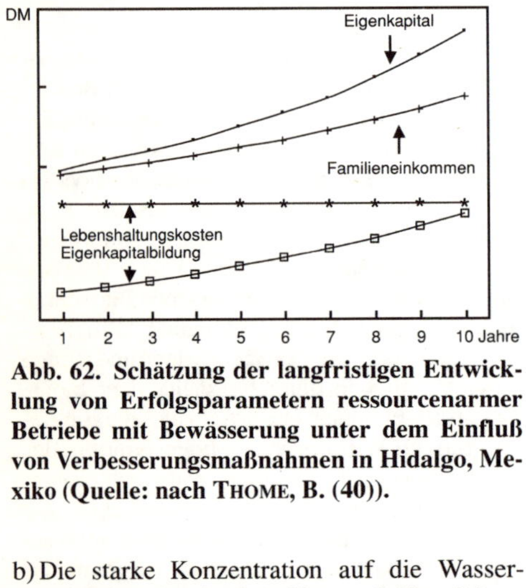

Abb. 62. Schätzung der langfristigen Entwicklung von Erfolgsparametern ressourcenarmer Betriebe mit Bewässerung unter dem Einfluß von Verbesserungsmaßnahmen in Hidalgo, Mexiko (Quelle: nach THOME, B. (40)).

b) Die starke Konzentration auf die Wasserzuführung hat in den 60er und 70er Jahren zur Vernachlässigung der Probleme aus Versalzung und Staunässe geführt. Die Problematik wurde dadurch verschärft, daß zunehmend marginale Standorte in Bewässerungskultur genommen wurden. In Asien hatte dies ein umfangreiches Ausscheiden von Bewässerungsflächen aus der Produktion zur Folge.

c) Die Erhöhung der Wasserkapazität hängt mit steigender Mechanisierung verstärkt vom Kapital und damit von Investitionen und der Kapitalrückzahlungsfähigkeit ab. Mit zunehmender Intensivierung (vor allem durch neue wasserstreß-empfindliche Sorten) steigt die Abhängigkeit vom Kredit. Damit steigt die Abhängigkeit von Kreditgebern. In dieser Entwicklung können Betriebe, die ihre Kredite nicht zurückzahlen können, ihre Betriebsgrundlage wie Wasserrechte und Flächeneigentum an Geldverleiher verlieren. Ihre soziale Abhängigkeit wird größer, ihr Einkommen sinkt.

d) Die Regulierung zwischenbetrieblicher Wasserverteilung setzt überbetriebliche Organisationen voraus, die eine ordnungsgemäße Verteilung sicherstellen. Viele Konzepte werden praktiziert. Wenige haben sich als besonders erfolgreich erwiesen. Vor allem sind die in Entwicklungsprojekten in den 60er bis 80er Jahren erprobten und vorgeschlagenen Konzepte nicht erfolgreich gewesen. Die schwierigsten Fälle lagen vor, wenn mit diesen Projekten die traditionellen Sozialstrukturen der Wasserverteilung zerschlagen (z. B. »Recht« des Scheichs) und durch junge, in Europa ausgebildete Technokraten der Wasserzuteilung ersetzt wurden. Korruption war ein dominierendes Element. Sind solche Systeme zusammengebrochen, war das Chaos ein charakterisierendes Merkmal, da auch alte Sozialstrukturen dann nicht mehr funktionsfähig waren. Die Konsequenz daraus war und ist die verstärkte Einbeziehung der Bewässerungsfamilien in den Entscheidungsprozeß der Wasserverteilung und die Verkleinerung der Wasserverteilungsorganisation (überschaubare Perimeter auf dörflicher Ebene).

Das **Entwicklungspotential** der Betriebssysteme mit Bewässerung ist im Vergleich zu anderen subsistenz- und marktorientierten Betriebssystemen besonders hoch und liegt etwa auf gleicher Stufe wie die Dauerkultursysteme. Dies ist beispielhaft in den Abb. 61 und 62 dargestellt. Ressourcenarme Bewässerungsbetriebe in Zentralmexiko zeigen im Zeitablauf einen realen Anstieg von Einkommen und Kapitalbildung. Unter dem Einfluß von Verbesserungsmaßnahmen, die von der Beratung empfohlen werden, zeigt sich in den Betrieben mit den vorgeschlagenen Maßnahmen eine weitere Steigerung der betriebswirtschaftlichen Meßgrößen. Es wird aber auch deutlich, daß längere Zeitperioden erforderlich sind, bis die Maßnahmen tatsächlich zu einer zusätzlichen Steigerung führen. Zwingende Voraussetzung ist eine Verbesserung der Marktanbindung.

Die Möglichkeiten zur Ausschöpfung des Entwicklungspotentials in Bewässerungsbetrieben lassen sich wie folgt zusammenfassen:

a) Verbesserung der Infrastruktur und Marktverhältnisse
- Die infrastrukturelle Erschließung oder Verbesserung ermöglicht eine bessere Marktanbindung. Diese erlaubt den Betrieben, höherwertige und wettbewerbskräftigere Produkte zu erzeugen. Da die Bewässerung den Anbau fast aller pflanzlichen Produkte erlaubt, kann dadurch eine erhebliche Verbesserung des Lebensstandards erzielt werden.
- Durch Förderung traditioneller Vermarktungsstrukturen oder neuer Vermarktungseinrichtungen besteht die Möglichkeit, die Betriebe stärker in den Entscheidungsprozeß von Absatz und Vermarktung einzubeziehen. Dies erlaubt, die Gewinnspanne des Handels auf vertretbarem Niveau zu halten und den Absatz zu sichern. Gleichzeitig können neue Produkte, die einen höheren wirtschaftlichen Erfolg versprechen, neue Absatzkanäle nützen und das Nachfragepotential besser erschließen.
- Die Entwicklung und Förderung von Verarbeitungseinrichtungen bieten die Möglichkeit, die Qualität der Produkte einheitlich zu gestalten und zu verbessern sowie eine neue Nachfrage zu erschließen. Konsumentenfreundliche Produkte können auch kaufkräftige Einkommensschichten ansprechen und so städtische Kaufkraft in bäuerliche Betriebe der ländlichen Region transferieren. Schließlich eröffnet sich auf diesem Wege den Betrieben die Möglichkeit, die Veredelungsrente ihrer Produkte zum Teil selbst zu nutzen.
- Intensiv produzierende Bewässerungsbetriebe mit relativ empfindlicher Produktion erfordern die rechtzeitige und nach Menge ausreichende Verfügbarkeit von Produktionsmitteln guter Qualität. Dies erfordert einen Handel, der ausreichende Kenntnisse und gutes Management besitzt.

b) Entwicklung und Einführung technischer Fortschritte
Im Gegensatz zu den subsistenzorientierten Betriebssystemen und den Betriebssystemen der Tierhaltung und des Regenfeldbaus erhalten hier im zeitlichen Ablauf der Entwicklung die biologisch-technischen Fortschritte nicht die erste Priorität. Vielmehr haben diese zusammen mit den mechanisch-technischen Fortschritten gleiche Bedeutung.
- Die mechanisch-technischen Fortschritte in der Wasserbeschaffung und Wasserverteilung sind die entscheidenden Grundlagen zur Verbesserung der Produktionsmöglichkeiten. Ist Wasser knapp und ökonomisch gut verwertbar, stehen sie häufig an erster Stelle der Antriebskräfte für die sozioökonomische Entwicklung der Betriebssysteme. Dabei gilt im allgemeinen, daß bei stärker traditionell orientierten Betriebssystemen einer Technik zentrale Bedeutung zukommt, die zu einem großen Teil von familieneigenen Arbeitskräften erstellt werden kann (z. B. Flachbrunnen). Mit zunehmender wirtschaftlicher Entwicklung werden verstärkt mechanisch-technische Fortschritte von außerhalb der Betriebe zugekauft (z. B. Pumpen), die dann Kapital beanspruchen.
Für mechanisch-technische Fortschritte in der Pflanzenproduktion gilt in den Bewässerungsbetrieben das Gleiche wie in den anderen subsistenzorientierten wie auch subsistenz- und marktorientierten Betriebssystemen: die biologisch-technischen Fortschritte haben hier Priorität *am Anfang* der Entwicklung.
- Bei den biologisch-technischen Fortschritten stehen Sorten, Düngung, Pflanzenschutz und Qualität im Vordergrund. Einen wesentlichen Bereich bilden solche biologisch-technischen Fortschritte, die die negativen Wirkungen der Intensivierung der Produktion minimieren. Dazu zählen beispielsweise adäquate Anbausysteme zur besseren Erhaltung der Bodenfruchtbarkeit sowie agronomische, mechanische und biologische Maßnahmen des Pflanzen- und Nacherntеschutzes.
- Ausdehnung der Einführung von technischen Fortschritten in den Bereichen Verarbeitung, Lagerung (Lagerverluste), Trinkwasserversorgung, Gesundheitsvorsorge und Heilung, Wohnverhältnisse und Bekleidung. Zur Verbesserung der sozioökonomischen Verhältnisse sind diese Gebiete dringend einzubeziehen. Forschung und Entwicklungsprojekte vernachlässigen durch die strenge Konzentration auf die Produktion diese Bereiche.

c) Effizientere überbetriebliche Wasserbeschaffung
In vielen Fällen staatlicher/halbstaatlicher

Wasserbeschaffung führen zu große Bewässerungsprojekte und bauliche Anlagen zu Effizienzverlusten, die sich in überhöhten Kosten des Wassers niederschlagen. Werden diese Kosten an die Bewässerungsbetriebe weitergegeben, behindert dies die Entwicklung in diesen Betrieben. Durch Subventionierung wird dieses Problem vollständig oder teilweise auf die volkswirtschaftliche und/oder soziale Ebene verlagert. Wirtschaftliche Einheiten sollten Prestigeobjekten vorgezogen werden.

d) Verbesserung der Wasserverteilung zwischen den Betrieben
Dies erfordert neue Konzeptionen und Organisationen der Verteilung. Dabei sind folgende Elemente von Bedeutung:
- kleine organisatorische Einheiten der Wasserverteilung
- unabhängige Kontrolle der Wasserverteilung
- Einbeziehung der Familien in Bewässerungsbetrieben bei der Entscheidung über die Wasserverteilung
- Bezahlung einer verbrauchsabhängigen Wassergebühr
- rotierendes Wasserzuteilungssystem
- Abstimmung zwischen Wasserverteilung und Anbausystemen.

e) Klare Regelung der Nutzungsrechte von Wasser bei einzelbetrieblicher Wasserbeschaffung
Eine langfristig wirtschaftliche, ressourcenerhaltende Wasserentnahme und -nutzung setzt voraus, daß der Wasserverbrauch auf die langfristige Verfügbarkeit abgestimmt ist. Die Nutzungsrechte sind zu definieren. Wenn die Gefahr der langfristigen Übernutzung besteht (z. B. Grundwasserabsenkung), müssen gesellschaftliche Regelungen Ressourcenverbrauch verhindern. Gleiches gilt für sozial nicht verträglichen ruinösen Wettbewerb um das Wasser. Bei mehr traditionellen Methoden, wie beispielsweise der Überflutung, ist die Wassernutzung mit dem Flächeneigentum zu koppeln.

f) Verbesserung der Kapitalverfügbarkeit
Sowohl bei überbetrieblicher als auch bei einzelbetrieblicher Wasserbeschaffung ist zur Einführung mechanisch-technischer Fortschritte bei der Wasserbeschaffung und -verteilung mit steigender Entwicklungsstufe immer mehr Kapital notwendig. In der Regel reicht die Eigenkapitalbildung nicht aus, um Investitionen vorzufinanzieren. Traditionelle Kreditsysteme sind oft überfordert. Der Übergang von mehr traditionellen Wirtschaftsweisen zu mehr Marktorientierung setzt die Bereitstellung eines entsprechenden Kreditwesens voraus.
Dieses, zusammen mit der Hinführung der Familien zur Erkenntnis, daß Rückzahlung zwingende Voraussetzung für Kredite ist, sind umfassende Entwicklungsaufgaben, die noch nicht gelöst sind.

4 Marktorientierte Betriebssysteme

4.1 Merkmale und Entwicklungsdynamik

Mit dem Begriff Marktorientierung der Betriebssysteme soll ausgedrückt werden, daß die Verhaltensweisen und Entscheidungen der Familien oder Betriebsleiter in diesen Betriebssystemen sich ausschließlich am Markt orientieren und dieser Kommerzialisierung das ausschließliche Gewinnstreben zugrunde liegt.

Die **Merkmale** marktorientierter Betriebssysteme in den Tropen und Subtropen sind:

a) Grad der Trennung von Betrieb und Haushalt
In marktorientierten Betriebssystemen liegt eine klare Trennung vor. Der Haushalt gehört zur Privatsphäre der Familie, der Betrieb stellt die Unternehmenseinheit zur Erwirtschaftung des Lebensunterhaltes dar. Die Familie oder der Eigentümer des Betriebes stellt das Kapital zur Verfügung und leistet unternehmerischen Aufwand. Gelegentlich wird auch familieneigene Arbeit eingesetzt. Die Familie lebt häufig nicht am Betriebsstandort.

b) Ziele und Zielstruktur
Die Zielsetzung in marktorientierten Betriebssystemen ist, im Unterschied zu den subsistenzorientierten und den subsistenz- und marktorientierten Betriebssystemen, in der Regel die Maximierung der Verzinsung des im Betrieb investierten Kapitals und der Entlohnung des Einsatzes unternehmerischer Fähigkeiten.

c) Eigenverbrauch und Marktbelieferung

Subsistenzversorgung ist selten zu finden und wenn, dann durch Entnahme aus der marktorientierten Produktion oder aus dem Garten. Der Haushalt wird durch Zukauf vom Markt versorgt. Die Betriebe sind vollständig dem Markt geöffnet, und zwar sowohl hinsichtlich der Beschaffung von Produktionsmitteln (z. B. Mineraldünger), von Produktionsfaktoren (z. B. Arbeit, Kredit) als auch für den Absatz von Produkten (z. B. landwirtschaftliche Erzeugnisse) oder Dienstleistungen (z. B. als Lohnunternehmer). Der verkaufte Anteil des Gesamtwertes der Produktion liegt über 90%.

d) Produktionsschwerpunkte
Die Betriebssysteme sind eindeutig entweder der Ackerproduktion oder der Tierproduktion zuzuordnen. Daraus resultiert eine hohe Spezialisierung. Mischformen kommen nur vereinzelt vor. Oft wird nur ein Produkt oder werden nur wenige Produkte erzeugt.

e) Produktionsintensität und Standortanpassung
Es handelt sich häufig um Betriebe mit extrem hoher Flächenausstattung und hohen Kapitalinvestitionen. Die Nutzungsintensität der Flächen schwankt dabei sehr stark. Allgemein ist festzustellen, daß mit zunehmender Flächenausstattung die Flächenproduktivität zurückgeht. Die Extreme reichen von der Produktion mit höchster Intensität (z. B. bei Blumen) bei nur relativ wenig Fläche (z. B. in Gewächshäusern) bis zur niedrigsten Flächenproduktivität bei großflächigen Ranchbetrieben. Der Anpassungsgrad an den Standort ist bei Großbetrieben oft sehr hoch, bei niedriger Flächenausstattung sehr niedrig.

f) Niveau der Produktionstechnik
Die Produktion erfolgt in der Regel auf hoher Stufe der Technisierung. Die Spezialisierung ermöglicht eine Mechanisierung und Rationalisierung, die eine kostengünstige Produktion erlaubt. Investitionen sind notwendig. Diese konzentrieren sich aber auf nur.wenige Arbeitsgänge wie beispielsweise die Bodenbearbeitung, die Ernte oder den Melkprozeß. In-

vestitionen in der Mechanisierung dienen primär der Einsparung an Fremdarbeitskräften, um damit die Lohnkosten zu reduzieren, Arbeitsengpässe abzubauen, die Arbeitsqualität anzuheben, die Kontinuität des Arbeitsablaufes zu sichern und um unabhängig vom Arbeitsmarkt zu sein.

g) Arbeitsverfassung, Faktorausstattung und Eigentum
Die Arbeitswirtschaft ist gekennzeichnet durch
- Lohnarbeitsverfassung
Die Betriebe werden zu einem erheblichen Teil mit Fremdarbeitskräften bewirtschaftet. Der Einsatz der Familienarbeitskräfte konzentriert sich auf unternehmerisches Management.
- Die Spezialisierung der Produktion bedingt einen stark schwankenden Arbeitsanspruch im Zeitablauf, der häufig durch zusätzliche saisonale Arbeitskräfte und/oder Mechanisierung aufgefangen wird.

Die marktorientierten Betriebssysteme sind besonders durch den hohen Aufwand an Kapital gekennzeichnet. Dies gilt sowohl für Betriebe mit relativ wenig Fläche und hoher Flächenproduktivität als auch für solche mit hoher Flächenausstattung und niedriger Flächenproduktivität. Im ersten Falle ist besonders viel Kapital für Investitionen in Anlagen (z. B. Gewächshäuser, Melkställe und -stände, etc.) notwendig, im zweiten Falle zum einen bei Dauerkulturen für Investitionen in die Bestände, Verarbeitungsanlagen und Mechanisierung und zum anderen bei Tieren in Tierbestände und Weideinfrastruktur erforderlich. Das Investitionsrisiko gewinnt besondere Bedeutung. Eigentum an Fläche überwiegt, aber auch Pacht ist verbreitet.

h) Faktorproduktivitäten und Einkommensniveau
Die Kapital- und Arbeitsproduktivitäten sind sehr hoch und werden in der Regel von anderen Betriebssystemen nicht übertroffen. Die Flächenproduktivität dieser Gruppe unterscheidet sich in zwei Extreme: Kleinbetriebe mit intensiven Systemen weisen die höchsten Flächenproduktivitäten aus, die großbetrieblichen liegen auf niedrigem Niveau. In der letztgenannten Gruppe ist die Flächenproduktivität bei Dauerkulturbetrieben noch wesentlich höher als bei den Ranchsystemen, die nur noch von den Betriebssystemen im Nomadismus und im Wanderfeldbau unterboten werden. In diesen Betriebssystemen wird langfristig der höchste Gewinn pro Familie unter allen landwirtschaftlichen Betriebstypen in den Tropen und Subtropen erwirtschaftet.

i) Risiko
In Betrieben, die mit hoher Intensität wirtschaften, wie beispielsweise Gemüsebetriebe, ist das Produktionsrisiko hoch. Eine Diversifizierung ist selten möglich, da dies zu Lasten der wettbewerbskräftigen Spezialisierung geht. Aus diesem Grunde diversifizieren die Eigentümer ihr Vermögen und ihre Unternehmen in verschiedenen Bereichen, beispielsweise in der Produktion, der Verarbeitungsindustrie, in Vermarktungsorganisationen oder in anderen gewerblichen und industriellen Bereichen. In Betrieben mit niedriger Produktionsintensität ist das Produktionsrisiko besonders niedrig. Die Betriebsleiter versuchen das Produktionsrisiko durch Kapitalinvestitionen und hohe Managementfähigkeiten niedrig zu halten.
Das Marktrisiko der marktorientierten Betriebssysteme ist sehr hoch, und zwar aus folgenden Gründen:
- Die Beschränkung auf wenige Produkte oder nur ein Produkt bringt eine hohe Abhängigkeit von Abnahmemenge, Preis und Vermarktungskanälen für ein Produkt. Es wird versucht, durch Diversifizierung außerhalb des Betriebes das Einkommensrisiko des Unternehmers zu reduzieren.
- Die Konzentration auf nur einen oder sehr wenige Absatzkanäle bringt die Gefahr der Abhängigkeit von den Abnehmern vor allem bei den Produkten, die nicht selbst verarbeitet werden können. Es wird versucht, Verarbeitung und/oder Vermarktung mit in das Unternehmen zu integrieren.
- Ein wesentlicher Teil der in marktorientierten Betriebssystemen erzeugten Produkte wird auf dem Weltmarkt abgesetzt. Die Situation am Weltmarkt schlägt auf die Erzeugerpreise durch und kann zu extremen Preisschwankungen führen.

j) Inflexibilität der Betriebsorganisation
Marktorientierte Betriebssysteme sind in den meisten Fällen wenig flexibel hinsichtlich einer schnellen Änderung der Betriebsorganisation, da feste Anlagen erstellt oder beschafft sind, die in der Regel kurzfristig nicht beseitigt oder verkauft werden können. Die Reaktion solcher Betriebssysteme auf Änderungen

von Preis-Kosten-Relationen sind daher sehr langsam. Die Inflexibilität resultiert vor allem aus der Festlegung von Kapital, den geringen Erfahrungen und Kenntnissen der spezialisierten Arbeitskräfte in anderen Produktionsschwerpunkten sowie aus noch nicht erschlossenen neuen Vermarktungswegen. Wegen dieser Inflexibilität müssen solche Betriebssysteme in durchschnittlichen Jahren relativ hohe Gewinne erwirtschaften, um in wirtschaftlich ungünstigen Perioden eine ausreichende finanzielle Grundlage zur Überbrückung zu haben.

k) Verarbeitungsindustrie und Vermarktung
Die Betriebe sind sehr stark an den Marktbedürfnissen orientiert und schließen oft eine Verarbeitung mit ein. Die Vermarktung ist für viele Produkte erforderlich. Die Betriebssysteme tendieren dazu, auch die Vermarktung selbst zu betreiben.

Die marktorientierten Betriebssysteme zeigen generell eine hohe **Entwicklungsdynamik**. Die starke Orientierung am Gewinn führt zu einem relativ hohen Informationsstand in diesen Betriebssystemen über mögliche Neuerungen und Verbesserungen. In vielen Entwicklungsländern ist das Informationsniveau der Betriebsleiter höher als das der lokalen Forschung. Die verfügbaren Finanzmittel erlauben den direkten Anschluß an das internationale Informationsniveau.

Dies hat zur Folge, daß Neuentwicklungen in der Pflanzenzüchtung, den Anbaumethoden, der Tierzüchtung, der Fütterung, der Tiergesundheit, der Mechanisierung, der Energietechnik etc. sehr schnell von diesen Betriebssystemen übernommen werden. Häufig haben sie Vorreiterfunktionen beim Erproben solcher Neuerungen. Vielfältige Beispiele in der künstlichen Besamung in Lateinamerika oder der biologischen Schädlingsbekämpfung im Zuckerrohranbau sind bekannt. Sie übernehmen damit Funktionen der angewandten Forschung und, sofern die neuen Technologien auch für Familienbetriebe relevant sind, das Risiko des Neuerers.

Besonderes Kennzeichen ist die schnelle Erprobung und Übernahme neuer Techniken. Damit erwartet man im Konkurrenzkampf mit anderen Betrieben einen Zeitvorsprung, der eine zusätzliche Rendite ermöglicht. Voraussetzung allerdings ist ein flexibles Management und ausreichende Finanzkraft. Beides ist typischerweise in den marktorientierten Betriebssystemen gegeben.

Die langfristigen Entwicklungstendenzen marktorientierter Betriebssysteme werden von den Märkten und der Faktorverfügbarkeit bestimmt. Obwohl sich viele dieser Betriebssysteme durch die Spezialisierung und die Dauerhaftigkeit ihrer Anlagen und Bestände kurzfristig nicht sehr schnell auf andere Produktionsschwerpunkte verlagern können, zeigen diese Systeme doch eine schnelle Anpassung innerhalb dieser Grenzen. Dies gilt sowohl hinsichtlich der Intensität der Produktion als auch der Verarbeitung und Vermarktung. Die Mobilität der Betriebsleiter hinsichtlich der Eigentumsverhältnisse an den Betrieben ist wesentlich höher als in allen anderen Betriebssystemen der Tropen und Subtropen. Ankauf und Verkauf von Betrieben oder großen Flächen, Herden oder Bewässerungsanlagen ist stärker verbreitet als unter Bedingungen, in denen die Familie ihre Eigenversorgung aus dem landwirtschaftlichen Betrieb sicherstellen muß.

4.2 Kleine und mittelgroße Betriebssysteme

4.2.1 Merkmale und Verbreitung

Die marktorientierten Betriebssysteme mit niedriger oder mittlerer Flächenausstattung lassen sich in die in Abb. 63 dargestellten Gruppen unterscheiden. Die wichtigsten davon sind die Betriebssysteme mit Obst und Gemüse sowie die Geflügelhaltung. Betriebssysteme, in denen Pelze, Blumen, Rauschgift, Hähnchen und Eier produziert werden, zählen häufig nicht mehr zu den landwirtschaftlichen Betriebssystemen, da der industrielle Charakter der Produktion stark ausgeprägt ist. Am wenigsten ist dies bei Obst, Gemüse, Gewürzen und Milch der Fall.

Die marktorientierten Betriebssysteme mit niedriger bis mittlerer Flächenausstattung sind durch folgende Merkmale gekennzeichnet:

a) Die Flächenausstattung ist für marktorientierte Betriebssysteme vergleichsweise niedrig. Die Betriebsgrößen können zwischen 5 ha bei intensiven Blumen-, Gemüse- oder Obstbetrieben und bis zu 500 ha bei Obst- oder Milchproduktion reichen. Sie sind damit wesentlich kleiner als Plantagen und Ranchbetriebe. Im Extremfall der Hähnchenmast oder

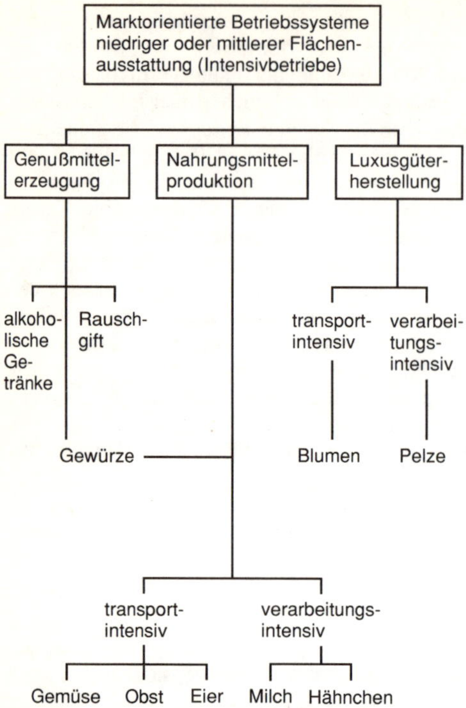

Abb. 63. Differenzierung der kleinen und mittelgroßen marktorientierten Betriebssysteme.

Eierproduktion kann die genutzte Fläche auf die Wirtschaftsgebäude und Anlagen beschränkt sein.

b) Der Einsatz an Arbeitskräften ist vergleichsweise hoch. Zwar wird durch einen hohen Mechanisierungsgrad Arbeit durch Kapital in großem Umfang substituiert, die Produktionsrichtungen und Produktionsformen beanspruchen aber in den meisten Fällen in erheblichem Umfang Fremdarbeitskräfte, die häufig spezialisiert sein müssen. Damit sind diese Betriebe lohnintensiv.

c) Die Intensität der Produktion ist am höchsten unter allen Betriebssystemen. In diesen Betrieben wird unter der Voraussetzung einer günstigen Marktanbindung Fläche durch Managementfähigkeit und Kapitaleinsatz substituiert. Insbesondere die Managementfähigkeiten sind für das Produktionsrisiko hochempfindlicher Intensitätsstufen und das Marktrisiko durch Qualitätsansprüche und Preisrisiken von zentraler Bedeutung. Die Anforderungen an das Management sind in diesen Betriebssystemen am höchsten. Entsprechend haben die Betriebsleiter, ob Eigentümer oder Verwalter, in der Regel ein hohes Ausbildungsniveau.

d) In den meisten Fällen handelt es sich um spezielle Produktionsformen, Produktionsrichtungen und hohe Spezialisierung in Produktion, Verarbeitung, Verpackung, Transport und Vermarktung. Typische Beispiele sind Chrysanthemenproduktion und Milcherzeugung.

e) Die hohe Abhängigkeit vom Markt und die Transportempfindlichkeit der Produkte führt dazu, daß diese Betriebssysteme meist in der Nähe urbaner Zentren oder an Standorten mit guten Transportmöglichkeiten zu finden sind. Im Falle von Exportprodukten wie Blumen kann Flughafennähe erforderlich sein.

f) Das Einkommensniveau und die Kapitalrendite liegen häufig nicht weit unter denen der großbetrieblichen marktorientierten Betriebssysteme.

Die Verbreitung dieser Betriebssysteme ist fast ausschließlich in der Nähe der jeweiligen Märkte zu finden. Im allgemeinen treten sie in Schwellenländern eher auf als in den ärmsten Entwicklungsländern.

Die Zahl der Betriebe in diesen Betriebssystemen und der davon lebenden Menschen ist in den Tropen und Subtropen sehr niedrig. Sie haben für die Entwicklung eines Landes keine Bedeutung. Ausnahmen können vereinzelt bei der Entwicklung und Erprobung von technischen Fortschritten auftreten, wie das Beispiel der Tröpfchenbewässerung in Israel zeigt.

Es handelt sich hier nicht um Betriebssysteme, die auf Unterstützung von außerhalb angewiesen sind und daher keiner Förderung im Rahmen von Entwicklungsprojekten bedürfen. Das innovative Potential im technischen, ökonomischen und managementbezogenen Bereich ist in der Regel so groß, daß diese Betriebssysteme sich selbst an die Entwicklungen in erforderlichem Maße anpassen können. Aus diesen Gründen werden sie nachfolgend nicht ausführlich behandelt.

4.2.2 Intensivkulturen

Marktorientierte Betriebssysteme mit Intensivkulturen sind in der Regel spezialisiert in Blumen-, Zitrus-, Gewürz-, Gemüseproduktion und Baumschulen. Allen gemeinsam ist die hohe Abhängigkeit vom Markt und die meist sehr guten Betriebsleiterfähigkeiten. Diese Betriebssysteme produzieren auf dem höchsten Intensitätsniveau der Pflanzenproduktion. Der Einsatz an Mineraldünger ist sehr hoch. Wegen des hohen Produktionsrisikos ist der Pflanzenschutz eine zentrale Produktionsmaßnahme. In der Regel dominiert der Einsatz von chemischen Pflanzenschutzmitteln. Die verwendeten Sorten werden häufig im eigenen Betrieb gezüchtet. Der Zukauf neuer Züchtungen ist oft nicht möglich. Erfolge in der Züchtung bestimmen insbesondere bei Blumen und Gewürzen den Erfolg des Betriebes.

Die Produktion, die Verarbeitung und die Vermarktung sind in der Regel ausgesprochen arbeitsintensiv. Zwar wird, wo immer eine Technologie vorhanden ist, die Mechanisierung eingeführt, aber durch die hierbei eingeschränkten Möglichkeiten bleiben diese Betriebssysteme ausgesprochen arbeitsaufwendig. Dies gilt vor allem für die Ernte-, Lagerungs- und Verarbeitungsprozesse. Bei einigen Kulturen, wie beispielsweise bei Gemüse und Blumen, werden mehrere Ernten pro Jahr erzielt. Dies führt zu einem relativ kontinuierlich hohen Arbeitsanspruch im Zeitablauf. Die marktorientierten Betriebssysteme mit Intensivkulturen sind die landwirtschaftlichen Betriebssysteme in den Tropen und Subtropen mit dem höchsten Arbeitseinsatz je Flächeneinheit. Der größte Teil dieser Arbeit wird mit Fremdarbeitskräften erledigt.

Entsprechend erreicht die Arbeitsproduktivität nur ein mittleres Niveau, vergleichbar mit den gut bewirtschafteten Dauerkultursystemen in subsistenz- und marktorientierten Betriebssystemen. Die Flächenproduktivität aber erreicht das höchste Niveau aller Betriebssysteme.

Das Entwicklungspotential dieser Betriebssysteme ist bereits zu einem hohen Maße ausgenutzt. Die wichtigsten Bereiche künftiger Entwicklungen liegen in Neuzüchtungen, in mechanisch-technischen Fortschritten, vor allem aber in einer Verbesserung der Verarbeitung und Verpackung sowie in der Ausnutzung neuer Nachfragepotentiale.

4.2.3 Intensive Tierhaltungssysteme

Die wichtigsten marktorientierten Betriebssysteme mit intensiver Tierhaltung sind Milchbetriebe sowie Hähnchenmast und Legehennenbetriebe. Diese Betriebssysteme produzieren praktisch auf industrieller Basis. Sie hängen nicht nur durch den Verkauf ihrer Produkte stark vom Markt ab, sondern auch durch den Bezug von Futtermitteln. Ihre Tier-Flächen-Relation ist extrem groß.

In intensiven Milchbetrieben werden Leistungen erzielt, die denen in Industrieländern nicht nachstehen. Die Verarbeitung und Vermarktung der Produkte ist vielfältig und hängt vom Standort ab. Eigene Verarbeitung wie auch Verkauf an Molkereien ist zu finden. Betriebssysteme mit kommerzieller Milchproduktion zeigen folgende Organisation:

a) Tiermaterial: Es werden Hochleistungstiere verwendet, häufig Schwarzbunte Rinder, die einen sehr hohen Wert besitzen. Entsprechend ist der Investitionsbedarf beim Zukauf und der Erlös beim Verkauf von Zuchttieren sehr hoch.
b) Die Fütterung basiert in der Regel auf zugekauftem Kraftfutter. Die hohe Abhängigkeit von den Futterpreisen stellt hohe Managementansprüche an die Anpassung der Futtersituation. Wird Pflanzenproduktion betrieben, dient sie der Futterbeschaffung.
c) Die Haltungsform ist auf eine Risikominderung bei Unfällen, Verletzungen und Krankheiten angelegt. Sie erfolgt ausnahmslos in Ställen. Veterinärmedizinische Prophylaxe spielt eine entscheidende Rolle für die Wirtschaftlichkeit.
d) Die Vermarktung der Milch erfolgt direkt oder über Milchgenossenschaften. Eine schnelle Belieferung der Molkereien muß aus Verlustgründen gewährleistet sein. Bei der Eigenvermarktung sind hohe Investitionen in Verarbeitungsanlagen erforderlich.

Die intensiven Milchwirtschaftssysteme lassen sich unterscheiden in:

- Milchproduktion mit Rindern bei Molkereibelieferung;
- Milchproduktion mit Schafen oder Ziegen bei Selbstvermarktung;
- Milchproduktion mit Rindern bei Selbstvermarktung von Frischmilch und Milchprodukten.

Legehennenhaltung und Hähnchenmast werden meistens in der Nähe von urbanen Zentren betrieben. Sie nutzen die Marktnähe für Verkauf und Futterbeschaffung. Diese Systeme sind durch extrem hohen Investitionsbedarf, hohe laufende Ausgaben bei meist hohem Produktions- und Marktrisiko gekennzeichnet. Sie sind

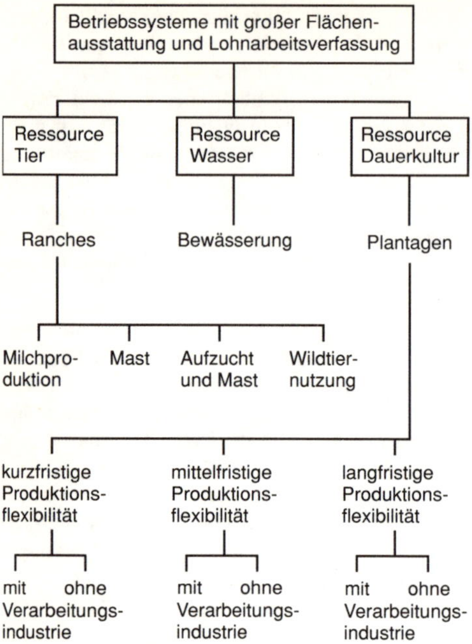

Abb. 64. Differenzierung der marktorientierten Betriebssysteme mit großer Flächenausstattung und Lohnarbeitsverfassung.

in den meisten Fällen nicht aus bäuerlichen Betrieben, sondern durch Kapitalanlagen industrieller Bevölkerungsgruppen, von Beamten in der Hauptstadt oder von Politikern entstanden. Entsprechend ist davon auszugehen, daß sich solche Betriebssysteme bei wirtschaftlichen Engpässen schnell verändern oder wieder auflösen. Diese Betriebssysteme zählen meist nicht zu den förderwürdigen Systemen durch Entwicklungsprojekte, jedoch ist ihr Beitrag zur Versorgung der Bevölkerung mit tierischem Eiweiß meist von sehr großer Bedeutung.

4.3 Großbetriebe mit Lohnarbeitsverfassung

4.3.1 Merkmale und Verbreitung

Zu den marktorientierten Betriebssystemen mit großer Flächenausstattung und Lohnarbeitsverfassung zählen die großen Gruppen der Ranches, der Plantagen und der Großbewässerungssysteme (Abb. 64). Sie sind durch folgende Merkmale gekennzeichnet:

- Sie haben eine extrem hohe Flächenausstattung. Es handelt sich um die größten Betriebe, die in den Tropen und Subtropen verbreitet sind.
- Sie weisen ausgeprägte Produktionsschwerpunkte auf. In der Pflanzenproduktion handelt es sich meist um Monokultursysteme und Spezialisierung auf ein einzelnes Produkt.
- Die Intensität der Produktion schwankt sehr stark in Abhängigkeit von der Produktionsrichtung.
- Sie zeigen eine relativ hohe Inflexibilität bei der Entscheidung über den Produktionsschwerpunkt durch hohe Spezialisierung und Kapitalfestlegung.
- Sie sind in hohem Maße abhängig vom Markt, in den meisten Fällen vom Exportmarkt. Daher haben sie meist zu gut entwickelten Vermarktungskanälen und gelegentlich zu Absatzverträgen geführt.
- Ein erheblicher Teil der Betriebssysteme liegt weit vom Markt entfernt, hat jedoch gute Verkehrsanbindung an den Markt.
- Die Verarbeitung erfolgt oft durch die Betriebe selbst. Dazu sind hohe Kapitalinvestitionen für Verarbeitungsanlagen oder Absatzverträge notwendig.
- Die Betriebe werden mit Fremdarbeitskräften bewirtschaftet.
- Die Kapitalinvestitionen in Fläche und Tiere bzw. Anlagen sind sehr hoch und in der Regel auf lange Zeit festgelegt.
- In diesen Betriebssystemen wird das höchste Einkommensniveau unter allen Betriebssystemen erzielt.
- Zielsetzung ist Maximierung der Kapitalrendite für das im Betrieb investierte Kapital und des Entgeltes für die unternehmerische Tätigkeit.

Die am weitesten verbreiteten marktorientierten Betriebssysteme sind Ranches und Plantagen. Tab. 66 gibt einen Überblick über die länderweise Verteilung der Großbetriebe mit Lohnarbeitsverfassung. Von wesentlich geringerer und nur lokaler Bedeutung als Ranches und Plantagen sind Betriebssysteme der Wildtiernutzung, der großflächigen Bewässerung und großbetriebliche Regenfeldbaubetriebe.

Die Verbreitung von marktorientierten Großbetrieben mit Lohnarbeitsverfassung ist vor allem ein Ergebnis historischer Entwicklung und der Flächen-Mensch-Relation der einzelnen Zonen:

a) Die kapitalintensive Wirtschaftsform der Ranches und Plantagen ist insbesondere in den ehemaligen Siedlungsgebieten der Europäer verbreitet. Die Eigentumsverhältnisse an der Fläche haben sich nach der Unabhängigkeit durch die sogenannte Landumverteilung an Landlose oder Kleinbetriebe nicht wesentlich geändert. In den meisten Fällen haben nur die Eigentümer der Großflächen gewechselt.
b) Der weitaus größte Teil der Ranches und ein geringerer Teil der Plantagen liegt in Gebieten mit relativ niedriger Bevölkerungsdichte, in denen der Landdruck nicht so ausgeprägt ist wie an Standorten mit sehr guten natürlichen Produktionsbedingungen. Allerdings gilt dies nicht für einen wichtigen Teil der Plantagen. Insbesondere in fruchtbaren Talauen führt die weitere Erhaltung von Plantagen zu sozialen Konflikten.

4.3.2 Ranchbetriebe

Die marktorientierten Betriebssysteme mit hoher Flächenkapazität und Lohnarbeitsverfassung unterscheiden sich sowohl in der Produktion als auch in der Vermarktung.

4.3.2.1 Merkmale

Ranches sind tierhaltende Lohnarbeitsbetriebe mit hoher Flächenausstattung und hohem Einsatz an Tierkapital. Sie sind weit verbreitet in Lateinamerika, Ostafrika und im südlichen Afrika (Tab. 66). Die typischen Merkmale der Ranchbetriebe sind:

Tab. 66. Verbreitung marktorientierter Großbetriebe mit Lohnarbeitsverfassung in Entwicklungsländern

Betriebs-systeme	Verbreitung in den Entwicklungsländern
1. Ranches	
Rindfleisch oder Milch	Brasilien, Nord-Argentinien, Uruguay, Paraguay, Venezuela, Mexiko, Kolumbien, Südafrika, Namibia, Angola, Zaire, Kenia, Tansania
Schafe	Namibia
Wildtiere	Namibia, Kenia
2. Bewässerung	
Reis	Brasilien, Uruguay
3. Plantagen	
Zuckerrohr	Brasilien, Kuba, Mexiko, Philippinen, Mauritius, Kolumbien
Bananen	Brasilien, Honduras, Costa Rica, Equador, Panama, Indonesien, Somalia
Oliven	Marokko
Palmöl	Malaysia, Indonesien
Zitrus	Brasilien, Argentinien, China, Indien, Türkei, Mittelmeerländer
Ananas	Brasilien
Kaffee	Brasilien, Kolumbien, Kenia, Mexiko
Tee	Sri Lanka, Kenia, Indien
Kakao	Brasilien
Kautschuk	Malaysia, Indonesien
Sisal	Mexiko, Kenia

Quelle: teilweise basierend auf Statistiken der FAO (4)

a) Ranches nutzen in vielen Fällen Flächen, die für eine langfristige Ackerproduktion nicht oder wenig geeignet sind. In der Regel wird die natürliche Weidevegetation genutzt. Ranchbetriebe werden oft als die »moderne Form des Nomadismus« bezeichnet. Ranches sind aber ortsfest.
b) In den meisten Fällen wird nur eine Tierart gehalten. Die Verwendung lokaler Rassen und anspruchsloser Weidetiere ist dominierend. Rinderhaltung ist überwiegend. Die Verkaufsprodukte können vielfältig sein. Die meisten Ranches produzieren aber Fleisch. Stallhaltung ist nicht verbreitet.
c) Die Produktion unterliegt Risiken, die aus Trockenheit, Futtermangel in der Trockenperiode und der Tiergesundheit resultieren. Durch ausgeprägte Kenntnisse und Erfahrung im Weide- und Herdenmanagement wird dieses Risiko reduziert. Durch planmäßige Futterwerbung auf Spezialflächen und Futterzukauf werden Futternotzeiten zu überbrücken versucht.
d) Das Marktrisiko kann gelegentlich sehr hoch sein. Am Markt ist insbesondere die hohe Abhängigkeit der Produktion von Preisschwankungen ausgeprägt. In Ländern mit erheblichem Export, wie beispielsweise in Argentinien, wirken Probleme am Weltmarkt in vielen Fällen direkt auf diese Betriebssysteme.
e) Die Produktivität der Fläche ist niedrig. Im Vergleich mit den anderen Betriebssystemen wird sie nur noch vom Nomadismus unterboten. Die Arbeitsproduktivität ist demgegenüber sehr hoch. Sie ist die Folge eines niedrigen

Arbeitsanspruchs, den RUTHENBERG und ANDREAE (12, S. 165) mit 0,03 bis 0,3 Arbeitskräften/ha Weidefläche angeben. Die Kapitalproduktivität liegt meist auf hohem Niveau.

f) Ranches setzen einen hohen Kapitaleinsatz für Tiere und Flächen voraus. Die Eigentümer verfügen in der Regel über hohe Vermögenswerte. Die Ranches sind:
   - im Staatseigentum. In vielen Fällen ist der Staat, im Rahmen der Unabhängigkeit des Landes, Eigentümer von Ranches geworden, die vorher im Besitz von Europäern waren. Dies gilt vor allem für Afrika und Asien. Staatliche Ranches können aber auch durch Inkulturnahme von vorher brachliegenden, marginalen Flächen entstanden sein.
   - im Privateigentum, das nach der Unabhängigkeit erworben wurde. Anzeichen sprechen dafür, daß der Anteil von Eigentümern, die in dieser Zeit und danach politische Verantwortung im Lande übernommen haben, hoch ist. In solchen Fällen werden die Ranches meist von Verwaltern bewirtschaftet.
   - im Privateigentum, das bereits über mehrere Generationen in Familienbesitz ist und das überwiegend vom Eigentümer selbst bewirtschaftet wird. Diese Form ist vor allem in Lateinamerika verbreitet.

g) Die Kapitalinvestitionen pro Flächeneinheit sind sehr niedrig, jedoch pro Arbeitskraft sehr hoch. Die Fixkosten der Ranches sind sehr hoch, die laufenden Kosten relativ niedrig. Die Personalkosten stellen die höchste Ausgabenposition dar.

h) Die Flexibilität der Betriebsorganisation ist extrem niedrig. Meistens ist die Bereitschaft, die gesamte Ranch zu verkaufen, größer als eine Umorientierung auf andere Produktionsrichtungen (andere Tierarten, Plantagen etc.).

4.3.2.2 Betriebssysteme und Verbreitung

Die Betriebssysteme der Ranches lassen sich nach ihrem Produktionsschwerpunkt unterscheiden in:

- Aufzuchtbetriebe mit Rindern
  Es werden Jungtiere aufgezogen und an spezialisierte Mastbetriebe verkauft. Gelegentlich handelt es sich um Zuchtbetriebe. Dieses Betriebssystem ist dort zu finden, wo in großen Zonen Ranchsysteme seit längerer Zeit dominieren, die spezialisiert sind, beispielsweise bei Rindern zur Fleisch- und Milchproduktion in Lateinamerika.
- Mastbetriebe mit Rindern
  Spezialisierte Betriebssysteme, die mit den Aufzuchtbetrieben kooperieren und daher in der Regel in der gleichen Großregion wie diese zu finden sind. Eine extreme Ausprägung sind die sogenannten »Feedlots«.
- Aufzucht- und Mastbetriebe mit Rindern
  Aufzucht und Mast erfolgt in einer Ranch, die Tiere werden an Schlachthöfe, Händler oder Exportfirmen verkauft. Diese Form der Ranchsysteme ist in den Tropen und Subtropen am weitesten verbreitet. Ihre Standortverhältnisse sind oft ungünstiger als die der Aufzucht- oder Mastranches.
- Milchbetriebe
  Milchproduktion oder die Erzeugung von Milchprodukten stehen im Vordergrund. Diese Ranches sind relativ selten zu finden. Sie spielen teilweise in abgelegenen Regionen Uruguays und Argentiniens eine Rolle. Ihre Flächenausstattung ist meistens niedriger als bei den Ranches mit Fleischproduktion. Ihr Betrieb ist wegen der Empfindlichkeit der Milchproduktionssysteme bei großen Herden sehr schwierig.
- Schafranches
  Diese Betriebssysteme sind nur noch selten zu finden. Ihre größte Verbreitung ist in Namibia.
- Wildtiernutzung
  Anstelle der klassischen Rinderhaltung in Ranches werden Wildtiere ausschließlich oder zusammen mit Rindern gehalten. Die Wildtiernutzung ist vielfältig: Fleisch, Häute, Trophäen, Nutzung als Jagd- oder Safaripark für Touristen (MAIER, 8). Weltweit ist dieses Betriebssystem bedeutungslos .

Die Ranchsysteme sind in größeren Regionen dann verbreitet und dominierend, wenn die Bevölkerungsdichte niedrig ist, die entsprechenden Eigentumsverhältnisse gegeben sind und die Märkte sich konzentrieren. Entsprechend der Ableitungen von VON THÜNEN (16), lassen sich in typischen Gebieten mit Ranchsystemen eindeutige Zusammenhänge zwischen Produktionsform, Entfernung zum Markt und Produktivitätsniveau erkennen (Abb. 65).

Mit zunehmender Entfernung vom Markt nimmt das Einkommen und die Kapitalverzinsung ab. Die Kosten und Verluste des Transports zwingen mit zunehmender Marktentfernung zum Übergang zu haltbaren und transportwürdigeren Produkten, die allerdings nicht mehr die Rendite der empfindlicheren Produkte abwerfen. Bei den Ranchsystemen wird in Marktnähe Milch zur Versorgung des Marktes mit Frischmilch produziert. Die transport- und lagerungsempfindliche Milch erzielt einen hohen Preis, dem vertretbare Transport- und Lagerkosten in Marktnähe gegenüber stehen. In der anschließenden Zone findet Fleischproduktion statt. Es werden Rinder gehalten, die als Lebendtiere zum Marktzentrum gebracht werden. In dieser Zone sind gelegentlich noch Milchproduktionssysteme zu finden, die ihre Milch zu Butter und Käse verarbeiten und damit transportwürdigere Produkte erzeugen. In einer sich anschließenden Zone sind dann Ranchsysteme mit Aufzucht, Magervieh bei Rindern, aber gelegentlich auch Schafranches zu finden. Die Betriebssysteme mit Wildtiernutzung schließen sich – wenn überhaupt vorhanden – an. Mit Ausnahme der Wildtiernutzung sind solche Fälle im südlichen Lateinamerika zu finden. Klassisch ausgeprägt ist ein Halbkreis in der Region um Montevideo in Uruguay.

Ein weiterer Bestimmungsgrund der Verteilung der Ranchssysteme sind die Niederschlagsverhältnisse. RUTHENBERG und ANDREAE geben dazu ein Beispiel aus Namibia (12, S. 166). Die Niederschläge bestimmen die Futterverfügbarkeit nach Menge, Qualität und zeitlichem Anfall und prägen damit die relative Wettbewerbsfähigkeit der Produktionsrichtungen. Abb. 66 zeigt schematisch die Zusammenhänge.

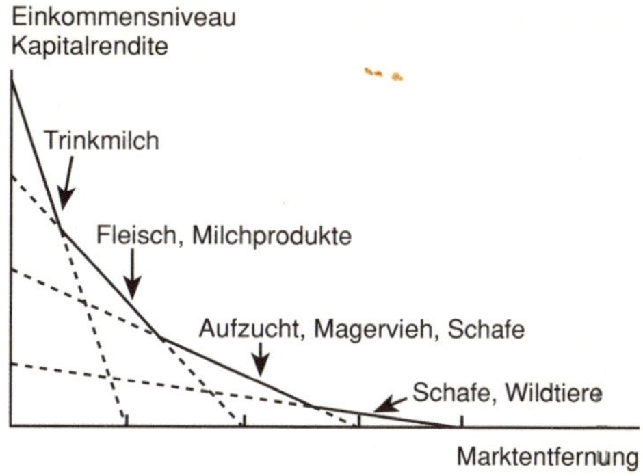

Abb. 65. Die räumliche Verteilung der Betriebssysteme der Ranches in Abhängigkeit von der Marktnähe (Quelle: in Anlehnung an ANDREAE, B. (1), S. 42)

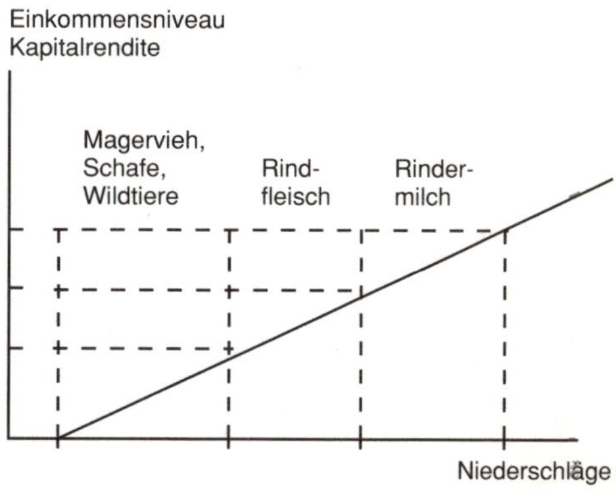

Abb. 66. Die Änderung der Produktionsschwerpunkte der Ranchsysteme in Abhängigkeit von Niederschlägen und Futterverfügbarkeit.

4.3.2.3 Futterwirtschaft und Markt

Die starke Angepaßtheit dieser Systeme an die natürlichen Standortverhältnisse bedeutet gleichzeitig ein hohes Risiko der Futterversorgung in Trockenperioden. Da in der Regel gleichzeitig eine Anpassung an den Markt erfolgt, stehen Futterverfügbarkeit, Futtereinsatz und der Absatz der Tiere am Markt bei den herrschenden Preisverhältnissen in direktem Zusammenhang.

Hinsichtlich des Zusammenhangs zwischen dem natürlichen Anfall an Futter im Zeitablauf, dem Futterbedarf und den Preisen befinden sich die Ranches in einer ähnlichen Situation wie die subsistenz- und marktorientierten Betriebssysteme mit stationärer Tierhaltung (siehe Abb. 27).

Die Ranchsysteme haben folgende Möglichkeiten der Anpassung (siehe auch ANDREAE, 1, S. 45 ff):

a) Futterwerbung und Lagerung zur Fütterung in der Trockenperiode.
   Eine Futterwerbung wird auf extra ausgewiesenen Flächen außerhalb der üblichen Weideflächen betrieben. Zu finden ist die Futterwerbung des natürlichen Aufwuchses dieser Flächen wie auch eine intensive Futterproduktion mit Mineraldüngung. Im extensiven Fall dienen gelegentlich die während der Regenperiode nicht genutzten Weideflächen zur Versorgung mit Futter bzw. Heu auf dem Halm. Gelegentlich ist Ackerfutterbau zu finden. Die hohen Kosten zwingen dann meist zur Beschränkung auf nur geringe Futtermengen, die lediglich ein extremes Verlustrisiko reduzieren und nicht zur Leistungverbesse-

rung eingesetzt werden. Gleiches gilt für den Ackerfutterbau. Diese Art der Futterwerbung und Futterlagerung ist nur in Ranches zu finden, bei denen die Preisrelationen eine intensivere Wirtschaftsweise zulassen.

b) Zukauf von Rauhfutter oder Kraftfutter ist kaum verbreitet. Diese Strategie ist auf extreme Risikosituationen in Perioden mit extrem schlechter Weideleistung beschränkt. In solchen Fällen führt eine relativ hohe Zahl an Tieren eines Bestandes und ein vergleichsweise hoher Marktpreis für Futter sehr schnell zu wirtschaftlichen Verlusten. Futterzukauf ist lediglich eine Notstrategie, wenn die Bestände in ihrer Erhaltung gefährdet sind.

c) Wesentlich weiter verbreitet sind in den Ranchsystemen Anpassungen der Tierhaltung an die natürlichen Bedingungen der Weide. Dazu zählt zunächst die Auswahl der Tierart. Unter extrem trockenen Bedingungen hat beispielsweise das Schaf durch niedrigere Ansprüche einen relativen Wettbewerbsvorteil zur Milchkuhhaltung.

d) Die Auswahl der Tierrassen eröffnet eine weitere Möglichkeit, die durch die unterschiedlichen Ansprüche der einzelnen Rassen bestimmt werden. Im allgemeinen gilt, daß die Empfindlichkeit der Leistungen umso höher ist, je höher das Leistungspotential der Rasse ansteigt. Dies bedeutet, daß bei verminderter Möglichkeit der Futteranpassung tendenziell solche Rassen wettbewerbskräftiger sind, deren Leistungspotential niedriger ist. Solche, meist lokalen Rassen, zeigen in den Trockenperioden gelegentlich die Fähigkeit, mit relativ niedrigem Futteraufwand die Trockenperiode zu überstehen und dann in der Regenperiode relativ hohe Leistungssteigerungen zu erreichen. Einige Rassen zeigen kompensatorisches Wachstum, d. h. Leistungsverluste in der Trockenperiode werden in der Regenperiode teilweise oder vollständig kompensiert. Dazu können Fettschwanzschafe oder Buckelrinder, aber auch Rinderrassen wie N'Dama gezählt werden.

e) Die Anpassung der Tierhaltung an die Futterverfügbarkeit über die Regulierung des Geburtenzeitpunktes ist weit verbreitet. Die Geburt wird in den Beginn der Regenperiode gelegt, so daß in der wichtigen Säugephase ausreichend Futter verfügbar ist.

f) Eine weitere Möglichkeit ist die Anpassung des Tierbestandes an die Futterverfügbarkeit. Dies würde grundsätzlich bedeuten, daß Tiere zum Ende der Regenperiode und zu Beginn der Trockenperiode verkauft werden. Der Umfang der Verkäufe müßte sich grundsätzlich am Ausgleich zwischen Futteranspruch und Futterverfügbarkeit orientieren. Da diese Bedingungen in der Regel auch für alle anderen Betriebe in der Region gelten und diese einen gemeinsamen Markt haben, führt dies zu jahreszeitlich unterschiedlicher Marktbelieferung. Das Angebot wäre zu Beginn der Trockenperiode hoch, zu Beginn der Regenperiode niedrig. In der Regel verhält sich die zeitliche Entwicklung der Nachfrage nicht entsprechend, so daß die Preise für die Tiere bzw. das Fleisch in der Phase des Tierverkaufs gleichzeitig am niedrigsten sind.

Die Ranchbetriebe sind marktorientierte Betriebssysteme, die bei einer Bewertung zwei hervorstechende Vorteile aufweisen. Im Vergleich zu anderen Betriebssystemen können sie unter

- sehr ungünstigen allgemeinen ökonomischen und unter
- sehr ungünstigen ökologischen Rahmenbedingungen

wirtschaftlich betrieben werden. Dabei können sie gleichzeitig langfristig stabil und bei sachgerechter Nutzung (und dies ist bei den langfristig etablierten Systemen der Fall) die natürlichen Ressourcen erhalten.

Zur Beurteilung der Wirtschaftlichkeit von Ranchbetrieben ist der Unternehmergewinn heranzuziehen. Er setzt sich aus der Kapitalrendite und der Entlohnung für unternehmerische Tätigkeit zusammen (Kapitel 1.5) und unterscheidet sich von den Einkommensgrößen der Familienbetriebe.

Ein Vergleich des Unternehmergewinns in Ranchsystemen zeigt, daß Unterschiede weniger durch die Produktionsrichtung bedingt sind als vielmehr durch die Faktorausstattung sowie die natürlichen und ökonomischen Standortbedingungen. In den Tab. 67 bis 69 sind 11 Beispiele ausgewählt, die die Streuung illustrieren sollen. So hat beispielsweise das niedrige Niveau des Unternehmergewinns bei der Rindfleischproduktion im Llanos in Kolumbien (Tab. 68) seine Hauptursache in ungünstigen natürlichen Standortverhältnissen, niedriger Flächenausstattung und niedrigen Rinderpreisen. Günstige natürliche und wirtschaftliche Bedingungen für die

Tab. 67. Rentabilität von Ranchsystemen mit Aufzucht und Fleischproduktion in Afrika

Rentabilitäts-kriterien	Schafe Namibia Haribes	Rinderhaltung Kenia Taita	 Kenia Laikipia	 Namibia Kaukafeld
Faktorausstattung				
Niederschläge in mm/Jahr	185	500	500	420
Fläche in ha	72 226	42 400	7 165	15 500
Arbeitskräfte	40	102	17	–
Rinder, Stück	66	6 053	1 674	–
Schafe, Stück	11 920	0	0	–
Ziegen, Stück	651	0	0	–
Wert der Ranch in 1000 DM	4 121	2 858	1 266	
Unternehmensertrag in DM				
Verkaufserlöse	454 747	470 229	321 513	151 900
Bestandsveränderung	0	0	0	0
Eigenverbrauch	0	0	0	0
Summe	454 747	470 229	321 513	151 900
Unternehmensaufwand in DM				
Produktionsmittel	86 741	198 531	28 188	35 656
Löhne	139 215	87 407	51 492	6 194
Abschreibung, Unterhaltung	138 588	76 958	61 892	–
Verwaltung	27 870	89 375	34 142	
Steuern	24 852	–	–	–
Summe	417 266	452 271	175 714	41 850
Unternehmensgewinn				
in DM/Jahr	37 481	17 958	145 799	110 050
in DM/ha	0,52	0,42	20	7,1
in DM/DM Kapital	0,01	0,006	0,12	–
in DM/Fremd-AK	937	176	8 576	–

Quelle:Rinder Namibia errechnet aus: RUTHENBERG, H. und ANDREAE, B. (12), S. 166, alles übrige: RUTHENBERG, H. (11), S. 315

Milchproduktion führen in Santa Cruz (Bolivien) zu sehr hohen Gewinnen bei relativ niedriger Flächenausstattung (Tab. 69). Die Kapitalrendite zeigt aber auch, daß die Investitionen in Ranchsystemen nicht immer eine hohe Wettbewerbskraft für Kapital aufweisen.

Probleme der Ranchsysteme ergeben sich vor allem in folgenden Bereichen:

a) Wenn ihre Ausdehnung zur Abholzung der Wälder führt. In Lateinamerika, vor allem aber in Brasilien, hat diese Entwicklung bereits zu großen Verlusten an Ressourcen geführt. Dies ist umso einschneidender, als viele dieser neu eingerichteten Ranchsysteme wegen abnehmender Bodenfruchtbarkeit langfristig nicht wirtschaftlich betrieben werden können. Als Folge entstehen meist sozialpolitisch unerwünschte Nebenwirkungen für die Bevölkerung.

b) Regionen mit Ranchsystemen zeigen eine Eigentumsverteilung, insbesondere an Fläche, bei der wenige Eigentümer vielen Landlosen, die im günstigsten Falle in diesen Ranches Beschäftigung gefunden haben, gegenüber stehen. Es gibt nur wenige Zonen, in denen dies nicht zu verteilungspolitischen und sozialen Problemen führt. In den meisten Gebieten Afrikas, Asiens und in Teilen Mittelamerikas hat dies erhebliche sozialpolitische Spannungen verursacht. Diese nehmen um so mehr zu, je stärker die Bevölkerungsdichte und damit die Zahl der Landlosen steigt.
Der Druck auf die Flächen der Rancheigentümer nimmt mit zunehmender Bevölkerungs-

Tab. 68. Rentabilität von Ranchsystemen mit Rindfleischproduktion in Lateinamerika

Rentabilitäts-kriterien	Paraguay Chacos	Brasilien Pantanal	Bolivien Beni	Kolumbien Llanos
Faktorausstattung				
Niederschläge in mm/Jahr	1 150	1 300	1 650	1 500
Fläche in ha	20 000	10 000	7 500	3 000
Arbeitskräfte	14	10	3	3,5
Rinder, GVE	6 700	2 300	1 600	820
Wert der Ranch in 1000 DM	1 439	605	311	233
Unternehmensertrag in DM				
Verkaufserlöse	203 634	34 628	64 638	13 195
Bestandsveränderung	0	0	0	0
Eigenverbrauch	0	0	0	0
Summe	203 634	34 628	64 638	13 195
Unternehmensaufwand in DM				
Produktionsmittel	65 124	23 244	34 506	6 294
Löhne	15 552	9 477	3 528	2 977
Abschreibung, Unterhaltung	–	–	–	–
Summe	80 676	32 721	38 034	9 271
Unternehmensgewinn				
in DM/Jahr	122 958	2 093	26 604	3 924
in DM/ha	6,15	0,2	3,55	1,31
in DM/DM Kapital	0,09	0,003	0,09	0,016
in DM/Fremd-AK	8 783	209	8 868	1 121

Quelle: errechnet aus Ruthenberg, H. (11), S. 352, 353

dichte zu. An Standorten, an denen intensivere Betriebssysteme als Ranches möglich sind, führt diese Eigentumsstruktur zu volkswirtschaftlich suboptimaler Nutzung von Fläche und aus sozialer Sicht zu zunehmender Verarmung der Landlosen. In Kenia führt dies beispielsweise zu einer wilden Inbesitznahme bestehender Ranches durch Familien, die auf dieser Fläche Kleinbetriebe im Regenfeldbau bewirtschaften.

4.3.3 Plantagewirtschaften

Plantagen sind marktorientierte Betriebssysteme mit Dauerkulturen, die durch eine hohe Flächenkapazität, hohe Kapitalinvestitionen und Lohnarbeitsverfassung gekennzeichnet sind. Die Zielsetzung ist in der Regel die Maximierung der Kapitalrendite und des Unternehmergewinns. Die Flexibilität der Entscheidungen über die Produktionsrichtung ist ein wichtiges Merkmal dieser Systeme. Von gleicher Bedeutung kann die erforderliche oder vorhandene Verarbeitungsindustrie sein. Danach lassen sich folgende Gruppen von Betriebssystemen der Plantagewirtschaften unterscheiden:

a) Kurzfristige Investitionsperiode in Dauerkulturen. Dies bedeutet Anpassungsmöglichkeiten der Produktion an den Markt in Zeitspannen von drei bis sechs Jahren. Hierbei handelt es sich um dauerhafte Feldkulturen, wie beispielsweise Ananas, Zuckerrohr und Sisal. Eine weitere Differenzierung ist vorzunehmen:
   - Mit Verarbeitungsindustrie in der Plantage, wie beispielsweise bei der Herstellung von Ananassaft, Zucker oder Sisalfaser;
   - Ohne Verarbeitungsindustrie, beispielsweise bei Verkauf von Früchten wie Ananas. Allerdings kann eine Verpackung notwendig werden, wenn das Produkt exportiert wird.

b) Mittelfristige Investitionsperiode in Dauerkulturen. Dies bedeutet Anpassungsmöglich-

Tab. 69. Rentabilität von Ranchsystemen mit Milchproduktion in Lateinamerika

Rentabilitäts-kriterien	Brasilien Vale do Pareiba	Bolivien San Javier	Bolivien Santa Cruz
Faktorausstattung			
Niederschläge in mm/Jahr	1300	800	–
Fläche in ha	232	200	340
Arbeitskräfte	15	7	8
Milchkühe, Stück	167	233	305
Wert der Ranch in 1000 DM	1239	–	1249
Unternehmensertrag in DM			
Verkaufserlöse	97548	40217	261461
Bestandsveränderung	0	0	0
Eigenverbrauch	0	0	0
Summe	97548	40217	261461
Unternehmensaufwand in DM			
Produktionsmittel	28519	608	46160
Löhne	24684	16330	32076
Abschreibung, Unterhaltung	28013	9173	21433
Verwaltung	–	–	6440
Summe	81216	26111	106109
Unternehmensgewinn			
in DM/Jahr	16332	14106	155352
in DM/ha	70	71	457
in DM/DM Kapital	0,013	–	0,124
in DM/Fremd-AK	1089	2015	19419

Quelle: errechnet aus SERE, C. (14), S. 216, 217

keiten der Produktion an den Markt in Zeitspannen von 10 bis 20 Jahren. Hierbei handelt es sich um Strauchkulturen wie beispielsweise Kaffee und Tee. Aus der Sicht der Investitionsperiode zählen hierzu auch die Bananenplantagen. Eine weitere Differenzierung ist erforderlich:

- Mit Verarbeitungsindustrie, wie beispielsweise in der Tee- oder Kaffeeproduktion. Oft handelt es sich nur um einen Teil des Verarbeitungsprozesses wie beispielsweise bei Kaffee, bei dem das Rösten in der Regel von den Vertriebsfirmen durchgeführt wird.
- Ohne Verarbeitungsindustrie, wie beispielsweise bei Bananen. Eine Verpackung kann aber notwendig werden, vor allem wenn es sich um Export handelt.

c) Langfristige Investitionsperiode in Dauerkulturen. Dies bedeutet Anpassungsmöglichkeiten der Produktion an den Markt in Zeitspannen von 30 bis 50 Jahren. Hierbei handelt es sich um Baumkulturen, wie beispielsweise Zitrus, Kautschuk und Ölpalmen. Eine weitere Differenzierung führt zu Betriebssystemen:

- Mit Verarbeitungsindustrie, wie beispielsweise bei Kautschuk und Ölpalmen sowie bei der Herstellung von Zitrussäften.
- Ohne Verarbeitungsindustrie, wie beispielsweise bei Frischvermarktung von Zitrusfrüchten, auch hier kann eine Verpackung notwendig werden.

Der Verarbeitung und Vermarktung kommt in den Plantagenwirtschaften eine besondere Bedeutung zu. Ein großer Teil der Produktion wird exportiert. Die Vermarktung auf dem Weltmarkt spielt eine große Rolle, da die sich dort bildenden Preise die Wirtschaftlichkeit der Plantagen direkt beeinflussen. Gleichzeitig können die Marktverhältnisse auf dem Weltmarkt durch eine einzelne Plantage aber nicht beeinflußt werden. Das Risiko der Preisentwicklung für die Produkte ist gelegentlich sehr hoch. Tab. 70 gibt

Tab. 70. Die Entwicklung der Preise am Weltmarkt für ausgewählte Plantagenprodukte (in US Cents/ Pound) von 1978 bis 1988

Produkt	1978	1980	1982	1984	1985	1986	1987	1988
Zucker	7,7	11,8	9,4	9,2	6,7	7,0	6,8	8,4
Bananen	13	17,0	17,0	16,8	17,2	17,3	17,1	20,2
Kaffee	155	151	126	141	133	170	107	115
Tee	99	101	88	157	90	87	77	81
Kakaobohnen	154	107	68	105	95	92	84	73
Kokusnußöl	31	31	21	52	27	13	20	26
Palmöl in US $/t	600	583	445	729	501	257	343	437
Kautschuk	50	74	45	50	42	41	44	49

Quelle: IMF (6)

die Preisentwicklung für einige Plantageprodukte auf dem Weltmarkt beispielhaft wieder. Sie zeigt gleichzeitig unterschiedliche Schwankungen zwischen den Produkten. Dies bedeutet, daß in den verschiedenen Plantagesystemen ein unterschiedliches Preisrisiko besteht. Auch der langfristige Trend zeigt Unterschiede. Es gibt sogar real sinkende Produktpreise. Die langfristige Perspektive der Plantagen sind daher sehr stark von Produktivitätsfortschritten in der Produktion geprägt.

Die Plantagenwirtschaft ist vielfältig. Sie kann in einzelnen Regionen ein bestimmendes Element der wirtschaftlichen Entwicklung sein. Aus entwicklungspolitischer Sicht steht sie nicht im Zentrum der betrieblichen Problematik in den Entwicklungsländern und in der Regel auch nicht bei der Förderung im Rahmen von Forschung und Entwicklung. Aus diesem Grunde wird sie nachfolgend nur kurz abgehandelt. Eine besondere Problematik ergibt sich allerdings im Zusammenspiel mit Kleinbetrieben und landlosen Familien, da die Plantagen sich gerade durch eine hohe Flächenverfügbarkeit auszeichnen.

4.3.3.1 Zuckerrohrplantagen

Unter Zuckerrohrplantagen werden marktorientierte Betriebssysteme mit Lohnarbeitsverfassung verstanden, die bei hoher Flächenausstattung auf die Produktion von Zuckerrohr spezialisiert sind. Zuckerrohrplantagen zählen zu den Betriebssystemen mit einer kurzfristigen Investitionsperiode. Unter den Plantagewirtschaften besitzen die Zuckerrohrplantagen wegen ihrer kurzen Periode bis zur ersten Ertragslieferung und kurzen Nutzungsdauer eine relativ hohe Produktionsflexibilität. Der erzeugte Zucker dient in vielen Ländern der Eigenversorgung im Lande. Ausgeprägte Standorte für den Export sind Kuba, Mauritius oder die Philippinen.

Zuckerrohrplantagen sind in fast allen tropischen Zonen verbreitet. Das Zuckerrohr steht bis zu einer Höhenlage von 1660 m über NN, bei Niederschlägen über 1200 mm/Jahr und bei Temperaturen zwischen 25 und 28° C. Die Voraussetzung für Plantagen, nämlich die einheitliche Bewirtschaftung großer zusammenhängender Flächen, ist vor allem in Ländern wie Brasilien, Kuba, Mauritius, Philippinen, Mexiko oder Kolumbien gegeben.

Die Produktion von Zuckerrohr in Plantagewirtschaften erfolgt üblicherweise als Monokultur. Der Anbau von Zuckerrohr zählt zu den intensivsten Formen der Flächennutzung. Es wird sehr viel Trockenmasse pro Flächeneinheit produziert, der Fläche aber nur ein Teil des produzierten organischen Materials wieder zugeführt. Zuckerrohr ist empfindlich gegen unzulängliche Bodenbearbeitung und Pflege sowie gegen Krankheiten.

Die Wachstumsperiode von Zuckerrohr beträgt zwischen 10 und 13 Monaten oder 19 bis 48 Monaten, je nach Produktionssystem. Im zweiten Fall werden mehrere Ernten durch Nachwuchs genutzt. Geerntet wird ein sperriges Massengut, die Stengel der Pflanze. Die Naturalerträge liegen zwischen 50 und 120 t Rohr/ha. Das Erntegut erlaubt eine Zuckerausbeute zwischen 7,5 und 13,4%. Die Zuckerleistung liegt entsprechend zwischen 3,8 und 16 t Zucker/ha. Hohe Naturalerträge setzen bei den modernen Sorten den Einsatz hohe Düngermengen voraus.

Die Produktion von Zuckerrohr kann, beispielsweise im Gegensatz zu Kaffee und Tee, vollständig mechanisiert werden. Kapital kann

Tab. 71. Rentabilität von Plantagewirtschaften mit Zuckerrohr, Kaffee und Kautschuk

	Zuckerrohr	Kaffee		Kautschuk
Rentabilitäts-kriterien	Kenia	Brasilien	Kenia	Elfenbein-küste
Faktorausstattung				
Fläche in ha	12300	260	162	10000
Arbeitskräfte	–	29	65	–
Wert der Plantage in 1000 DM	127388	–	–	56570
Unternehmensertrag in 1000 DM				
Verkaufserlöse	50664	253	180	17010
Bestandsveränderung	0	0	0	0
Eigenverbrauch	0	0	0	0
Summe	50664	253	180	17010
Unternehmensaufwand in 1000 DM				
Produktionsmittel	24227	121	45	4174
Löhne	3919	70	69	825
Abschreibung, Unterhaltung	4988	20	17	1857
Verwaltung	2494	–	–	–
Summe	35628	211	131	6856
Unternehmensgewinn				
in 1000 DM/Jahr	15036	42	49	10154
in DM/ha	1222	162	302	1015
in DM/DM Kapital	0,12	–	–	0,18
in DM/Fremd-AK	–	1448	754	–

Quelle: errechnet aus RUTHENBERG, H. (11), S. 293 und 302

in extremer Weise Arbeit ersetzen. An vielen Standorten ist aber das Lohnniveau so niedrig, daß der Einsatz von Arbeit der Mechanisierung vorgezogen wird. Dies gilt vor allem für das Schneiden der Rohrstengel. Der Aufwand an Arbeit schwankt häufig zwischen 30 und 60% der Produktionskosten.

Das Erntegut ist wenig haltbar und muß daher schnell verarbeitet werden. Durch die großen Erntemengen entsteht ein großer Transportbedarf. Zur Minimierung der Kosten wird daher eine möglichst kurze Entfernung von der Erntefläche zur Verarbeitungsfabrik angestrebt. Dies wird in der Praxis durch die Ansiedlung von Zuckerfabriken an den Produktionsstandorten erreicht.

Die Zuckerrohrfabriken gehören häufig zu großen Zuckerrohrplantagen oder werden gemeinschaftlich von Plantagen betrieben. Im Rahmen der Entwicklungshilfe sind in den vergangenen 30 Jahren eine Reihe von Zuckerrohrfabriken aufgebaut worden. Diese befinden sich in der Regel in staatlichem Eigentum. Die Größe der Zuckerrohrfabrik wird von der verfügbaren Anbaufläche und den Managementansprüchen bestimmt. Ist hinreichend Fläche verfügbar, kann auch die Größe der Fabrik die maximalen Anbauflächen bestimmen. So kann eine Fläche von 2000 ha bei einem Naturalertrag von 75 t Rohr/ha eine Kapazität der Fabrik von 800 t Rohr/Tag erforderlich machen (12, S. 157).

Die Wirtschaftlichkeit der Zuckerrohrfabrik wird entscheidend von ihrer Auslastung bestimmt. Diese hängt für eine Ernteperiode von dem insgesamt verfügbaren Erntegut, der zeitlichen Streckung des Ernteanfalls und dem betrieblichen Management (z. B. Betrieb der Maschinen, Ersatzteilverfügbarkeit etc.) ab.

Die Rentabilität von Zuckerrohrplantagen ist in der Regel sehr hoch. Tab. 71 zeigt ein Beispiel, wie es für viele Gebiete gilt. Ein Unternehmergewinn von 1222 DM/ha Fläche und ein jährlicher Gewinn von 1,18 DM pro DM Kapitalvermögen ist als besonders hoch anzusehen.

Dies gilt auch, wenn von der statischen Betrachtung der Tab. 71 abgegangen und die interne Verzinsung des investierten Kapital herangezogen wird.

4.3.3.2 Bananenplantagen

Unter Bananenplantagen werden marktorientierte Betriebssysteme mit Lohnarbeitsverfassung verstanden, die bei hoher Flächenausstattung auf die Produktion von Bananen spezialisiert sind. Bananenplantagen zählen zu den Betriebssystemen mit einer mittelfristigen Investitionsperiode. In den Plantagen werden fast ausnahmslos Obstbananen angebaut. (Kochbananen sind im wesentlichen in Kleinbetrieben verbreitet.) Die Bananen der Plantagewirtschaften werden sehr häufig exportiert.

Die Banane gedeiht in fast allen Lagen der Tropen und Subtropen. Die Voraussetzung für Plantagen, nämlich die einheitliche Bewirtschaftung großer zusammenhängender Flächen, sind vor allem in Ländern wie Brasilien, Honduras, Costa Rica, Equador, Panama, Philippinen, teilweise in Indonesien und in geringem Umfang in Somalia gegeben.

Die Produktion von Bananen in Plantagenwirtschaften erfolgt üblicherweise als Monokultur. Jedoch sind in den letzten 30 Jahren diversifizierte, risikoärmere Mischsysteme entstanden, die unter anderem durch die Preisentwicklung am Weltmarkt und die Struktur der Produktions- und Vermarktungskosten beeinflußt wurden. So ist beispielsweise die Kombination der Banane mit der Ölpalme zunehmend in Plantagen verbreitet.

Die erste Ernte kann bei Obstbananen bereits nach 9 bis 18 Monaten erfolgen. Die Investitionsperiode ohne Ertrag ist damit für Dauerkulturen sehr kurz. Geerntet werden die Bananenfrüchte. Jeder fruchttragende Pflanzenteil kann nur einmal geerntet werden. Die Pflege der nachwachsenden Staudentriebe für neue Früchte ist ein wichtiges Element des Managements, das die Rentabilität der Plantagen stark beeinflußt. Die Gesamtdauer der Nutzung eines Bananenbestandes beträgt etwa 10 bis 20 Jahre. Die Obstbanane in Plantagenwirtschaften hat hohe Naturalerträge, die zwischen 10 und 40 t/ha/Jahr liegen. Der Naturalertrag bei Bananen reagiert besonders deutlich auf den Einsatz von Mineraldünger. Bananenplantagen sind daher in der Regel durch hohen Düngereinsatz gekennzeichnet.

Die Produktion von Bananen kann bis auf die Ernte mechanisiert werden. Kapital ersetzt Arbeit in erheblichem Umfang. Die Möglichkeit, die Ernteperiode in einer Plantage auf einen längeren Zeitraum auszudehnen, erlaubt eine gewisse Gleichmäßigkeit der Arbeitsauslastung. Während die Ernteperiode in den Tropen sich über das ganze Jahr erstreckt, ist dies in den Subtropen aufgrund der saisonalen Temperaturschwankungen erheblich eingeschränkt und führt zu ausgeprägten Arbeitsspitzen. Meist sind permanente Arbeitskräfte eingestellt. Der Aufwand für Arbeit schwankt häufig zwischen 30 und 60% der Produktionskosten.

Das Erntegut ist zeitlich nur begrenzt haltbar und muß daher schnell zum Markt transportiert werden. Eine spezielle Verarbeitung ist nicht notwendig, jedoch erfordert der Absatz auf internationalen Märkten eine entsprechende Verpackung.

Die Bewirtschaftung von Bananenplantagen schließt in den meisten Fällen ein eigenes Transportwesen für den Transport vom Produktionsstandort zum Hafen ein. Häufig schließen sich Verträge mit Schiffsunternehmen für den internationalen Transport an. Die Zahl der Bananenplantagen ist in den Tropen und Subtropen deutlich rückläufig. Es ist zu erkennen, daß die bisherigen Eigentümer sich zunehmend auf die Vermarktung von Bananen konzentrieren.

4.3.3.3 Kaffeeplantagen

Unter Kaffeeplantagen werden marktorientierte Betriebssysteme mit Lohnarbeitsverfassung verstanden, die bei hoher Flächenausstattung auf die Produktion von Kaffeebohnen spezialisiert sind. Kaffeeplantagen zählen zu den Betriebssystemen mit einer mittelfristigen Investitionsperiode. Die in Plantagen erzeugten Kaffeebohnen werden in erster Linie exportiert.

Kaffeeplantagen sind vor allem in Lateinamerika und Ostafrika verbreitet. Der Kaffeestrauch steht in den Tropen bis zu einer Höhenlage von 2000 m über NN, bei Niederschlägen zwischen 900 und 1800 mm/Jahr und bei Temperaturen zwischen 17 und 25° C. An einigen Standorten wird der Kaffee unter Schattenbäumen gepflanzt, wodurch eine höhere Temperatur möglich ist. Die Voraussetzung für Plantagen, nämlich die einheitliche Bewirtschaftung großer zusammenhängender Flächen, ist vor allem in Ländern wie Brasilien, Kolumbien, Mexiko, El Salvador und Kenia gegeben.

Die Produktion von Kaffeebohnen in Plantagewirtschaften erfolgt üblicherweise als Monokultur. Die Kaffeesträucher können über 50 Jahre genutzt werden. Neuere Sorten haben eine kürzere wirtschaftliche Nutzungsdauer, teilweise nur noch sechs bis zehn Jahre. Die teilweise langfristige Nutzung der Bestände bedingt, daß ein Wechsel der Produktionsrichtung und damit die Produktionsflexibilität im Vergleich mit Zuckerrohr und Bananen sehr eingeschränkt ist.

Kaffee erfordert einen erheblichen Arbeitsaufwand für Pflegearbeit und Ernte. Im Gegensatz zum Zuckerrohranbau, bei dem die Produktion voll mechanisiert werden kann, ist hier der Einsatz von Arbeit für die Ernte ein zentrales Management- und Kostenproblem. In der Ernteperiode kommt es zu extremen Arbeitsspitzen. Im allgemeinen kann davon ausgegangen werden, daß die Kosten der Arbeitserledigung etwa 50% der Produktionskosten umfassen. Die Bodenbearbeitung läßt sich in der Kaffeeproduktion, im Gegensatz zum Tee, mechanisieren. Zunehmend werden auch Erntemaschinen eingesetzt, z. B. in Brasilien. Dabei sind aber Einschränkungen der Qualität hinzunehmen.

Geerntet wird die grüne/rote Kaffeebohne. Die Naturalerträge liegen zwischen 500 und 1000 kg Bohnen/ha/Jahr. Durch den relativ hohen Produktpreis pro Gewichtseinheit zählt die Kaffeeproduktion zu der Gruppe von Plantagen mit dem höchsten Erlös pro Flächeneinheit. Das Erntegut ist mehrere Wochen haltbar, wird aber in der Regel gleich verarbeitet. Die Verarbeitungsanlagen sind in der Regel auf der Plantage und in deren Eigentum. Der Verarbeitungsprozeß besteht aus mehrmaligem Waschen, Entpulpen (Entfernen des Fruchtfleisches), Gären, Waschen, Trocknen und Schälen (Entfernen der Haut). Damit ist in der Regel der Verarbeitungsprozeß der zu exportierenden Produkte in den Entwicklungsländern abgeschlossen. In den Importländern wird die getrocknete Kaffeebohne geröstet.

Die Rentabilität der Kaffeeplantagen zeigte in der Vergangenheit Schwankungen zwischen den einzelnen Jahren, die vor allem durch den Weltmarktpreis und Verluste durch Fröste, Schädlinge und Krankheiten bedingt waren. Tab. 71 zeigt zwei Beispiele von relativ kleinen Kaffeeplantagen.

4.3.3.4 Teeplantagen

Unter Teeplantagen werden marktorientierte Betriebssysteme mit Lohnarbeitsverfassung verstanden, die bei hoher Flächenausstattung auf die Produktion von Teeblättern spezialisiert sind. Teeplantagen zählen zu den Betriebssystemen mit einer mittelfristigen Investitionsperiode. Der in Plantagen erzeugte Tee wird in erster Linie exportiert.

Der Teestrauch steht bis zu einer Höhenlage von 2400 m über NN, bei Niederschlägen ab 1200 mm/Jahr und bei Temperaturen um 20° C. Tee kann im Gegensatz zu Kaffee auch in frostgefährdeten Hochlagen noch angebaut werden. Die Voraussetzung für Plantagen, nämlich die einheitliche Bewirtschaftung großer zusammenhängender Flächen, ist vor allem in Ländern wie Indien, China, Sri Lanka, Kenia und Malawi gegeben.

Die Produktion von Tee erfolgt üblicherweise als Monokultur. Die Teesträucher können bis zu 50 Jahre genutzt werden. Neuere Sorten haben eine kürzere wirtschaftliche Nutzungsperiode. Die langfristige Nutzung der Bestände bedingt, daß ein Wechsel der Produktionsrichtung und damit die Produktionsflexibilität im Vergleich zu Zuckerrohr und Bananen sehr eingeschränkt ist. Bei intensiver Nutzung und guter Pflege der Plantagen ist der Tee vor allem durch die ständige Bodenbedeckung bodenschonend. Typisch für die Teeproduktion ist das »Jungmachen« der Sträucher durch Zurückschneiden im Abstand von vier bis sechs Jahren.

Tee ist sehr arbeitsintensiv. Der Arbeitsaufwand ist besonders hoch in der Ernte. Er entsteht in diesen Zeitperioden als Handarbeit. Das Pflücken in der Ernte umfaßt allein etwa 50% des gesamten Arbeitsanspruchs der Teeproduktion.Die Lohnkosten erreichen etwa 60 bis 80% der Produktionskosten. Vollernter sind entwickelt, häufig aber teurer als die Handarbeit. Im Gegensatz zum Zuckerrohranbau, bei dem die Produktion voll mechanisiert werden kann, ist hier der Einsatz von Arbeit für die Pflege der Sträucher und die Ernte ein zentrales Management- und Kostenproblem. Die Bodenbearbeitung läßt sich beim Tee nicht wie beim Kaffee mechanisieren. Der Pflanzenschutz ist mechanisiert, er spielt aber beim Tee im Vergleich zum Kaffee eine geringere Rolle.

Geerntet werden die grünen Teeblätter. Die Naturalerträge liegen zwischen 800 und 2500 kg getrocknetem Tee/ha oder zwischen 3,5 und 23 t grünen Teeblättern/ha und Jahr. Dies wird vom Aufwuchs, aber auch von der Qualität bestimmt. Die höchste Qualität mit den kleinsten Blättern

führt nicht zum höchsten Ertrag. Das Erntegut ist wenig haltbar und muß innerhalb von wenigen Stunden nach der Ernte verarbeitet werden. Die Verarbeitungsanlagen sind daher in der Regel auf der Plantage und in deren Eigentum.
Der traditionelle Verarbeitungsprozeß für »schwarzen« Tee besteht aus Anwelken, Rollen, Gären und Fermentieren in Welkekammern. Moderne Verarbeitungsverfahren kommen auch ohne das Rollen des Blattes aus und Verkürzen damit die Verarbeitungsperiode. Für die Herstellung des in Ostasien und arabischen Ländern verbreiteten »grünen« Tees wird das Rollen und Trocknen noch oft in Handarbeit durchgeführt.

4.3.3.5 Gummiplantagen

Unter Gummiplantagen werden marktorientierte Betriebssysteme mit Lohnarbeitsverfassung verstanden, die bei hoher Flächenausstattung auf die Produktion von Kautschuk spezialisiert sind. Gummiplantagen zählen zu den Betriebssystemen mit einer langfristigen Investitionsperiode. Der in Plantagen erzeugte Kautschuk wird exportiert. In der Vergangenheit hat die Einführung von Kunststoffen zu großen Preisschwankungen und Preiseinbrüchen auf dem Weltmarkt geführt (Tab. 70). Langfristig können der Produktion von Naturkautschuk stabile Marktchancen durch die Knappheit des Rohöls als Grundlage für die Kunststoffe eingeräumt werden.

Der Kautschukbaum ist ein Baum des tropischen Regenwaldes, sein Anbau ist auf die Äquatorialzone begrenzt. In Plantagen wird er vor allem in Malaysia, aber auch in Brasilien genutzt. Hier steht er bis zu einer Höhenlage von 600 über NN, bei Niederschlägen zwischen 1500 und 2500 mm/Jahr und bei Temperaturen von etwa 25° C. Anpflanzungen mit Kautschukbäumen setzen eine hohe Investition voraus. Diese entsteht vor allem auch durch eine lange Phase ohne Ertrag.

Die ersten Erträge werden je nach ökophysiologischen Bedingungen im 4. bis 7. Jahr erwartet, die gesamte Nutzungsdauer liegt üblicherweise bei 30 bis 35 Jahren. Neuerdings werden ertragsreichere Klone verwendet, die nur noch eine wirtschaftliche Nutzungsdauer von 20 bis 25 Jahren erlauben. Die langfristige Nutzung der Bestände bedingt, daß ein Wechsel der Produktionsrichtung und damit die Produktionsflexibilität im Vergleich zu Zuckerrohr und Bananen sehr eingeschränkt ist. Betriebswirtschaftlich von Bedeutung ist die Pflanzdichte. Dichtes Pflanzen (z. B. 300 bis 400 Bäume/ha) bringt höhere Hektarerträge, niedrigere Erträge je Baum und einen höheren Arbeitsbedarf als niedrige Pflanzdichte (z. B. 150 bis 200 Bäume/ha).

Die Kautschukproduktion erfordert einen erheblichen Arbeitsaufwand bei der Ernte. Das Zapfen der Bäume erfolgt von Hand und das ganze Jahr hindurch, so daß ein relativ gleichmäßiger Arbeitsanspruch besteht. Dazu sind ausgebildete Arbeitskräfte erforderlich. Die Pflege der Bestände hat einen geringeren Anspruch als beim Anbau von Zuckerrohr, Bananen, Kaffee oder Tee und kann mechanisiert werden. Etwa 70% der Produktionskosten sind Arbeitskosten.

Geerntet wird das flüssige Latex des Kautschukbaumes. Dies erfolgt durch Anschneiden der Rinde, damit das Latex ausläuft, das in kleinen Gefäßen am Stamm gesammelt wird (»Zapfen«). Die Naturalerträge liegen zwischen 500 und 3000 kg getrocknetem Kautschuk pro ha und Jahr. Der Kautschukbaum ist eine Pflanze, die in den vergangenen 50 Jahren die höchsten Steigerungsraten im Naturalertrag unter den landwirtschaftlichen Kulturen erreicht hat. Durch den Einsatz von Stimulationsmitteln kann für eine kurze Zeitspanne die Leistung eines ausgewachsenen Bestandes gesteigert werden und dadurch eine begrenzte Anpassung an die Marktverhältnisse erfolgen.

Das Erntegut ist wenig haltbar und wird gleich verarbeitet. Die Verarbeitungsanlagen sind daher in der Regel auf der Plantage und in deren Eigentum. Der Verarbeitungsprozeß besteht aus der Koagulation des flüssigen Latex.

Die Rentabilität der Gummiplantagen wurde im Zeitablauf stark von den Preisschwankungen auf dem Weltmarkt bestimmt (Tab. 70). Vor allem aber ist der Preis real zurückgegangen. Dies konnte teilweise durch Produktivitätssteigerungen kompensiert werden. Es zeigt sich aber am Beispiel Malaysia, daß auch diese Plantagen in der Produktion durch Wechsel in andere wettbewerbskräftigere Kulturen, wie beispielsweise Ölpalmen, relativ flexibel sein können. Tab. 71 zeigt ein Rentabilitätsbeispiel aus der Elfenbeinküste.

4.3.3.6 Zitrusplantagen

Unter Zitrusplantagen werden marktorientierte Betriebssysteme mit Lohnarbeitsverfassung verstanden, die bei hoher Flächenausstattung auf die Produktion von Orangen, Mandarinen, Zitronen, Grapefruits und anderen Zitrusfrüchten spezialisiert sind. Zitrusplantagen zählen zu den

Betriebssystemen mit einer langfristigen Investitionsperiode. Das in Plantagen erzeugte Produkt wird häufig exportiert.

Zitrusplantagen sind vor allem im subtropischen Raum verbreitet. Treten sie in den Tropen auf, dann stehen sie häufig im tropischen Trockenklima bis zu einer Höhenlage von 700 über NN, bei Niederschlägen über 1200 mm/Jahr und bei Temperaturen von 17 bis 22° C. Die Voraussetzung für Plantagen, nämlich die einheitliche Bewirtschaftung großer zusammenhängender Flächen, ist vor allem in Ländern wie Brasilien, Israel und Argentinien gegeben.

Der Anbau der Zitrusbäume erfordert eine langfristige Investition. Die Nutzungsdauer liegt je nach Baumart zwischen 20 und 40 Jahren. Neuere Sorten werden aus wirtschaftlichen Gründen für kürzere Perioden genutzt. Die langfristige Nutzung der Bestände bedingt, daß ein Wechsel der Produktionsrichtung und damit die Produktionsflexibilität im Vergleich zu Zuckerrohr und Bananen sehr eingeschränkt ist.

Anbau und Pflege der Bäume können voll mechanisiert werden. Die Ernte ist aber von Hand durchzuführen. In diesen Plantagen treten ausgeprägte Arbeitsspitzen auf, da die Ernteperiode in der Regel kurz ist und wenig Flexibilität erlaubt. Durch die hohe Anfälligkeit der Zitrusbäume gegenüber Schädlingen und Krankheiten entsteht im Zitrusanbau der höchste Aufwand an proportionalen Spezialkosten für den Pflanzenschutz.

Geerntet wird das Obst. Die Naturalerträge liegen zwischen 300 und 500 dt/ha/Jahr. Das Erntegut ist wenig haltbar. Eine Verarbeitung des geernteten Produkts findet in den Plantagen in der Regel nicht statt. Es wird lediglich nach Qualitätskriterien sortiert und verpackt. Eine Verarbeitung zu Säften erfolgt in Spezialbetrieben.

4.3.3.7 Sonstige

Sisalplantagen sind vor allem in Brasilien, Ostafrika, Indonesien, Madagaskar und Mexiko verbreitet. Ihr Anbau ist relativ extensiv. Produktion und Verarbeitung können mechanisiert werden. Die Verarbeitung erfolgt in der Regel auf der Plantage. Das gewonnene Produkt ist die Sisalfaser. Ihre Bedeutung auf dem Weltmarkt hat in den vergangenen 40 Jahren erheblich abgenommen. In den meisten Ländern wird die Sisalfaser lokal verarbeitet. Die Zahl der Sisalplantagen hat ebenfalls stark abgenommen. Viele Plantagen sind zum Anbau von Ananas oder anderen Dauerkulturen übergegangen.

Ölpalmenplantagen sind in Westafrika, Malaysia und Indonesien verbreitet. Ölpalmenplantagen erfordern hohe Investitionen in Infrastruktur und Verarbeitungsanlagen, etwa wie Tee. Ölpalmen werden meist in Monokultur angebaut. Hier ist teilweise noch eine Integration der Tierhaltung zu finden. Diese nutzt die Fläche als Weide und vereinfacht die Unkrautkontrolle der Bestände. Vereinzelt werden Ölpalmen auch zusammen mit Bananen angebaut. Ölpalmenplantagen sind weniger arbeitsintensiv als Plantagen mit Buschkulturen. Die Ernte kann ganzjährig erfolgen und führt daher zu einer relativ kontinuierlichen Arbeitsbelastung. Die Mechanisierung ist mit Ausnahme der Ernte möglich. Das Produktionsrisiko ist wesentlich niedriger als bei den Buschkulturen. Eine schnelle Verarbeitung nach der Ernte ist notwendig, um die Qualität des Öls zu erhalten. Bei traditionellen Anlagen liegt der Naturalertrag bei 5 bis 7 t Öl/ha bei 13 bis 14% Ölgehalt des Erntegutes. Mit neueren Sorten erreichen die Plantagen heute Naturalerträge von 7 t Palmöl und 1 t/ Jahr Palmkernöl je ha bei einem Ölgehalt von 20 bis 26%.

Die Gewinne der Ölpalmenplantagen sind erheblich durch die Schwankungen und vor allem durch einen starken Rückgang der Weltmarktpreise (Tab. 70) bestimmt. Erst in den vergangenen 4 Jahren stiegen die Preise wieder an. Die Gewinne können als hoch bezeichnet werden. Im Beispiel der Tab. 72 werden in Malaysia immerhin Gewinne von 710 DM/ha erzielt.

Kokospalmenplantagen sind in Malaysia, Sri Lanka, Indonesien, Indien und auf den Philippinen zu finden. Nach der Anpflanzung muß mit acht bis zehn ertragsfreien Jahren gerechnet werden. Die Verjüngung der Bestände erfolgt häufig durch Unterpflanzen junger Bäume. Die Langfristigkeit der Anlage erlaubt nur wenig Flexibilität der Produktion. Der Arbeitsanspruch wie auch die Produktionskosten sind in diesen Plantagen meist niedriger als in allen anderen Plantagewirtschaften. In den letzten Jahrzehnten haben Mischsysteme des Anbaues zugenommen. Gelegentlich ist die Tierhaltung zur Weidenutzung der Fläche integriert. Die Naturalerträge liegen bei 7000 Nüssen/ha entsprechend 1,2 t Kopra/ha/Jahr. Neuzüchtungen erreichen 2 bis 3 t Kopra/ha. Die Gewinnsituation der Kokosnußplantagen ist beispielhaft in Tab. 72 wiedergegeben.

Weitere Dauerkulturen, die in den Tropen und Subtropen eine wichtige Rolle spielen, sind Öl-

Tab. 72. Rentabilität von Plantagewirtschaften mit Kakao, Ölpalme und Kokosnuß

Rentabilitätskriterien	Kakao		Ölpalme	Kokosnuß
	Equador	Malaysia	Malaysia	Sri Lanka
Faktorausstattung				
Fläche in ha	680	324	2 131	200
Arbeitskräfte	35	–	–	–
Rinder in Stück	337	0	0	0
Unternehmensertrag in DM				
Verkaufserlöse von				
Dauerkulturen	80 134	181 084	3 831 964	80 190
Rindern	36 003	0	0	0
Bestandsveränderung	0	0	0	0
Eigenverbrauch	0	0	0	0
Summe	116 137	181 084	3 831 964	80 190
Unternehmensaufwand in DM				
Produktionsmittel	2 583	85 031	1 159 946	31 503
Löhne	71 478	56 687	742 365	7 932
Abschreibung, Unterhaltung	–	15 746	417 581	7 465
Steuern	–	–	–	–
Summe	74 061	157 464	2 319 892	46 900
Unternehmensgewinn				
in DM/Jahr	42 076	23 620	1 512 072	33 290
in DM/ha	61,9	72,9	710	167
in DM/Fremd-AK	1 202	–	–	–

Quelle: errechnet aus Ruthenberg, H. (11), S. 298 und 302

baum, Dattelpalme, Mango, Kapok, Kakao, Rizinus, Ananas oder Pyrethrum. Sieht man von Kakao ab, dann sind diese Kulturen nicht oder nicht nennenswert in Plantagen bewirtschaftet und damit in marktorientierten Betriebssystemen nicht von besonderer Bedeutung.

4.3.4 Großflächige Bewässerungsbetriebe

Mit großflächigen Bewässerungsbetrieben sind marktorientierte Betriebssysteme gemeint, die Flächen meist über 1000 ha mit Bewässerung bewirtschaften. Diese Betriebssysteme besitzen in der Regel umfassende Wasserrechte oder kaufen Wasser in großem Umfang. Sie sind nicht weit verbreitet und daher lediglich als ein Sonderfall zu betrachten. Ihr Vorkommen beschränkt sich im wesentlichen auf einige Gebiete in Uruguay und Brasilien. Sie sind durch folgende Merkmale gekennzeichnet:

a) Handelt es sich um Betriebe im Eigentum der Bewirtschafter, dann sind sie häufig aus Ranchsystemen oder großflächigen Ackerwirtschaften entstanden. Ihre bevorzugte Standortlage wurde in der Regel im Laufe der wirtschaftlichen Entwicklung durch verbesserte Infrastruktur und Markterschließung sowie durch Verbesserung der Investitionskraft der Betriebe ergänzt. Dies erlaubte eine Änderung des Produktionssystems.
b) In vielen Fällen handelt es sich um Pachtbetriebe. Die Eigentümer der Fläche waren ehemalige Ranchbesitzer, für die sich unter der Wirkung einer neuen Infrastruktur und der Markterschließung bei verfügbarer Wasserquelle das Produktions- und Marktpotential der Betriebe rapide verbesserte. Ihre eigene Finanzkraft und Kreditwürdigkeit reichte aber zur Erschließung der Wasserquellen, zur Einebnung der Flächen und für die sonstigen Investitionen aus.

In diesen Pachtsystemen fällt eine hohe Mobilität der Nutzung und der Pächter auf. Häufig werden 4 Jahre hintereinander auf der gesamten Fläche Reis ohne nennenswerte Düngung angebaut, danach folgt eine Brache oder extensive Beweidung als Ranch. Nach dieser Regeneration des Bodens wird wieder Reis bestellt. Damit verbunden ist häufig ein Besitzerwechsel bei Reisanbau und Rinderhaltung. Das Produktionssystem ist häufig auf eine Kultur festgelegt und sehr hoch spezialisiert. Es handelt sich meist um Reisanbau in extrem großen Becken. Die überwiegend ebene Topographie erlaubt große Bewässerungsbecken, die durch Aufhäufelungen entlang den Konturlinien eingegrenzt werden. Die Einrichtung der Bewässerungsbecken und der Anbau von Reis sind vollmechanisiert. Die Reisbestellung erfolgt durch Ansaat und nicht durch Auspflanzen. Für viele Arbeitsgänge wird das Flugzeug eingesetzt.

Das Bewässerungswasser wird in der Regel durch Großpumpsysteme aus Flüssen entnommen und mittels Schwerkraft in Großkanalsystemen mit ausgeprägt niedriger Dichte an Kleinkanälen zu den Becken gebracht. Das gesamte System der Wasserverteilung ist sehr preiswert erstellt. Von Vorteil sind die Großbecken, die bei 50 bis 500 ha Größe mit einer minimalen Kanalstruktur auskommen.

Die Dauerhaftigkeit dieser Systeme kann noch nicht abschließend beantwortet werden. Folgende Probleme bestehen:

a) Während der Nutzung in der Bewässerungsperiode wird die Bodenfruchtbarkeit in den meisten Fällen verbraucht. Vielerorts wird bewußt der Boden ausgebeutet, um ihn dann in den Ruhe- oder Weidejahren wieder regenerieren zu lassen. In diesen Systemen zeigt sich eine moderne, hochmechanisierte, spezialisierte Form der Brache- und Feldgraswirtschaften, wie sie sich erstmals in den traditionellen Betriebssystemen entwickelt haben (Kapitel 2.3 und 3.3). Die langfristige Erhaltung des Ertragspotentials und damit die langfristige Gewinnerwirtschaftung wird entscheidend von der Relation der Nutzungs- und Brachedauer bestimmt.
   Wird aus kurzfristigem Gewinnstreben heraus die intensive Nutzungsperiode relativ zur Ruhephase erhöht, muß mit dem Verbrauch der Ressource Fläche und Ertragspotential gerechnet werden. Diese Gefahr wird noch durch häufigen Besitzerwechsel vergrößert. Das Eigeninteresse des jeweiligen Nutzers muß nicht notwendigerweise die langfristige Erhaltung des Ertragspotentials beinhalten. Er kann die nächste Nutzung auf andere Flächen verlegen, die je nach Angebot, Pachtpreis und Ertragspotential seine neue Wirtschaftlichkeit bestimmt.
b) Diese Großsysteme befinden sich fast ausnahmslos auf hervorragenden Böden (Ebenen mit Lößlehm, große Senken und Talauen mit Schwemmlandböden etc.) und bieten damit gleichzeitig eine sehr gute Grundlage für Klein- und mittelgroße Betriebssysteme, die Fläche intensiver zu nutzen und einer großen Zahl von Menschen Einkommensmöglichkeiten zu bieten. Dieses Problem ist in Afrika und Asien bereits zu einer sozialpolitischen Gefahr angewachsen und nur deshalb nicht im Zentrum der Diskussion, da solche Betriebssysteme dort selten sind.
   In Lateinamerika, wo diese Betriebssysteme überwiegend zu finden sind, besteht in den Regionen mit diesen Systemen noch nicht der Bevölkerungsdruck, der nach Flächenverteilung drängt. Wegen dem hohen Einkommenspotential dieser Regionen muß langfristig allerdings mit Zuwanderung gerechnet werden. Es ist daher durchaus möglich, daß in wenigen Jahren auch in Lateinamerika in den Regionen mit diesen Betriebssystemen ein Druck auf Eigentum und Nutzungsmöglichkeit entsteht.

4.4 Entwicklungsdynamik und Entwicklungspotential

Marktorientierte Betriebssysteme weisen im Vergleich zu den anderen landwirtschaftlichen Betriebssystemen eine hohe **Dynamik** wirtschaftlicher Entwicklung auf. Diese resultiert im wesentlichen aus einer hohen Ressourcenausstattung (und damit auch hohen Vermögenswerten), wobei die relativ hohe Verfügbarkeit an Eigen- und Fremdkapital sehr wichtig ist, aus stark ausgeprägten Betriebsleiterfähigkeiten und Managementkenntnissen sowie aus der intensiven und engen Marktanbindung. Diese Bedingungen führen zusammen mit einem guten Zugang zu national und international entwickelten technischen Fortschritten zu einer innovativen Kraft in der Produktion, Verarbeitung und Vermarktung, die diesen Betriebssystemen in der Regel starke Wettbewerbsvorteile gegenüber allen anderen landwirtschaftlichen Betriebssystemen verschafft.

Vor diesem Hintergrund ist eine staatliche Förderung der marktorientierten Betriebssysteme, angesichts der großen Entwicklungsdefizite der anderen landwirtschaftlichen Betriebssysteme, nicht erforderlich. Dies schließt staatliche Entwicklungsprojekte und staatliche Beratung ein. Entsprechend betreiben marktorientierte Betriebssysteme eine eigene angewandte Forschung und private Beratung.

Das **Entwicklungspotential** marktorientierter Betriebssysteme ist ebenfalls relativ hoch und liegt vor allem in folgenden Bereichen:

a) Entwicklung und Einführung biologisch-technischer Fortschritte
   - in der Produktion, vor allem hinsichtlich Produktqualität, Produktionsanpassung an natürliche Standortverhältnisse, Substitution vorhandener durch moderne Anbautechniken (z. B. biologische Schädlingsbekämpfung) sowie Risikoreduzierung (Streßtoleranz der Pflanzen, verbesserte Tiergesundheit)
   - in der Lagerung, Verarbeitung und Vermarktung, vor allem zur Reduzierung der Lagerverluste, zur besseren Verarbeitung (maschinengerechte Produkte) und um konsumgerechtere Endprodukte (kernfreie Produkte, Geschmacksschwerpunkte oder farbenprächtige Blüten) zu erreichen.

b) Entwicklung und Einführung mechanisch-technischer Fortschritte
   - in der Produktion zur weiteren Substitution von Arbeit und zur Erleichterung von Arbeit (Schwerpunkte liegen in der Ernte, die in einigen Fällen noch nicht mechanisierbar ist)
   - in der Lagerhaltung, Verarbeitung, Transport und Vermarktung zur Substitution von Arbeit und fossiler Energie, zur Reduzierung der Lager- und Verarbeitungsverluste, zur Verbesserung der Produktqualität, zur Produktion konsumentengerechter Produkte (z. B. minimale Keimzahlen in der Milch, gesundes Fleisch, adäquate Verpackung) sowie schnellere zeitliche Überbrückung von Ernte und Erstellung des Endproduktes über bessere Transportsysteme.

c) Entwicklung und Einführung biologisch- und mechanisch-technischer Fortschritte zur langfristigen Erhaltung des Produktionspotentials der Ressourcen. Wichtige Bereiche sind Erhaltung der Bodenfruchtbarkeit, Verhinderung von Erosion, Versalzung und Wasserstau, Verbesserung der Wasserbereitstellung und Einsatzregulierung, Verhinderung von Resistenzen bei der Bekämpfung von Schädlingen, Krankheiten und Seuchen sowie Verbesserung der Unfallsicherheit und Gesundheit am Arbeitsplatz.

d) Verbesserung der direkten Marktanbindung über die Organisation von Lagerung, Verarbeitung, Transport und das Zusammenwirken mit nationalen und internationalen Vermarktungseinrichtungen und Kommunikationssystemen.

Die Beschränkungen bei der Ausnutzung des Entwicklungspotentials ergeben sich in vielen Fällen aus der regionalen Infrastruktur und den Marktbedingungen (Preise und Nachfrage). Gelegentlich können einige wenige marktorientierten Betriebe Einfluß auf einen regionalen oder gar nationalen Markt erhalten. Dies kann verstärkt werden, wenn politische Systeme solche Verhältnisse fördern. Die marktorientierten Betriebssysteme sind dann nicht wie alle subsistenz- und marktorientierten Betriebssysteme einem atomistischen Wettbewerb unterworfen. Am Weltmarkt allerdings werden marktorientierte Betriebssysteme wenig Einfluß nehmen können. Dies trifft in der Regel auch für Spezialbetriebe mit beispielsweise Gewürzerzeugung oder Blumenproduktion zu. In den meisten Fällen haben es marktorientierte Betriebssysteme mit einem scharfen Wettbewerb auf den Märkten zu tun, der den Ausnutzungsgrad des Entwicklungspotentials bestimmt.

Die Weiterentwicklung der marktorientierten Betriebssysteme erfolgt in der Regel innerhalb des existierenden Systems und selten durch einen Übergang in ein anderes Betriebssystem. Ranchbetriebe werden sich innerhalb dieses Systems entwickeln und allenfalls die Relation Aufzucht/Mast verschieben, um sich an neue Marktbedingungen anzupassen. Spezialisierte Blumenbetriebe zum Beispiel werden nicht in Hähnchenmästereien überführt. Findet ein Wechsel statt, dann durch Verkauf und Neukauf. Die marktorientierten Betriebssysteme zeigen höhere Flexibilität der Eigentümer oder Pächter, den Betrieb bzw. das Unternehmen zu wechseln, als das bestehende Betriebssystem selbst grundsätzlich zu ändern.

5
Schlußbetrachtung

Die analytische Beschreibung der Entwicklung und der Vergleich landwirtschaftlicher Betriebssysteme in den Tropen und Subtropen dient

1. der Einführung in die betrieblichen und haushaltsbezogenen Zusammenhänge bei der Entwicklung der Betriebssysteme und
2. als Grundlage für die landwirtschaftliche Betriebslehre bei der Analyse der Ursachen für die betrieblichen und haushaltsbezogenen Entwicklungen sowie bei der Planung zukünftiger Entwicklungsrichtungen und ihrer Beeinflussung.

Zu 1.
Die Erkenntnisse aus der analytischen Betrachtung der Betriebssysteme und die Lehren, die daraus gewonnen werden können, liegen vor allem in folgenden Bereichen:

a) Es besteht eine enge Verbindung zwischen Betrieb und Haushalt. Sie stellen die Handlungsebenen für die Familien dar, um ihre Ziele zu erreichen. Eine isolierte Betrachtung des Betriebes, häufig auch noch reduziert auf die Produktion, wird den Ansprüchen der subsistenzorientierten sowie den subsistenz- und marktorientierten Betriebssystemen nicht gerecht.
b) Die Intensivierung der Produktion war in der Vergangenheit sehr umfangreich und beinhaltet für einige Betriebssysteme noch ein weiteres Potential. Durch die abnehmende Nutzflächenverfügbarkeit pro Person wird sie um so dringender, je mehr die Möglichkeit der Ausdehnung der Nutzfläche schwindet. Mit der Intensivierung ist die Stabilität der Produktion direkt verbunden. Sie geht tendenziell mit steigender Intensivierung zurück. Der langfristigen Erhaltung der Ressourcen und damit des Produktionspotentials kommt zentrale Bedeutung zu, wenn langfristig der Lebensstandard der bäuerlichen Familien erhalten oder gar angehoben werden soll. Stabilisierung ist notwendig, um eine langfristige Intensivierung sicherzustellen.
c) Familienarbeit und Beschäftigung der ländlichen Bevölkerung sind zentrale Beiträge zur ländlichen Entwicklung, die unter dem Blickpunkt der Familien und ihres Lebensstandards zu sehen sind. Tätigkeit und Verantwortung von Männern, Frauen und Kindern sind im Gesamtzusammenhang zu sehen. Arbeitserleichterung, Beschäftigung und die Möglichkeiten der Substitution über Mechanisierung erfordern eine simultane Betrachtung. Damit ergibt sich gleichzeitig der Einsatz von Kapital und den daraus resultierenden möglichen Abhängigkeiten.
d) Neben Fläche, Arbeit und Kapital sind die Ressourcen Tier, Wasser, Energie und biologische Gleichgewichte in ihrer Nutzung und langfristigen Erhaltung in die komplexen betrieblichen und haushaltsbezogenen Zusammenhänge zu integrieren. Damit gewinnen fachübergreifende Systeme für die sozioökonomische Behandlung der Mikroebene essentielle Bedeutung.
e) Die Subsistenzversorgung und Marktbelieferung sind die transformierenden Bereiche, ohne die eine Produktion sinnlos wäre. Lagerhaltung und Verarbeitung verhelfen der Produktion zu einer besseren Verwertung und liefern Entscheidungsspielraum für die Eigenversorgung der Familie und die Barmittelbeschaffung vom Markt. Die Organisation der Vermarktung bestimmt entscheidend die Barmittelbereitstellung. Mit zunehmender Marktanbindung steigt im allgemeinen der Lebens-

standard der Familie. Dies wird langfristig durch stabile Produktions- und Marktverhältnisse abgesichert.

f) Die Einkommenssituation und die Eigenversorgung der Familie sind von der Liquidität nicht trennbar. Liquidität reduziert die Gefahr von Abhängigkeiten und vermindert somit das Risiko. Das Risiko umfaßt aber darüber hinaus das Produktions-, Investitions- und Vermarktungsrisiko. Auch die Einführung technischer und organisatorischer Fortschritte beinhaltet ein Risiko, das gelegentlich von den betroffenen Familien sehr hoch eingeschätzt wird. Für die Analyse des Entscheidungsverhaltens ist das subjektiv empfundene Risiko eine zentrale Determination. Für die Beratung interessiert die Kenntnis des objektiven Risikos und der Möglichkeiten zur Überwindung der Differenz zwischen subjektiv empfundenem und objektiv vorhandenem Risiko.

g) Die Entwicklung der Betriebe und Haushalte in den einzelnen Betriebssystemen wird sehr entscheidend von Bedingungen bestimmt, die außerhalb der Entscheidungsbereiche der Einzelfamilie liegen. Neben den natürlichen Standortverhältnissen sind vor allem die Einflüsse des ökonomischen, sozialen, kulturellen, institutionellen und politischen Umfeldes von Einfluß. Eine wichtige Wirkung ergibt sich aus dem daraus resultierenden Bevölkerungswachstum, das als Folge eine Wanderungsbewegung verursachen kann. Die Wirkungsrichtung geht tendenziell zu einer Verengung der Ressourcen-Mensch-Relation, die besonders bei der Fläche gravierende Folgen hat. Die immer weiter zunehmende Flächenknappheit hat in vielen Zonen die Tragfähigkeit überschritten mit daraus folgenden Verarmungsprozessen bei gleichzeitigem Ressourcenverbrauch. In diesem Problembereich muß eine dringende Gesamtbetrachtung von Mikro- und Makroebene einschließlich der Politiken stattfinden, und zwar über alle Disziplinen hinweg.

zu 2.

Ausgangspunkt ist das Entscheidungsverhalten der Menschen. Sie handeln zur Erreichung der für sie wichtigen Ziele und entscheiden entsprechend ihren Möglichkeiten in Betrieben und Haushalten im Rahmen der von außen gegebenen Bedingungen. Die daraus resultierenden unterschiedlichen Entscheidungssituationen führen dazu, daß jeder Betrieb, jeder Haushalt und jede Familie sich von anderen unterscheidet. Eine idealtypische Abbildung des Entscheidungsverhaltens und der Wirkung möglicher Einflüsse erfordert eine situationsspezifische Behandlung. Die Vielfalt der Bedingungen und Vielzahl der Familien, Betriebe und Haushalte zwingt aber zu einer Zusammenfassung dieser einzelnen Lebens- und/oder Wirtschaftsgemeinschaften zu Gruppen mit ähnlichen bzw. möglichst homogenen Bedingungen und möglichst einheitlichem Verhalten.

Aus diesem Grunde ist eine Zusammenfassung mehrerer Betriebe/Haushalte zu Betriebssystemen notwendig. Untersuchungen der Betriebssysteme stellen daher einen Kompromiß zwischen der Betrachtung des einzelnen Betriebes/Haushaltes und den stärker aggregierten (meist großräumlich auftretenden) Bodennutzungssystemen dar.

Der Übergang der analytischen Beschreibung der Betriebssysteme zur Anwendung quantitativer Methoden der landwirtschaftlichen Betriebslehre ergibt sich durch die systematische und differenzierte Erfassung der bisherigen Entwicklung und Probleme. Darauf aufbauend lassen sich Problemlösungen erarbeiten. Dazu kann für eine Untersuchungsregion folgender Ablauf gelten:

- Auswahl repräsentativer Betriebe/Haushalte
- umfassende Informationsgewinnung in den einzelnen Betrieben/Haushalten sowie in dörflichen und regionalen Einrichtungen
- Gruppierung nach Betriebssystemen
- Analyse der vergangenen Entwicklung, Darstellen der Probleme und Ziele der Menschen und Herausarbeiten der Ursachen, Möglichkeiten und Grenzen in der Vergangenheit und Gegenwart, differenziert für jedes Betriebssystem
- Vorausschätzung und Planung der zukünftigen Entwicklung jedes Betriebssystems in der Region unter den mit höchster Wahrscheinlichkeit zu erwartenden Bedingungen
- Vorausschätzung und Planung der zukünftigen Entwicklung des Betriebssystems in der Region unter dem Einfluß von Maßnahmen und geändertem Verhalten. Vergleich der vorausgeschätzten Entwicklung mit und ohne Maßnahmen, bzw. Verhaltensänderung und Bewertung der Maßnahmen, bzw. Verhaltensänderung als Differenzierung unter-

schiedlicher Zielerreichung »mit« und »ohne« Verhaltensänderung (»Impact Analysis«)
- Schätzung der Wirkung und Bewertung von Maßnahmen in der Beratung, der Forschung und der Wirkung politischer Entscheidungen. Damit wird die Planung und Simulation ein Instrument der Definition von Beratung, Forschung und Politik.

Die analytische Beschreibung der Entwicklung der landwirtschaftlichen Betriebssysteme in den Tropen und Subtropen schafft das grundsätzliche Verständnis für deren Entwicklung. Darauf aufbauend ermöglicht die landwirtschaftliche Betriebslehre eine Bewertung der Wege zur Lösung von Entwicklungsproblemen.

Literaturverzeichnis

Literatur zu Kapitel 1

(1) AEREBOE, F. (1909): Ursachen und Formen wechselnder Betriebsintensität in der Landwirtschaft. Thünen-Archiv Bd. 2. Berlin.
(2) ANDREAE, B. (1977): Agrargeographie. Strukturzonen und Betriebsformen in der Weltlandwirtschaft. Berlin, New York.
(3) ANDREAE, B. (1972): Landwirtschaftliche Betriebsformen in den Tropen. Hamburg, Berlin.
(4) ARNOLD, A. (1985): Agrargeographie. Paderborn.
(5) BLANCKENBURG, P. von (1979): Social and Land Tenure Systems in Developing Countries and Agricultural Development. In: Zeitschrift für ausländische Landwirtschaft 18, 2, 117–134.
(6) BOSERUP, E. (1965): The Conditions of Agricultural Growth. London.
(7) BOSERUP, E. (1981): Population and Technology. Oxford.
(8) Brinkmann, Th. (1922): Die Ökonomik des landwirtschaftlichen Betriebs. In: Grundriss der Sozialökonmie, Abteilung VII, 27–124, Tübingen.
(9) BRINKMANN, Th. (1924): Bodennutzungssysteme. In: Handwörterbuch der Sozialwissenschaften Bd. 1, 959–973, Jena.
(10) BYERLEE, D., HARRINGTON, L. and WINKELMANN, D. L. (1982): Farming Systems Research: Issues in Research Strategy and Technology Design. In: American Journal of Agricultural Economics 64, 5, 987–904.
(11) CHRISTIANSEN, S (1979): An Classification of Agricultural Systems – An Ecological Approach. In: Geografisk Tidsskrift, 1978/79, 1–4, Kopenhagen.
(12) DOPPLER, W. (1989): Current Approaches and Future Potential of Farming Systems Research. In: Quarterly Journal of International Agriculture, 3/4. Frankfurt.
(13) DOPPLER, W. (1992): Landwirtschaftliche Betriebslehre in den Tropen und Subtropen, Stuttgart.
(14) DUCKHAM, A. N. and MASEFIELD, G. B. (1970): Farming Systems of the World. London.
(15) DUMONT, R. (1966): Types of Rural Economy. London.
(16) FAUCHER, D. (1949): Géographie agraire. Paris.
(17) GRIGG, D. (1974): The Agricultural Systems of the World. London.
(18) HAUPTVERBAND DER LANDWIRTSCHAFTLICHEN BUCHSTELLEN UND SACHVERSTÄNDIGEN E. V. (1981): Betriebswirtschaftliche Begriffe für die landwirtschaftliche Buchführung und Beratung, 6. Aufl. Bonn.
(19) JAHNKE, H. E. (1982): Livestock Production Systems and Livestock Development in Tropical Africa. Kiel.
(20) KOSTROWICKY, J. (1980): A Hierarchy of World Types of Agriculture. In: Geographia Polonica, No. 43, 125–148.
(21) LAUER, W. (1986): Das Klima der Tropen und Subtropen. In: REHM, S. (Hrsg.): Grundlagen des Pflanzenbaues in den Tropen und Subtropen. Stuttgart.
(22) LIPTON, M. (1968): The Theory of the Optimizing Peasant. In: Journal of Development Studies 4, 3, 327–351.
(23) NORMAN, D. W. (1980): The Farming Systems Approach: Relevancy for the Small Farmer. MSU Rural Development Paper No. 5, East Lansing, Michigan. Michigan State University. (Excerpt in: HILDEBRAND, P. E. (Hrsg.): Perspectives on Farming Systems Research and Development, 32–34. Boulder, Colorado.)
(24) RUTHENBERG, H. (1980): Farming Systems in the Tropics. 3rd Ed. Oxford.
(25) RUTHENBERG, H. and ANDREAE, B. (1982): Landwirtschaftliche Betriebssysteme in den Tropen und Subtropen. In: BLANCKENBURG. P. VON (Hrsg.): Handbuch der Landwirtschaft und Ernährung in den Entwicklungsländern. Sozialökonomie der ländlichen Entwicklung, Bd. 1, 125–173 Stuttgart.

(26) SCHANER, W. W., PHILIPP, P. F. and SCHMEHL, W. R. (1982): Farming Systems Research and Development: Guidelines for Developing Countries. Colorado.
(27) SICK, W.-D. (1983): Agrargeographie. Braunschweig.
(28) THAER, A. (1877): System der Landwirtschaft. Berlin.
(29) THÜNEN, H. VON (1842): Der isolierte Staat in Beziehung auf Landwirtschaft und Nationalökonomie, 2. Aufl. Rostock
(30) TROLL, C. (1964): Karte der Jahreszeitenklimate der Erde. Mit einer farbigen Karte von C. TROLL und K. H. PFAFFEN. ERDKUNDE 18, 5–28.
(31) TSCHAJANOW, A. V. (1923): Die Lehre von der bäuerlichen Wirtschaft. Versuch einer Theorie der Familienwirtschaft im Landbau. Berlin.
(32) WOERMANN, E. (1959): Landwirtschaftliche Betriebssysteme. In: Handwörterbuch der Sozialwissenschaften, Bd. 6, 476–492. Stuttgart.
(33) WOERMANN, E. (1965): Überblick über die Entwicklung der landwirtschaftlichen Betriebslehre von ihren Anfängen bis zu Friedrich Aereboe. In: A. HANAU, M. ROLFES, H. WILBRAND, E. WOERMANN (Hrsg.): Friedrich Aereboe, Würdigung und Auswahl aus seinen Werken aus Anlaß der 100. Wiederkehr seines Geburtstages. Hamburg, Berlin.

Literatur zu Kapitel 2

(1) ABDULLAHI, A. M. (1989): Pastoral Production Systems in Africa. In: DOPPLER, W. (Ed.): Farming Systems and Resource Economics in the Tropics 8. Kiel.
(2) ACHTNICH, W. (1981): Bewässerungslandbau. Agrotechnische Grundlagen der Bewässerungswirtschaft. Stuttgart.
(3) ANDREAE, B. (1966): Die Überwindung der Waldbrandwirtschaft in den feuchten Tropen durch produktive Wirtschaftsformen. In: Berichte über Landwirtschaft, Bd. XLIV, 684 ff. Hamburg, Berlin.
(4) ANDREAE, B. (1972): Landwirtschaftliche Betriebsformen in den Tropen. Hamburg und Berlin.
(5) BAUM, E. (1968): Land Use in the Kilombero Valley. In: RUTHENBERG, H. (Ed.): Smallholding Farmer and Development in Tanzania. Afrika-Studien, Ifo-Institut No. 24, München.
6) BREMAUD, O. and PAGOT, J. (1962): Grazing Lands, Nomadism and Transhumance in the Sahel. In: The Problems of the Arid Zones. Paris.
(7) DAHL, G. and HJORT, A. (1976): Having Herds. Pastoral Herd Growth and Household Economy. University of Stockholm.
(8) DOPPLER, W. und HARNISCH, R. (1984): Existenzsicherung von Kleinbetrieben bei Grundnahrungsmitteln mittels Heuschreckenbekämpfung im Süden und Südwesten von Madagaskar. Report, Hohenheim.
(9) DOPPLER, W. und PUTT, N. (1986): Zentrales Weideland-Entwicklungsprojekt/Veterinärkomponente. Hohenheim.
(10) DOPPLER, W. and NJIRU, G. K. (1982): Simulation of the Development of Nomadic Systems and Implications of Change. (Mimeo). Hohenheim.
(11) ENGELHARDT, T. (1984): Economics of Traditional Smallholder Irrigation Systems in the Semi-arid Tropics of South India. Dissertation, Hohenheim.
(12) FOOD AND AGRICULTURAL ORGANIZATION/SIDA (1974): Report on Regional Seminar on Shifting Cultivation and Soil Conservation in Africa. FAO, Rome.
(13) GULLEMIN, R. (1956): Evolution de l'agriculture autochthone dans les savannes de l'Oubangui. In: Agronomie Tropical, No. 11.
(14) HUHN, J. (1977): Hirtennomadentum an den Trockengrenzen der Viehhaltung. In: Technische Universität Berlin, Fachbereich Internationale Agrarentwicklung, Reihe Studien, Nr. IV/17, 59–78. Berlin.
(15) LAGEMANN, J. (1977): Traditional African Farming Systems in Eastern Nigeria. Afrika-Studien Nr. 98, Ifo-Institut, Weltforum, München.
(16) LAL, R. and RUSSEL, E. W. (1981): Tropical Agricultural Hydrology. Watershed Management and Land Use. Chichester.
(17) LANG, H. (1978): The Economics of Rainfed Rice Cultivation in West Africa. The Case of the Ivory Coast. In: KUHNEN, F. (Hrsg.): Sozialökonomische Schriften zur Agrarentwicklung Nr. 36. Saarbrücken – Fort Lauderdale.
(18) MANSHARD, W. (1966): Wanderfeldbau und Landwechselwirtschaft in den Tropen. Eine vergleichende Übersicht unter besonderer Berücksichtigung afrikanischer Verhältnisse. In: Heidelberger Studien zur Kulturgeographie. Festgabe zum 65. Geburtstag von Gottfried Pfeifer. Wiesbaden.
(19) MOLENAAR, A. (1956): Water Lifting Devises for Irrigation. FAO Agric. Dev. Paper 60. FAO, Rome.
(20) NYE, P. H. and GREENLAND, D. J. (1961): The Soil under Shifting Cultivation. Commenwealth Bureau of Soils. Technical Communication, No. 51. Reading.
(21) ROURKE, B. E. (1974): Profitability of Cacao and Alternative Crops in Eastern Region, Ghana. In: KOTEY, R. A., OKALI, C. and ROURKE, B. E. (Eds.): Economics of Production and Marketing. University of Ghana, Legon.

(22) RUTHENBERG, H. (1965): Probleme des Überganges vom Wanderfeldbau und semipermanenten Feldbau zum permanenten Trockenfeldbau in Afrika südlich der Sahara. In: Agrarwirtschaft 14, 25 ff.
(23) RUTHENBERG, H. (1980): Farming Systems in the Tropics. 3rd Ed. Oxford.
(24) Ruthenberg, H. und ANDREAE, B. (1982): Landwirtschaftliche Betriebssysteme in den Tropen und Subtropen. In: BLANCKENBURG, P. von (Hrsg.) Handbuch der Landwirtschaft und Ernährung in den Entwicklungsländern. Bd. 1, 125 ff. Stuttgart.
(25) SANCHEZ, P. A. (1977): Advances in the Management of Oxisols and Ultisols in Tropical South America. In: Proceedings of the International Seminar on Soil Environment and Fertility Management in Intensive Agriculture. Tokyo.
(26) SANTEN, C. E. van (1974): Selected Economic Aspects of Expanding Rice Production in Liberia (Mimeo), CIAT, Cali, Colombia or WS, FR. 325. FAO, Rome.
(27) SCHLIPPE, P. de (1958): Hackbau in primitiver Waldbrandwirtschaft; ein grundlegendes Problem vieler entwicklungsfähiger Völker. Arbeitsgemeinschaft für Rationalisierung des Landes Nordrhein-Westfalen, 34. Dortmund.
(28) SCHWARTZ, S. (1986): Ökonomie des Hungers: Konsummuster und Vermarktungsverhalten nomadischer Viehhalter Nordkenias. Berlin,
(29) SHARMA, P. N. and KAMPEN,J. (1975): Small Runoff Storage Facilities for Supplemental Irrigation – some Preliminary Observations. A Note for Presentation at the Conference on Soil and Water Management in Southern States of India, December 17–25. Bangalore.
(30) SPENCER, J. E. (1976): Shifting Cultivation in South-Eastern Asia. University of California. Publication in Geography 19. Berkley and Los Angeles.
(31) TORRY, W. (1973): Subsistence Ecology among the Gabra: Nomads of the Kenya Ethiopian Frontier. Dissertation, Columbia University, New York.
(32) WELTE, E. (1963): Fruchtbarkeit und Leistung tropischer Böden. Unter besonderer Berücksichtigung des Problems des Wanderackerbaues (Shifting Cultivation). In: Afrika heute. Jahrbuch der deutschen Afrika-Gesellschaft. o. O.
(33) WIGHTMAN, W. (1989): Farming Systems and Water Management in an Alfisol Watershed in the Semi-arid Tropics of Southern India. In: DOPPLER, W. (Hrsg.): Farming Systems and Resource Economics in the Tropics 6. Wissenschaftsverlag Vauk, Kiel.

Literatur zu Kapitel 3.2

(1) ABDULLAHI A. M. (1990): Pastoral Production Systems in Africa. A Study of Nomadic Household Economy and Livestock Marketing in Central Somalia. In: DOPPLER, W. (Ed.): Farming Systems and Resource Economics in the Tropics 8. Kiel.
(2) ANDREAE, B. (1977): Agrargeographie. Strukturzonen und Betriebsformen in der Weltlandwirtschaft. Berlin und New York.
(3) BARKOW, A., DOPPLER, W. und DIETZE R. E. (1987): Ländliche Entwicklung der Region San Pedro Norte, Paraguay. Betriebserhebungen und vertiefte Zielgruppenanalyse. RUDECO im Auftrag der GTZ, Eschborn.
(4) BRANDL, F. (1988): The Economics of Trypanosomiasis Control in Cattle. In: DOPPLER, W. (Ed.): Farming Systems and Resource Economics in the Tropics 1. Kiel.
(5) DAHL, G. and HJORT, A. H. (1976): Having Herds. Pastoral Herd Growth and Household Economy. University of Stockholm.
(6) DOPPLER, W. (1980): The Economics of Pasture Improvement and Beef Production in Semi-humid West Africa. Schriftenreihe der GTZ Nr. 105, Eschborn.
(7) DOPPLER, W. (1990): Technische Fortschritte in der Veterinärökonomie der Tropen. In: Schriften des Vereins für Wirtschafts- und Sozialwissenschaften des Landbaues e. V. 26. Münster-Hiltrup.
(8) ECKER, F. (1981). Socio-economics of Sheep and Goat Production in Pakistan's Punjab. Saarbrücken, Fort Lauderdale.
(9) FAHRENHORST, B. (1988): Der Versuch einer integrierten Umweltpolitik. Das Entwicklungsmodell Burkina Faso unter Sankara. In: Hamburger Beiträge zur Afrika-Kunde Nr. 35. Hamburg.
(10) FRICKE, W. (1979): Cattle Husbandry in Nigeria: A Study of its Ecological Conditions and Socio-geographical Differentiations. Heidelberger Geographische Arbeiten Nr. 52. Heidelberg.
(11) HUHN, J. (1977): Hirtennomadentum an den Trockengrenzen der Viehhaltung. In: Technische Universität Berlin, Fachbereich Internationale Agrarentwicklung. Reihe Studien Nr. IV/17, 59–78. Berlin.
(12) JAHNKE, H. E. (1982): Livestock Production Systems and Livestock Development in Tropical Africa. Kiel.
(13) KIDANE, H. (1984): The Economics of Farming Systems in the Different Ecological Zones of Embu-District, Kenya, with Special Reference to Dairy Production. Dissertation Hohenheim.

(14) MANI, R. I., KAUFMANN, R. VON and OTCHERE, E. O. (1986): The Productivity of Bunaji (White Fulani) Cattle and the Effect of Forage Legume Supplementation in Improving their Productivity in Agropastoral Herds in the Subhumid Zone of Nigeria. Unpublished Report. Kaduna: ILCA SHZ Programme,
(15) MÄRZ, U. (1990): Farm Classification and Impact Analysis of Mixed Farming Systems in Northern Syria. In: DOPPLER, W. (Ed.): Farming Systems and Resource Economics in the Tropics 7. Kiel.
(16) MÄRZ, U. (1985): Agrar- und Einkommensstruktur landwirtschaftlicher Betriebe in der Landnutzungszone von Sideradougou. Manuskript, Hohenheim.
(17) POWELL, J. M. and TAYLOR-POWELL, E. (1984): Cropping by Fulani Agrapastoralists in Central Nigeria. ILCA Bulletin No. 19, 21–27.
(18) RIESS, A. (1990): Die sozioökonomischen Wirkungen von Maßnahmen der integrierten ländlichen Entwicklung in Kleinbetrieben Guanajuatos, Mexiko. Manuskript, Hohenheim,
(19) RÜDENAUER, M. (1981): Die Rindfleischproduktion mit trypanotoleranten Rindern in der Guinea-Savanne Westafrikas. Dissertation, Hohenheim.
(20) RUTHENBERG, H. (1980): Farming Systems in the Tropics. Oxford.
(21) SANDFORD, S. (1983): Management of Pastoral Development in the Third World. ODI. London.
(22) SCHWARZ, S. (1968): Ökonomie des Hungers: Konsummuster und Vermarktungsverhalten nomadischer Viehhalter Nordkenias. Berlin.
(23) SCHWARZ, H. J. and SCHWARZ, S. (1985): Nomadic Pastoralism in Kenya – Still a Viable Production System? In: Quarterly Journal of International Agriculture 24, 1, 5–21.
(24) SERE, C. and DOPPLER, W. (1978): Theoretical Framework for Pricing Policies for Veterinary Services. In: Proceedings of the IV World Animal Conference on Animal Production 1, 482–491. Buenos Aires.
(25) STEINFELD, H. (1988): Livestock Development in Mixed Farming Systems. In: DOPPLER, W. (Ed.): Farming Systems and Resource Economics in the Tropics 3. Kiel.
(26) STOTZ, D. (1979): Smallholder Dairy Development in Past, Present and Future in Kenya. Dissertation, Hohenheim.
(27) THOME, B. (1989): Möglichkeiten und Grenzen der Entwicklung von Kleinbetrieben durch Milchgenossenschaften im Tal von Tulancigo in Mexiko. Manuskript, Hohenheim.
(28) WATERS-BAYER, A. (1988): Dairying by Settled Fulani Agropastoralists in Central Nigeria. In. DOPPLER, W. (Ed.): Farming Systems and Resource Economics in the Tropics 4. Kiel.
(29) WEINER, J. S. and WHEELER, E. (1979): Human biology. In: Tropical grazing land ecosystems, 209–259. UNESCO, Paris.
(30) WILLIAMSON and PAYNE, W. J. A. (1978): An Introduction to Animal Husbandry in the Tropics. 3rd Ed. London.
(31) WORLD BANK (1984): Desertification in the Sahelian and Sudanian Zones in West Africa. Report No. 5210. Washington, D. C.

Literatur zu Kapitel 3.3

(1) ALBERT, H. (1991): Die Wirtschaftlichkeit von Vorratsschutzmaßnahmen und deren Einführung in der kleinbäuerlichen und Großlagerhaltung am Beispiel Togo. In: DOPPLER, W. (Ed.): Farming Systems and Resource Economics in the Tropics 11, Kiel.
(2) ANDREAE, B. (1964J: Betriebsformen in der Landwirtschaft. Stuttgart.
(3) ANDREAE, B. (1977): Agrargeographie. Strukturzonen und Betriebsformen in der Weltlandwirtschaft. Berlin.
(4) BARKOW, A., DOPPLER, W. und DIETZE, R. E. (1987): Ländliche Entwicklung in der Region San Pedro Norte, Paraguay. Betriebserhebungen und vertiefte Zielgruppenanalyse. RUDECO im Auftrag der GTZ, Eschborn.
(5) BINDER, K. (1988): Sozioökonomische Analyse von kleinbäuerlichen Betrieben unterschiedlicher Mechanisierungsstufen in der Tanga Region (Tansania) unter besonderer Berücksichtigung der Zugtiernutzung. Manuskript, Hohenheim.
(6) BINSWANGER, H. P. (1980): Attitudes Towards Risk: Experimental Measurement in Rural India. Amer. J. Agr. Econ. 82, 3, 395–407.
(7) BRANDT, H. (1979): Work Capacity Restraints in Tropical Agricultural Development. Manuskript, German Development Institut, Berlin.
(8) COLLINSON, M. (1977): Demonstrations of an Interdisciplinary Farming System's Approach to Planning Adaptive Agricultural Research Programmes (mimeo). CIMMYT. Nairobi.
(9) CONWAY, G. R. (1985): Agroecosystems Analysis. In: Agricultural Administration 20, 31–55.
(10) DIEHL, L. (1981): Smallholder Farming Systems with Yam in the Southern Guinea Savannah of Nigeria. GTZ Schriftenreihe, Eschborn.
(11) DOPPLER, W. (1984): Der Einsatz von Produktionsmitteln zur Intensivierung von Landnutzungssystemen in Entwicklungsländern.

In: Armutsorientierte ländliche Entwicklungshilfe. Texte zum kirchlichen Entwicklungsdienst, 33. Frankfurt am Main.

(12) DRESSLER, J. (1984): Standortgerechter Landbau im tropischen Bergland. Dissertation, Hohenheim.

(13) DUCKHAM, A. N. and MASEFIELD, G. B. (1970): Farming Systems of the World. London.

(14) FRIEDRICH, K. H. (1968): Coffee-Banana Holdings at Bukoba. In: RUTHENBERG, H. (Ed.): Smallholder Farming and Smallholder Development in Tansania, Afrika-Studien Nr. 24, 175–212, Ifo-Institut, München.

(15) GRIGG, D. B. (1974): The Agricultural Systems of the World. Cambridge, London, New York and Melbourne.

(16) GREONVELD, S. (1968): Traditional Farming and Coconutcattle Schemes in the Tanga Region. In: RUTHENBERG, H. (Ed.): Smallholder Farming and Smallholder Development in Tansania. Afrika-Studien Nr. 24. Ifo-Institut, München.

(17) GUET, G. (1960): Dario, Village de Haute-Songha. Vol. 2. Paris.

(18) ICRISAT (1980): Proceedings of the International Workshop on Socio-economic Constraints to Development of Semi-arid Tropical Agriculture. 19–23 February 1979. Hyderabad, India.

(19) IITA (1980): Discussion Paper No 4/80. Bases for Farm Resource Allocation in the Smallholder Cropping System of Southeastern Nigeria: A Case Study of Awka and Abakaliki Villages. F. I. Nweke, F. E. Winch, Ibadan Nigeria.

(20) IRRI (1977): Proceedings, Symposium on Cropping Systems Research and Development for the Asian Rice Farmer, 21–24 September 1976. The Irri. Los Banos, Philippines.

(21) JAHNKE, H. E. (1982): Livestock Production Systems and Livestock Development in Tropical Africa. Kiel.

(22) KARIUKI, J. G. (1990): The Economic Impact of the Adoption of Hybrid Maize in Swaziland. In: DOPPLER, W. (Hrsg.): Farming Systems and Resource Economics in the Tropics 9. Kiel.

(23) LAGEMANN, J. (1977): Traditional African Farming Systems in Eastern Nigeria. In: Afrika Studien Nr. 98. Ifo-Institut, München,

(24) LEITHMANN, G. (1983): Scope of Quantitative Analysis of Development Strategies in Subsistence-oriented Farms. Krefeld.

(25) LUDWIG, D. H. (1967): Ukara – Ein Sonderfall tropischer Bodennutzung im Raum des Victoria-Sees. In: Afrika Studien Nr. 11. Ifo-Institut, München.

(26) MÄRZ, U. (1989): Farm Classifcation and Impact Analysis of Mixed Farming Systems in Northern Syria. In: DOPPLER, W. (Hrsg.): Farming Systems and Resource Economics in the Tropics 7. Kiel.

(27) MONNIER, J., DIAGNE, A. and SOW, Y. (1974): Le travail dans l'exploitation agricole Sénégalaise (mimeo). Centre National des Recherches Agronomiques de Bambey.

(28) MUNZINGER, P. (1981): Handbuch der Zugtiernutzung in Afrika. GTZ Schriftenreihe Nr. 111, Eschborn.

(29) NAIR, P. K. R. (Ed.): Agroforestry Systems in the Tropics. Dordrecht, Boston, London.

(30) NORMAN, D. W., NEWMAN, M. D. and OUEDRAOGO, J. (1981): Farm and Village Production Systems in the Semi-arid Tropics of West Africa: An Interpretive Review of Research. Research Bulletin No. 4, Vol. 1. ICRISAT. Hyderabad India,

(31) REV, L. (1984): Changing Labour Patterns of Women in Rice Farm Household: A Rainfed Rice Village. Illoilo Province, Philippines.

(32) ROTENHAN, D. von, (1968): Cotton Farming in Sukumuland. In: RUTHENBERG, H. (Ed.): Smallholder Farming and Smallholder Development in Tansania. Afrika Studien Nr. 24, 51–86. Ifo-Institut, München.

(33) RUTHENBERG, H. (1980): Farming Systems in the Tropics. 3. Aufl. Clarendon Oxford.

(34) RUTHENBERG, H. und ANDREAE, B. (1982): Landwirtschaftliche Betriebssysteme in den Tropen und Subtropen. In: BLANCKENBURG, P. von (Hrsg.): Handbuch der Landwirtschaft und Ernährung in den Entwicklungsländern. Bd. 1, 2. Aufl., Stuttgart.

(35) SCHULER, J. (1990): Derzeitige Situation und Entwicklungsmöglichkeiten kleinbäuerlicher Betriebssysteme in Nord-Ghana. Manuskript, Hohenheim.

(36) SCHWARTZ, A. (1977): Tradition et Changements dans la Société Cruère (Côte Ivoire). OSTROM-Monograph, No. 52, Paris. Zit. aus Brandt, H., 7, 53.

(37) THÜNEN, J. H. von (1826): Der isolierte Staat in Beziehung auf Landwirtschaft und Nationalökonomie. I. Teil, 1. Aufl., Hamburg.

(38) TRAUB, P. (1989): Market-oriented Crop Diversification and Regional Development in Northeast Thailand. In: BREITENBACH, D. und WERT, M. (Hrsg.): Sozialwissenschaftliche Studien zu internationalen Problemen, Nr. 141. Saarbrücken, Fort Lauderdale.

(39) VARELA, E. (1977): Costs and Returns of Coffee Production in Restrepo Valley. Manuskript.

(40) VOSS, Ch. (1982): Mechanisierung der Landwirtschaft. In: BLANCKENBURG, P. von, (Hrsg.): Handbuch der Landwirtschaft und Ernährung in den Entwicklungsländern. Bd. 1, 2. Aufl. 205–229. Stuttgart.

Literatur zu Kapitel 3.4

(1) ABDELMAGID, S. (1991): Economics of Faba Bean Introduction in the Gezira, Sudan. Manuskript, Hohenheim.

(2) ACHTNICH, W. (1980): Bewässerungslandbau: Agrotechnische Grundlagen der Bewässerungswirtschaft. Stuttgart.

(3) ACHTNICH, W. und LÜKEN, H. (1986): Bewässerungslandbau in den Tropen und Subtropen. In: BLANCKENBURG, P. VON (Hrsg.): Handbuch der Landwirtschaft und Ernährung in den Entwicklungsländern, Bd. 3, 2. Aufl., 285–342. Stuttgart.

(4) BAUER, H. (1983): Betriebswirtschaftliche Aspekte der Mechanisierung in ausgewählten Bewässerungsbetrieben der Türkei. Manuskript, Hohenheim.

(5) BOTTRALL, A. F. (1981): Comparative Study of the Management and Organization of Irrigation Projects. World Bank Staff Working Paper No. 458. Washington.

(6) BROMLEY, D. W. (1982): Improving Irrigated Agriculture, Institutional Reform and the Small Farmer. World Bank Staff Working Paper No. 531. Washington.

(7) CARRUTHERS, I. D. and CLARK, C. (1983): The Economics of Irrigation. Liverpool.

(8) COWARD, E. W. (1976): Indigenous Irrigation Institutions and Irrigation Development in Southeast Asia: Current Knowledge and Needed Research. In: Economic Bulletin for Asia and the Pacific 17, 2, 118–126.

(9) COWARD, E. W. (1979): Irrigation Management Alternatives: Themes from Indigenous Irrigation Systems. Agricultural Administration 4, 3, 223–237.

(10) COWARD, E. W. (1980): Irrigation and Agricultural Development in Asia, Perspectives from the Social Sciences. Ithaca.

(11) COWARD, E. W. and MARTIN E. (1986): Resource Mobilization in Farmer-managed Irrigation Systems: Needs and Lessons. Rome.

(12) COWARD, E. W. and UPFHOFF, N. (1986): Operation and Maintenance in Asian Irrigation. Reappraising Government and Farmer Responsibilities and Rights. In: Irrigation and Drainage Systems 1, 31–44.

(13) DOPPLER, W. (1977): Towards a General Guideline of Irrigation Water Charging Policy. Agricultural Administration 4, 2, 121–129.

(14) DOPPLER, W. (1979): Ökonomik und Management von Bewässerungssystemen. Manuskript, Hohenheim und Los Banos.

(15) DOPPLER, W. (1980): Ökonomische Aspekte der Mechanisierung der Bewässerung in semi-ariden Gebieten. In: Mechanization of Irrigation Farming in Semi-arid Areas. Arbeiten der DLG, Bd. 173, 161–187. Frankfurt.

(16) DOPPLER, W. (1982): Bewässerung als Entwicklungsansatz. In: BLANCKENBURG, P. VON (Hrsg.): Handbuch der Landwirtschaft und Ernährung in den Entwicklungsländern. Bd. 1, 2. Aufl., Stuttgart.

(17) DOPPLER, W., PAG, H., THEUNISSEN, J., THIEL, R. und STEINWANDTER, H. (1986): Förderung des Pflanzenschutzdienstes auf den Philippinen. Manuskript.

(18) DOPPLER, W. und MÄRZ, U. (1988): Tangail Rural Development Project. Main Report and Annexes. Manuskript, Hohenheim.

(19) DOPPLER, W. (1989): Efficiency and Impact of Irrigation Development and Management. In: DVWK. Bulletin, No. 16, 103–133. Hamburg, Berlin.

(20) DUCKHAM, A. N. and MASEFIELD, G. B. (1970): Farming Systems of the World. London.

(21) ENGELHARDT, T. (1984): Economics of Traditional Smallholder Irrigation Systems in the Semi-arid Tropics of South India. Dissertation, Hohenheim.

(22) FAKKI, H. (1982): Economics and Management of Irrigation in the Sudan Gezira Scheme. Dissertation, Hohenheim.

(23) FAO (mehrere Jahrgänge): Production Yearbook. Rome.

(24) EL-HAKIM, A. H. (1973): Ökonomik der Bodenentsalzung dargestellt an Beispielen aus dem Irak. Dissertation. Hohenheim.

(25) GAESE, H. (1986): Mechanisierung in Bewässerungsperimetern am Senegalfluß im Senegal. In: CIOSTA/CIGR (Hrsg.): XXII. Internationaler Kongreß der Landarbeitswissenschaften. Proceedings des Kongresses in Hohenheim vom 23.–27. Sept. 1986, 391–396.

(26) GEORGI, D. J. (1989): Entwicklungsmöglichkeiten von landwirtschaftlichen Familienbetrieben mit Bewässerung in der Cova da Beira, Portugal. Manuskript, Hohenheim,

(27) HECHT, H. und ABO-HABAGA, M. (1986): Arbeitszeitstudien in Togo, Kenia und Ägypten und davon abzuleitende Vorschläge zur Mechanisierung. In: CIOSTA/CIGR (Hrsg.): XXII. Internationaler ... a. a. O., 345–351.

(28) HUPPERT, W. (1989): Situationskonformes und dienstleistungsorientiertes Management von Bewässerungssystemen. In: Sonderpublikationen der GTZ Nr. 237 Eschborn.

(29) IRRI (1976): Report of the Cropping Systems Group (mimeo). IRRI, Los Banos.

(30) IRRI (1978): Irrigation Policy and Management in southeast Asia. IRRI Press. Los Banos, Philippines.

(31) IRRI (1983): Consequence of Small-farm Mechanization. Los Banos, Philippines.
(32) IRRI (1988): Rice Facts. Manila.
(33) JACOBSON, Th. and ADAMS, R. M. (1958): Salt and Silt in Ancient Mesopotamian Agriculture. In: Science 128, 1251–1258.
(34) KAISER, K. (1985): Possibilities to Increase the Technical Economic Efficiency of Nitrogen Fertilizers in Irrigated Rice in the Philippines. Dissertation, Hohenheim.
(35) LANG, H. (1979): The Economics of Rainfeld Rice Cultivation in West Africa – The Case of the Ivory Coast – In: KUHNEN, F. (Hrsg.) Sozialökonomische Schriften zur Agrarentwicklung, Nr. 35. Saarbrücken, Fort Lauderdale.
(36) OPPEN, M. von and SANDHU, H. S. (1975): History and Economics of Existing Tank Irrigation in India; a Study Proposal. Mimeographed. ICRISAT Economics Program Report, Patancheru, A. P. India.
(37) OPPEN, M. von (1978): Instability of Area and Production under Tank Irrigation in Selected Districts of Andhra Pradesh and Tamil Nadu. ICRISAT Economics Program Discussion Paper 9, Patancheru, A. P. India.
(38) RUTHENBERG, H. (1980): Farming Systems in the Tropics (3rd ed.). Clarendon, Oxford.
(39) RUTHENBERG, H. und ANDREAE, B. (1982): Landwirtschaftliche Betriebssysteme in den Tropen und Subtropen. In: BLANCKENBURG, P. von (Hrsg.): Handbuch der Landwirtschaft und Ernährung in den Entwicklungsländern, Bd. 1, 2. Aufl. Stuttgart.
(40) THOME, B. (1989): Möglichkeiten und Grenzen der Entwicklung von Kleinbetrieben durch Milchgenossenschaften im Tal von Tulancingo, Mexiko. Manuskript, Hohenheim.
(41) TRUNG, N. Q. (1978): Economic Analysis of Irrigation Development in Deltaic Regions of Asia: The Case of Central Thailand. In: IRRI (Hrsg.): Irrigation Policy and Management in Southeast Asia, 155–164. Los Banos, Philippines.
(42) Walker, H. (1981): Die Organisation von Bewässerungssystemen. Dissertation, Hohenheim.
(43) Wightman, W. (1990): Farming Systems and Water Management in an Alfisol Watershed in the Semi-arid Tropics of Southern India. In: DOPPLER, W. (Hrsg.): Farming Systems and Resource Economics in the Tropics 6. Kiel.

Literatur zu Kapitel 4

(1) ANDREAE, B. (1972): Landwirtschaftliche Betriebsformen in den Tropen. Bodennutzung und Viehhaltung im Spannungsfeld von Tradition und Fortschritt. Hamburg und Berlin (Engl. Ausg. Slough 1980).
(2) DINACOSE (1977): La ganaderia en cifras. Montevideo.
(3) DUCKHAM, A. M. and MASEFIELD, G. B. (1970): Farming Systems of the World. Chatto & Windus, London.
(4) FAO (1989): Production Yearbook. Rome.
(5) GRIGG, D. B. (1974): The Agricultural Systems of the World. Cambridge Univ. Pr., Cambridge, London, New York, Melbourne.
(6) IMF (International Monetary Fund) (1989): International Financial Yearbook,
(7) KAMINSKY, M. (1972): Lecheria en Argentina y estructura primaria en La Cuenca del Centro Santafecino. INTA. Castelar.
(8) MAIER, M. R. (1988): Organisation und Wirtschaftlichkeit verschiedener Verfahren der Wildtiernutzung im südlichen Afrika. Dissertation, Hohenheim.
(9) OVEN, P. von (1969): Produktionsstruktur und Entwicklungsmöglichkeiten der Rindfleischerzeugung in Südamerika. Dissertation, Göttingen.
(10) PASCALE, R. (1977): Projecto de desarollo de la produccion de leche en el Chaco Central del Paraguay. BID. Asunción.
(11) RUTHENBERG, H. (1980): Farming Systems in the Tropics (3rd ed.). Clarendon, Oxford.
(12) RUTHENBERG, H. und ANDREAE, B. (1982): Landwirtschaftliche Betriebssysteme in den Tropen und Subtropen. In: BLANCKENBURG, P. von (Hrsg.): Handbuch der Landwirtschaft und Ernährung in den Entwicklungsländern. Bd. 1, 2. Aufl., Stuttgart.
(13) SCHÄFER-KEHNERT, H.-C. (1988): Institutions and Technical Change in the Development of Smallholder Agriculture. In: DOPPLER, W. (Ed.): Farming Systems and Resource Economics in the Tropics 2. Kiel.
(14) SERE, C. (1981): Pasture Improvements for Dairy Production in Uruguay – Scope and Constraints. Dissertation, Hohenheim.
(15) SERE, C. und OVEN, R. von (1980): La Lecheria Uruguaya en cifras. Arbeitspapier, Hohenheim.
(16) THÜNEN, H. von (1842): Der isolierte Staat in Beziehung auf Landwirtschaft und Nationalökonomie. 2. Aufl., Rostock.

Sachregister